本書は驚異の内定率 9
就活アカデミー**Edgey**が編著した

唯一無二のSPI3

これらの企業の内定者の声を元に作成した

マッキンゼー・アンド・カンパニー／ボストン コンサルティング グループ／ベイン・アンド・カンパニー／A.T. カーニー／アクセンチュア／デロイト トーマツ グループ／PwC Japan／野村総合研究所／電通／博報堂／TBSテレビ／フジテレビ／ゴールドマン・サックス／モルガン・スタンレー／UBSグループ／JPモルガン・チェース・アンド・カンパニー／東京海上日動火災保険／三井住友銀行／三菱UFJ銀行／三菱商事／三井物産／住友商事／伊藤忠商事／丸紅／三井不動産／三菱地所／リクルート／サイバーエージェント／Visional (旧ビズリーチ)／リンクアンドモチベーション／ベネッセコーポレーション／P&Gジャパン／日本ロレアル／資生堂／SONY／パナソニック／明治／サントリー／森永乳業／トヨタ自動車／JT (日本たばこ産業)／Google／日本マイクロソフト／アマゾンジャパン／セールスフォース・ジャパン／NTT／LINE／メルカリ／ディー・エヌ・エー／ソフトバンク／Sansan／レバレジーズ／財務省／地方公務員／東京ガス／JICA (国際協力機構)／JETRO (日本貿易振興機構)／JBIC (国際協力銀行)

対策完全決定版!

本書の特徴

POINT 1 | ### 史上最多の**60単元**、約**2000問**
徹底的に対策したいという声に対応!

POINT 2 | ### **Edgey**式超高速解法を紹介!
驚異の内定率96%を誇る修了生らの知見を総結集

POINT 3 | ### 就活塾だからこそわかるつまずくポイントを凝縮
学生の苦手分野をやさしく解説

POINT 4 | ### SPIサイト特典付き!
本番さながらの試験画面を独自開発

POINT 5 | ### PCやスマホでも対策が可能
すきま時間や出先で効率的に学習できる

※内定率は 2023 年度実績より算出
※ POINT1 本書＋ WEB の問題数
※ POINT1 は、2023 年 1 月時点 (著者調べ)

はじめに

本書の目的

　本書はSPIを受検する全ての学生、そして社会人に向けて、**様々な形式・ジャンルとその攻略法を、類書の中でも最も幅広く取り扱った対策本**です。

　これまでのSPI対策本は、簡単に学べることや短い時間で習得できることなどに重きが置かれ、十分な解説を伴わず解答だけが並んでいるものがほとんどでした。

　これに対し本書は、内定率96％を誇る就活アカデミーEdgeyで多数の内定を獲得した学生・社会人の方々が、実際に高得点をとる中で確立した解法や攻略のコツを集約しているのが特徴の1つです。

　Edgeyは2014年より、東京一工旧帝大/早慶上理GMARCH/関関同立から地方大学に至るまで、学歴や地域を問わずに幅広い学生のファーストキャリア獲得を支援してきました。コミュニティとしては非常に小規模ながら卒業生は累計1000名を超え、トップ内定/早期特別内定、社会人としても社内表彰受賞者を多数輩出する、精鋭コミュニティとしてひっそりと運営を続けてきました。

　この度、卒業生の方々の知見を総結集し、就活アカデミーEdgeyとして自信を持って世に送り出せる最高のSPI対策本が完成しました。

就活総合対策サイト「CaReealize」の徹底的な活用のすすめ

　SPI通過における最大の鍵は、解法の「型」のインストールです。SPI本番において、短時間で大量の問題を正確に解いていくためには、問題を見た瞬間に解法が思い浮かぶほどの演習量を積むことが絶対条件となります。

　この演習量を確保するために、本書を補完する役割を担うのが、SPI対策

を中心とした就活Webサービス「CaReealize（キャリアライズ）」です。本書で解法を理解した後、本番同様のWeb環境で効率良く経験を積み、苦手分野を克服しましょう。ただ問題集を頭から解いていく場合と比べて通過率を格段に向上させることが可能です。

同サービスは本来有料ですが、本書の購入者限定で原則無料で活用できる特典を用意しました。

本書や購入特典である「CaReealize」のサービスを通じて、読者のみなさまのWebテスト通過率が飛躍的に向上し、念願のキャリア獲得につながることを心より願っております。

最後に、本企画を推進した土井愛子・中林洸太・野口隆人・齊藤天音、CaReealizeの開発を推進した沼幹太・吉咲紀・古川慶人・水谷陽名、共にEdgeyを運営する仲間に加え、KADOKAWAの村上智康さん、技術顧問を務めた上島侑士さん、CaReealizeの開発を務めた水元智也さん・長谷川太一朗さん、後掲の協力者の皆さんの多大なるご尽力に御礼申し上げます。

令和5年1月吉日

一般社団法人Edgey代表理事（人事採用担当）　　　　　　　**黒澤 伶**
一般社団法人Edgey代表理事（ビジネス担当）　　　　　　　**石毛 究**
一般社団法人Edgey代表理事（Marketing担当）　　　　　　**土井 愛子**
一般社団法人Edgey代表講師兼書籍監修　　　　　　　　　**内藤 寅之助**

本企画にご協力いただいた皆さん（敬称略）
綾目脩志／新井花林／新井駿一／伊藤広記／尾越桜／川端航平／菊地優奈／蔵田渚旺／毛見真子／坂田明梨／白井真美／髙柳千穂／椿山紫織／遠山さくら／中田美佳／野口直哉／濵中俊哉／林田佐和子／藤倉宏毅／前田智弥／前田展希／松村香佑／松本陸／三木拓実／宮川創／吉江俊樹

はじめに

Chapter 1　SPI対策と就活対策の基本を学ぶ

Chapter 2　能力試験 非言語能力 47領域!

数的推理 33領域

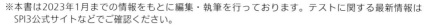

SPI対策と就活対策の
基本を学ぶ

SPI3とは?
東大生でもボロボロ落ちる!?
就活生なら誰もが逃れられない&面接にも影響する最大の鬼門!

　SPIテストとはリクルートが提供している適性検査で、13,500社もの企業が導入しています。2020年の受検者は203万人にものぼり、全国でもっとも利用されている適性検査の1つです。

　内容は、大学入学共通テスト（旧センター試験）レベルまでの基礎能力検査と性格検査の2つに分かれています。基礎能力検査はしっかりと対策をすれば簡単だと感じられる問題が多いのですが、例年準備不足で痛い目に合う学生が多く、東大生でも対策せずに臨むとボロボロ落ちているのが現状です。

　一方性格検査は、エントリーシート（履歴書）から読み取れるエピソードに「嘘」「偽り」がないかを確認したり、面接で確認すべき「候補者の懸念事項」をあぶり出したりするための検査です。

〈検査科目と実施方法〉

　SPIテストは、企業によって、実施する検査科目/問題数/実施方法/実施時間/合格ラインが異なります。言語能力検査、非言語能力検査と性格検査は、ほぼ全ての企業が実施している検査科目で、英語能力検査、構造的把握能力検査は、一部の企業が実施するオプション検査科目です。

科目	科目内容	実施企業	本書対応ページ
非言語能力	推論、確率、集合などの数学的な能力を測る検査	ほぼ全て	P.18~272
言語能力	言語の意味や用法、文章読解といった国語能力を測る検査	ほぼ全て	P.274~320
英語能力	英単語の意味や文法、文章読解といった英語能力を測る検査	一部	P.322~352
構造的把握能力	ものごとの背後にある共通性や関係性を構造的に把握する力を測る検査	ごく一部	P.354~368
性格	受検者の人物像や、職務への適性を把握するための性格検査	ほぼ全て	P.370~390

方式	実施方法
テストセンター	専用会場のパソコンで受検する方式
WEBテスティング	自宅などのパソコンで受検する方式
ペーパーテスト	企業に行って受検するマークシート方式

就活アカデミーEdgeyだからこそ分かる！
SPI3採点の裏側！

企業側の視点に立ち、徹底的に対策しよう！

　下記の図は、基礎能力検査、性格検査の企業側が見る成績書です。基礎能力検査で、最高評価である「7」を取れるのは上位2％程度とされています。最難関企業では数問のミスが命取りとなり、「6」となって足切りされてしまっているのが現状です。

　総合商社・広告業界・デベロッパーを始めとする日系最難関企業や、外資系戦略コンサルティングファームを始めとする外資系最難関企業を目指す学生は、全項目「7」を目指しましょう。

　その他の学生でも、全項目「6」（上位16％）をとることが、内定への近道です。

　しかし、高得点を取るためには、普通の対策本を解くだけではだめなのです。

〈基礎能力検査〉

》能力				
基礎能力総合	職務思考に必要な総合的な基礎能力		63.5	6
	言語能力	言葉の意味を理解し、文章や話の要旨をとらえる力	55	5
	非言語能力	数的情報をもとに解を導く力や、論理的思考力	68	6
構造的把握力	物事の関係性を構造的に捉える力		45	3
英語能力	英語の語彙・文法の理解力や読解力		45	3

評価は全7段階

〈性格検査〉

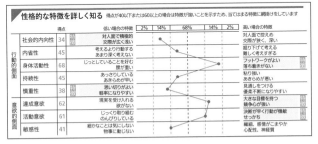

企業を研究し、
企業が望む人物像を
答えるのもアリ

ありのままの
自分を知って
もらうのも戦略の1つ

性格検査は
ESとの
矛盾に注意！

→性格検査対策は
本書P.370〜390で！

高得点をとるには、
普通の対策本を選んでは意味がない
対策本だけでは、「結果が向上しない」という実験結果も!

　SPIをつくっているリクルートが非常に面白い研究をしていますので、紹介します。「対策本で勉強したグループ」と「何も対策をしなかったグループ」の両方に2回受検してもらい、その両者の得点の伸びに差が出るか?　という実験が2016年3月に行われました。しかしながら、その結果「対策本による得点上昇は見られない」という実験結果になったのです。

	言語の点数の伸び	総合の点数の伸び
対策本で勉強したグループ	1.6点増	1.8点増
何も対策をしなかったグループ	1.9点増	1.4点増

➡ 統計学的には、対策をしても、しなくても点数の伸びに違いなし。言語にいたっては、対策しないほうが点数が伸びている!?

　この本を手に取っているみなさんは、「対策しても意味ないの!?」と驚いていることでしょう。安心して下さい、対策方法は書籍だけではありません。結論から言うと、実験の行われた2016年3月時点にはなかった、Web連動型の対策本で学習することをおすすめします。なぜなら「書籍完結型」の通常の対策本を使っていても、リクルートの実験のように意味がないのです。

なぜ就活アカデミーEdgeyの本なら
点数が上がるのか?
これまでの対策本にはなかった史上初のWeb連動型対策本!

　就活アカデミーEdgeyの長年の指導の中で、書籍で対策しても点数が伸びない理由が判明しています。それは、①PC画面に表示される問題文には紙と異なり書き込めないこと。②対策本と実際のSPIの画面が大幅に異なること。つまり、書籍を使った学習環境と実践の環境が異なるがゆえに力を発揮できていないのです。
　PCを使った試験対策をしているわけではないので、問題掲出方法や操作感の違いから力を出し切れていないのです。この本は、Web連動を実現することで、史上初めてこれらの課題を克服しています。

史上初·就活総合対策WEBサイト「CaReealize」と連携！

購入者特典のSPI3対策サイトを使って本の弱点を克服！

就活総合対策サイト「CaReealize」の利用特典付き！

　総合商社などの日系最難関企業や、外資系戦略コンサルティングファームなどの外資系最難関企業に1000名以上のOB·OGを輩出している就活アカデミーEdgeyが、SPI学習WEBサイトを無料で提供します。（※一部機能は有料）

CaReealize SPI学習ページの特徴

1
本番環境を最大限に再現した出題システムで、SPI3に徹底的に慣れられる！

これまでの対策本では実現できなかった、SPIの本番環境で対策できるのがこのサイトの大きな特徴です。本書は教科書として使い、CaReealizeのSPI学習ページで徹底的に本番形式に慣れましょう。

※本書の無料特典では、①選択形式、②単元をまたいだランダム出題モードを受験可能。
※無料版に模擬試験はありません。

2
ランダム出題モードが搭載されているからこそ、本当の自分の実力を高められる

既存のSPI対策本にはない本番形式のテスト演習を可能にすることで、「実際のWEBテストは単元がバラバラなのにも関わらず、対策本では単元ごとに分かれているため、本番形式の対策ができない」という課題を解決！

3

圧倒的な問題数

他社の約1.5倍の掲載量を誇る約2000の問題数を実現。「一つ一つの分野に対して徹底的に対策したいが既存本では量が少ない」という課題を解決!

4

時間・場所を選ばずにいつでもどこでも勉強できる

スマホにも対応!「隙間時間や出先での勉強」を可能にし、「本を持ち歩くのが面倒」「忙しくてまとまった学習時間を確保できない」という課題を解決!

5

SPI対策だけじゃない!
就活対策は
CaReealizeだけで完結!

CaReealizeでは、WEBテスト対策だけではなく、①AIによる自動ES採点②就活アカデミーEdgeyの就活対策動画の視聴が可能です。就活の総合的な対策をこのサイトで完結させることができます!

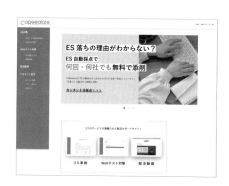

こんなにすごい! SPI学習ページなどの使い方!

苦手分野の可視化や、徹底的な反復学習が可能

不得意分野を視覚的に確認!

SPI模擬試験 点数基準

96~100%	外資金融、外資コンサル、総合商社など過去の応募者が求められる企業のweb選考を概ね突破できるレベル
91~85%	外資金融、外資コンサル、総合商社など次を除く一般事企業のweb選考を突破できるレベル
81~90%	業界1位などの最難関企業のweb選考が突破できるか微妙なレベル。苦手分野の復習が必要。
71~80%	業界1位などの最難関企業のweb選考が通過できるか微妙なレベル。苦手分野の復習が必要。
61~70%	一部企業の選考通過ができるか微妙なレベル。高倍率企業を目指す力は次に苦手分野の復習が必要。
60%以下	一般企業の選考通過でさえ難しいレベル。特定の分野に限らず全体的な学び直しが必要。

模擬試験① 前回の実施日 2021年9月27日 正答率 50% 結果を見る

模擬試験② 前回の実施日 2021年9月27日 正答率 50% 結果を見る

復習リストの活用で苦手な問題を徹底的に対策

単元毎に学ぶ

学習科目
言語 / 非言語 / 英語 / 構造把握

学習方法
◯ 単元毎に出題
⦿ 復習リストより出題

学習内容を決定

復習リスト1 ◯問 演習する

復習リスト2 ◯問 演習する

復習リスト3 ◯問 演習する

ランダム出題に対応!空いた時間で腕試し

ランダム出題で解く

学習科目
言語 / 非言語 / 英語 / 構造把握

学習量
10題 / 20題 / 30題

学習方法
⦿ すべての問題から出題
◯ 過去に間違えた問題より出題

学習内容を決定

本書購入特典

就活総合対策サイトCaReealizeをフル活用しよう!

CaReealizeサイト登録までの手順は以下の通り!

STEP 1

URL（https://careealize.jp）もしくは、こちらのQRコードよりCaReealizeにアクセスし、「無料利用登録する」をクリックします。

STEP 2

「新規会員登録画面」にて必要事項を入力および選択してください。
「次へ」をクリックし、入力内容が正しいか確認します。

会員登録完了後の画面

STEP 3

左のメニューバーより「Webテスト対策」をクリックしてください。
「『2025年度 驚異の内定率96％の就活塾が教えるEdgey式SPI3 対策決定版』を購入済みの方」から巻頭にある12桁のシリアルコード（認証コード）を入力し、特典利用を開始してください。

ここに12桁の認証コードを入力!!

パソコン版画面

スマホ版画面

その他機能紹介（※有料サービスとなります）

AIによる自動ES採点

今までは、通過するかどうか分からないまま提出するしかなかったES。
アルゴリズムを用いて、数千枚のESを分析して編み出したCaReealizeのAI採点機能なら、企業ごとに異なる「求める人材」との一致度やES通過の可能性を瞬時に判定することができます。

就活アカデミーEdgeyの就活対策動画

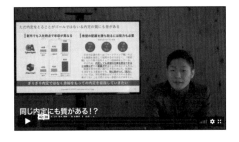

累計300社以上の企業の採用をサポートした「採用のプロ」が講師を務める講義動画を配信。
小手先の就活スキルの習得ではなく「心から納得できるファーストキャリアを歩むための就活」に目標を置いている。自己分析などのマインドセットから、面接などの実践的なスキルまで全9講義にわたり就活のコツを伝授いたします。

本書の構成と使い方
現役就活生や一流企業社会人へのヒアリングを元に作成

〈紙面の構成〉

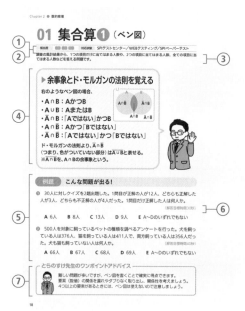

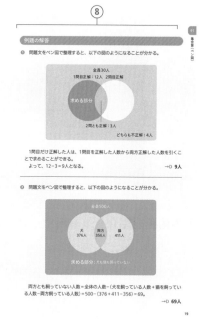

①頻出度
本番への頻出度を3段階で記載しています。■■の多少で段階表示しています。

②対応試験
SPIには、SPIテストセンター/WEBテスティング/SPIペーパーテストの3つの方式があります。各分野がどのSPI検査に対応しているかを記載しています。

③導入
どんな分野なのか、簡単にまとめています。

④とらのすけ先生の解説
問題を解くためのベースとなる考え方や、必須公式をまとめています。

⑤例題
各分野の基礎的な問題を取り上げています。

⑥解答目標時間
SPI検査は、スピード勝負です。目標時間内に解けるように練習しましょう。

⑦とらのすけ先生のワンポイントアドバイス
● 各分野の傾向や注意点など、実際に就活アカデミーEdgeyで伝授しているアドバイス
● 日系最難関企業や、外資系最難関企業等の内定を獲得したSPIを得意とする学生が各分野を解くにあたって意識していたポイントを記載しています。

⑧例題解説
解説をよく読んで、解き方のポイントやコツを紹介しています。最短で答えまでたどり着く就活アカデミーEdgey式の超高速解法を身につけましょう。

Chapter 2

能力試験
非言語能力
47領域！

01 集合算① (ベン図)

頻出度 ■■■ 対応試験 SPIテストセンター／WEBテスティング／SPIペーパーテスト

調査の集計結果から、1つの項目だけに当てはまる人数や、2つの項目に当てはまる人数、全ての項目に当てはまる人数などを答える問題です。

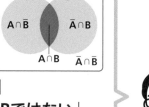

▶余事象とド・モルガンの法則を覚える

右のようなベン図の場合、

- **A ∩ B：AかつB**
- **A ∪ B：AまたはB**
- **Ā ∩ B：「Aではない」かつB**
- **A ∩ B̄：Aかつ「Bではない」**
- **Ā ∩ B̄：「Aではない」かつ「Bではない」**

ド・モルガンの法則より、$\overline{A} \cap \overline{B}$
（つまり、色がついていない部分）は$\overline{A \cup B}$と表せる。
※$\overline{A \cap B}$を、A ∩ Bの余事象という。

例題　こんな問題が出る!

❶　30人に対しクイズを2題出題した。1問目が正解の人が12人、どちらも正解した人が3人、どちらも不正解の人が4人だった。1問目だけ正解した人は何人か。

(解答目標時間30秒)

　A 6人　　B 8人　　C 13人　　D 9人　　E A～Dのいずれでもない

❷　500人を対象に飼っているペットの種類を調べるアンケートを行った。犬を飼っている人は376人、猫を飼っている人は411人で、両方飼っている人は356人だった。犬も猫も飼っていない人は何人か。

(解答目標時間40秒)

　A 66人　　B 67人　　C 68人　　D 69人　　E A～Dのいずれでもない

とらのすけ先生のワンポイントアドバイス

難しい問題が多いですが、ベン図を書くことで確実に得点できます。
要素（数値）の関係を漏れやダブりなく取り出し、関係性を考えましょう。
4つ以上の要素があるときには、ベン図は使えないので注意しましょう。

例題の解答

❶　問題文をベン図で整理すると、以下の図のようになることが分かる。

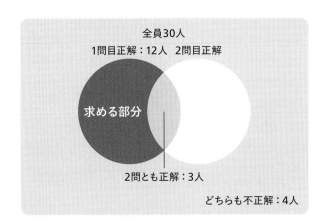

　　1問目だけ正解した人は、1問目を正解した人数から両方正解した人数を引くことで求めることができる。

　　よって、12−3＝9人となる。

→D　**9人**

---

❷　問題文をベン図で整理すると、以下の図のようになることが分かる。

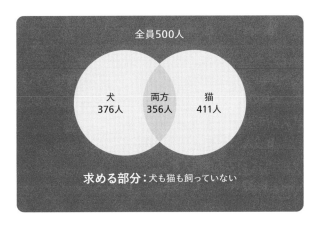

　　両方とも飼っていない人数＝全体の人数−（犬を飼っている人数＋猫を飼っている人数−両方飼っている人数）＝500−（376＋411−356）＝69。

→D　**69人**

実践問題

解答集 ▶ P1〜

問題1

　ある化粧品会社が300人を対象に、日頃の化粧状況を調査した。マスカラをしている人が178人、ネイルをしている人が156人、ヘアオイルを使用している人が194人だった。また、全て使用していない人が3人だった。マスカラを使用している人のうち、ネイルもしている人は124人だった。

❶　マスカラは使用しているが、ネイルはしていない人は何人か。

　A 45人　　　**B** 50人　　　**C** 54人　　　**D** 58人

❷　3つの化粧品全て使用している人は96人だった。2種類以上の化粧品を使っている人は何人か。

　A 135人　　　**B** 145人　　　**C** 156人　　　**D** 167人

問題2

　大学生100人に、通学手段が自転車か電車かを尋ねた。自転車の生徒は58人、電車の生徒は78人で、両方利用する人は、どちらも利用しない人の3倍だった。

❶　自転車と電車を両方利用する人は何人か。

　A 54人　　　**B** 57人　　　**C** 59人　　　**D** 61人

❷　自転車のみ利用する人は何人か。

　A 3人　　　**B** 4人　　　**C** 5人　　　**D** 6人

❸　電車のみ利用する人は自転車のみ利用する人の何倍か。

　A 5倍　　　**B** 6倍　　　**C** 7倍　　　**D** 8倍

問題3

　中学生100人に通学に用いる交通機関を尋ねた。57人が電車、35人がバスを利用していた。また、全体の1／10は両方利用していなかった。

❶　電車とバスを両方利用している人は何人か。

　A 2人　　　**B** 3人　　　**C** 4人　　　**D** 5人

❷　電車だけ利用している人は何人か。

　A 55人　　　**B** 32人　　　**C** 45人　　　**D** 22人

問題4

　60人にペットについてアンケートをとった。猫が好きな人が34人、好きではない人が26人だった。また、犬が好きな人が29人、好きではない人が31人だった。さらに、犬、猫の両方好きな人が14人だった。

❶ 猫だけ好きな人は何人か。

　　A 20人　　　**B** 21人　　　**C** 22人　　　**D** 23人

❷ 犬、猫のどちらか一方だけ好きな人は何人か。

　　A 32人　　　**B** 33人　　　**C** 34人　　　**D** 35人

❸ 犬、猫の両方が好きではない人は何人か。

　　A 10人　　　**B** 11人　　　**C** 12人　　　**D** 13人

問題5

　350人にアンケートを行い、空手、柔道、合気道、剣道をやったことがあるかの調査をした。空手をやったことがある人は246人。柔道をやったことがある人は158人。合気道をやったことがある人は142人。剣道をやったことがある人は107人だった。

❶ 空手をやったことがあると答えた人のうち、柔道もやったことがある人は139人いた。空手も柔道もやったことがないと答えた人は何人いるか。

　　A 83人　　　**B** 84人　　　**C** 85人　　　**D** 86人

❷ 柔道をやったことがある人のうち、合気道もやったことがあると答えた人の数は、合気道はやったことがあるが柔道はやったことがないと答えた人より72人多かった。柔道と合気道どちらもやったことがない人は何人か。

　　A 156人　　　**B** 157人　　　**C** 158人　　　**D** 159人

❸ 剣道をやったことがあるが合気道はやったことがない人は82人だった。剣道と合気道両方やったことがあるのは何人か。

　　A 25人　　　**B** 26人　　　**C** 27人　　　**D** 28人

❹ 合気道をやったことがあるが、剣道をやったことがない人は何人か。

　　A 114人　　　**B** 115人　　　**C** 116人　　　**D** 117人

問題6

　小学生190人に馬、牛を見たことがあるか、好きかどうかを調査した。

　馬を見たことがあり、馬が好きな人は138人、好きではない人は9人。馬を見たことがなく、馬が好きな人は40人だった。牛を見たことがあり、牛が好きな人は133人、好きではない人は2人。牛を見たことがなく牛が好きな人は29人、好きではない人は26人だった。また、馬も牛も見たことがある人は129人、馬も牛も好きな人は158人だった。

❶ 馬を見たことがなく、馬が好きではない人は何人か。

　　A 2人　　　**B** 3人　　　**C** 4人　　　**D** 5人

❷ 馬も牛も好きではない人は何人か。

　　A 7人　　　**B** 8人　　　**C** 9人　　　**D** 10人

02 集合算❷（表・線分図）

頻出度 ■■□□□　対応試験　SPIテストセンター／WEBテスティング／SPIペーパーテスト

SPIに出題される集合算のほとんどはベン図を使用することで解けますが、中には例外もあります。ここではそのような集合算を扱います。

▶ベン図に慣れたら表と線分図で書き直す

線分図は両端から書き始めて、
重なりが最小になるように心がける！

表を埋める際には、
右表のように
漏れなくダブりなく
を意識！

	A	$\bar{A}$
B	A∩B	$\bar{A}$∩B
$\bar{B}$	A∩$\bar{B}$	$\bar{A}$∩$\bar{B}$

例題　こんな問題が出る！

❶　140人の生徒がいる予備校で、全生徒に英語と数学の抜き打ち試験を行った。男子生徒の数は46人で、英語の試験に正解した女子生徒は69人、英語の試験に不正解だった男子生徒は5人であった。また、英語が不正解だった人数と、数学が不正解だった人数をあわせると81人で、数学を正解した生徒の数は女子生徒が男子生徒より7人多かった。数学が 正解だった女子生徒は何人か。　　　（解答目標時間40秒）

A 45人　　　B 46人　　　C 47人　　　D 48人　　　E A〜Dのいずれでもない

❷　60人を対象に作曲家の名前を知っているか尋ねた。モーツァルトを知っている人が40人、ベートーヴェンを知っている人が37人、ラフマニノフを知っている人が54人、チャイコフスキーを知っている人が58人だった。モーツァルトとベートーヴェンを2人とも知っている人が一番少ない場合は何人か。　　　（解答目標時間40秒）

A 17人　　　B 18人　　　C 19人　　　D 20人

とらのすけ先生のワンポイントアドバイス

表や線分図を使用することで、一見複雑に見える問題文も確実に正解できます。

例題の解答

❶ 就活アカデミー－Edgey式の超高速解法！

求める数をXとおくと、問題文より、数学が正解だった男子生徒は**X−7**。数学が正解だった人の数は**140−51＝89**より、**X＋（X−7）＝89**。よって**48人**。

女子生徒の人数は全体－男子生徒の人数＝140−46＝94人。次に、数学を正解した人数を求めたい。表を書いて整理すると、英語では次の表のようになる。

英語

	正解	不正解	計
女子生徒	69	25	94
男子生徒	41	5	46
計	110	30	

したがって、数学が不正解だった人数は81−30＝51人、数学が正解だった人は140−51＝89人。求める数をXとおくと、問題文より、数学が正解だった男子生徒はX−7。数学が正解だった人の数は140−51＝89人より、X＋（X−7）＝89人。よって、48人が正解。

数学

	正解	不正解	計
女子生徒	X		94
男子生徒	X-7		46
計	89	51	

→D **48人**

---

❷ モーツァルトとベートーヴェンを知っている人数を合計すると、40＋37＝77人。全体の人数は60人より、モーツァルトとベートーヴェンを知っている最小人数は77−60＝17人。よって、17人。

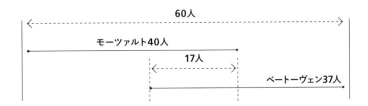

→A **17人**

実践問題

解答集 ▶ P2～

問題1

全校生徒が500人の高校で、タブレットとスマートフォンを持っているかアンケートを行った。タブレットを持っている人は170人、スマートフォンを持っている人は350人、両方とも持っていない人は50人だとすると、スマートフォンだけを持っている人は何人か。

A 150人　　**B** 250人　　**C** 280人　　**D** 450人

問題2

Aクラスの生徒40人に英語、数学の得意・不得意について尋ねたところ、英語が得意な生徒は32人、数学が得意な生徒は28人だった。英語と数学の両方が得意な生徒は何人以上何人以下か。

A 10人以上14人以下　　　**B** 20人以上24人以下　　　**C** 10人以上18人以下
D 20人以上28人以下

問題3

140人の生徒がいる予備校で、全生徒に英語と数学の抜き打ち試験を行った。男子生徒の数は46人で、英語の試験に正解した女子生徒は69人、英語の試験に不正解だった男子生徒は5人であった。また、英語が不正解だった人数と、数学が不正解だった人数をあわせると81人で、数学を正解した生徒の数は女子生徒が男子生徒より7人多かった。

❶　英語が正解だった男子生徒は何人か。

　　A 40人　　**B** 41人　　**C** 42人　　**D** 43人

❷　数学が不正解だった人は何人か。

　　A 50人　　**B** 51人　　**C** 52人　　**D** 54人

❸　数学が正解だった女子生徒は何人か。

　　A 45人　　**B** 46人　　**C** 47人　　**D** 48人

❹　数学が不正解だった男子生徒は何人か。

　　A 4人　　**B** 5人　　**C** 6人　　**D** 7人

問題4

60人を対象に作曲家の名前を知っているか尋ねた。その結果、モーツァルトを知っている人が40人、ベートーヴェンを知っている人が37人、ラフマニノフを知っている人が54人、チャイコフスキーを知っている人が58人だった。

❶ モーツァルト、ベートーヴェン、ラフマニノフ全てを知っている人数が一番少ない場合は何人か。

　　A 10人　　**B** 11人　　**C** 12人　　**D** 13人

❷ 4人の作曲家全員を知っている人数が一番少ない場合は何人か。

　　A 8人　　**B** 9人　　**C** 10人　　**D** 11人

問題5

40人の食べ物の好き嫌いを調査した。ハムが好きな人は34人、ベーコンが好きな人は31人、ソーセージが好きな人は28人、チーズが好きな人は26人だった。4つの食べ物全て好きな人が一番少ない場合何人か。

A 13人　　**B** 14人　　**C** 15人

D 与えられた情報からでは導けない・当てはまる選択肢はない

問題6

A社とB社がメガネとマスクを販売している。A社とB社の商品の売上について400人にアンケートを行ったところ次の表のようになった。

（単位：人）

	商品	購入した	購入しない
A社	メガネ	254	146
	マスク	186	214
B社	メガネ	143	257
	マスク	342	58

❶ A社でメガネもマスクも購入しなかった人は35人だった。メガネとマスク両方購入した人は何人か。

　　A 75人　　**B** 76人　　**C** 111人　　**D** 179人

❷ A社でメガネのみ購入した人は何人か。

　　A 111人　　**B** 179人　　**C** 110人　　**D** 176人

❸ A社のマスクもB社のマスクも購入しなかった人は42人だった。A社かB社どちらか一方だけのマスクを購入した人は何人か。

　　A 188人　　**B** 187人　　**C** 189人　　**D** 165人

03 比と割合❶（基本公式）

頻出度 ■■■□ | 対応試験 SPIテストセンター／WEBテスティング／SPIペーパーテスト

比の考え方を使って、指定されたものの割合が全体のうち何％かを計算する問題です。

比の性質（基本公式）

$$X : Y = q : p \Leftrightarrow pX = qY$$

Xはqの○倍であり、
Yはpの○倍という
考え方が基本となる。

$$X : Y = q : p$$

（内側の掛け算＝外側の掛け算）

例題　こんな問題が出る！

❶　ある高校の全校生徒のうち42％が文系コースを選択しており、その人数は210人である。このとき、全校生徒の14％である理系コースの人数は何人か。

（解答目標時間30秒）

　　A 42人　　**B** 55人　　**C** 70人　　**D** 84人

❷　ある大学では、学生数の1／7が留学生である。留学生でない人のうち、3／5は大学の所在するA県出身であり、そのうち1／3は実家から通学している。A県出身であり、実家から大学に通う学生は全体のどれだけか。　（解答目標時間30秒）

　　A 1／7　　**B** 1／35　　**C** 6／7　　**D** 6／35

例題の解答

❶ 就活アカデミーEdgey式の超高速解法！

14％は42％の1／3。したがって、210人の1／3を求めればよい。210×1／3＝70人。

42％が210人にあたるので、全校生徒（100％）が何人にあたるかを考えると、
42：210＝100：*x*
x＝500
そのうち14％が理系コースの人数なので、500×0.14＝70人

→**C**

❷ 就活アカデミーEdgey式の超高速解法！

（6／7）×（3／5）×（1／3）＝6／35

留学生でない人は全体の6／7。
そのうちの3／5の1／3が該当者であるから、
（6／7）×（3／5）×（1／3）＝6／35

→**D**

┌─ **とらのすけ先生のワンポイントアドバイス** ─

就職試験全般で頻出の単元です。公式を覚え、すぐに解答できるスピード感が求められます。文章から全体のイメージが摑めないときは、それぞれの要素の関係を図式化すると分かりやすいです。
全体の○％が△である場合、全体＝△÷○×100の関係になります。

実践問題

解答集 ▶ P4〜

問題1

ある高校では、全校生徒の40%がP中学校出身で、その数は600人である。このとき、全校生徒の20%であるQ小学校出身者は何人か。

A 200人　　**B** 250人　　**C** 300人　　**D** 350人　　**E** 400人

問題2

ある高校では、全校生徒の20%がP地区出身で、その数は40人である。このとき、全校生徒の15%であるQ地区出身者は何人か。

A 10人　　**B** 15人　　**C** 20人　　**D** 25人　　**E** 30人

問題3

ある会社では、出身が関東地区である社員が全体の2/5を占めている。出身が関東地区でない社員のうち、1/3は関西地区出身で、その1/4は大阪出身である。大阪出身の社員は全体のどれだけか。

A 2%　　**B** 3%　　**C** 4%　　**D** 5%　　**E** 6%

問題4

ある旅行会社では、行き先が海外である旅行者が全体の3/8を占めている。行き先が海外でない旅行者のうち、1/3は行き先が北海道で、残りの旅行者の1/4は行き先が沖縄である。沖縄が行先の旅行者は全体のどれだけか。

A 10.4%　　**B** 11.2%　　**C** 12.6%　　**D** 13.8%　　**E** 14.6%

問題5

薬品PとQを1：4で混ぜた混合液Xと、5：6で混ぜた混合液Yを同量混ぜて薬品Rを作った。Rに含まれるPの割合はどれだけか。

A 17%　　**B** 23%　　**C** 30%　　**D** 33%　　**E** 42%

問題6

飲料PとQを2：3で混ぜた混合液Xと、3：4で混ぜた混合液Yを同量混ぜて飲料Rを作った。Rに含まれるQの割合はどれだけか。

A 34%　　**B** 40%　　**C** 46%　　**D** 52%　　**E** 58%

問題7

ある動物園で入場料金を15%上げたら入場者数が20%減った。このとき、入場料金の売上額は何%増減したか（必要なときは、最後に小数点以下第2位を四捨五入す

ること）。

   A 8％上がった   **B** 4％上がった   **C** 0％（変化なし）

   D 4％下がった   **E** 8％下がった

問題8

　あるインタビューを行ったところ、回答が新宿で650人、渋谷で720人ずつ得られた。回答者のうち、年齢と性別を記入した人の割合は全体で70％、新宿では60％だった。年齢と性別を記入した人の割合は渋谷では何％か（必要なときは、最後に小数点以下第1位を四捨五入すること）。

   A 67％   **B** 74％   **C** 79％   **D** 83％   **E** 89％

問題9

　あるスポーツクラブでは、会員の人数は200人であり、そのうちの30％は一般会員である。今月に新たに30人が一般会員として入会した場合、一般会員は全会員の何％になるか（必要なときは、最後に小数点以下第1位を四捨五入すること）。

   A 39％   **B** 40％   **C** 41％   **D** 42％   **E** 43％

問題10

　ある会社の従業員数は1200名であり、そのうちの20％は契約・派遣社員である。新規雇用で契約・派遣社員を今より80名増やした場合、契約・派遣社員は従業員数の何％になるか（必要なときは、最後に小数点以下第1位を四捨五入すること）。

   A 15％   **B** 25％   **C** 35％   **D** 45％   **E** 55％

問題11

　あるスパの利用者数は400人である。利用者の男女比は3：2で、男性の方が多い。また利用者のうち、男性の60％、女性の50％が会員になっている。このとき、会員数は利用者数の何％にあたるか（必要なときは、最後に小数点以下第1位を四捨五入すること）。

   A 43％   **B** 49％   **C** 56％   **D** 64％   **E** 72％

問題12

　あるレンタカー屋で1週間の利用状況を調べたところ、レンタカーを利用した人は1350人で、貸出台数は540台だった。また、1台以上車を借りた人の貸出台数の平均は1.5台だった（必要なときは、最後に小数点以下第1位を四捨五入すること）。

❶　この1週間にこのレンタカー屋を利用した人のうち、1台も車を借りなかった人（同乗者）は何％か。

   A 73％   **B** 75％   **C** 77％   **D** 79％   **E** 81％

❷ 次の週についても利用状況を調べたところ、1週間の貸出台数は25％増加していた。また、1台以上車を借りた人は270人だった。このとき、1台以上借りた人の貸出台数の平均は、前の週に比べて何％増加または減少したか。

A 33％増加　　B 67％増加　　C 11％減少　　D 33％減少
E 67％減少

問題13

ある図書館で1週間の利用状況を調べたところ、図書館を利用した人は2250人で、貸出冊数は882冊だった。また、1冊以上本を借りた人の貸出冊数の平均は1.8冊だった（必要なときは、最後に小数点以下第1位を四捨五入すること）。

❶ この1週間にこの図書館を利用した人のうち、1冊も本を借りなかった人は何％だったか。

A 48％　　B 58％　　C 68％　　D 78％　　E 88％

❷ 次の週についても利用状況を調べたところ、1週間の貸出冊数は約20％減少していた。また、1冊以上本を借りた人は620人だった。このとき、1冊以上本を借りた人の貸出冊数の平均は、前の週に比べて何％増加または減少したか。

A 37％減少　　B 7％減少　　C 35％増加　　D 53％増加
E 61％増加

問題14

ある人が自転車を購入した。購入時に前金として総額の1／4を支払い、納品時に残額の1／3を支払った。
このとき、納品後の残額は自転車の購入額のどれだけにあたるか。

A 30％　　B 40％　　C 50％　　D 60％

問題15

ある人が家を購入した。購入時に前金として総額の1／20を支払い、引き渡し時に残額の1／19を支払った。残額はローンとして、分割20回払いをすることになっている。このとき、分割払い1回あたりの支払額は、家の購入額のどれだけにあたるか。

A 9／200　　B 9／300　　C 13／200　　D 13／300

問題16

パソコンを分割払いで購入することにした。購入時に頭金として購入額の1／5を支払い、残額を7回の分割払いにする。このとき、分割手数料として残高の1／10を加える。このとき、分割払い1回あたりの支払い額は、購入価格のどれだけにあたるか。

A 12／155　　B 22／175　　C 32／155　　D 42／175

問題17

ある図書館では、月に1度書籍の入れ替えを行っている。いま、蔵書が32200冊あり、今月はそのうちの5％を入れ替える。

❶ 入れ替えた書籍のうち20％が実用書であるとき、入れ替える実用書は何冊か。

    A 74冊   **B** 128冊   **C** 256冊   **D** 322冊

❷ 蔵書から雑誌を100冊以上入れ替えたい。このとき、入れ替える書籍のうち雑誌は何％以上含まれている必要があるか。

    A 4.3％   **B** 6.2％   **C** 8.7％   **D** 10.1％

問題18

Aさん、Bさん、Cさんは折り鶴を折ることになった。折り紙は全部で350枚あり、Aさんはそのうち120枚を持っている。

❶ BさんがAさんに折り紙を8枚渡したことで、AさんとBさんの持っている折り紙の比は4：3になった。Bさんは元々折り紙を何枚持っていたか。

    A 90枚   **B** 94枚   **C** 100枚   **D** 104枚

❷ Cさんは当初、折り紙を何枚持っていたか。

    A 126枚   **B** 132枚   **C** 140枚   **D** 152枚

問題19

ある遊園地では、毎月の来場者数を集計している。先月の来場者数はのべ15000人で、そのうち40％が女性であった。

❶ 女性の来場者のうち15％が18歳以下であるとき、先月の18歳以下の女性の来場者数は何人か。

    A 450人   **B** 650人   **C** 900人   **D** 1200人

❷ 今月の来場者数を集計したところ、男性の来場者数は変わらず、女性の来場者数が1000人増加した。このとき、女性の来場者数の割合は全体の何％となるか（必要なときは、小数点以下第1位を四捨五入すること）。

    A 40％   **B** 44％   **C** 48％   **D** 52％

問題20

箱にお菓子を詰めたい。箱面積（全体）の20％にクッキーを、残った箱面積の30％にマカロンを詰めた。いま、パイとクラッカーを5：4の割合で詰めるとすると、パイを敷き詰めたときの面積は箱全体の面積の何％か（必要なときは、小数点以下第1位を四捨五入すること）。

    A 31％   **B** 33％   **C** 37％   **D** 41％

04 比と割合② （方程式）

頻出度 ■■■ 対応試験 SPIテストセンター／WEBテスティング／SPIペーパーテスト

方程式を使って、指定されたものの割合が全体のうち何%かを計算する問題です。

割合の三大公式を覚えよう！

① 内訳の割合 ＝
内訳の数 ÷ 全体数

② 内訳の数 ＝
全体数 × 内訳の割合

③ 全体数 ＝
内訳の数 ÷ 内訳の割合

計算のときは、割合を小数 or 分数に置き換える。

50% ➡ 0.5もしくは $\frac{1}{2}$

例題　こんな問題が出る！

❶　ある学校の生徒数は、昨年より35%減って520人になった。昨年の生徒数は何人か。
（解答目標時間30秒）

A 390人　　**B** 702人　　**C** 750人　　**D** 800人
E A〜Dのいずれでもない

❷　❶の学校について、男女別では女子が昨年より40%減り、男子が昨年より3／10減った。今年の女子生徒は何人か。
（解答目標時間40秒）

A 220人　　**B** 230人　　**C** 240人　　**D** 400人
E A〜Dのいずれでもない

とらのすけ先生のワンポイントアドバイス

どの試験形式でも必ず出題される問題です。上記の公式をマスターしましょう。文章が複雑で混乱したときは、図で整理すると解きやすくなります。

例題の解答

❶ 就活アカデミーEdgey式の超高速解法！

$520 ÷ (1 − 0.35) = 800$人

··

今年の生徒数520人は昨年より35％減っているということは、今年の生徒数520人は昨年65％にあたると言い換えることができる。よって、「元の数＝現在の数÷元の割合」より

昨年の生徒数は、$520 ÷ 0.65 = 800$人。

→D **800人**

---

❷ 女子が昨年より40％減り、男子が昨年より3／10減ったという問題文は

（今年の女子の数）＝（昨年の女子の数）×（1−0.4）＝（昨年の女子の数）×0.6
（今年の男子の数）＝（昨年の男子の数）×（1−3／10）＝（昨年の男子の数）×7／10

と言い換えることができる。昨年の女子をX人とすると、40％減った今年の女子は0.6X人。

昨年の男子は（800−X）人で、30％減った今年の男子は0.7×（800−X）人。

女子＋男子＝生徒数なので、

$0.6X + 0.7 × (800 − X) = 520$

この式を解いてX＝400人とわかる。

つまり、昨年の女子の数が400人であることから、今年の女子の数は、$400 × 0.6 = 240$人とわかる。

→C **240人**

実践問題

解答集 ▶ P7〜

問題1

ある職場では、男性のうち、既婚者と未婚者の比は3：12であった。また、既婚者の女性の人数は150人で、未婚者の女性の人数は既婚者の総人数より60人多く、既婚者の総人数と未婚者の総人数の比は1：3であった。この職場の総人数として、正しいのはどれか。

A 1025人　　**B** 1050人　　**C** 1080人　　**D** 1090人

問題2

A社、B社及びC社の3つの会社がある。この3社の売上高の合計は、10年前は6825百万円であった。この10年間に、売上高は、A社が5%、B社が12%、C社が15%それぞれ増加し、増加した金額は各社とも同じであったとすると、現在のC社の売上高はどれか。

A 1300百万円　　**B** 1495百万円　　**C** 1700百万円　　**D** 2195百万円

問題3

ある会社では、昨年の総従業員数のうち70%は男性だった。今年、新規採用で男性を30人、女性を30人増やしたところ、総従業員数のうち男性の割合が10%下がった。今年の総従業員数は何人になったか。

A 60人　　**B** 100人　　**C** 120人　　**D** 140人

問題4

ある美術館では、先週の土日の合計来場者数が500人だった。今週の土曜日は先週の土曜日の10%減だったが、今週の日曜日は快晴で、先週の日曜日の20%増となり、結局土日の合計では8%増となった。今週の日曜日の来場者は何人だったか。

A 300人　　**B** 360人　　**C** 500人　　**D** 540人

問題5

週末に読書をした。金曜日に全体の2／5を読んだ。土曜日は、残ったうちの8／15を読んだ。日曜日には、50ページ読んで90ページ残った。残りのページは、全体の何%か。

A 8%　　**B** 10%　　**C** 18%　　**D** 20%

問題6

劇団PはPと同じ人数の劇団Qと合併して劇団Rとなった。劇団Pの時には60%だった男性の割合は、劇団Rになって40%に減った。さらに、10人の男性が劇団を辞めたため、男性の割合が38%に減った。合併前のPの人数は何人だったか。

A 155人　　**B** 250人　　**C** 300人　　**D** 310人

問題7

ある会社の今年の従業員数は、昨年より20%減って、400人になった。

❶　昨年の従業員数は何人か。

    A 300人　　**B** 400人　　**C** 500人　　**D** 550人

❷　男女別では、女性が昨年より10%減り、男性が昨年より30%減った。今年の女性従業員は何人か。

A 200人　　**B** 225人　　**C** 250人　　**D** 275人

問題8

箱Pにはみかん、りんご、いちごの個数がそれぞれ40%、50%、10%の割合で入っており、箱Qにはそれぞれ30%、40%、30%の割合で入っている。箱Qに入っている果物を全て箱Pに移したところ、りんごといちごの数の比が3：2になった。箱Qに入っていた果物の数は、箱Qの中身を移す前の箱Pの何倍か。

A 2倍　　**B** 5倍　　**C** 7倍　　**D** 10倍

問題9

あるクラブの部員数は、昨年全員で150人であった。今年は男性が20%増え、女性が10%減ったので、全体として6人増えた。今年の男性部員は何人か。

A 63人　　**B** 70人　　**C** 84人　　**D** 90人

問題10

ある合唱部の男子部員の割合は15%であった。女子部員が20人増えたら、男子部員の割合は10%になった。男子部員は何人いるか。

A 3人　　**B** 4人　　**C** 5人　　**D** 6人

問題11

ある学校では、男子生徒のうち、部活動に所属している生徒としていない生徒の比は3：7であった。また、所属している女子生徒の人数は15人で、所属していない女子生徒の人数は所属している総人数より5人多く、所属している生徒の総人数としていない生徒の総人数の比は1：3であった。この学校の総人数として正しいのはどれか。

A 204人　　**B** 256人　　**C** 308人　　**D** 360人

問題12

A国、B国及びC国の3つの国がある。この3国のGDPの合計は、10年前は5850兆円であった。この10年間に、GDPは、A国が9%、B国が18%、C国が12%それぞれ増加し、増加した金額は各国とも同じであったとすると、現在のC国のGDPはどれか。

A 1534兆円　　**B** 1950兆円　　**C** 2184兆円　　**D** 2600兆円

問題13

ある学校では、昨年の総生徒数のうち75%は男子だった。今年の入試で男子を27人、女子を23人増やしたところ、総生徒数のうち男子の割合が3%下がった。今年の総生徒数は何人になったか。

A 80人　　**B** 300人　　**C** 350人　　**D** 400人

問題14

ある遊園地では、先週の土日の合計来場者数が600人だった。今週の土曜日は先週の土曜日の5%減だったが、今週の日曜日は快晴で、先週の日曜日の25%増となり、結局土日の合計では7%増となった。今週の日曜日の来場者は何人だったか。

A 80人　　　**B** 240人　　　**C** 280人　　　**D** 300人

問題15

週末に大学の課題を行った。金曜日に全体の4／15を終わらせた。土曜日は、残ったうちの2／9を終わらせた。日曜日には、73問終わって81問残った。残りの問題数は、全体の何割か。

A 1.5割　　　**B** 3割　　　**C** 3.6割　　　**D** 4割

問題16

会社Aは、Aの倍の人数の会社Bと合併して会社Cとなった。会社Aの時には48%だった男性の割合は、会社Cになって42%に減った。さらに、5人の男性が会社を辞めたため、男性の割合が40%に減った。合併前の会社Aの人数は何人だったか。

A 40人　　　**B** 49人　　　**C** 50人　　　**D** 83人

問題17

ある学校で、男子生徒は昨年より1割減少、女子生徒は2割減少した。男女合計人数は14%減少し344人となった。今年の男子生徒は何人か。

A 200人　　　**B** 216人　　　**C** 240人　　　**D** 256人

問題18

3日間で本を読み終えたい。2日目は1日目の2.5倍の量を読み上げて、2日目だけで全体の40%となった。3日目は全体の何%を読む必要があるか。

A 16%　　　**B** 40%　　　**C** 44%　　　**D** 56%

問題19

ある会社の従業員A、B、Cの3人がいる。3人の勤続年数の合計は80年であるとする。Aの勤続年数とBの勤続年数の合計がCの勤続年数の4倍であり、AはBよりも4年長く勤めている。このときのCの勤続年数は何年か。

A 5年　　　**B** 13年　　　**C** 16年　　　**D** 19年

問題20

ある学生数320人の大学でアンケートを行ったところ、朝ごはんを食べない学生は全男子学生の5%、全女子学生の10%であった。朝ごはんを食べない学生の人数は男女合わせて23人であった。この大学の全男子学生の人数は、何人か。

A 120人   B 140人   C 160人   D 180人

問題21

　ある高校では、毎年全員が大学か短期大学のどちらかに進学する。昨年は全生徒のうち60%が大学へ進学した。今年、大学への進学が15人、短期大学への進学が25人増え、全生徒のうちの大学進学の割合が5%下がった。今年の全生徒数は何人か。

A 135人   B 140人   C 175人   D 180人

問題22

　ある農家では、収穫した全ての量の米を、毎年同じ割合で販売用と自家消費用に分けている。

　昨年は、販売用の米の量の90%が売れ、10%が売れ残った。今年は、昨年より収穫量が20%減少したことを受けて、昨年売れ残った販売用の米と、今年収穫した販売用の米を販売したところ、その合計量の80%が売れ、20%が売れ残った。また、今年売れ残った米の量は、今年収穫した全ての米の量の4.5%と等しかった。

　このとき、この農家が、収穫した全ての量の米のうち、自家消費用とする割合はいくらか。ただし、昨年より前に収穫した米の売れ残りはないものとする。

A 50%   B 60%   C 70%   D 80%

問題23

　ある2つの都市A、Bは、毎年度初めに住民の統計調査を行なっており、昨年度は、Aに住むB出身者が15万人であり、また、Bの総人口に占めるB出身者の割合は65%であることが分かった。その後、今年度の統計調査までに、①Aに住むB出身者のうち5万人がBへ転居し、また、②A、B以外の都市に住むB出身でない者のうち45万人がBへ転居した。この結果、今年度のAの総人口は昨年度の90%となり、今年度のBの総人口に占めるB出身者の割合は60%となった。

　このとき、今年度の統計調査によると、Aの総人口とBの総人口の差は何万人か。ただし、①及び②以外を原因とする、A、Bの人口変動はないものとする。

A 500万人   B 505万人   C 545万人   D 550万人

05 濃度

頻出度 ■■■□□　　対応試験　SPIペーパーテスト／SPIテストセンター

食塩水の濃度を求める問題です。

> ## ▶ 濃度（%）=溶質の量÷溶液の量×100
>
> 食塩だけではなく、砂糖でも仕組みは同じ！
> 濃度＝溶質の量÷溶液の量×100という一般形を覚えておこう。
>
> ▶ 溶質：溶液に溶けた物質（食塩など）
> ▶ 溶媒：溶質を溶かしている液体（水など）
> ▶ 溶液：溶媒＋溶質（食塩水など）
>
> ※溶液の重さは、加えた
> 　溶質の重さも含まれるので注意！

例題 こんな問題が出る！

❶ 10%の食塩水320gに40gの食塩を混ぜたとき、食塩水の濃度はいくらか。

（解答目標時間30秒）

A 20%　　**B** 23%　　**C** 12.5%　　**D** 9%
E A〜Dのいずれでもない

❷ 14%の食塩水と8%の食塩水を混ぜて、10%の食塩水を600g作りたいとき、
14%と8%の食塩水をそれぞれ何g混ぜればよいか。　　（解答目標時間30秒）

A 14%の食塩水：150g、8%の食塩水：450g
B 14%の食塩水：180g、8%の食塩水：420g
C 14%の食塩水：200g、8%の食塩水：400g
D 14%の食塩水：120g、8%の食塩水：480g

┌ とらのすけ先生のワンポイントアドバイス ─

「濃度」「食塩の量」「水の量」「食塩水の量」のどれがわかっていて、どれを
求めたいのかを常に意識することで、正確な値を素早く求めることができま
す。

例題の解答

❶ 就活アカデミーEdgey式の超高速解法!

72／360＝0.2、よって、20%

・・

食塩水の濃度は、食塩量÷食塩水量で求められる。
食塩水量は320＋40＝360g、食塩量は320×0.1＋40＝72g。
以上より、この食塩水の濃度は、72／360＝0.2（＝20%）。

→A

---

❷ 就活アカデミーEdgey式の超高速解法!

14%の食塩水をxg、8%の食塩水をyg混ぜるとする。

$x＋y＝600$ …①
$0.14x＋0.08y＝60$ …②

**2式より、$x＝200$、$y＝400$である。したがって、14%の食塩水は200g、
8%の食塩水は400gである。**

・・

食塩水量と食塩量についての連立方程式を立てる。
14%の食塩水をxg、8%の食塩水をyg混ぜるとする。14%の食塩水と8%の食
塩水を混ぜて600gの食塩水を作るので、

$x＋y＝600$ …①

また、14%の食塩水xgに含まれる食塩の量は0.14xg、8%の食塩水ygに含まれ
る食塩の量は、0.08ygであり、10%の食塩水600gに含まれる食塩の量は60gで
あるから、

$0.14x＋0.08y＝60$ …②である。

①と②の連立方程式を解くと、$x＝200$、$y＝400$である。したがって、14%の
食塩水は200g、8%の食塩水は、400gである。

→C **14%の食塩水：200g、8%の食塩水：400g**

実践問題

解答集 ▶ P11〜

問題1

水240gに食塩を60g溶かしたとき、何％の食塩水ができるか。

A 20%　　**B** 35%　　**C** 24%　　**D** 18%

問題2

4％の食塩水450g中には、何gの食塩が含まれているか。

A 20g　　**B** 27g　　**C** 18g　　**D** 12g

問題3

9％の食塩水に食塩が27g含まれているとき、食塩水の量は何gになるか。

A 450g　　**B** 300g　　**C** 270g　　**D** 420g

問題4

8％の食塩水300gと3％の食塩水200gを混ぜると、何％の食塩水ができるか。

A 4.5%　　**B** 6.0%　　**C** 5.2%　　**D** 4.8%

問題5

2％の食塩水100gにある濃度の食塩水を混ぜたところ、8％の食塩水200gができた。このとき、混ぜ合わせた食塩水の濃度はいくらか。

A 14%　　**B** 10%　　**C** 21%　　**D** 12%

問題6

18％の食塩水400gにある濃度の食塩水を混ぜたところ、12％の食塩水700gができた。このとき、混ぜ合わせた食塩水の濃度はいくらか。

A 1%　　**B** 2%　　**C** 4%　　**D** 6%

問題7

13％の食塩水300gに水を混ぜたところ、6％の食塩水になった。このとき、混ぜ合わせた水の量はいくらか。

A 320g　　**B** 280g　　**C** 240g　　**D** 350g

問題8

16％の食塩水360gから水を蒸発させたところ、24％の食塩水になった。このとき、蒸発させた水の量はいくらか。

A 100g　　**B** 120g　　**C** 150g　　**D** 180g

問題9

　Aには7%の食塩水300g、Bには15%の食塩水200gが入っている。Bから100gを取り出し、Aに混ぜた後、ここから50gを取り出してBに戻した。このときのBの濃度はいくらか。

　A 13%　　**B** 15%　　**C** 14%　　**D** 16%

問題10

　濃度15%の食塩水が240gある。まず、ここから食塩水60gを取り出して120gの水を加えた。さらに、そこから60gの食塩水を取り出して120gの水を加えた。最終的にできた食塩水の濃度は何%か。

　A 8%　　**B** 10%　　**C** 6%　　**D** 12%

問題11

　濃度の異なる食塩水が容器AとBにそれぞれ300g、600g入っている。まず、AからBへ食塩水200gを移した後、BからAへ食塩水350gを戻してよくかき混ぜたところ、Aに濃度14%の食塩水ができた。その後、AとBの食塩水を全て混ぜ合わせたところ、濃度15%の食塩水ができた。はじめに容器Bに入っていた食塩水の濃度はいくらか。

　A 17%　　**B** 18%　　**C** 19%　　**D** 20%

問題12

　濃度25%の食塩水がある。この食塩水に水を加え、濃度15%の食塩水にした。ここに、濃度2%の食塩水を1200g加えたところ、最終的に濃度7%の食塩水になった。水を加える前の食塩水は何gあったか。

　A 450g　　**B** 600g　　**C** 150g　　**D** 300g

問題13

　ある濃度の食塩水があり、これを2つの容器AとBに体積の比が3：2になるように分けた。さらに、それぞれの容器に水を100gずつ注いでよく混ぜ合わせたところ、容器Aの濃度は9%、Bの容器の濃度は8%になった。最初の食塩水の濃度はいくらか。

　A 15%　　**B** 10%　　**C** 12%　　**D** 18%

問題14

　成分Aと成分Bを1：4の割合で含む混合液Sが500g、成分Aと成分Bを2：3の割合で含む混合液Tが300gある。この2種の混合液を使用して、成分Aと成分Bを1：3の割合で含む混合液Uを作る。このとき、作ることができる混合液Uの最大量として最も妥当なのはどれか。

A 800g　　**B** 730g　　**C** 620g　　**D** 660g

問題15

　14％の食塩水500gに8％の食塩水をいくらか加えたところ、12％の食塩水ができた。この食塩水に、ある濃度の食塩水を600g加えたところ、10％の食塩水ができたとすると、2番目に加えた600gの食塩水の濃度はいくらか。

A 2.5％　　**B** 7.5％　　**C** 5.4％　　　**D** 4.0％

問題16

　15％の食塩水50gに16％の食塩水と20％の食塩水を加えて、18％の食塩水を500g作成したい。このとき、16％の食塩水と20％の食塩水はそれぞれどのくらい必要になるか。

A 16％の食塩水：123.5g、20％の食塩水：326.5g
B 16％の食塩水：210.0g、20％の食塩水：240.0g
C 16％の食塩水：156.5g、20％の食塩水：293.5g
D 16％の食塩水：187.5g、20％の食塩水：262.5g

問題17

　20％の食塩水250gに25％の食塩水と水を同量ずつ加えて混ぜたところ、濃度15％の食塩水となった。このとき、混ぜた水の量はいくらか。

A 250g　　**B** 280g　　**C** 210g　　**D** 300g

問題18

　16％の食塩水300gに水を100g加えて混ぜた。そこから、食塩水50gを取り出し、水150gを蒸発させたとき、最終的に食塩水の濃度はいくらか。

A 14％　　**B** 21％　　**C** 18％　　**D** 12％

問題19

　27％の食塩水250gに水を200g加えて混ぜた。そこから、食塩水150gを取り出し、水70gを加えて、さらに水10gを蒸発させたとき、最終的に食塩水の濃度はいくらか。

A 13.0％　　**B** 17.5％　　**C** 12.5％　　**D** 15.0％

問題20

　23.4％と13.8％の食塩水を5:3の割合で混ぜたとき、濃度はいくらか。

A 16.5％　　**B** 19.8％　　**C** 22.2％　　**D** 33.4％

問題21

　水Aと、濃度の違う食塩水B、Cがある。それぞれの濃度がB：12％、C：20％のと

き、AとBを混ぜると10%、BとCを混ぜると15%となる。このとき、AとBとC全て
を混ぜたときの濃度はいくらか（必要な場合は、小数点以下第2位を四捨五入すること）。

A 14.2%　　**B** 12.5%　　**C** 11.9%　　**D** 13.3%

問題22

　食塩水AとBを1：3の割合で混ぜると11%、またAとBを7：3の割合で混ぜると
9.2%のとき、AとBの濃度はそれぞれいくらか。

A A＝8%、B＝12%

B A＝10%、B＝13%

C A＝8.2%、B＝14%

D A＝9.6%、B＝15%

問題23

　20%の食塩水250gに25%の食塩水、および水をそれぞれ同量ずつ加えて混ぜた
ところ、濃度15%の食塩水となった。このとき、混ぜた水の量はいくらか。

A 250g　　**B** 280g　　**C** 210g　　**D** 300g

問題24

　20%の食塩水200gを作ろうとして、水200gに食塩40gを溶かした。溶かしたあ
とに間違いに気づき、食塩水をx gだけ捨て、そこに食塩y gを溶かして20%の食塩
水200gを作成した。このとき、x、yの値はいくらか。

A $x＝8$、$y＝12$　　**B** $x＝20$、$y＝40$　　**C** $x＝46$、$y＝28$

D $x＝48$、$y＝8$

問題25

　濃度10%の食塩水を500g作ろうとして、水500gに食塩50gを溶かした。その後
間違いに気づいて、食塩水をx gだけ捨て、さらに食塩をy g溶かして10%の食塩水
を500g作った。このとき、$x＋y$の値として正しいものはどれか。

A 15　　**B** 30　　**C** 45　　**D** 60

06 仕事算

頻出度 ■■■ 対応試験 SPIテストセンター／WEBテスティング／SPIペーパーテスト

人によってかかる時間が異なる仕事がある場合において、かかる時間の異なる人たちが集まって仕事をしたとき、どうなるかについて考える問題です。

> ## ▶全体の仕事の量（最小公倍数）を最初に求める!
>
> **3人で仕事をしたとき、**
> **（1人当たりの仕事量をX、Y、Zとする）**
> **図のように全体の仕事量はX、Y、Zの最小公倍数。**
>
>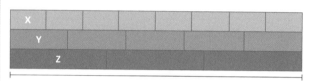
>
> 全体の仕事量＝X、Y、Zの最小公倍数

例題 こんな問題が出る!

❶ ある仕事を仕上げるのにX1人では9日、Y1人では18日かかる。XとYが一緒にこの仕事に取り組むとき、この仕事を仕上げるまでに何日かかるか。 （解答目標時間30秒）

　　A 9日　　**B** 5日　　**C** 3日　　**D** 6日　　**E** 7日
　　F A～Eのいずれでもない

❷ 車を購入し、代金を数回に分けて支払うことになった。購入時に頭金として総額の1／5を支払い、残金は7回の均等分割で支払うことにした。このとき、分割払い1回分は代金総額のどれだけにあたるか。 （解答目標時間30秒）

　　A 1／35　　**B** 3／7　　**C** 4／35　　**D** 5／7　　**E** 1／7
　　F A～Eのいずれでもない

とらのすけ先生のワンポイントアドバイス

公式さえ身につけておけば、時間をかけずに解答できる問題です。
公式①［仕事量］＝［1人当たりの仕事量の最小公倍数］
公式②［かかる日数］＝［仕事量］／［1人当たりの仕事量］
2つの公式を暗記し、問題をたくさん解きましょう。

例題の解答

❶ 就活アカデミーEdgey式の超高速解法！

YはXの1／2の速度で仕事をこなすため、同時に仕事を行ったときの速度はXの1.5倍になる。

9×2／3＝6、よって、6日

- -

X1人では9日、Y1人では18日かかる仕事であることから、仕事量は9と18の最小公倍数を考えて、18個とおくことができる。

このとき、XとYの1日あたりの仕事量は、

X　18個÷9日＝2個／日

Y　18個÷18日＝1個／日

とわかる。このことから、2人で一緒に作業したときの仕事量は

X（2個／日）＋Y（1個／日）＝3個／日

となる。よって、18個の仕事量を2人で終わらせるのにかかる日数は

18個÷3個／日＝6日

となる。

→D　6日

---

❷ 就活アカデミーEdgey式の超高速解法！

4／5×1／7＝4／35、よって、C。

- -

全体（総額）を1としたときの割合を分数で考える。このとき、頭金を抜いた残金は

1－1／5＝4／5

となる。残金の4／5を7等分すると

4／5×1／7＝4／35

となる。よって、Cが正解。

→C　4／35

実践問題

解答集 ▶ P16〜

問題1

ある仕事を仕上げるのにP1人では10時間、Q1人では6時間かかる。PとQが一緒にこの仕事に取り組むとき、仕事を仕上げるまでに何時間かかるか。

A 3時間20分　　**B** 3時間45分　　**C** 4時間10分　　**D** 2時間50分

問題2

ある仕事を仕上げるのにP1人では2時間、Q1人では3時間、R1人では6時間かかる。この仕事をPが1時間、Qが0.5時間した後に残りの仕事をRがするとき、Rが仕事を終えるのには何時間かかるか。

A 2時間00分　　**B** 2時間20分　　**C** 1時間30分　　**D** 1時間15分

問題3

ある仕事を仕上げるのにP1人では18時間、Q1人では24時間かかる。この仕事を始めはPが1人で行い、途中でQと交代したところ、合計20時間かかった。このとき、PとQはそれぞれ何時間仕事をしたか。

A P：12時間00分、Q：8時間00分
B P：11時間00分、Q：9時間00分
C P：12時間30分、Q：7時間30分
D P：13時間10分、Q：6時間50分

問題4

ある仕事を仕上げるのにPとQ2人では8時間かかる。また、同じ仕事をP1人で12時間した後に、残りをQがしたところ6時間かかった。この仕事をQ1人でする場合、何時間かかるか。

A 28時間　　**B** 24時間　　**C** 12時間　　**D** 15時間

問題5

ある仕事を仕上げるのにPとQ2人では6時間かかる。また、同じ仕事をP1人で4時間した後に、残りをQがしたところ9時間かかった。

❶ この仕事をP1人でする場合、何時間かかるか。

　　A 10時間　　**B** 13時間　　**C** 12時間　　**D** 11時間

❷ この仕事をQ1人でする場合、何時間かかるか。

　　A 17時間　　**B** 10時間　　**C** 15時間　　**D** 12時間

問題6

ある仕事を仕上げるのにP1人では24日、Q1人では40日かかる。

❶ PとQが一緒にこの仕事に取り組むとき、仕事を仕上げるまでに何日かかるか。

　　A 24日　　　**B** 15日　　　**C** 12日　　　**D** 21日

❷ 途中でPが8日休んだとすると、この仕事を仕上げるのに何日かかるか。

　　A 16日　　　**B** 20日　　　**C** 25日　　　**D** 18日

問題7

ある仕事をP、Q、Rの3名で行い、1日に進む仕事量の割合がそれぞれP：Q：R＝2：3：5となっている。また、3人が無休で仕事をすると20日で終わることが分かっている。このとき、仕事を終えるまでにPが4日、Qが4日、Rが2日休むとして、この仕事を仕上げるのに何日かかるか。

　　A 14日　　　**B** 18日　　　**C** 25日　　　**D** 23日

問題8

PとQで50日間の実施を想定した仕事を行った。PはQの1.5倍仕事を処理することができたが、40日まで仕事を終えた時点でPが他の仕事もすることになり、Pの作業効率は2／3になった。そこで41日目以降、Qは今までの20％増で仕事を進めることにしたならば、作業が完了するのは当初予定されていた日の何日後か。

　　A 3日後　　　**B** 2日後　　　**C** 1日後　　　**D** 4日後

問題9

PとQで30日間の実施を想定した仕事を行った。PはQの1.25倍仕事を処理することができたが、22日まで仕事を終えた時点でPが他の仕事もすることになり、Pの作業効率は3／5になった。そこで、当初の予定を変更して31日で仕事を終える場合、Qは今までの何％増で仕事を進めれば良いか。

　　A 20％増　　　**B** 30％増　　　**C** 15％増　　　**D** 25％増

問題10

PとQの2人で仕事を行うと、ある日数でその仕事は終了することが分かっている。Pだけで仕事をすると、PとQの2人で行うときの日数より2日多くかかり、Qだけで行うと8日多くかかる。このとき、Pだけで仕事を行うと何日かかるか。ただし、PとQそれぞれの1日当たりの仕事量は一定とする。

　　A 6日　　　**B** 2日　　　**C** 7日　　　**D** 10日

問題11

テレビを購入し、代金を数回に分けて支払うことになった。購入時に頭金として

総額の1／3を支払い、2回目に頭金の2／5を支払った。残金は代金総額のどれだけにあたるか。

A 8／15　　**B** 4／5　　**C** 3／15　　**D** 3／5

問題12

車を購入し、代金を数回に分けて支払うことになった。購入時に頭金として総額の1／5を支払った。

❶ 2回目の支払いで1回目の支払い額の1／4を支払い、3回目に残りの全額を支払う。3回目に支払う金額は総額のどれだけにあたるか。

　　A 2／3　　**B** 3／4　　**C** 4／5　　**D** 5／6

❷ 2回目の支払いで総額の半分を支払い、3回目に残りの全額を支払う。このとき、3回目に支払う金額は1回目の支払い額のどれだけにあたるか。

　　A 3／2　　**B** 9／7　　**C** 5／4　　**D** 7／5

問題13

家を購入し、代金を数回に分けて支払うことになった。購入時に頭金として総額の3／17を払い、総額から頭金を除いた残額を8回の分割払いにする。このとき、残額の1／5が分割手数料として残額に加算される。分割払い1回の支払額は総額のどれだけにあたるか。

A 3／130　　**B** 23／130　　**C** 13／170　　**D** 21／170

問題14

高速道路を建設するにあたり、総建設費を国と地方自治体が3：2で負担する。この高速道路が通る地方自治体はP・Q・Rの3県にまたがっており、走行距離に応じて負担額の割合が異なる。このとき、P県の負担額は、総建設費の4／25となっている。

❶ Q県とR県の負担額の合計は、総建設費のどれだけにあたるか。

　　A 5／21　　**B** 21／25　　**C** 3／50　　**D** 6／25

❷ Q県の負担額が地方自治体の負担額の1／3であるとき、R県の負担額は総建設費のどれだけにあたるか。

　　A 4／25　　**B** 8／75　　**C** 13／15　　**D** 4／55

問題15

空の水槽にPとQの2種の管を使用して水を入れる。満水になるのにP管のみでは14時間、Q管のみでは18時間かかる。P管2本とQ管1本を同時に使用した場合、満水になるのは約何時間後か。

A 5時間　　**B** 7時間　　**C** 6時間　　**D** 4時間

問題16

空の水槽にPとQの2種類の管を使用して注水する。P管のみで8時間入れた後、Q管のみを使用して2時間入れると満水になった。また、P管のみで4時間入れた後、Q管のみを使用して5時間入れると満水になった。このとき、P管2本とQ管1本を同時に使用して水を入れると、満水になるにはどれだけかかるか。

A 4時間05分　　**B** 3時間36分　　**C** 4時間20分　　**D** 3時間12分

問題17

空の水槽を満たすのに、P管のみでは4時間かかり、Q管のみでは3時間かかる。また、満水の水槽から水を出して空にするのに、R管のみでは5時間かかり、S管のみでは6時間かかる。

❶　空の水槽にP管で1時間水を入れ、その後、P管とQ管で同時に水を入れる。このとき、空の水槽が満水になるにはP管とQ管で同時に水を入れ始めてから、約何時間何分かかるか。

　　　　A 1時間09分　　**B** 1時間17分　　**C** 1時間26分　　**D** 1時間43分

❷　空の水槽にP管とQ管で水を入れながら、同時にR管とS管で排水すると満水になるにはどれだけかかるか。

　　　　A 4時間37分　　**B** 4時間45分　　**C** 4時間49分　　**D** 5時間00分

問題18

満水の水槽を空にするために、複数の管で同時に排水する。P管・Q管・R管では8分、P管とQ管では14分、P管とR管では12分かかる。このとき、Q管とR管で排水すると、水槽を空にするにはどれだけかかるか。

A 9分45秒　　**B** 10分30秒　　**C** 11分15秒　　**D** 8分00秒

問題19

空の水槽を満水にするために、複数の管で注水する。P管とQ管では15分、Q管とR管では12分、P管とR管では10分かかる。このとき、P管とQ管とR管の3つで注水するとき、水槽を満水にするにはどれだけかかるか。

A 9分　　**B** 5分　　**C** 6分　　**D** 8分

07 ニュートン算

頻出度 ■■□□□　対応試験　SPIペーパーテスト

仕事算の応用バージョンです。仕事中に仕事量が変化するのが特徴です。

▶最初の仕事量+増加分の仕事量 =行った仕事量

ニュートン算は仕事算の発展形。
途中で仕事（作業）の量が増減したら、
迷わずニュートン算の解き方を思い出そう！

▶割合に応じて仕事が
　増加（または減少）する問題。

▶仕事量の増減について方程式を立てる。

例題　こんな問題が出る！

❶　アリの巣には常に一定のアリが入口から中に入っている。出口を4つ設置した時は20分、出口を5つ設置したときは15分で巣の中からアリがいなくなる。出口を設置する前に巣にいたアリの個体数はいずれも等しく、出口から出て行くアリの数は全て等しく、かつ一定である。1分間に1つの出口から出ていくアリの数を1匹とするとき、最初にいたアリの数は何匹か。　(解答目標時間50秒)

　　A 40匹　　B 50匹　　C 60匹　　D 70匹　　E A～Dのいずれでもない

❷　あるチケット売り場に1つの通常窓口と複数の臨時窓口がある。通常窓口と臨時窓口を5つ開け、チケットを販売すると20分で完売し、通常窓口と臨時窓口2つ開けると40分で完売する。ただし、通常窓口、臨時窓口からチケットが売れる枚数は常に一定で、1つの臨時窓口からチケットが売れる枚数はどれも同じである。1つの臨時窓口から1分間に売れるチケットの枚数を1枚とするとき、最初にあったチケットの枚数はいくらか。　(解答目標時間50秒)

　　A 100枚　　B 110枚　　C 120枚　　D 130枚

例題の解答

❶　最初にいたアリをA匹、1分間あたりに入口から入ってくるアリをB匹とする。

　　出口が4つのとき、出て行ったアリの数は4×20＝80。これをA、Bを用いて表すと①A＋20B＝80。出口が5つの場合も同様に5×15＝75、②A＋15B＝75。

　　①、②式を連立して、A＝60、B＝1。

→C **60匹**

❷　最初にあったチケットの枚数をA枚、通常窓口から1分間に売れるチケットの枚数をB枚とする。

　　5つの臨時窓口から20分間で売れるチケットの枚数は20×1×5＝100、20分間に通常窓口から売れるチケットの枚数は20Bなので、①A＝100＋20B。臨時窓口が2つの場合も同様に②A＝80＋40B。

　　①、②式を連立して、A＝120、B＝1。

→C **120枚**

とらのすけ先生のワンポイントアドバイス

頻出分野ではありませんが、出題パターンは決まっていますので、いざ出題された時は確実に正解し高得点を狙いましょう。

実践問題

解答集 ▶ P20〜

問題1

　穴の開いたバケツがある。このバケツに水を毎分10Lずつ入れると12分、毎分13Lずつ入れると8分でいっぱいになる。

❶　このとき、水は毎分何Lずつバケツから漏れているか。

　　A 1L　　**B** 2L　　**C** 3L　　**D** 4L

❷　ちょうど6分でバケツをいっぱいにするには、毎分何Lの水を入れればよいか。

　　A 4L　　**B** 8L　　**C** 12L　　**D** 16L

問題2

　アリの巣には常に一定のアリが入口から中に入っている。出口を4つ設置した時は20分、出口を5つ設置した時は15分で巣の中からアリがいなくなる。出口を設置す

る前に巣にいたアリの個体数はいずれも等しく、1分間に1つの出口から出ていくアリの数は1匹とする。

❶ 1分あたりに入口から入ってくるアリの数は何匹か。

　A 1匹　　**B** 2匹　　**C** 4匹　　**D** 6匹

❷ このアリの巣を10分で空にするために出口はいくつあればよいか。

　A 5つ　　**B** 7つ　　**C** 9つ　　**D** 11つ

問題3

　あるチケット売り場に1つの通常窓口と複数の臨時窓口がある。通常窓口と臨時窓口を5つ開け、チケットを販売すると20分で完売し、通常窓口と臨時窓口を2つ開けると40分で完売する。ただし、通常窓口、臨時窓口からチケットが売れる枚数は常に一定で、1つの臨時窓口からチケットが売れる量はどれも同じである。

❶ 通常窓口から1分間に売れるチケットの枚数はいくらか。ただし、1つの臨時窓口から1分間に売れるチケットの枚数を1枚とする。

　A 1　　**B** 3　　**C** 5　　**D** 7

❷ 通常窓口を閉めたまま、臨時窓口を1つ開けたとき、チケットが完売するまで何分かかるか。

　A 100分　　**B** 110分　　**C** 120分　　**D** 130分

問題4

　ある牧場で、牛を15頭入れると8日で草がなくなり、20頭入れると4日で草がなくなる。では、牛を30頭入れると何日で草はなくなるか。ただし、草は毎日ある一定量生えてくるものとする。

　A 1日　　**B** 2日　　**C** 3日　　**D** 4日　　**E** 5日

問題5

　常に一定の量の水が湧き出している貯水池からポンプを用いて水を全て汲み出し、貯水池を一時的に空にする作業を行う。今、同型のポンプが複数台用意されており、この作業に要する時間は、ポンプ4台を用いた場合は30分、5台用いた場合は20分かかる。この作業を10分で終えるには、ポンプは最低何台必要か。なお、各作業開始時の水量は一定とする。

　A 5台　　**B** 6台　　**C** 7台　　**D** 8台　　**E** 9台

問題6

　タンクに水が入っている。このタンクの蛇口から水を入れながらポンプ3台で排水すると30分でタンクが空になる。蛇口から水を入れながら5台で排水すると10分でタンクが空になる。このとき、蛇口から水を入れずにポンプ2台で排水すると、何分

でタンクは空になるか。

A 10分　　**B** 15分　　**C** 20分　　**D** 25分　　**E** 30分

問題7

　ある野球場で前売り券を発売し始めたとき、600人が並んでいて毎分20人が行列に加わっていくものとする。発売窓口が1つの時は15分で行列がなくなるが、窓口が7つの時は行列がなくなるのに何分かかるか。なお、発売窓口の1分あたりの仕事量は一定であるものとする。

A 1分　　**B** 1.5分　　**C** 2分　　**D** 2.5分　　**E** 3分

問題8

　ある施設に設置されたタンクには、常に一定の割合で地下水が流入しており、このタンクにポンプを設置して排水すると、3台同時に使用したときは30分、4台同時に使用したときは20分でそれぞれタンクが空となる。この場合、このタンクを6分で空にするために必要なポンプの台数として、正しいのはどれか。ただし、排水開始前にタンクに入っていた水量はいずれも等しく、ポンプの毎分ごとの排水量は全て一定である。

A 7台　　**B** 8台　　**C** 9台　　**D** 10台　　**E** 11台

問題9

　ある劇場で入場券の発売の何分か前から行列ができはじめて、毎分10人ずつ行列の人数が増していく。今、入場券発売口を1つにすると発売をはじめてから40分で行列がなくなるが、入場券発売口を2つにすると15分で行列がなくなる。行列は発売の何分前からできはじめたか。ただし、発売に使う時間はいつも同じと考える。

A 60分前　　**B** 70分前　　**C** 80分前　　**D** 90分前　　**E** 100分前

問題10

　水槽から水を汲みだす。ポンプAを2台とポンプBを1台用いると30分かかり、ポンプAを1台とポンプBを2台用いると20分かかる。このとき、ポンプAを1台だけ用いて水を汲みだすと、どれだけの時間がかかるか。

A 90分　　**B** 120分　　**C** 150分　　**D** 180分

08 平均算（推論）

頻出度 ■■■■ ■ 対応試験 SPIペーパーテスト／SPIテストセンター

平均値の概念を利用した文章題です。平均から個々の値を求めます。

> ▶ **合計＝平均×個数**
> **だけ覚えればOK！**
>
> 平均に関する基本公式は3つあるが、
> どれも順番を変えただけ。
> 1つだけ覚えておいて、
> あとは必要な時に順番を入れ替えればOK。
>
> **3つの**　▶ 合計＝平均×個数　※順位に関する
> **基本公式**　▶ 個数＝合計÷平均　　推論にも
> 　　　　　　▶ 平均＝合計÷個数　　平均算を使用する
> 　　　　　　　　　　　　　　　　　場合がある。

例題　こんな問題が出る！

❶ 商品P、Q、Rの値段について次のⅠ～Ⅲのことがわかっているとき、Pの値段はいくらか。 （解答目標時間30秒）

Ⅰ PとQの値段の平均は275円である。

Ⅱ PとRの値段の平均は310円である。

Ⅲ PとQとRの値段の平均は290円である。

A 320円　　**B** 250円　　**C** 300円　　**D** 270円

E A～Dのいずれでもない

❷ ある試験では、650人が受験した。受験者全体の平均点は59点で、合格者の平均点は64点、不合格者の平均点は51点であった。このとき、試験の合格者数は何人か。 （解答目標時間30秒）

A 421人　　**B** 350人　　**C** 400人　　**D** 380人

E A～Dのいずれでもない

例題の解答

❶ 就活アカデミーEdgey式の超高速解法！

① P + Q = 550
② P + R = 620
③ P + Q + R = 870
これらを連立して、P = 300

Ⅰより、(P+Q)÷2 = 275と立式でき、両辺に2をかけると①P+Q = 550
Ⅱより、(P+R)÷2 = 310と立式でき、両辺に2をかけると②P+R = 620
Ⅲより、(P+Q+R)÷3 = 290と立式でき、両辺に3をかけると③P+Q+R = 870
①②③の連立方程式を解くと、P = 300となる

→C **300円**

---

❷ 就活アカデミーEdgey式の超高速解法！

合格者数をx人とおく。
$64x + 51(650-x) = 59×650$
$x = 400$

合格者の人数をxとおくと、不合格者の人数は$650-x$と示せる。このことから、合格者の合計点数＋不合格者の合計点数＝受験者全体の合計点数の通りに立式すると、

$64x + 51(650-x) = 59×650$となり、$x = 400$と分かる。よって、Cが正解。

→C **400人**

とらのすけ先生のワンポイントアドバイス

SPIの頻出分野です。「平均」というキーワードを見つけたら、平均算の公式をすぐに思い浮かべて問題に取り掛かりましょう。

実践問題

解答集 ▶ P22〜

問題1

　ある試験では、受験者の1割が合格点を得た。合格者の平均点は合格基準点より13点高く、不合格者の平均点は合格基準点より17点低かった。受験者全員の平均点が64点であるとき、合格者の平均点はいくらか。

A 82点　　　**B** 78点　　　**C** 91点　　　**D** 75点

問題2

　商品P・Q・Rの値段について次のⅠ〜Ⅲのことがわかっている。

Ⅰ　PとQの値段の平均は2800円である。
Ⅱ　PとQとRの値段の平均は3500円である。
Ⅲ　PとRの値段の平均は3650円である。

　このとき、Qの値段はいくらか。

A 2400円　　　**B** 49000円　　　**C** 4050円　　　**D** 3200円

問題3

　商品P・Q・Rの値段について次のⅠ〜Ⅲのことがわかっているとき、Qの値段はいくらか。

Ⅰ　PとQの値段の平均は2800円である。
Ⅱ　PとQとRの値段の平均は3500円である。
Ⅲ　PとRの値段の平均は4050円である。

A 2400円　　　**B** 4900円　　　**C** 4050円　　　**D** 3200円

問題4

　ある試験の合格者の平均点が72点であり、不合格者の平均点は56点であった。また、受験者全体の平均点は60点であった。この試験の合格率は何%になるか。

A 25%　　　**B** 23%　　　**C** 27%　　　**D** 18%

問題5

　ある試験では、300人が受験した。合格者は全部で80名で、そのうち45%が女性だった。また、男性の合格率は40%であった。受験者全体の平均点は57点で、男性受験者の平均点が38点であったとき、女性受験者の平均点は何点か。

A 68点　　　**B** 42点　　　**C** 53点　　　**D** 62点

問題6

P、Q、R、Sの4人の身長について、次のⅠ～Ⅲのことがわかっている。

Ⅰ　PとSの差は6cm

Ⅱ　PとQの平均は165cm

Ⅲ　RとSの平均は170.5cm

❶　Rの身長が163cmの場合、Qの身長は何cmか。当てはまるものをすべて選びなさい。

　　A 146cm　　**B** 163cm　　**C** 172cm　　**D** 184cm　　**E** 158cm

　　F 178cm

❷　最も高い人が178cmの場合、Pの身長は何cmか。当てはまるものをすべて選びなさい。

　　A 145cm　　**B** 178cm　　**C** 152cm　　**D** 157cm　　**E** 171cm

　　F 169cm　　**G** 172cm　　**H** 173cm　　**I** 158cm

問題7

P、Q、R、S、Tの5人が理科の試験を受けた。この5人の平均は68点であり、5人の点数はPが49点、Qが64点、Rが97点、Sが52点だった。このとき、Tの点数は何点になるか。

A 82点　　**B** 78点　　**C** 69点　　**D** 95点

問題8

P、Q、R、S、Tの5人の小テストの点数について、次のⅠ～Ⅳのことがわかっている。

Ⅰ　PはQより8点高い。

Ⅱ　QはRより3点低い。

Ⅲ　SはPより12点低い。

Ⅳ　TはSより10点高い。

このとき、5人の平均はSの点数より何点高いか。

A 6.2点　　**B** 6.6点　　**C** 7.4点　　**D** 8.1点

問題9

P、Q、R、Sの4人が英語と数学の試験を受けた。各テストは100点満点で、4人のうちで同点の者はいなかった。また、4人の英語の得点について、次のⅠ～Ⅲのことがわかっている。

Ⅰ　Pの得点はSよりも高い。

Ⅱ　Rの得点はSよりも高い。

Ⅲ　Sの得点はPとQの平均に等しい。

❶ 英語の点数について、次の推論のうち、必ず正しいといえるものはどれか。当てはまるものを全て選びなさい。

　　ア　Qの得点はPよりも低い。
　　イ　Qの得点はRよりも低い。
　　ウ　Rの得点はPよりも高い。

A アのみ　　　**B** イのみ　　　**C** ウのみ　　　**D** アとイ　　　**E** アとウ
F イとウ　　　**G** アとイとウ　　　**H** 当てはまるものはない

❷ Ⅰ～Ⅲの他に次のことがわかった。

　　Ⅳ　数学のテストはSの得点が最も低く、Qが2番目に低い。

　　このとき、Pの数学の順位として考えられるものを全て選びなさい。

A 1位　　　**B** 2位　　　**C** 3位　　　**D** 4位

問題10

ある学校のマラソン大会の結果について、次のⅠ～Ⅴのことがわかっている。

Ⅰ　全生徒の完走時間の平均は42分であった。
Ⅱ　完走時間が15分未満の生徒は全体の10％であり、その完走時間の平均は14分であった。
Ⅲ　完走時間が15分以上30分未満の生徒は40人であり、その完走時間の平均は21分であった。
Ⅳ　完走時間が30分以上50分未満の生徒の完走時間の平均は、48分であった。
Ⅴ　完走時間が50分以上の生徒は全体の20％であり、その完走時間の平均は65分であった。

このとき、完走時間が15分以上50分未満の生徒は何人いるか。

A 180人　　　**B** 40人　　　**C** 86人　　　**D** 126人

問題11

ある年のA国とB国への渡航者の平均消費額について、次のⅠ～Ⅴのことがわかっている。

Ⅰ　A国へ渡航した者のA国での平均消費額は5万円であった。
Ⅱ　A国へのみ渡航した者のA国での平均消費額は8万円であった。
Ⅲ　B国へ渡航した者のB国での平均消費額は12万円であった。
Ⅳ　B国へのみ渡航した者のB国での平均消費額は15万円であった。
Ⅴ　A国とB国の両方へ渡航した者のA国での平均消費額とB国での平均消費額の合計は10万円であった。

A国への渡航者は5000人、B国への渡航者は8000人であったとき、A国とB国の両

方へ渡航した者は何人いるか。

A 270人　　**B** 3000人　　**C** 1500人　　**D** 800人

問題12

A、B、C、D、Eの5人の足のサイズについて、25cmを基準として正負の数で表に示した。5人の足のサイズの平均を求めよ。

（単位：cm）

	A	B	C	D	E
基準との差	1.5	−2.5	−1.0	3.5	−7.0

A 23.9cm　　**B** 23.1cm　　**C** 22.5cm　　**D** 24.2cm

問題13

次のグラフと表について、7月と10月の最高気温と最低気温の差の平均はおよそ何度か。最も近いものを選択肢の中から選びなさい。

（単位：℃）

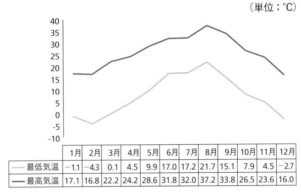

	1月	2月	3月	4月	5月	6月	7月	8月	9月	10月	11月	12月
最低気温	−1.1	−4.3	0.1	4.5	9.9	17.0	17.2	21.7	15.1	7.9	4.5	−2.7
最高気温	17.1	16.8	22.2	24.2	28.6	31.8	32.0	37.2	33.8	26.5	23.6	16.0

A 13℃　　**B** 14℃　　**C** 15℃　　**D** 16℃

問題14

Aさんが属するクラスで国語の試験を行ったところ、クラスの平均点が61.5点、Aさんの点数が48点、Aさん以外の平均点が62点だった。数学の試験を行ったところ、クラスの平均点が58点、Aさん以外の平均点が57点だった。このとき、Aさんの数学の点数は何点か。

A 66点　　**B** 72点　　**C** 80点　　**D** 85点

09 年齢算

頻出度 ■■□□□　　対応試験　SPIテストセンター／WEBテスティング／SPIペーパーテスト

1年でみんな平等に1歳ずつ年を取るという、年齢の性質に着目した問題です。

> ▶年齢差は
>   いつでも変わらないのがカギ
>
> ## 解答の3大POINT
>
> ・分からない値を文字で置き、
>   方程式を立てる。
>
> ・何年経っても（さかのぼっても）
>   「年齢差」は変化しない。
>
> ・「年齢比」は、
>   過去→現在→未来で変化する。

例題　こんな問題が出る！

❶ 父、母、姉、妹の4人家族がいる。現在、父は44歳で、姉妹は4歳差である。8年後には、姉妹の年齢の和と現在の父の年齢が等しくなる。現在の妹の年齢はいくつか。　　　　　　　　　　　　　　　　　　　　　　　　　（解答目標時間30秒）

　　A 10歳　　　**B** 12歳　　　**C** 14歳　　　**D** 16歳　　　**E** 18歳

❷ 現在の母の年齢は35歳で、子どもの年齢は7歳である。母の年齢は、何年後に子どもの年齢の2倍になるか。　　　　　　　　　　　　　　　　（解答目標時間30秒）

　　A 18年後　　　**B** 19年後　　　**C** 20年後　　　**D** 21年後　　　**E** 22年後

例題の解答

❶　就活アカデミーEdgey式の超高速解法！

> 8年後の妹の年齢は、（44−4）÷2＝20歳
> よって、現在の妹の年齢は、20−8＝12歳。Bが正解。

　　現在の姉妹の年齢の和をxとする。8年後には、姉妹の年齢の和は16大きくなり、これが現在の父の年齢と等しいため、$x+16=44$　$x=28$

　　現在の妹の年齢をyとすると、姉妹は4歳差であることから、姉の年齢は$y+4$となる。求めたxの値から$y+4+y=28$　$y=12$

　　よって、正解は12歳となる。

→**B　12歳**

---

❷　就活アカデミーEdgey式の超高速解法！

> 年齢が2倍になるのは、35−7＝28
> →子どもの年齢が28歳のとき
> よって、28−7＝21でDが正解。

　　時間が経っても母と子どもの年齢差は変わることがなく、28歳差のままである。母の年齢と、子どもの年齢の2倍が等しくなるときの子どもの年齢をx歳とすると、母親の年齢は$2x$歳となる。このときも母子の年齢差は28歳のため、

　　　$2x-x=28$　→　$x=28$

　　母の年齢と、子どもの年齢の2倍が等しくなるときの子どもの年齢は28歳になる。現在の年齢は7歳なので、

　　　28−7＝21

→**D　21年後**

とらのすけ先生のワンポイントアドバイス

　頻出度が高くない単元だからこそ、いざ目の前にすると焦ってしまい解けなかったという声を耳にします。「年齢の差は常に変わらないこと」だけ頭に入れとくと、素早く回答可能です。本番は落ち着いて解きましょう。

実践問題

解答集 ▶ P24〜

問題1

父、母と3姉妹の5人家族がいる。両親の年齢の和は、3姉妹の年齢の和の3倍である。父は母より4歳上である。

❶ 母の年齢は46歳である。3姉妹の年齢の和はいくつか。

A 28歳 　　**B** 30歳 　　**C** 32歳 　　**D** 34歳 　　**E** 36歳

❷ 父親の年齢は次女の年齢の5倍であり、三女は5年後に現在の次女の年齢と等しくなる。長女の年齢はいくつか。

A 15歳 　　**B** 16歳 　　**C** 17歳 　　**D** 18歳 　　**E** 19歳

問題2

父、母と3兄弟の5人家族がいる。現在、両親の年齢の和は3兄弟の年齢の和の3倍だが、5年後には3兄弟の年齢の和の2倍になる。6年前は、父と次男の年齢の和が母、長男、三男の年齢の和と等しかった。

❶ 現在の3兄弟の年齢の和はいくつか。

A 16歳 　　**B** 17歳 　　**C** 18歳 　　**D** 19歳 　　**E** 20歳

❷ 6年前の5人の年齢の和はいくつか。

A 50歳 　　**B** 55歳 　　**C** 60歳 　　**D** 65歳 　　**E** 70歳

❸ 現在の父と次男の年齢の和はいくつか。

A 37歳 　　**B** 38歳 　　**C** 39歳 　　**D** 40歳 　　**E** 41歳

問題3

現在、Aさんは29歳でBさんは35歳である。何年前にBさんはAさんの3倍の年齢だったか。

A 22年前 　　**B** 23年前 　　**C** 24年前 　　**D** 25年前 　　**E** 26年前

問題4

現在の父の年齢は38歳で、6年後、父の年齢は子どもの年齢の4倍になる。現在の子どもの年齢はいくつか。

A 4歳 　　**B** 5歳 　　**C** 6歳 　　**D** 7歳 　　**E** 8歳

問題5

父、母、子どもの3人家族がいる。現在、父は38歳、母は32歳、子どもは8歳である。両親の年齢の和が子どもの年齢の11倍だったのは何年前か。

A 1年前　　　**B** 2年前　　　**C** 3年前　　　**D** 4年前　　　**E** 5年前

問題6

　祖父は父より21歳年上で、父は子どもより27歳年上である。9年後、父と子どもの年齢の和が祖父の年齢と等しくなる。現在の子どもの年齢はいくつか。

A 10歳　　　**B** 11歳　　　**C** 12歳　　　**D** 13歳　　　**E** 14歳

問題7

　現在、父の年齢は子どもの年齢の3倍であるが、12年後には2倍になる。現在の子どもの年齢はいくつか。

A 9歳　　　**B** 10歳　　　**C** 11歳　　　**D** 12歳　　　**E** 13歳

問題8

　現在、父は35歳で子どもは3歳である。父の年齢が子どもの年齢の3倍になるのは何年後か。

A 12年後　　　**B** 13年後　　　**C** 14年後　　　**D** 15年後　　　**E** 16年後

問題9

　母、兄、弟の3人家族がいる。現在、母は39歳で、兄弟の年齢の和は12歳である。母の年齢は何年後に兄弟の年齢の和の2倍になるか。

A 5年後　　　**B** 6年後　　　**C** 7年後　　　**D** 8年後　　　**E** 9年後

問題10

　現在、父は41歳、子どもは7歳である。父の年齢が子どもの年齢の2倍になるのは何年後か。

A 24年後　　　**B** 25年後　　　**C** 26年後　　　**D** 27年後　　　**E** 28年後

問題11

　現在、姉は16歳、妹は3歳である。姉の年齢が妹の年齢の2倍になるのは何年後か。

A 8年後　　　**B** 9年後　　　**C** 10年後　　　**D** 11年後　　　**E** 12年後

10 　暦算

頻出度 ■■ □□□　　対応試験 SPIテストセンター／WEBテスティング／SPIペーパーテスト

基準となる日の曜日から、とある日の曜日などを導く問題です。

> ## ▶1年間は52週と1日
> ## （うるう年は2日）を覚えると便利
>
> ▶ うるう年：2月は29日間／1年366日
>
> ▶ うるう年以外：2月は28日間／1年365日
>
> ▶ 4、6、9、11月は30日間。その他の月は31日間
> 　※西（2、4）向く（6、9）士（サムライ、11）で覚える
>
> ▶ うるう年：西暦で4で割り切れる年
> 　ただし、100で割り切れて、400で割り切れない年
> 　（たとえば2100年）は閏年ではないので注意！

例題　こんな問題が出る！

❶　6月1日が火曜日のとき、同じ年の6月27日は何曜日か。（解答目標時間20秒）

　A　月曜日　　　B　火曜日　　　C　水曜日　　　D　木曜日　　　E　金曜日
　F　土曜日　　　G　日曜日

❷　うるう年の1月31日が金曜日のとき、同じ年の8月10日は何曜日か。

（解答目標時間30秒）

　A　月曜日　　　B　火曜日　　　C　水曜日　　　D　木曜日　　　E　金曜日
　F　土曜日　　　G　日曜日

―とらのすけ先生のワンポイントアドバイス―

曜日のズレを求めたいときは、まず経過日数を求めましょう。
それを7で割って余りを求めることで、曜日が何日分ずれているのか導けます。

例題の解答

❶ 就活アカデミーEdgey式の超高速解法！

26÷7＝3あまり5　→　火曜日の5つ先の曜日は日曜日。

··

6月27日は26日後。1週間は月曜日〜日曜日の7日間で、このサイクルがずっと続いているため、経過日数を7で割ることで曜日が何日分ずれているか求めることが出来る。

26÷7＝3あまり5

よって、5日後に曜日がずれている。火曜日の5つ先の曜日は日曜日。

→G　**日曜日**

❷ 就活アカデミーEdgey式の超高速解法！

29＋31＋30＋31＋30＋31＋10　→　192日後
192÷7＝27あまり3　→　金曜日の3つ先の曜日は月曜日。

··

まずは、8月10日が1月31日から何日後か求める。このとき、2月が29日であることと、4月、6月が30日であることに注意する。

よって、経過日数は、29＋31＋30＋31＋30＋31＋10＝192日後。

この経過日数を7で割ることで曜日が何日分ずれているか求める。

192÷7＝27あまり3

よって、3日分、後に曜日がずれている。金曜日の3つ先の曜日は月曜日であるから、Aが正解。

→A　**月曜日**

実践問題

解答集 ▶ P26〜

問題1

2020年はうるう年であり、2020年3月31日は火曜日である。次のうるう年である2024年5月4日は何曜日か。

A 月曜日　　　**B** 火曜日　　　**C** 水曜日　　　**D** 木曜日　　　**E** 金曜日
F 土曜日　　　**G** 日曜日

問題2

2020年はうるう年であり、2020年2月29日が土曜日である。次のうるう年である2024年8月25日は何曜日か。

A 月曜日　　　**B** 火曜日　　　**C** 水曜日　　　**D** 木曜日　　　**E** 金曜日
F 土曜日　　　**G** 日曜日

問題3

4月7日が水曜日なら、同じ年の4月29日は何曜日か。

A 月曜日　　　**B** 火曜日　　　**C** 水曜日　　　**D** 木曜日　　　**E** 金曜日
F 土曜日　　　**G** 日曜日

問題4

7月31日が土曜日なら、同じ年の10月13日は何曜日か。

A 月曜日　　　**B** 火曜日　　　**C** 水曜日　　　**D** 木曜日　　　**E** 金曜日
F 土曜日　　　**G** 日曜日

問題5

3月28日が水曜日であるとする。

❶ 100日後は何曜日か。

　　A 月曜日　　　**B** 火曜日　　　**C** 水曜日　　　**D** 木曜日　　　**E** 金曜日
　　F 土曜日　　　**G** 日曜日

❷ 100日後は何月何日か。

　　A 7月5日　　　**B** 7月6日　　　**C** 7月7日　　　**D** 7月8日　　　**E** 7月9日

問題6

2020年7月24日は金曜日である。

❶ 2024年3月1日は何日後か。

　　A 1314日後　　　**B** 1315日後　　　**C** 1316日後　　　**D** 1317日後

E 1318日後

❷ 2024年3月1日は何曜日か。

A 月曜日 **B** 火曜日 **C** 水曜日 **D** 木曜日 **E** 金曜日
F 土曜日 **G** 日曜日

問題7

2000年6月13日は火曜日である。

❶ 2010年6月13日は何曜日か。

A 月曜日 **B** 火曜日 **C** 水曜日 **D** 木曜日 **E** 金曜日
F 土曜日 **G** 日曜日

❷ 1990年6月13日は何曜日か。

A 月曜日 **B** 火曜日 **C** 水曜日 **D** 木曜日 **E** 金曜日
F 土曜日 **G** 日曜日

問題8

西暦2000年から西暦2100年までの間にうるう年は何回あるか。

A 23回 **B** 24回 **C** 25回 **D** 26回 **E** 27回

問題9

西暦2020年から西暦3000年までの間にうるう年は何回あるか。

A 235回 **B** 236回 **C** 237回 **D** 238回 **E** 239回

問題10

令和2年4月1日は、平成14年11月30日から何日後か。

A 6329日後 **B** 6330日後 **C** 6331日後 **D** 6332日後
E 6333日後

問題11

30人のクラスがある。このクラスで4月8日木曜日から、出席番号順に5人ずつ1日交替で給食当番をする。

❶ 土曜日も日曜日も1日交替で毎日行う場合、4月8日に担当した5人が次に担当するのは4月何日か。

A 13日 **B** 14日 **C** 15日 **D** 16日 **E** 17日

❷ 土曜日と日曜日は行わないとすると、4月8日に担当した5人が次に担当するのは4月何日か。

A 15日 **B** 16日 **C** 17日 **D** 18日 **E** 19日

11 速さ ❶ （基本公式）

頻出度 ■■■ 対応試験 SPIテストセンター／WEBテスティング／SPIペーパーテスト

「速さ」「時間」「距離」いずれかを求める問題です。

> ▶速さ＝距離÷時間
> だけ覚えればOK！
>
> 速さに関する基本公式は3つあるが、
> どれも順番を変えただけ。1つだけ覚えておいて、
> あとは必要な時に順番を入れ替えればOK。
>
> ▶速さ＝距離÷時間 ➡ 距離20km÷2時間＝速さ10km／時
> ▶距離＝速さ×時間 ➡ 速さ10km／時×2時間＝距離20km
> ▶時間＝距離÷速さ ➡ 距離20km÷速さ10km／時＝2時間

例題 こんな問題が出る！

❶ 時速60kmで5時間進むとき、どれだけ進めるか。 （解答目標時間20秒）

    A 12km   **B** 30km   **C** 120km   **D** 300km

❷ 1350mを50分で進むとき、分速何mで進んでいるか。 （解答目標時間20秒）

    A 分速675m   **B** 分速27m   **C** 分速75m   **D** 分速30m

❸ 54kmを分速3000mで進むとき、何時間かかるか。 （解答目標時間20秒）

    A 18時間   **B** 0.3時間   **C** 6時間   **D** 162時間

❹ 42kmを時速6kmで進むとき、時間は何秒かかるか。 （解答目標時間20秒）

    A 7000秒   **B** 16800秒   **C** 25200秒   **D** 42000秒

とらのすけ先生のワンポイントアドバイス

上記の「速さ」「距離」「時間」の公式をマスターしておきましょう。
単位変換をするときに注意が必要です。

例題の解答

❶ 就活アカデミーEdgey式の超高速解法！

60×5 ＝ 300km

．．．

「どれだけ進めるか」は距離を問う問題なので、距離＝速さ×時間で求めることができる。

したがって、時速60km×5時間＝300km　　　　　　　　　　**→D　300km**

---

❷ 就活アカデミーEdgey式の超高速解法！

1350÷50 ＝ 27m／分

．．．

基本公式より、速さ＝距離÷時間なので、1350÷50＝27m／分となる。

→B

---

❸ 就活アカデミーEdgey式の超高速解法！

54÷180 ＝ 0.3

．．．

時間を問う問題なので、時間＝距離÷速さで求めることができる。ただし、速さの単位が揃っていないため、これを揃えてから計算する。

分速を時速に変換すると、分速3000m＝分速3km＝時速3×60＝180km。基本公式より、

54km÷180km／時間＝0.3時間

→B　0.3時間

---

❹ 就活アカデミーEdgey式の超高速解法！

（42÷6）×60×60 ＝ 25200秒

．．．

基本公式より、時間＝距離÷速さなので42÷6＝7時間となる。1時間＝60分＝60秒より、7（時間）×60（分）×60（秒）＝25200（秒）。　　　　　　　　　**→C**

実践問題

解答集 ▶ P27〜

問題1

42kmを時速6kmで進むとき、時間はいくらかかるか。

A 12時間　　B 252時間　　C 7時間　　D 21時間

問題2

時速54kmで8時間20分進むとき、どれだけ進めるか。

A 65km　　B 442km　　C 450km　　D 96km

問題3

4.25kmを125分で進むとき、分速いくらで進んでいるか。

A 分速34m　　B 分速17m　　C 分速5m　　D 分速24m

問題4

2500m離れたAB間を、A地点からは分速60mで歩くSさんが、B地点からは分速65mで歩くTさんが向かい合って同時に歩きだしたとき、2人が出会うのは何分後か。

A 18分後　　B 25分後　　C 10分後　　D 20分後

問題5

Aさんは分速85m、Bさんは分速70mで歩いている。450m先を歩いているBさんをAさんが追いかけるとき、追いかけ始めてから何分後に追いつくか。

A 20分後　　B 30分後　　C 15分後　　D 25分後

問題6

Aさんは時速4.2km で、Bさんは時速3.8kmで歩く。AさんがX地点からY地点まで歩いて24分かかる（必要な場合は、小数点以下第1位を四捨五入すること）。

❶ AさんがX地点からY地点に向かって、BさんがY地点からX地点に向かって同時に歩き始めるとき、2人が出会うのは約何分後か。

　　A 22分後　　B 13分後　　C 17分後　　D 23分後

❷ BさんがX地点から歩き始めた3分後に、AさんがBさんを追ってX地点を出発したとき、AさんはAさんが出発してから約何分後にBさんに追いつくか。

　　A 29分後　　B 33分後　　C 24分後　　D 37分後

問題7

　AさんはXY間を時速2.4kmの速さで歩く。Aさんが9時にXを出発してから15分後に、Bさんが時速6kmでAさんを追いかける。BさんがAさんに追いつくのは何時何分になるか。

A 9時10分　　　**B** 9時15分　　　**C** 9時25分　　　**D** 9時30分

問題8

　1周2.2kmの池の周りをAさんは時速4.8km、Bさんは時速1.8kmで歩く。2人は同地点にいる。

❶ 池の周りを同時に反対方向に歩き出すとき、AさんとBさんが再び会うまでにかかる時間は何分か。

A 20分　　　**B** 10分　　　**C** 30分　　　**D** 8分

❷ Aさんが出発してから6分後に、BさんがAさんと同じ方向に歩き出す。このとき、AさんがBさんに最初に追いつくのはAさんが歩き出してから何分何秒後か。

A 33分33秒後　　　**B** 20分40秒後　　　**C** 40分24秒後　　　**D** 30分15秒後

問題9

　池の周りをAさんは時速4.2km、Bさんは時速2.7kmで歩く。2人はX地点におり、反対方向に同時に歩き始めたところ、12分後に初めて出会った。

❶ 2回目に2人が出会うのは、X地点から何m離れているか。短い距離の方を答えよ。

A 300m　　　**B** 420m　　　**C** 270m　　　**D** 540m

❷ X地点から同時に同じ方向に歩き始めたとき、AさんがBさんを最初に追い越すのは出発してから何分何秒後か。

A 42分50秒後　　　**B** 30分05秒後　　　**C** 45分20秒後　　　**D** 55分12秒後

問題10

　時速40kmで走ると、1Lのガソリンで8km走り、時速70kmで走ると、1Lのガソリンで7km走る自動車がある。この自動車でA地点からB地点まで向かう。途中までは時速40kmで走り、途中からは時速70kmで走ったところ、全部で6時間かかり、45Lのガソリンを使用した。このとき、AB間の距離を求めよ。

A 330km　　　**B** 420km　　　**C** 270km　　　**D** 150km

問題11

　AさんとBさんが一定の速さで進んでおり、Bさんの速度の方がAさんの速度より秒速2mだけ速い。Aさんが全長60mのトンネルに入り、その9秒後にBさんもトンネルに入った。このとき、Aさんがトンネルを抜けた4秒後にBさんもトンネルを抜けたと

すると、Bさんの速さはいくらか。

A 秒速4m   **B** 秒速10m   **C** 秒速6m   **D** 秒速8m

問題12

4人で駅伝の区間を走った。第1区から第4区のそれぞれの距離は図に示す(必要な場合は、最後に小数点以下第2位を四捨五入すること)。

09:30	09:41	09:57	10:21	( )

スタート

第1区 4km	第2区 5.5km	第3区 6.5km	第4区 5km

ゴール

❶ 第3区走者の平均時速はいくらか。

   A 16.3km／時   **B** 21.4km／時   **C** 18.2km／時   **D** 13.5km／時

❷ 第4区走者の平均時速が12.5km／時だった時、全区間の平均時速はいくらか。

   A 24.0km／時   **B** 17.5km／時   **C** 21.4km／時   **D** 16.8km／時

問題13

各チーム8人で競う駅伝が行われた。第4走者までが往路を走り、第5走者以降は復路を走る。あるチームのそれぞれが走った距離と時間は図のようになっている(必要な場合は、最後に小数点以下第2位を四捨五入すること)。

スタート

10:15	10:27	10:47	11:08	11:30
第1区	第2区	第3区	第4区	
4km	5km	5km	6km	
第8区	第7区	第6区	第5区	

ゴール

( )	12:34	12:12	11:52	11:30

❶ 第4走者の平均時速はいくらか。

   A 16.4km／時   **B** 15.3km／時   **C** 17.2km／時   **D** 14.8km／時

❷ 往路の平均時速は何km／時か。

   A 13km／時   **B** 16km／時   **C** 21km／時   **D** 24km／時

❸ 第8走者の平均時速が15km／時だったとき、このチーム全体の平均時速は何km／時か。

   A 18.5km／時   **B** 17.5km／時   **C** 15.5km／時   **D** 16.5km／時

問題14

P駅とR駅の間は72kmである。24km／時で走行する電車AがP駅を13時45分に出

発して、PR間の中間地点のQ駅で、R駅を14時30分に出発した電車Bとすれ違った。電車Bの速度は何km／時か。各電車の速度は常に一定とする。

A 54km／時　　**B** 43km／時　　**C** 52km／時　　**D** 48km／時

問題15

電車が時速79.2kmでトンネルを通過する。電車の長さが250m、トンネルの長さが690mである。電車がトンネルを通過するとき、トンネルに電車が完全に隠れている時間は何秒か（必要な場合は、小数点以下第2位を四捨五入すること）。

A 31.4秒　　**B** 22.7秒　　**C** 20.0秒　　**D** 42.7秒

問題16

川の中のP地点とQ地点は24km離れている。船でこの2地点を往復したところ、上りに4時間、下りに3時間かかった。ただし、流速は一定である。

❶ この船の静水時の速度は時速何kmか。

　　A 8km／時　　**B** 7km／時　　**C** 9km／時　　**D** 10km／時

❷ この川の流速は時速何kmか。

　　A 1km／時　　**B** 5km／時　　**C** 2km／時　　**D** 7km／時

問題17

Aさんは普段、自宅から学校まで時速4.5kmで歩いている。しかし、ある日、家を出るのが5分遅れてしまったので時速5.4kmで歩いたところ、普段と同じ時刻に到着した。このとき、Aさんは普段、学校まで何分かけて通っているか。

A 30分　　**B** 40分　　**C** 25分　　**D** 45分

問題18

Aさんは駅に停めた自転車を取りに行くために、家から駅までの往路は徒歩で行き、駅から家までの復路は自転車に乗って帰った。このとき、往復にかかった時間が36分だった。徒歩は時速3.6km、自転車が時速18kmであったとき、家から駅までの距離は何kmか。

A 2.5km　　**B** 1.8km　　**C** 1.2km　　**D** 2.7km

12 速さ ❷ （比）

頻出度 ■■■	対応試験	SPIテストセンター／WEBテスティング／SPIペーパーテスト

速さの公式をベースに、「速さ」「時間」「距離」いずれかの比を用いて考える問題です。

> ## ▶〇〇が一定の時は、比例関係に着目！
>
> ### ①速さが一定のとき、距離と時間は**比例**
> 40km/hのとき、2時間で80km、
> 倍の4時間で倍の160km進む
>
> ### ②時間が一定のとき、距離と速さは**比例**
> 2時間では、20km/hで40km、
> 倍の40km/hで倍の80km進む
>
> ### ③距離が一定のとき、速さと時間は**逆比**
> 100kmは、50km/hで2時間、
> 半分の25km/hで倍の4時間かかる

例題　こんな問題が出る！

❶　Aさんは家を8時に出発して、分速50mの速さで学校へ向かうと、始業時間に3分遅刻してしまう。そこで、同じ時間に家を出発して分速80mの速さで学校へ向かったところ、始業時間の6分前に到着した。Aさんの家から学校まで何kmあるか。

（解答目標時間40秒）

A 1.5km　　**B** 1.2km　　**C** 0.8km　　**D** 0.6km

❷　AさんとBさんは同一地点から15km先の目的地に向けて出発する。AさんはBさんより10分早く自転車で出発したが、移動の途中でバイクに乗ったBさんに追い越され、結果、AさんはBさんより目的地に10分遅れて到着した。Bさんのバイクの速さがAさんの自転車の速さの1.8倍だったとすると、Aさんの速さは時速何kmか。ただし、2人とも同じ経路を終始一定の速さで走り続けたものとする。

（解答目標時間40秒）

A 12km／時　　**B** 15km／時　　**C** 18km／時　　**D** 20km／時

例題の解答

❶ 　分速50mで歩くときと分速80mで歩くときの速さの比は　50：80＝5：8となる。家から学校までの距離は一定なので、速さの比と時間の比は逆比となることから、分速50mでかかる時間：分速80mでかかる時間＝⑧：⑤となる。また、時間差は9分であったことから、⑧－⑤＝③＝9分であるので、①＝3分となる。よって、学校までにかかる時間は、分速50m：⑧＝①×8＝24分、分速80m：⑤＝①×5＝15分となる。よって、家から学校までの距離は50×24＝1200m＝1.2km

→B　**1.2km**

---

❷ 　A：B＝1：1.8＝5：9
　時間の比より、⑨－⑤＝④＝20分　⑨÷④×20＝45分＝0.75時間
　15÷0.75＝20km／時　　よって、Dが正解。

　AさんとBさんの速さの比はA：B＝1：1.8＝5：9である。2人の進んだ距離は共に15kmなので、速さの比と時間の比は逆比となることから、A：B＝⑨：⑤となる。また、時間差は20分であったことから、⑨－⑤＝④＝20分であるので、①＝5分となる。

　よって、それぞれかかった時間は　Aさん：⑨＝①×9＝45分＝0.75時間、Bさん：⑤＝①×5＝25分となる。
　以上より、Aさんの速さは、15÷0.75＝20km／時となる。

→D　**20km／時**

とらのすけ先生のワンポイントアドバイス

「速さ」とは平均速度のことで、一定の時間内に移動した距離をその所要時間で割った値です。
時間や距離の単位がバラバラに表示されていることがあるので、必ず同じ単位に揃えてから計算しましょう。
（例）秒速6m → 分速360m →時速21600m（＝時速21.6km）

左上の比の考え方を用いることで、解くスピードが格段に上がります。
問題演習を重ねて、この考え方を使いこなせるようになりましょう。

実践問題

解答集 ▶ P30〜

問題1

駅から図書館まで行くのにXさんは分速45m、Yさん分速65mで歩く。このとき、XさんとYさんが図書館に到着するまでにかかる時間の比を求めよ。

A X：Y＝13：9 　　**B** X：Y＝3：4 　　**C** X：Y＝4：13 　　**D** X：Y＝9：4

問題2

Aさんは家から本屋を経由して駅に一定の速さで向かったところ、家から本屋まで15分かかった。家から駅までの距離は9kmで、家から本屋までの距離は2.7kmである。このとき、Aさんが駅についたのは家を出てから何分後か。ただし、本屋での滞在時間は考えないものとする。

A 50分 　　**B** 45分 　　**C** 35分 　　**D** 20分

問題3

AさんとBさんの2人は自転車に乗って、1周48kmのサイクリングコースを走るとする。Aさんは時速24km、Bさんは時速36kmで走り、2人の速度は常に一定であるとする。2人はサイクリングコース上の同じ地点にいて、AさんとBさんが反対方向に同時に走り出すとき、2人が再び出会うのは何分後か。

A 42分後 　　**B** 44分後 　　**C** 46分後 　　**D** 48分後

問題4

Aさんは自宅から駅を目指して歩く。自宅から3／4までは分速40mで歩き、残りは分速60mで歩いたところ22分で駅についた。

❶ Aさんが分速40mで歩いた時間は何分か。

　A 15分 　　**B** 12分 　　**C** 20分 　　**D** 18分

❷ 自宅から駅までの距離は何kmか。

　A 1.25km 　　**B** 1.5km 　　**C** 0.96km 　　**D** 0.6km

問題5

XさんとYさんが50m走をした。Xさんがゴールしたとき、Yさんは48m地点にいた。また、YさんはXさんより0.4秒遅れてゴールした。

❶ XさんとYさんの速さの比はいくらか。

　A X：Y＝25：12 　　**B** X：Y＝25：1 　　**C** X：Y＝25：24

　D X：Y＝25：14

❷ Xさんの50mを何秒で走ったか。

　　A 7.8秒　　　B 8.5秒　　　C 9.6秒　　　D 10.0秒

問題6

家から駅まで行くのにXさんは20分、Yさんは30分かかる。このとき、XさんとYさんの速さの比はいくらか。

　A X：Y＝2：5　　　B X：Y＝3：2　　　C X：Y＝2：3　　　D X：Y＝5：3

問題7

家とショッピングモールの間を往復する。往路は時速48km、復路は時速52kmで走行したところ、往復で1時間15分かかった。

❶　往路でかかった時間は何分か。

　　A 36分　　　B 45分　　　C 39分　　　D 42分

❷　家とショッピングモールは何km離れているか。

　　A 28.8km　　　B 33.8km　　　C 31.2km　　　D 15.2km

問題8

Aさんは家から12km離れた遊園地まで自転車で一定の速さで向かった。道の途中にあるコンビニまでは25分かかり、その15分後に遊園地に着いたとき、コンビニから遊園地までの距離は何kmか。

　A 7.5km　　　B 7.2km　　　C 4.8km　　　D 4.5km

問題9

XさんはP地点からQ地点に向かって歩き、YさんはQ地点からP地点に向かって歩く。2人が同時に出発したところ、R地点で10分後に出会った。また、その8分後にXさんはQ地点に着いた。

❶　XさんとYさんの速さの比はいくらか。

　　A X：Y＝5：4　　　B X：Y＝5：1　　　C X：Y＝1：4　　　D X：Y＝4：5

❷　Yさんは出発してから何分後にP地点に到着するか。

　　A 8分後　　　B 12.5分後　　　C 20分後　　　D 22.5分後

問題10

P地点からQ地点に向かってR地点を経由して進む。P地点からR地点までは分速80mで進み、R地点からQ地点までは分速120mで進んだところ、出発から33分でQ地点に着いた。PR間とRQ間の距離の比が1：4のとき、PQ間の距離は何kmか。

　A 2.8km　　　B 3.6km　　　C 4.2km　　　D 1.8km

問題11

P地点からQ地点までをX、Y、Zの3人が歩く。Xさんは42分、Yさんは21分、Zさんは35分かかる。このとき、3人の歩く速さの比はいくらか。

A X：Y：Z＝5：10：6　　**B** X：Y：Z＝3：6：5　　**C** X：Y：Z＝6：3：5
D X：Y：Z＝2：3：4

問題12

Aさん、Bさん、Cさんの3人が、駅から目的地へ同じルートで移動する。まず、Aさんが徒歩で出発し、次に20分遅れてBさんがランニングで出発し、最後にCさんがBさんより25分遅れて自転車で出発した。その結果、Cさんが、出発後15分でAさんを追い越し、さらにその5分後にBさんを追い越したとき、AさんとCさんの距離が1kmであった。

❶　A、B、C3人の速さの比はいくらか。

A A：B：C＝1：9：6　　　**B** A：B：C＝7：15：28

C A：B：C＝4：9：1　　　**D** A：B：C＝9：16：36

❷　Bさんの速さは時速何kmになるか。ただし、3人の進む速さは、それぞれ一定とする（必要な場合は、小数点以下第2位を四捨五入すること）。

A 8.6km／時　　**B** 7.1km／時　　**C** 10.2km／時　　**D** 6.5km／時

問題13

池の周囲を同地点からXさんとYさんが歩く。同時に反対向きに進むと20分で出会い、同時に同じ向きに進むとYさんはXさんに45分で追いつく。このとき、XさんとYさんの速さの比はいくらか。

A X：Y＝5：8　　**B** X：Y＝4：9　　**C** X：Y＝3：10　　**D** X：Y＝5：13

問題14

池の周囲を同地点からXさんとYさんは同じ方向に、Zさんは2人とは反対方向に一定の速さで歩く。XさんはYさんを25分ごとに追い越し、YさんはZさんと5分ごとに出会う。Yさんが3分かかって歩く距離をZさんは7分で歩く。このとき、XさんとZさんの速さの比はいくらか。

A X：Z＝3：1　　**B** X：Z＝4：1　　**C** X：Z＝2：7　　**D** X：Z＝7：3

問題15

X地点とY地点は250m離れている。PさんとQさんは同時にX地点を出発し、XY間を歩いて往復する。出発してから2人が初めて出会ったのは、X地点から240m離れた地点だった。また、2人が3回目に出会ったのは、出発してから15分後だった。Pさんの方がQさんよりも速く歩くものとする。

❶ PさんとQさんの歩く速さの比はいくらか。

A P：Q＝24：25 **B** P：Q＝25：24 **C** P：Q＝13：12

D P：Q＝12：13

❷ Pさんが歩く速さは毎分何mか。

A 52m／分 **B** 60m／分 **C** 48m／分 **D** 65m／分

問題16

X地点とY地点を結ぶ道路がある。AさんはX地点からY地点へ向かい、BさんはAさんの出発の1分後にY地点からX地点へ向かったところ、2人はX地点から1.2kmですれ違った。XY間を進むのにAさんは9分、Bさんは15分かかるとすると、XY間の距離はいくらか。

A 1.8km **B** 2.5km **C** 3.2km **D** 2.7km

問題17

Xさんが3歩で歩く距離をYさんは5歩で歩く。また、Xさんが3歩進む間にYさんは4歩進む。XさんとYさんの歩く速さの比はいくらか。

A X：Y＝3：4 **B** X：Y＝5：4 **C** X：Y＝5：3 **D** X：Y＝3：2

問題18

Xさんが8歩で歩く距離をYさんは6歩で歩く。また、Xさんが7歩進む間にYさんは3歩進む。

❶ XさんとYさんの歩く速さの比はいくらか。

A X：Y＝3：4 **B** X：Y＝7：4 **C** X：Y＝4：3 **D** X：Y＝3：2

❷ Xさんが5分で歩く距離をYさんが歩くと何分何秒かかるか。

A 8分45秒 **B** 7分00秒 **C** 6分15秒 **D** 7分30秒

問題19

全体の1／5を自転車の5倍の速さのオートバイで走行し、残りの距離を自転車の1／3の速さで歩いた。このとき、全体を自転車で走行したときと比べてどれだけの時間がかかるか。

A 19／8倍 **B** 61／25倍 **C** 37／5倍 **D** 44／9倍

13 旅人算

頻出度 ■■■ ｜ 対応試験 SPIテストセンター／WEBテスティング／SPIペーパーテスト

複数の人が向かい合った方向や同じ方向に動いていったときの、出会うまでの時間や道のり、移動速度などを求める問題です。

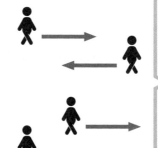

> ▶旅人算は、2人の間の距離と 2人の速さに着目！
>
> 問題文の記載において、
>
> ①2人が
> 　向かい合った方向に・・・
> 　→ 2人の間の距離
> 　　　÷
> 　　　2人の速さの和
>
> ②2人が同じ方向に・・・
> 　→ 2人の間の距離
> 　　　÷
> 　　　2人の速さの差

例題　こんな問題が出る！

❶ AさんとBさんの2人は自転車に乗って、1周48kmのサイクリングコースを走るとする。Aさんは時速24km、Bさんは時速36kmで走り、2人の速度は常に一定であるとする。2人はサイクリングコース上の同じ地点にいて、AさんとBさんが反対方向に同時に走り出すとき、2人が再び出会うのは何分後か。（解答目標時間30秒）

　A 40分後　**B** 42分後　**C** 44分後　**D** 46分後　**E** 48分後　**F** 50分後

❷ Aさんは毎朝8時に家を出て学校に向かう。ある朝、8時ちょうどに家から出発した後、5分後にBさんがAさんの忘れ物に気付き、Aさんを追いかけ始めた。Aさんの歩く速さを分速40m、Bさんの追いかける速さを分速60mとする。このとき、Bさんは何時何分にAさんに追いつくか。（解答目標時間30秒）

　A 8時10分　**B** 8時15分　**C** 8時20分　**D** 8時25分　**E** 8時30分

例題の解答

❶ 就活アカデミーEdgey式の超高速解法！

48÷60＝48／60（時間後）＝48／60×60＝48（分後）

....

2人はサイクリングコース1周分の48kmを走るとき、互いに近づいていくため、距離は毎時24km＋36km＝60kmずつ縮まる。

よって、出会うまでにかかる時間は、

時間 ＝ 距離 ÷ 速さ
　　 ＝ 48÷60
　　 ＝ 4 ／ 5（時間後）
　　 ＝ 48（分後）

→E **48分後**

---

❷ 就活アカデミーEdgey式の超高速解法！

200÷20＝10　→　8時15分

....

Aさんは5分間で200m進む。2人の速さの差は分速20mより、距離は1分間に20m縮んでいく。そのため、Bさんが出発してから追いつくまでの時間は、時間＝距離÷速さより、200m÷20m／分＝10分になる。8時5分の10分後に追いつくため、8時15分が正解となる。

→B **8時15分**

┌ **とらのすけ先生のワンポイントアドバイス** ─────

ほとんどすべての問題は、登場人物の速さの和か、速さの差を用いて解きます。問題を解くときは、どちらを用いるのか見極めましょう。わからないときは図に書き出して考えるとよいでしょう。

実践問題

解答集 ▶ P33〜

問題1

AさんとBさんの2人は、1周12kmの池の周りを歩く。Aさんは時速6km、Bさんは時速9kmで歩き、2人の速度は常に一定とする。今、2人は同じ地点にいて、Bさんが歩き始めてから50分後にAさんが同じ方向に歩き始めるとする。Bさんが最初にAさんに追いつくのは、Aさんが歩き始めてから何時間何分後か。

A 1時間10分後　　B 1時間20分後　　C 1時間30分後
D 1時間40分後　　E 1時間50分後

問題2

時速8kmで走るAさんと時速4kmで走るBさんが、10km離れた場所から同時に向かい合って走り出したとき、2人が出会うのは何分後か。

A 40分後　　B 45分後　　C 50分後　　D 55分後　　E 60分後

問題3

Aさんは家から分速200mの速さで走っている。20分後、Bさんが家から車に乗って分速600mの速さでAさんを追いかけた。BさんがAさんに追いつくのは家から何kmの地点か。

A 3km　　B 4km　　C 5km　　D 6km　　E 7km

問題4

周囲438mの池がある。ある地点からAさんとBさんは同時に反対方向に歩き出した。Aさんが分速34mで歩くとすると、4分後に2人が出会うにはBさんは分速何mで歩かなければならないか。

A 分速73m　　B 分速73.5m　　C 分速74m　　D 分速74.5m
E 分速75m　　F 分速75.5m

問題5

Aさんは時速6kmで歩いて家を出発した。Aさんが出発して16分後、Bさんは自転車に乗って時速18kmでAさんを追った。Aさんは2km行ったところで忘れ物に気づき引き返すと、途中でBさんに出会った。2人が出会ったのは、Bさんが出発してから何分後か。

A 5分後　　B 6分後　　C 7分後　　D 8分後　　E 9分後

問題6

一周5.2kmの池がある。AさんとBさんが同地点から反対方向に同時に池の周りを

歩き出すと40分後に2人は出会った。また、同地点から同時に同じ方向へ歩き出すと260分後にAさんがBさんに追いついた。Aさんの速さは何m/分か。

A 70m/分　　**B** 75m/分　　**C** 80m/分　　**D** 85m/分　　**E** 90m/分

問題7

一周6960mのサイクリングロードがある。同じ地点からAさんは時計回りに分速112mで、Bさんは反時計回りに分速128mで自転車に乗って走り始めた。二人が再び出会うのはスタートしてから何分後か。

A 25分後　　**B** 26分後　　**C** 27分後　　**D** 28分後　　**E** 29分後
F 30分後

問題8

ある湖を歩いて1周するのに、Aさんは60分、Bさんは90分かかる。2人が同時に同じ地点を出発し、互いに反対方向に進むと、2人が再び出会うのは何分後か。

A 30分後　　**B** 33分後　　**C** 36分後　　**D** 39分後　　**E** 42分後

問題9

1周2700mのサイクリングロードがある。AさんとBさんはあるX地点から同時に反対方向に走り出し、サイクリングロードの周りを自転車で1周した。2人は出発してから10分後にすれ違い、BさんがX地点に戻ってきたのは出発してから18分後だった。このとき、Aさんは分速何mで走っていたか。

A 100m/分　　**B** 110m/分　　**C** 120m/分　　**D** 130m/分
E 140m/分

問題10

1周2700mのランニングコースをAさんは分速90m、Bさんは分速135mで走る。2人が同時に同じ地点から反対向きに走り出した場合、2人が再び出会うのは何分後か。

A 10分後　　**B** 12分後　　**C** 14分後　　**D** 16分後　　**E** 18分後
F 20分後

問題11

X地点とY地点は2400m離れている。AさんはX地点からY地点へ向かって毎分80mで、BさんはY地点からX地点へ向かってから毎分120mで走っている。2人が出会うのは何分後か。

A 10分後　　**B** 11分後　　**C** 12分後　　**D** 13分後　　**F** 14分後
E 15分後

問題12

　Aさんは毎分80mで学校に向かって走っている。BさんはAさんの忘れ物に気が付き、自転車で追いかけ始めた。Bさんが追いかけ始めた時点で、AさんとBさんの距離は1200mあった。Bさんは毎分120mで自転車で走っている。BさんがAさんに追いつくのは、Bさんが出発してから何分後か。

A 30分後　　　**B** 35分後　　　**C** 40分後　　　**D** 45分後　　　**E** 50分後
F 55分後

問題13

　AさんとBさんはX地点から同時にY地点に出発した。Aさんの走る速さは分速120m、Bさんが歩く速さは分速72mである。先にY地点についたAさんは、すぐにX地点に引き返した。Aさんが折り返してから30m進んだところでBさんとすれ違った。このとき、2人がすれ違ったのはA地点を出発してから何分何秒後か。

A 1分後　　　**B** 1分15秒後　　　**C** 1分30秒後　　　**D** 1分45秒後　　　**E** 2分後

問題14

　Aさんが3歩で歩く距離をBさんは5歩で歩く。また、1秒間にAさんは3歩、Bさんは4歩歩く。ある地点からBさんがまっすぐ前へ6秒歩いたところで、Aさんが同じ場所から歩き続けているBさんのほうへ歩き始めた。AさんがBさんに追いつくのはAさんが歩き始めてから何秒後か。

A 12秒後　　　**B** 15秒後　　　**C** 18秒後　　　**D** 21秒後　　　**E** 24秒後
F 27秒後

問題15

　X町からY町まで27kmある。この道のりを、AさんはX町からY町に向かって分速60mで歩く。BさんはY町からX町に向かって分速75mで歩く。2人が同時に出発したとすると、2人が出会うのは何時間何分後か。

A 3時間後　　　**B** 3時間10分後　　　**C** 3時間20分後　　　**D** 3時間30分後
E 3時間40分後　　　**F** 3時間50分後　　　**G** 4時間後

問題16

　Aさんは分速300mで移動し、Bさんは分速200mで移動する。Aさんは、Bさんから見て東に1500m離れたところにいる。このとき、Aさんが西へ、Bさんが東へ移動すると何分後に出会うか。

A 3分後　　　**B** 4分後　　　**C** 5分後　　　**D** 6分後　　　**E** 7分後

問題17

　Aさんは分速600mで走り、Bさんは分速400mで走る。Aさんは、Bさんから見て

東に3km離れたところにいる。このとき、Aさんが西へ、Bさんも西へ移動すると何分後に出会うか。

A 10分後　　　**B** 15分後　　　**C** 20分後　　　**D** 25分後　　　**E** 30分後

問題18

Aさんは時速7.2km、Bさんは時速8.4kmで走る。ある地点から2人が同時に反対方向に向かって走っているとき、15分後に2人の距離はどのくらい離れているか。

A 3500m　　　**B** 3600m　　　**C** 3700m　　　**D** 3800m　　　**E** 3900m
F 4000m

問題19

Aさんは時速6.6km、Bさんは時速9kmで走る。ある地点から2人が同時に同じ方向に向かって走ったとき、20分後に2人の距離はどのくらい離れているか。

A 500m　　　**B** 600m　　　**C** 700m　　　**D** 800m　　　**E** 900m
F 1000m

問題20

1周5kmの池がある。この池の周りをAさんは時計回りに歩き始め、BさんはAさんが歩き始めてから10分後に、Aさんが歩き始めた地点から分速130mで反時計回りに歩き始めた。Aさんが歩き始めてから30分後にAさんとBさんが初めて出会ったとき、Aさんがこの池の周りを1周歩くのに何分何秒かかったか。

A 61分15秒　　　**B** 61分30秒　　　**C** 61分45秒　　　**D** 62分15秒
E 62分30秒　　　**F** 62分45秒

問題21

AさんはP地点を3時40分に出発し、Q地点に向かった。Aさんの移動速度は時速6kmで、Q地点の到着時刻は5時10分だった。

❶　このとき、PQ間の距離は何kmか。

　　A 3km　　　**B** 4.2km　　　**C** 6.8km　　　**D** 9km

❷　AさんがP地点を出発してから20分後に、BさんがQ地点を出発しP地点に向かった。Bさんの移動速度が時速15kmであったとすると、AさんがBさんと出会うのはAさんが出発してから何分後か。

　　A 30分後　　　**B** 35分後　　　**C** 40分後　　　**D** 45分後

14 通過算

頻出度 ■■■□□　　対応試験　SPIテストセンター／WEBテスティング／SPIペーパーテスト

旅人算の応用バージョンです。列車などの「長さ」を考慮する必要がある物の、通過までにかかる時間や速度を算出する問題です。

▶乗り物の長さと速さに着目!

片方が止まっていると仮定したときの速度である
相対速度（差や和）が全てをきめる！

①車両が車両を追い越す場合

追い越すのにかかる時間

＝両者の長さの和÷両者の速さの差

100km/hで80km/hを追い抜くなら、相対速度は20km/h

②車両がすれ違う場合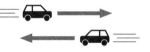

すれ違うのにかかる時間

＝両者の長さの和÷両者の速さの和

100km/hと80km/hですれ違うなら、相対速度は180km/h

例題　こんな問題が出る！

❶　長さ150mの列車が、時速108kmで長さ1200mの鉄橋を通過する。この列車が鉄橋を渡り始めてから完全に渡り終えるまでに何秒かかるか。　（解答目標時間30秒）

　　A 30秒　　**B** 45秒　　**C** 60秒　　**D** 75秒　　**E** 90秒

❷　長さ300mの特急列車が、時速180kmでトンネルを通過する。列車がトンネルに入り始めてから完全に出終えるまでに24秒かかる。このとき、トンネルの長さは何mか。　（解答目標時間40秒）

　　A 500m　　**B** 600m　　**C** 700m　　**D** 800m　　**E** 900m

例題の解答

❶ 就活アカデミーEdgey式の超高速解法！

1350÷30＝45

．．．

鉄橋を通過するまでに列車の最前部は1200＋150＝1350m進む。
列車の秒速は30m／秒なので、渡り終えるまでにかかる時間は、
1350m÷30（m／秒）＝45秒。

→B **45秒**

---

❷ 就活アカデミーEdgey式の超高速解法！

50（m／秒）×24秒－300m＝900m

．．．

列車の先頭が進んだ距離は、50m／秒×24秒＝1200m。
列車の長さは300mであるから、トンネルの長さは1200m－300m＝900m。

→E **900m**

┌─ **とらのすけ先生のワンポイントアドバイス** ─────────

列車の最前部を基準とし、基準がどれだけ移動したかに注目してみましょう。

└────────────────────────────────

実践問題

解答集 ▶ P36〜

問題1

　時速54km、長さ400mの列車Aが、時速36km、長さ300mの列車Bを追い抜く。
列車Aの最前部が列車Bの最後部に追いついてから、列車Aの最後部が列車Bの最前部
を追い抜き終えるまで何分何秒かかるか。

A 2分10秒　　**B** 2分20秒　　**C** 2分30秒　　**D** 2分40秒　　**E** 2分50秒

問題2

　長さ300mの列車が、時速36kmで長さ900mのトンネルを通過する。このとき、

列車がトンネルに完全に隠れているのは何秒か。

A 10秒　　**B** 20秒　　**C** 30秒　　**D** 40秒　　**E** 50秒　　**F** 60秒

問題3

秒速40m、長さ300mの列車Aと、秒速30m、長さ400mの列車Bがすれ違う。このとき、2つの列車の最前部がすれ違い始めてから、最後部がすれ違い終えるまでに何秒かかるか。

A 10秒　　**B** 20秒　　**C** 30秒　　**D** 40秒　　**E** 50秒

問題4

長さ300mの特急列車が、時速120kmで長さ3300mの橋を通過する。この特急列車が橋を渡り始めてから完全に渡り終えるまでに何分何秒かかるか。

A 1分48秒　　**B** 2分00秒　　**C** 2分12秒　　**D** 2分20秒
E 2分30秒　　**F** 2分54秒

問題5

長さ300m、時速100kmの特急列車が、長さ250m、速さ70kmの急行列車を追い抜く。この特急列車の最前部が急行列車の最後部に追いついてから、特急列車の最後部が急行列車の最前部を追い越すまでに何分何秒かかるか。

A 1分00秒　　**B** 1分3秒　　**C** 1分6秒　　**D** 1分9秒
E 1分12秒　　**F** 1分15秒

問題6

時速72km、長さ150mの列車Pと、時速48km、長さ100mの列車Qがすれ違った。お互いの最前部がすれ違い始めてから、お互いの最後部がすれ違い終えるまでに何秒かかるか。

A 7秒　　**B** 7.5秒　　**C** 8秒　　**D** 8.5秒　　**E** 9秒

問題7

長さ400mの特急列車が、時速144kmで長さ2400mの橋を通過する。この特急列車が橋を渡り始めてから完全に渡り終えるまでに何分何秒かかるか。

A 1分10秒　　**B** 1分20秒　　**C** 1分30秒　　**D** 1分40秒　　**E** 1分50秒

問題8

長さ200mの列車が、時速126kmでトンネルを通過する。トンネルに入り始めてから完全に出終えるまでに40秒かかるとき、トンネルの長さは何mか。

A 1100m　　**B** 1200m　　**C** 1300m　　**D** 1400m　　**E** 1500m

問題9

時速72km、長さ200mの特急列車が、時速36km、長さ150mの急行列車を追い抜く。特急列車の最前部が急行列車の最後部に追いついてから、特急列車の最後部が急行列車の最前部を追い越すまで何秒かかるか。

A 25秒　　**B** 30秒　　**C** 35秒　　**D** 40秒　　**E** 45秒

問題10

長さ200mの新幹線が、時速216kmで長さ1700mのトンネルを通過する。トンネルに完全に隠れているのは何秒か。

A 10秒　　**B** 15秒　　**C** 20秒　　**D** 25秒　　**E** 30秒

問題11

秒速35m、長さ430mの列車Aと、秒速28m、長さ200mの列車Bがすれ違った。お互いの最前部がすれ違い始めてから、お互いの最後部がすれ違い終えるまでに何秒かかるか。

A 10秒　　**B** 20秒　　**C** 30秒　　**D** 40秒　　**E** 50秒

問題12

ある車両数で編成され、一定の速さで走っている電車Pの前面が、それと同一方向に時速50kmで走っている15両編成の電車Qの最後尾に追いついてから、電車Pの最後尾が電車Qの前面を完全に追い越すまでに54秒かかった。

また、この電車Pが、それとは逆方向から時速58kmで走ってきた12両編成の列車Rとすれ違うとき、それぞれの車両の前面が出会ってから最後尾が完全にすれ違うまでに12秒かかった。この電車Pの車両数として、適当なものはどれか。ただし、いずれの車両も1両の長さは20mとし、車両の連結部分の長さは考えないものとする。

A 11両　　**B** 12両　　**C** 13両　　**D** 14両　　**E** 15両

問題13

ある車両数で編成され、一定の速さで走っている電車Pの前面が、それと同一方向に時速32kmで走っている9両編成の電車Qの最後尾に追いついてから、電車Pの最後尾が電車Qの前面を完全に追い越すまでに36秒かかった。

また、この電車Pが、それとは逆方向から時速56kmで走ってきた11両編成の列車Rとすれ違うとき、それぞれの車両の前面が出会ってから最後尾が完全にすれ違うまでに15秒かかった。この電車Pの車両数として、適当なものはどれか。ただし、いずれの車両も1両の長さは20mとし、車両の連結部分の長さは考えないものとする。

A 15両　　**B** 16両　　**C** 17両　　**D** 18両　　**E** 19両

問題14

　ある車両数で編成され、一定の速さで走っている電車Pの前面が、それと同一方向に時速52kmで走っている10両編成の電車Qの最後尾に追いついてから、電車Pの最後尾が電車Qの前面を完全に追い越すまでに45秒かかった。

　また、この電車Pが、それとは逆方向から時速76kmで走ってきた13両編成の列車Rとすれ違うとき、それぞれの車両の前面が出会ってから最後尾が完全にすれ違うまでに10秒かかった。この電車Pの車両数として、適当なものはどれか。ただし、いずれの車両も1両の長さは20mとし、車両の連結部分の長さは考えないものとする。

　A 9両　　　**B** 10両　　　**C** 11両　　　**D** 12両　　　**E** 13両

問題15

　直線の道路を走行中の長さ12mのトラックを、トラックと同一方向に走行中の長さ2mのオートバイと長さ4.5mの自動車が、追いついてから完全に追い抜くまでに、それぞれ2秒と7.5秒かかった。オートバイの速さが自動車の速さの1.3倍であるとき、オートバイの時速として正しいのはどれか。ただし、トラック、オートバイ、自動車のそれぞれの速さは走行中に変化しないものとする（必要な場合は、小数点以下第1位を四捨五入すること）。

　A 58km　　　**B** 64km　　　**C** 70km　　　**D** 75km　　　**E** 80km

問題16

　直線の道路を走行中の長さ10mのトラックを、トラックと同一方向に走行中の長さ1.5mのオートバイと長さ4mの自動車が、追いついてから完全に追い抜くまでに、それぞれ2.5秒と14秒かかった。オートバイの速さが自動車の速さの1.4倍であるとき、オートバイの時速として正しいのはどれか。ただし、トラック、オートバイ、自動車のそれぞれの速さは走行中に変化しないものとする（必要な場合は、小数点以下第1位を四捨五入すること）。

　A 35km　　　**B** 40km　　　**C** 45km　　　**D** 50km　　　**E** 55km

問題17

　直線の道路を走行中の長さ14mのトラックを、トラックと同一方向に走行中の長さ2.2mのオートバイと長さ4.3mの自動車が、追いついてから完全に追い抜くまでに、それぞれ1秒と3秒かかった。オートバイの速さが自動車の速さの1.5倍であるとき、オートバイの時速として正しいのはどれか。ただし、トラック、オートバイ、自動車のそれぞれの速さは走行中に変化しないものとする（必要な場合は、小数点以下第1位を四捨五入すること）。

　A 80km　　　**B** 89km　　　**C** 102km　　　**D** 109km　　　**E** 112km

問題18

　直線の道路を走行中の長さ8mのトラックを、トラックと同一方向に走行中の長さ2mのオートバイと長さ4.5mの自動車が、追いついてから完全に追い抜くまでに、それぞれ2.5秒と0.5秒かかった。オートバイの速さが自動車の速さの0.4倍であるとき、オートバイの時速として正しいのはどれか。ただし、トラック、オートバイ、自動車のそれぞれの速さは走行中に変化しないものとする（必要な場合は、小数点以下第1位を四捨五入すること）。

　A 35km　　**B** 40km　　**C** 45km　　**D** 50km　　**E** 55km

問題19

　長さ120mの普通列車を、長さ180mの準急列車が追い付いてから追い越すまでに30秒かかる。普通列車と準急列車の速さの比が3：5のとき、準急列車の速さは毎秒何mか。

　A 10m　　**B** 15m　　**C** 20m　　**D** 25m

問題20

　長さ216mの貨物列車と長さ126mの普通列車がすれ違うとき、出会ってから離れるまでに9秒かかる。また、この貨物列車と普通列車とが同じ方向に進むとき、貨物列車が普通列車に追いついてから追い越すまでに57秒かかる。このとき、貨物列車の速さは分速何mか。

　A 780m　　**B** 1320m　　**C** 930m　　**D** 1450m

問題21

　X地点からY地点へ向けて、A、B、Cの3人が出発した。まずAが歩いて出発し、その10分後にBが自転車で出発し、さらにその20分後にCが車で出発した。Cは出発後10分でAに追いつき、さらにその10分後にBに追いついた。BがAに追いつくのは、Bが出発してから何分後か。

　A 10分後　　**B** 20分後　　**C** 30分後　　**D** 40分後

15 流水算

頻出度 ■■□□ 対応試験 SPIテストセンター／WEBテスティング／SPIペーパーテスト

速さの問題の応用バージョンです。距離、速さ、時間のいずれかを求める問題で、条件に「上り」「下り」の速さが追加されています。

▶乗り物の速さと川の流れの速さに着目!

①川の流れに逆らう（上る）場合

ヨットの速さ =
静水上でのヨットの速さ−川の流れの速さ

5m/sの船が2m/sの川の流れに逆らうと、3m/sの速さ

②川の流れと同じ方向に進む（下る）場合

ヨットの速さ =
静水上でのヨットの速さ＋川の流れの速さ

5m/sの船が2m/sの川の流れに乗ると、7m/sの速さ

例題　こんな問題が出る!

❶　ある川で上流のA地点と下流のB地点を走る船がある。B地点からA地点までにかかった時間は、A地点からB地点までにかかった時間の2倍であった。

　　船の速さを2／3倍にして、A地点からB地点まで30分を要したとき、この速さでB地点からA地点へ向かうと何分かかるか。ただし、静水面での船の速さ、川を流れる水の速さはそれぞれ一定とする。 （解答目標時間50秒）

　A　60分　　　B　90分　　　C　120分　　　D　150分　　　E　180分

　F　A〜Eのいずれでもない

❷　ある川に沿って50km離れた上流地点と下流地点の2地点間を往復する船がある。上流を出発した船が、川を下る途中で20分間エンジンが止まり、そのまま川に流された後、再びエンジンが動き出した。この船が川を往復するのに、上りに2時間、下りに2時間かかったとき、川の流れの速さとしてふさわしい選択肢はどれか。ただし、静水面における船の速さは一定とする（必要な場合は、小数点第2位を四捨五入すること）。 （解答目標時間50秒）

　A　時速2.1km　　　B　時速2.2km　　　C　時速2.3km　　　D　時速2.4km

　E　時速2.5km

例題の解答

❶ 就活アカデミーEdgey式の超高速解法！

上りの速さ：下りの速さ：静水面の速さ：川の流れの速さ
＝（2−1）：（2＋1）：2：1 ＝ 1：3：2：1。
このとき、上りの速さと下りの速さの比は1：3となり、同じ距離にかかる時間の比は逆比の3：1となる。よって、上りにかかる時間は下りの3倍（**90**）分。

....

　問題文の前半で、上りが下りの2倍の時間がかかっていることがわかるため、上りの速さ：下りの速さ＝1：2。これより、上りの速さを1、下りの速さを2とおくと、静水面の速さは（1＋2）／2＝1.5、川の流れの速さは（2−1）／2＝0.5と表せる。

　よって、静水面の速さ：川の流れの速さ＝3：1。ここで、静水面での速さを3、川の流れの速さを1とおくと、静水面での船の速さを2／3にしたときの速さは2になる。ただし、川の流れの速さは1のままである。このとき、上り、下り、静水面の速さ：川の流れの速さの比は次のようになる。

　上りの速さ：下りの速さ：静水面の速さ：川の流れの速さ
　＝（2−1）：（2＋1）：2：1＝1：3：2：1

　このとき、上りの速さと下りの速さの比は1：3となり、同じ距離にかかる時間の比は逆比の3：1となる。よって、上りにかかる時間は下りの3倍の90分。

→**B 90分**

---

❷　上りの速さは50km／2時間より時速25kmである。川の流れの速さを時速x（km）とおくと、上りの速さと下りの速さは静水面の速さを使って次のように表される。上りの速さ：静水面の速さ−x＝25km／時…①、下りの速さ：静水面の速さ＋x…②

　①より静水面の速さ＝25 ＋ xであるから②は25＋2xとなる。次に、下りについて、エンジンが止まった状態で進んだのは2時間のうち20分、つまり1／3時間は川の流れの速さで進み、下りの速さ25＋2x（km／時）で残りの5／3時間をかけて合計50kmを進んだことになる。 よって、次の方程式が成り立つ。

　（1／3）x＋（5／3）×（25＋2x）＝50　両辺に3をかけて、
　x＋5（25＋2x）＝150　x＝2.27…

　となる。よって、小数点第2位を四捨五入して、x＝2.3。　　→**C 時速2.3km**

とらのすけ先生のワンポイントアドバイス

左上の公式を応用すると、
静水上でのボートの速さ＝（上り時のボートの速さ＋下り時のボートの速さ）÷2
川の流れの速さ＝（下り時のボートの速さ−上り時のボートの速さ）÷2
が導き出されます。

実践問題

解答集 ▶ P40〜

問題1

ある都市AとBを行き来する飛行機がある。この都市AとBは、都市Aから都市Bに向かって風が流れる位置関係にある。今回の飛行では、無風時時速120km／hの速さで飛行し、行きのA→Bに2時間、帰りのB→Aに3時間かかった。このとき、風の速さは何km／hか。

A 20km／h　　B 21km／h　　C 22km／h　　D 23km／h
E 24km／h

問題2

ある川にそって、10km離れた上流と下流の2地点を往復する船がある。船は下流へは30分で目的地についたが、上流へは1時間かかった。このとき、川の流れの速さは何km／hか。

A 5km／h　　B 6km／h　　C 7km／h　　D 8km／h　　E 9km／h

問題3

ある川に沿って、20km離れた上流と下流の2地点間を往復する船がある。今、上流を出発した船が、川を下る途中でエンジンが停止し、そのまま30分流れた後、再びエンジンが動き出した。この船が川を往復するのに、下りに2時間、上りに2時間かかった。このとき、川の流れの速さはどのくらいか。ただし、小数点第2位以下は切り捨てとする。

A 1.2km／h　　B 1.3km／h　　C 1.4km／h　　D 1.5km／h
E 1.6km／h

問題4

ある川に沿って、AとBの2つの街がある。AはBより上流にある。時速40km／hの船でAを出発して、AB間を往復する。行きは20分、帰りは30分の時間がかかった。このとき、川の流れの速さは時速何kmか。

A 6km／h　　B 7km／h　　C 8km／h　　D 9km／h　　E 10km／h

問題5

ある川の上流m地点と下流n地点の間を航行する船A、Bがある。Aはm地点からn地点まで1時間、Bはn地点からm地点まで2時間で到着する。

今、Aはm地点を、Bはn地点を同時に出発した。しかし、Bは出発の24分後にエンジンが止まってしまい、川に流されてしまった。AがBに追いつくのはBのエンジンが停止してから何分後か。

ただし、川の流れの速さは時速5km、静水面におけるBの速さはAの速さの1.25倍であり、川の流れの速さと静水面の船の速さはそれぞれ一定とする。

A 34分後　　**B** 36分後　　**C** 38分後　　**D** 40分後　　**E** 42分後

問題6

静水時の速さが時速30kmの船が、ある川を60km上るのに4時間かかった。この川の流れの速さは毎時何kmか。

A 5km／h　　**B** 10km／h　　**C** 15km／h　　**D** 20km／h　　**E** 25km／h

問題7

静水時の速さが時速20kmの船が、40km上流にある町へ行って帰ってくる。川の流れの速さが時速10kmのとき、船が往復にかかる時間を求めなさい。

A 5時間　　**B** 5時間10分　　**C** 5時間20分　　**D** 5時間30分
E 5時間40分

問題8

40km離れたA地点とB地点を結ぶ川をある船が下ったところ、2時間かかった。この船が同じ場所を上るのには何時間かかるか。ただし、川の流れの速さは時速5kmとする。

A 1時間　　**B** 2時間　　**C** 3時間　　**D** 4時間　　**E** 5時間

問題9

50km離れたA地点とB地点を結ぶ川をある船が上ったところ、4時間かかった。この船が同じ場所を下るのには約何時間かかるか。ただし、川の流れの速さは時速2kmとする。

A 2時間　　**B** 3時間　　**C** 4時間　　**D** 5時間　　**E** 6時間

問題10

静水時の速さが時速56kmの船がある。この船でA町とB町を往復したところ、行きは2時間かかり、帰りは1時間30分かかった。A町とB町の距離は何kmか。

A 57km　　**B** 62km　　**C** 75km　　**D** 82km　　**E** 96km

16 時計算

頻出度 ■■ □□ □　　対応試験 SPIテストセンター／WEBテスティング／SPIペーパーテスト

速さの問題の応用バージョンで、長針が短針を追いかける「旅人算」のようなものです。

▶ **速い長針が、遅い短針を追いかけると考えると、時計算と旅人算は同じ！**

・**長針…1時間で1回転＝360°、1分間で6°進む**

・**短針…12時間で1回転＝360°、1時間で30°、**
　　　　1分間で0.5°進む

・**X分間で**
　長針は6X°、短針は0.5X°進む

例題　こんな問題が出る！

❶　午前0時と正午に短針と長針とが正確に重なり、かつ、針が滑らかに誤差なく動いている時計がある。5時から6時の間で、この時計の長針と短針が重なるのは5時何分か。　　　　　　　　　　　　　　　　　　　　　　　　　　（解答目標時間40秒）

　A 25 8/11分　　**B** 26 6/11分　　**C** 27 3/11分　　**D** 28 2/11分
　E 29 5/11分

❷　午前0時と正午に短針と長針とが正確に重なり、かつ、針が滑らかに誤差なく動いている時計がある。8時X分における長針と短針の位置が12時Y分で入れ替わるとき、Xはいくらか。

　　　　　　　　　　　　　　　　　　　　　　　　　　　　　　（解答目標時間90秒）

　A 7/2　　**B** 47/13　　**C** 49/13　　**D** 460/143　　**E** 480/143

とらのすけ先生のワンポイントアドバイス

　頻出度は高くありません。しかし、出題のパターンは決まっているので、解法をマスターして周りと差をつけましょう。

例題の解答

❶ 就活アカデミーEdgey式の超高速解法！

> **5時00分時点の長針と短針の角度の差は360°×5／12＝150°。**
> **1分間で長針と短針の角度は6°－0.5°＝5.5°縮まるから、150°の差が縮まる**
> **のは150÷5.5＝27 3／11分後。Cが正解。**

....

5時00分時点の長針と短針の角度の差は360°×12／5＝150°。
この角度の差が0になるとき、長針と短針が重なる。
長針は1時間で時計を1周するので、1分あたり360°×1／60＝6°
短針は12時間で時計を1周するので、1分あたり360°×1／12×1／60＝0.5°
それぞれ移動する。したがって、1分あたりに長針と短針は6－0.5＝5.5°角度が
縮まることになる。

以上より、150°÷5.5＝27 3／11分後が正解。　　　　　**→C 27 3／11分後**

---

❷　8時X分の短針の位置は、時計の文字盤の8時から9時の間にあるので、12時Y
分には、長針がこの位置にくることになる。

また、12時Y分の短針の位置は、文字盤の0時から1時の間であり、8時X分に長
針がこの位置にくることになる。（図を参照）

8時X分の針の位置を8時00分と比べ、そこからX分で進んだ角度を確認する。そ
れぞれの大きさは長針が6X°、短針が0.5X°である。（ココを押さえよう！を参照）

同様に、12時Y分の針の位置も12時00分と比べ、Y分で進んだ角度である、6Y°、
0.5Y°を確認する。

2つの時刻は、長針と短針が入れ替わっただけだから、6Xと0.5Yの大きさは同
じになる。また、0.5Xと6Yの大きさの差は、文字盤の0時から8時までの角度とわ
かるので、360°×8／12＝240°となる。これより、次のような方程式が立つ。

6X＝0.5Y…①　　0.5X＋240＝6Y…②
①より、Y＝12X　これを②に代入して、0.5X＋240＝6×12X
これを解いて、X＝480／143
よって、Eが正解。　　　　　　　　　　　　　　　　　**→E 480／143**

実践問題

解答集 ▶ P42〜

問題1

長針と短針が一度重なった後、また重なるのは何分後か。

A 63 4／11分後　　　B 63 8／11分後　　　C 64 6／11分後
D 65 5／11分後　　　E 66 2／11分後

問題2

時計が0時00分を指した後、初めて長針と短針が一直線になるのは何分後か。

A 32 6／11分後　　　B 32 8／11分後　　　C 33 2／11分後
D 33 7／11分後　　　E 34分後

問題3

3時01分から4時00分までの間で、長針と短針が直角になるのは3時何分か。

A 32 8／11分　　　B 33 1／11分　　　C 34 6／11分　　　D 35 7／11分
E 33 9／11分

問題4

時計が3時18分を指しているとき、長針と短針で作る角度のうち、小さいほうの角度は何度か。

A 5.5度　　　B 7度　　　C 9度　　　D 11.5度　　　E 13度

問題5

時計が6時24分を指しているとき、長針と短針で作る角度のうち、小さいほうの角度は何度か。

A 22度　　　B 32度　　　C 40度　　　D 48度　　　E 52度

問題6

時計が8時40分を指しているとき、長針と短針で作る角度のうち、小さいほうの角度は何度か。

A 20度　　　B 21度　　　C 22度　　　D 23度

問題7

午前0時と正午に短針と長針とが正確に重なり、かつ、針が滑らかに回転し、誤差なく動いている時計がある。この時計が1時ちょうどを指した後、最初に短針と長針が重なるのは何分後か。

A 5 1／2分後　　**B** 5 3／11分後　　**C** 5 4／11分後　　**D** 5 5／11分後
E 5 6／11分後

問題8

　午前0時と正午に短針と長針とが正確に重なり、かつ、針が滑らかに回転し、誤差なく動いている時計がある。この時計が6時ちょうどを指した後、最初に短針と長針が重なるのは何分後か。

A 32 7／10分後　　**B** 32 4／11分後　　**C** 32 6／11分後
D 32 8／11分後　　**E** 33分後

問題9

　午前0時と正午に短針と長針とが正確に重なり、かつ、針が滑らかに回転し、誤差なく動いている時計がある。この時計が10時ちょうどを指した後、最初に短針と長針が重なるのは何分後か。

A 54 1／2分後　　**B** 54 4／11分後　　**C** 54 6／11分後
D 54 8／11分後　　**E** 55分後

問題10

　5時X分の長針と短針の位置が、10時Y分で入れ替わるとき、Xはいくらか。

A 600／143　　**B** 7200／143　　**C** 7300／143　　**D** 7400／143
E 7500／143

問題11

　3時X分の長針と短針の位置が、9時Y分で入れ替わるとき、Xはいくらか。

A 2160／143　　**B** 6200／143　　**C** 6480／143　　**D** 6660／143
E 7200／143

問題12

　1時X分の長針と短針の位置が、7時Y分で入れ替わるとき、Yはいくらか。

A 420／143　　**B** 660／143　　**C** 880／143　　**D** 1020／143
E 1140／143

17 利益算

頻出度 ■■■ □ □ 対応試験 SPIテストセンター／WEBテスティング／SPIペーパーテスト

与えられた割合を用いて原価や利益、売り上げなどを計算する問題です。

利益算の五大公式

- 定価＝原価×（1＋上乗せした利益率）
- 売価＝定価×（1−割引率）
- 売上＝販売価格×販売個数
- 費用＝原価×仕入個数
- 利益＝売上−費用

この五大公式は社会人になってからも使うので、
全てを絶対に覚えないといけません。
利益率は、10％＝0.1のように、小数点で計算しよう。

例題　こんな問題が出る！

❶　ある店で100杯分のコーヒーを仕入れて、原価に25％の利益を見込んで定価を
つけた。定価で60杯売った後、定価を割り引いて売ったところすべて売り切れた。
その結果、全体としては原価の1割5分の利益となった。このとき、定価から何割
分割り引いたか。 （解答目標時間40秒）

A 1割　　**B** 1割5分　　**C** 2割　　**D** 2割5分

❷　商品Aと商品Bがある。商品Aに原価の2割の利益を上乗せして6個販売した利
益は、商品Bに原価の5割の利益を上乗せして5個販売した利益より400円低くなる。
同様に、商品Aに原価の3割の利益を上乗せして4個販売した利益は、商品Bに原価
の3割の利益を上乗せして5個販売した利益と等しくなる。商品AとBの原価を足し
たらいくらになるか。 （解答目標時間40秒）

A 600円　　**B** 900円　　**C** 1000円　　**D** 1200円

とらのすけ先生のワンポイントアドバイス

文章で出題されると一見複雑に見えますが、立式し変数に与えられた数値を
代入すれば、定型的に答えを導ける問題です。

例題の解答

①　就活アカデミーEdgey式の超高速解法！

$$125×60 + 125×(1−X)×40 = 100×100×1.15 \quad → \quad X = 0.2$$

....

今回の問題には具体的な金額が出てこないため、原価に適当な数を入れて考えてみると良い。仮に原価を100円とおくと、売上は、

（売上）＝（価格）×（販売個数）
　　　　＝ {原価×(1＋利益率)}×(定価での販売個数)
　　　　＋ {定価×(1−割引率)×売価での販売個数}

で表される。これが全体の費用に1割5分の利益を上乗せしたものに等しくなるから、割引率をx％とおくと

$(100×1.25×60) + {125×(1−x)×40} = 100×100×1.15 \quad x = 0.2$

0.2は20％であるから、割引率は20％。　　　　　　　　　　　**→C　2割**

---

②　就活アカデミーEdgey式の超高速解法！

商品AとBの原価をそれぞれX円、Y円とする。
$0.2X×6 + 400 = 0.5Y×5$
$0.3X×4 = 0.3Y×5$
$X = 500$、$Y = 400$
よって、900円。

....

商品AとBの原価をそれぞれX円、Y円とする。これらを用いて利益について立式する。

商品Aに原価の2割の利益を上乗せして6個販売した利益に400円を足すと、商品Bに原価の5割の利益を上乗せして5個販売した利益と等しくなることから、

$0.2X×6 + 400 = 0.5Y×5$

また、商品Aに原価の3割の利益を上乗せして4個販売した利益は、商品Bに原価の3割の利益を上乗せして5個販売した利益と等しくなることから、

$0.3X×4 = 0.3Y×5$

それぞれ整理して、

$1.2X + 400 = 2.5Y$…①

$4X = 5Y$…②

①に②を代入すると、$X = 500$、$Y = 400$が得られる。よって、商品Aと商品Bの合計は900円になる。　　　　　　　　　　　**→B　900円**

実践問題

解答集 ▶ P44〜

問題1

　ある商品を120個仕入れ、原価に対し5割の利益を上乗せして定価とし、販売を始めた。しかし、半数が売れ残ったので、定価から2割引きにして販売することにした。ところが、それでも一部が売れ残った。そのため、最後は割引き後価格を半額にして販売したところ、全て売り切れた。全体としては、原価に対し2割5分の利益を得た。このとき、定価の2割引きで売れた商品は何個か。

　　A 12個　　　**B** 20個　　　**C** 36個　　　**D** 40個

問題2

　定価で売ると1個につき300円の利益が出る商品がある。この商品を定価の2割引きで3個売ったときの利益は、定価の3割引きで7個売ったときの利益に等しい。この商品の定価として、最も適当なものはどれか。ただし、消費税は考えないものとする。

　　A 500円　　　**B** 600円　　　**C** 800円　　　**D** 1000円

問題3

　商品を仕入れ、原価に対し5割の利益を上乗せして定価とし、販売した。しかし、ちょうど2／3が売れ残ったので、定価から2割引きにしたところ、60個売ることに成功した。それでも売れ残った分は定価の4割引きで売り切った。全体としては、原価に対し2割2分の利益を得た。このとき、最初に仕入れた商品は何個か。

　　A 105個　　　**B** 120個　　　**C** 135個　　　**D** 150個

問題4

　ある商品を100個仕入れ、原価の5割の利益を上乗せして定価とし、販売を始めた。しかし、40個が売れたところで定価の8割の価格に値下げし、さらに30個を売った。最終的には原価の8割の価格で売り切り、全体として2万円の利益を上げた。この商品の原価はいくらか。

　　A 600円　　　**B** 900円　　　**C** 1000円　　　**D** 1500円

問題5

　ある商品を120個仕入れ、原価の5割の利益を上乗せして定価とした。しかし、ちょうど半分が売れ残ったため、定価を2割引きして販売したところ40個を売ることが出来た。残りはさらに150円値下げし、全て売り切った。全体としては、原価に対し3割の利益を得た。このとき、原価はいくらか。

A 400円　　**B** 500円　　**C** 600円　　**D** 800円

問題6

　ある商品を1個250円で200個仕入れた。原価の3割の利益があるように定価をつけて売ったが、途中から定価の20%引きで売り、全て売ることができた。利益は全部で11750円になった。定価で売ったのは何個か。

A 50個　　**B** 75個　　**C** 125個　　**D** 150個

問題7

　ある商品を150個仕入れ、原価の8割の利益を上乗せして定価とした。しかし、ちょうど半分が売れ残ったため、定価の3分の2の値段にして販売したところ、更に仕入れた個数の3分の1を売ることが出来た。残りは割引価格から更に200円値下げし、全て売り切った。全体としての利益は、40000円だった。このとき、原価はいくらか。

A 400円　　**B** 450円　　**C** 500円　　**D** 600円

問題8

　ある店では1個600円の商品を売っている。この商品は21個目以上については1つあたり商品の値段が1割引き、41個目以上については1つあたりの商品の値段が2割引き、61個目以上については1つあたりの商品の値段が3割引き、81個目以上については1つあたりの商品の値段が4割引きとなっている。4万5000円の予算の中でこの商品を出来る限り買おうとするとき、何個買うことが出来るか。

A 91個　　**B** 92個　　**C** 93個　　**D** 94個

問題9

　ある服飾店では、商品Xと商品Yを販売している。

❶　商品Xは仕入れ値に3割の利益を乗せ定価とした。この商品を定価の20%引きで販売した場合、仕入れ値の何%の利益が見込めるか。

　　A 4%　　**B** 6%　　**C** 8%　　**D** 10%

❷　商品Xの利益を受け、商品Yは定価の2割引きで販売しても利益が出るよう定価を設定したいと考えた。このとき、仕入れ値に最低何%の利益を上乗せすればよいか。ただし、商品Xと商品Yの仕入れ値は同じとする。

　　A 8%　　**B** 12%　　**C** 16%　　**D** 20%

18 剰余系

頻出度 ■■■ 　対応試験 SPIテストセンター／WEBテスティング／SPIペーパーテスト

「○で割ると△余り」、「□で割ると◎余る」という条件に合う数値を導き出す問題です。

▶ ○で割ると△あまる数とは、△に○の倍数を足した数だ！

慣れるまでは、紙に書いて答えを出すのも一つ。

たとえば、

「7で割ると4あまる100に一番近い数は?」と聞かれたら、

$4+70 (7×10) = 74$ ⇒まだ小さすぎる
$4+84 (7×12) = 88$ ⇒まだ大きくできる！
$4+91 (7×13) = 95$ ⇒お、100に近づいた！
$4+98 (7×14) = 102$ ⇒これだ！

というように書きだしても良い。

例題　こんな問題が出る！

❶ ある正の整数を5で割っても、7で割っても2あまるという。このような2桁の正の整数のうち、最も小さいものを求めよ。　　　（解答目標時間30秒）

　A 33　　B 34　　C 35　　D 36　　E 37
　F A〜Eのいずれでもない

❷ ある正の整数を6で割ると4あまり、9で割ると7あまるという。このような正の整数のうち、最も小さいものを求めよ。　　　（解答目標時間30秒）

　A 14　　B 16　　C 18　　D 20　　E 22
　F A〜Eのいずれでもない

とらのすけ先生のワンポイントアドバイス

必ず出題される分野の一つである剰余系の問題は、時間をかけずに完答したいところです。例題に記載した2問のような「過剰」と「不足」の考え方を身に着けることができると、解くスピードを格段に上げられます。

例題の解答

❶ 就活アカデミーEdgey式の超高速解法！

5と7の最小公倍数は35
35＋2＝37

. . . .

「5で割ると2あまる数」は、2を引くと「5で割り切れる数」になる。逆にいうと「5で割り切るのに2過剰な数」ということ。

「7で割ると2あまる数」は、2を引くと「7で割り切れる数」になる。逆にいうと「7で割り切るのに2過剰な数」ということ。

　上の要点は、「5で割り切るのに2過剰な数」「7で割り切るのに2過剰な数」。これをまとめると、「5でも7でも割り切るのに2過剰な数」となること。

　ところで、「5でも7でも割り切れる数」というのは、5の倍数であり、7の倍数でもある、すなわち5と7の公倍数となる。よって、「5でも7でも割り切るのに2過剰な数」は、「5と7の公倍数より2過剰な数」となる。さらにその中で最も小さいものを求めるのだから、5と7の公倍数のうち最小のもの、すなわち「5と7の最小公倍数35より2過剰な数」となる。よって、35＋2＝37でEが正解。　　　　　　→E　37

---

❷ 就活アカデミーEdgey式の超高速解法！

6－4＝9－7＝2
6と9の最小公倍数は18
18－2＝16

. . . .

「4あまり」と「7あまり」で、「あまり」が揃っていない。このような場合、「あまり」のウラの「不足」で考える。

「6で割ると4あまる数」は6－4＝2より、2を足すと「6で割り切れる数」になる。逆にいうと「6で割り切るのに2足りない数」ということ。

「9で割ると7あまる数」は9－7＝2より、2を足すと「9で割り切れる数」になる。逆にいうと「9で割り切るのに2足りない数」ということ。

　上の要点は、「6で割り切るのに2不足する数」「9で割り切るのに2不足する数」。これらをまとめると、「6でも9でも割り切るのに2不足する数」となること。（これで「不足」で揃う。）

　ところで、「6でも9でも割り切れる数」というのは、6の倍数であり、9の倍数でもある、すなわち、6と9の公倍数となる。よって、「6でも9でも割り切るのに2不足する数」は、「6と9の公倍数より2不足する数」となる。さらにその中で最も小さいものを求めるのだから、6と9の公倍数のうち最小のもの、すなわち「6と9の最小公倍数18より2不足する数」となり、18－2＝16。よって、Bが正解。

→B　16

実践問題

解答集 ▶ P46～

問題1

3で割っても、4で割っても2あまる自然数のうち、最小のものはどれか。

A 12 **B** 13 **C** 14 **D** 15 **E** 16

問題2

3で割っても、7で割っても2あまる2桁の自然数のうち、最大のものはどれか。

A 85 **B** 86 **C** 87 **D** 88 **E** 89

問題3

3で割っても、11で割っても2あまる3桁の自然数のうち、最小のものはどれか。

A 100 **B** 101 **C** 102 **D** 103 **E** 104

問題4

2で割っても、3で割っても、4で割っても1あまる2桁の自然数のうち、最小のものはどれか。

A 10 **B** 11 **C** 12 **D** 13 **E** 14

問題5

3で割っても、4で割っても、5で割っても2あまる3桁の自然数のうち、最小のものはどれか。

A 119 **B** 120 **C** 121 **D** 122 **E** 123

問題6

5で割っても、7で割っても、9で割っても4あまる3桁の自然数のうち、最小のものはどれか。

A 315 **B** 316 **C** 317 **D** 318 **E** 319

問題7

6で割っても、8で割っても、12で割っても3あまる2桁の自然数のうち、最小のものはどれか。

A 25 **B** 26 **C** 27 **D** 28 **E** 29

問題8

2で割ると1あまり、3で割ると2あまり、4で割ると3あまる最小の自然数はどれか。

A 10　　**B** 11　　**C** 12　　**D** 13　　**E** 14

問題9
　3で割ると1あまり、4で割ると2あまり、5で割ると3あまる最小の自然数はどれか。

A 55　　**B** 56　　**C** 57　　**D** 58　　**E** 59

問題10
　5で割ると1あまり、7で割ると3あまり、9で割ると5あまる最小の自然数はどれか。

A 310　　**B** 311　　**C** 312　　**D** 313　　**E** 314

問題11
　6で割ると3あまり、8で割ると5あまり、12で割ると9あまる最小の自然数はどれか。

A 20　　**B** 21　　**C** 22　　**D** 23　　**E** 24

問題12
　2で割っても、3で割っても、4で割っても1あまる2桁の自然数の個数はどれか。

A 2個　　**B** 4個　　**C** 6個　　**D** 8個　　**E** 10個

問題13
　3で割っても、4で割っても、5で割っても1あまる3桁の自然数の個数はどれか。

A 5個　　**B** 10個　　**C** 15個　　**D** 20個　　**E** 25個

問題14
　5で割っても、7で割っても、9で割っても4あまる5桁の自然数の個数はどれか。

A 234個　　**B** 245個　　**C** 256個　　**D** 274個　　**E** 286個

問題15
　6で割っても、8で割っても、12で割っても2あまる3桁の自然数の個数はどれか。

A 35個　　**B** 36個　　**C** 37個　　**D** 38個　　**E** 39個

問題16
13×14×15を4で割ったときのあまりはどれか。

A 0　　**B** 1　　**C** 2　　**D** 3

問題17
13×14×15を5で割ったときのあまりはどれか。

A 0　　**B** 1　　**C** 2　　**D** 3　　**E** 4

問題18

19×29×33を6で割ったときのあまりはどれか。

A 0　　**B** 1　　**C** 2　　**D** 3　　**E** 4　　**F** 5

問題19

35×48×69を11で割ったときのあまりはどれか。

A 0　　**B** 1　　**C** 2　　**D** 3　　**E** 4　　**F** 5

問題20

13×35×49×62を12で割ったときのあまりはどれか。

A 0　　**B** 8　　**C** 9　　**D** 10　　**E** 11

問題21

3を6乗したときの一の位はどれか。

A 0　　**B** 1　　**C** 3　　**D** 7　　**E** 9

問題22

9を20乗したときの一の位はどれか。

A 0　　**B** 1　　**C** 3　　**D** 9

問題23

8を17乗したときの一の位はどれか。

A 0　　**B** 2　　**C** 4　　**D** 6　　**E** 8

問題24

3の6乗と4の7乗を掛け合わせたときの一の位はどれか。

A 5　　**B** 6　　**C** 7　　**D** 8　　**E** 9

問題25

6の13乗から5の11乗を引いたときの一の位はどれか。

A 1　　**B** 2　　**C** 3　　**D** 4　　**E** 5

問題26

7の32乗と8の15乗を足し合わせたときの一の位はどれか。

A 1　　**B** 2　　**C** 3　　**D** 4　　**E** 5

問題27

100以下の自然数のうち、3で割っても、5で割っても、1あまるものは何個あるか。

A 5個　　**B** 6個　　**C** 7個　　**D** 8個　　**E** 9個

問題28

600以下の自然数のうち4で割っても、5で割っても、12で割っても、3あまるものは何個あるか。

A 6個　　**B** 7個　　**C** 8個　　**D** 9個　　**E** 10個

問題29

100以下の自然数のうち4で割ると2あまり、5で割ると3あまるものは何個あるか。

A 1個　　**B** 2個　　**C** 3個　　**D** 4個　　**E** 5個

問題30

1000以下の自然数のうち6で割ると3あまり、9で割ると6あまり、15で割ると12あまるものは何個あるか。

A 11個　　**B** 12個　　**C** 13個　　**D** 14個　　**E** 15個

問題31

2を2022乗したときの一の位はどれか。

A 2　　**B** 4　　**C** 6　　**D** 8

問題32

$(3^{60}+2) \div 4$のあまりはいくらか。

A 0（あまりなし）　　**B** 1　　**C** 2　　**D** 3

問題33

3で割り切れない100以上の整数をX、Yとする。X+Yを3で割ったとき、あまりとして現れないものはどれか。

A 0（あまりなし）　　**B** 1　　**C** 2　　**D** A〜Cのいずれでもない

問題34

ある正の整数x、yについて、$x+y$が5で割り切れるとき、xとyは「あまり0」のグループに属するものと考える。同様に、$x+y$が5で割ると1あまるとき、xとyは「あまり1」のグループに属するものと考える。この方法によって100から200までの2つの整数の和を「あまりn」のグループに分けたとき、グループはいくつできるか。

A 3つ　　**B** 4つ　　**C** 5つ　　**D** 6つ

19 規則性

頻出度 ■■ □□□ 対応試験 SPIテストセンター／WEBテスティング

文字通り並んでいる数の規則性を見つける問題です。

等差数列 …… 隣り合う数字の差が一定

n番目までの数の和：

$$S_n = \frac{1}{2}(a_1 + a_n)n$$

$$\begin{array}{cccc} a_1 & a_2 & a_3 & a_4 \\ 1 & 3 & 5 & 7 \\ +2 & +2 & +2 & +2 \end{array}$$

等比数列 …… 隣り合う数字の比が一定

n番目までの数の和：

$$S_n = \frac{a(1-r^n)}{1-r} = \frac{a(r^n-1)}{r-1}$$

$$\begin{array}{cccc} a_1 & a_2 & a_3 & a_4 \\ 1 & 3 & 9 & 27 \\ \times3 & \times3 & \times3 & \times3 \end{array}$$

上記に当てはまらない問題は、手を動かして規則性を発見しよう。

例題 こんな問題が出る！

❶ 下のように、ある規則にしたがって1から2021までの数が並んでいる。

　　1, 5, 9, 13, 17, …, 2017, 2021

このとき、はじめから30番目の数字はどれか。 （解答目標時間30秒）

A 115　　**B** 116　　**C** 117　　**D** 118　　**E** 119

❷ ある規則にしたがって、分数が次のように並んでいる。

　　1／1、1／2、3／2、1／3、3／3、5／3、1／4、3／4、5／4、7／4、1／5...

このとき、1／10ははじめから何番目の分数か。 （解答目標時間30秒）

A 45番目　　**B** 46番目　　**C** 47番目　　**D** 48番目　　**E** 49番目

とらのすけ先生のワンポイントアドバイス

慣れていないと解きづらいため、演習を積んでパターンに慣れましょう。
手を動かしてみた方が早いことが多いです。

例題の解答

❶ 就活アカデミーEdgey式の超高速解法!

$1 + 4 \times (30 - 1) = 117$

....

　この数列は、1から始まり4ずつ増えるという性質がある。これを初項が1、公差が4の等差数列という。

　等差数列のn番目の数字は、初項+公差×(n番目-1)で求めることができる。今回は30番目の数字であるから、n=30を代入して、

　　$1 + 4 \times (30 - 1) = 117$

→**C 117**

---

❷ 就活アカデミーEdgey式の超高速解法!

分母に着目して、
$1 + \{1 / 2 \times 9 \times (1 + 9)\} = 46$

....

　分子に着目すると、1、1、3、1、3、5…と並んでいることがわかる。

　分母に着目すると、1、2、2、3、3…と並んでいることがわかる。

　よって、1番目｜2番目・3番目｜4番目・5番目・6番目｜…というかたまりとして区切ることができるから、

　　①分母(n)＝かたまりの中に含まれる数字の数(n個)＝n番目のかたまり
　　　例：分母が3のとき、分母が3になる分数は3個あり、3番目のかたまりである。
　　②n番目のかたまりの終わりは、はじめから数えて1+2+…+n番目
　　　例：3番目のかたまりの終わりは、はじめから数えて1+2+3=6番目。

　ということがわかる。このとき、1／10は10番目のかたまりの先頭に位置する。ところで、9番目のかたまりの最後の分数がはじめから数えて何番目かは、「等差数列の和」の公式を用いて求めることができる。等差数列の和は、1／2×項数×(初項+末項)で求められる。今回は項数9、初項1、末項9であるから、1／2×9×(1+9)=45

　よって、9番目のかたまりの最後の分数は、はじめから数えて45番目であり、その次の46番目が求める答えとなる。

→**B 46番目**

実践問題

解答集 ▶ P49〜

問題1

次のように、ある規則にしたがって1から2021までの数が並んでいる。

1, 5, 9, 13, 17, …, 2017, 2021

このとき、2021ははじめから何番目の数字か。

A 505番目　　　**B** 506番目　　　**C** 507番目　　　**D** 508番目　　　**E** 509番目

問題2

次のように、ある規則にしたがって13から2022までの数が並んでいる。

13,　20, 27, 34, 41,…, 2015, 2022

このとき、はじめから51番目の数字はどれか。

A 360　　　**B** 361　　　**C** 362　　　**D** 363　　　**E** 364

問題3

ある規則にしたがって、分数が次のように並んでいる。

1／1, 1／2, 3／2, 1／3, 3／3, 5／3, 1／4, 3／4, 5／4, 7／4, 1／5, …

このとき、1／18ははじめから何番目か。

A 150番目　　　**B** 151番目　　　**C** 152番目　　　**D** 153番目　　　**E** 154番目

問題4

ある規則にしたがって、分数が次のように並んでいる。

1／1, 1／2, 3／2, 1／3, 3／3, 5／3, 1／4, 3／4, 5／4, 7／4, 1／5, …

このとき、はじめから19／10までの分数の和はどれか。

A 51　　　**B** 52　　　**C** 53　　　**D** 54　　　**E** 55

問題5

ある規則にしたがって、分数が次のように並んでいる。

1／1, 1／2, 3／2, 1／3, 3／3, 5／3, 1／4, 3／4, 5／4, 7／4, 1／5, …

このとき、はじめから11／6までの分数の和はどれか。

A 20　　　**B** 21　　　**C** 22　　　**D** 23　　　**E** 24

問題6

ある規則にしたがって、数字を区切って並べた。

| 3 | 4, 5 | 6, 7, 8 | 9 | 10, 11 | 12, 13, 14 | 15 | …

このとき、38は左から何番目の区切りか。

A 17番目　　**B** 18番目　　**C** 19番目　　**D** 20番目　　**E** 21番目

問題7

ある規則にしたがって、数字を区切って並べた。

| 3 | 4, 5 | 6, 7, 8 | 9 | 10, 11 | 12, 13, 14 | 15 | …

このとき、はじめて1つの区切りの中にある数の和が93になるのは、左から何番目の区切りか。

A 15番目　　**B** 16番目　　**C** 17番目　　**D** 18番目　　**E** 19番目

問題8

ある規則にしたがって、数字が並んでいるとき□にあてはまる数字はどれか。

3, 18, 9, 54, 27, □, 81

A 160　　**B** 161　　**C** 162　　**D** 163　　**E** 164

問題9

2つの照明器A、Bは、ともに時刻Tから次のような一定のパターンで明滅する。Aは、2分間点灯されたのちに3分間消灯する。一方Bは、1分間消灯したのちに3分間点灯する。時刻Tから80分が経過するまでに、この2つの照明器A、Bが同時に消灯している時間の総計として最も適当なものはどれか。

A 3分　　**B** 6分　　**C** 8分　　**D** 10分　　**E** 12分

問題10

2つの照明器A、Bは、ともに時刻Tから次のような一定のパターンで明滅する。Aは、2分間点灯されたのちに3分間消灯する。一方Bは、1分間消灯したのちに3分間点灯する。時刻Tから50分が経過するまでに、この2つの照明器A、Bが同時に消灯している時間の総計として最も適当なものはどれか。

A 4分　　**B** 6分　　**C** 8分　　**D** 10分　　**E** 12分

20 約数と倍数

頻出度 ■■□□□ 　対応試験 SPIテストセンター／SPIペーパーテスト

整数の性質に着目して解く問題です。

> **▶A＝B×Cならば、BとCはAの 約数であり、AはBとCの倍数！**
>
> **6 = 1×6または2×3であり、6は1,2,3,6の倍数**
> **（⇔ 1,2,3,6は6の約数）**
>
> **公約数**……いくつかの整数に共通する約数。
> 最も大きい公約数は「最大公約数」
>
> **公倍数**……いくつかの整数に共通する倍数。
> 最も小さい公倍数は「最小公倍数」
>
> **約数の個数**……$A = B^m \times C^n$ のとき（B、Cは素数）、
> 約数の個数は $(m+1) \times (n+1)$ 個

例題　こんな問題が出る！

❶　異なる2つの自然数がある。最小公倍数と最大公約数の差は77で、最小公倍数と最大公約数の和は91となる。この2つの自然数の積として適切なものはどれか。

（解答目標時間40秒）

A 322 　　**B** 467 　　**C** 512 　　**D** 588

❷　56の約数は全部でいくつあるか。 （解答目標時間20秒）

A 6つ 　　**B** 7つ 　　**C** 8つ 　　**D** 9つ

とらのすけ先生のワンポイントアドバイス

問題文の条件から、どのような整数の性質を使うのか考えましょう。

例題の解答

❶ 就活アカデミーEdgey式の超高速解法！

最小公倍数をL、最大公約数をGとする。

L−G = 77、L + G = 91
→L = 84、G = 7

よって、求める数をAとB、AとBの約数をそれぞれm、n（m、nは互いに素）
とおくと、

A = 7m、B = 7n、7mn = 84
→mn = 12

したがって、AB = 7m×7n = 49×12 = 588

・・

2つの自然数をA、Bとおき、最小公倍数をL、最大公約数をGとする。条件より、
L−G = 77、L + G = 91であるので、L = 84、G = 7がわかる。

最大公約数が7なので、A、Bはともに7を約数に含む7の倍数であることがわか
る。これより、A = 7m、B = 7n（m、nは互いに素）とおくことができる（最大公約
数が7より、A、Bは7以外に共通の約数を持たないため）。

Lは最小公倍数より、A、Bの約数である7、m、nをいずれも含む最小の数であ
るので

7mn = 84　　mn = 12
したがって、AB = 7m×7n = 49mn = 49×12 = 588。　　　　　**→D 588**

---

❷ 就活アカデミーEdgey式の超高速解法！

$56 = 2^3 \times 7$
→4×2 = 8個

・・

56を素因数分解すると、$56 = 2^3 \times 7$となるから、約数の個数は組み合わせの計算
で求めることができる。即ち、2^0、2^1、2^2、2^3 ｜ 7^0、7^1の組み合わせが何通りあ
るかを求めればよい。公式より$(3 + 1) \times (1 + 1) = 8$つになる。

→C 8つ

実践問題

解答集 ▶ P51～

問題1

Xは2の倍数、Yは3の倍数、Zは5の倍数である。X、Y、Zは正の整数であり、次のア～イのことがわかっている。

ア　X+Y=21
イ　Y+Z=19

Xの値として最も適切なものはどれか。

A 10　　**B** 12　　**C** 14　　**D** 16

問題2

ある2桁の正の整数Aがあり、147、199、264のいずれをAで割っても割り切れず、あまりが等しくなる。このとき、Aの各位の和はいくらか。

A 4　　**B** 5　　**C** 7　　**D** 10

問題3

60とある整数Aの最大公約数は3で、最小公倍数は420であるとき、整数Aの値として適切なものはどれか。

A 17　　**B** 21　　**C** 23　　**D** 27

問題4

200にある整数を加えて、12でも20でも25でも割り切れる数にした。加えた数字の中で最も小さい数はいくつか。

A 50　　**B** 100　　**C** 150　　**D** 200

問題5

3で割ると2あまり、5で割ると4あまり、10で割ると9あまる3桁の整数の中で最も小さな数はどれか。

A 105　　**B** 111　　**C** 117　　**D** 119

問題6

100から200までの整数の中で、5の倍数だが6の倍数でない整数は何個存在するか。

A 14個　　**B** 15個　　**C** 16個　　**D** 17個　　**E** 18個

問題7

102とある整数Aの最大公約数が34で、最小公倍数が204であるとき、整数Aの値として適切なものはどれか。

A 34　　**B** 42　　**C** 56　　**D** 68

問題8

2桁の整数のうち、8で割り切れて、20で割り切れないものはいくつあるか。

A 8個　　**B** 9個　　　**C** 10個　　　**D** 11個

問題9

4で割ると1あまり、6で割ると3あまり、8で割ると5あまる2桁の整数の中で最も大きな数はどれか。

A 87　　**B** 93　　**C** 97　　**D** 98

問題10

生徒にノート41冊、鉛筆110本、消しゴム156個をそれぞれ同じ数ずつ配布したところ、同じ数だけあまった。生徒は何人いるか。

A 17人　　**B** 19人　　　**C** 20人　　　**D** 23人

問題11

縦52cm、横36cmの画用紙をあまることなくできるだけ大きい正方形に分けると、分ける線は何本になるか。

A 20本　　**B** 21本　　**C** 22本　　**D** 23本

問題12

縦68cm、横85cmの画用紙をあまることなくできるだけ大きい正方形に分けると、分ける線は何本になるか。

A 5本　　**B** 6本　　**C** 7本　　**D** 8本

問題13

正の整数a、bの最大公約数が9、最小公倍数が54であるとき、a＋bの最小の値は次のうちどれか。

A 45　　**B** 63　　**C** 101　　**D** 109

21 整数解

頻出度 ■■■　　対応試験　SPIテストセンター／WEBテスティング／SPIペーパーテスト

条件を正しく整理して候補を絞り込む問題です。ここでは不定方程式を用いて考えていきます。

> ▶ **不明な情報から方程式を作る!**
>
> ▶ **わからない数をx、y、zなどの文字で表す**
> ▶ **わかっている関係を＋や＝を使って結ぶ**
> 例）りんご200円 x個＋みかん150円 y個＝3000円
>
> 方程式をつくれない問題では
> # あり得る選択肢を
> # 全て書き上げる苦労も必要！

例題　こんな問題が出る！

❶　りんごが1個200円、みかんが1個150円、すいかが1個400円で売られている。これらを組み合わせて全部で20個買うと、合計金額がちょうど5000円になった。みかんをできるだけ多く買ったとすると、りんごはいくつ買ったことになるか。ただし、それぞれ1つは購入したものとする。　　　　　　　（解答目標時間45秒）

A 3個　　**B** 5個　　**C** 7個　　**D** 10個

❷　A、B、Cの3つのサイコロがある。それぞれ1回ずつ振ったとき、それぞれのサイコロの目について次のア～イのことがわかっている。

　ア　A＞B＞C
　イ　A＋B＝3C

このとき、Aのサイコロの目はいくつか。　　　　　　　（解答目標時間30秒）

A 3　　**B** 4　　**C** 5　　**D** 6

とらのすけ先生のワンポイントアドバイス

答えは「整数」と決まっています。求めたい文字や数字について、式を解いて答えが整数になるように効率的に推論していきましょう。

例題の解答

❶ りんごの個数をx個、みかんの個数をy個とすると、すいかの個数は$20-(x+y)$個となる。

　このとき、合計金額についての方程式は次のようになる。

$$200x + 150y + 400 \times \{20-(x+y)\} = 5000$$
$$200x + 150y - 400x - 400y = 5000 - 8000$$
$$-200x - 250y = -3000$$

両辺を50で割り、符号を整えると次のようになる。

$$4x + 5y = 60$$

xについて解き、因数分解すると、

$$x = (60-5y)／4 = 5(12-y)／4$$

となる。xは整数であるから、この分数が約分され分母が消えることになる。分母の4と分子の5は約分されないため、「$12-y$」が4の倍数となる。「$12-y$」が4の倍数になるとき、それぞれの果物を1つずつ買ったことを踏まえると、yは4、8の2通りが考えられる。みかんをできるだけ多く買ったという条件から、$y=8$が適当であり、このとき、$x=5$となる。よって、Bが正解。

→**B　5個**

---

❷ $A+B=3C$より、$C=(A+B)／3$となる。Cは整数であるから、$A+B$は3の倍数であることがわかる。また、条件アより$A>B$なので$A+B$は最大で11であることもわかる。$A+B$は3の倍数であるため、考えられるのは3と6と9のみ。$A+B$が3のときCは1、$A+B$が6のときCは2、$A+B$が9のときCは3となるため、Cの値について場合分けして考える。

　　$C=1$のとき
　　$A+B=3$となる組み合わせは$(2,1)$があるが、条件アを満たさないため不適。
　　$C=2$のとき
　　$A+B=6$となる組み合わせは$(5,1)$、$(4,2)$、$(3,3)$があるが、条件アを満たさないため不適。
　　$C=3$のとき
　　$A+B=9$となる組み合わせは$(6,3)$、$(5,4)$がある。このうち条件アを満たすのは$(5,4)$である。

したがって、$A=5$が適切である。

→**C　5**

実践問題

解答集 ▶ P52〜

問題1

花だんを作ろうとしたが、設計図が汚れてしまい花だんの横の長さと、縦の長さが分からなくなってしまった。ここで、次のア〜ウのことがわかっている。

ア　横の長さは縦の長さの2倍よりも長い。
イ　横の長さは縦の長さの3倍よりも2m短い。
ウ　花だんの面積は40㎡。

以上より、花だんの縦の長さとしてふさわしいものはどれか。

A 1m　　**B** 2m　　**C** 3m　　**D** 4m　　**E** 5m

問題2

りんごが250円、ぶどうが400円、みかんが100円で売っている。これらを組み合わせて合計20個購入し、金額が5750円となるようにしたい。できるだけみかんを多く購入するようにすると、みかんは何個買うことになるか。

A 2個　　**B** 5個　　**C** 7個　　**D** 10個

問題3

ある売店では、P弁当1050円、Q弁当が1300円、サンドイッチが400円で販売されており、昨日の売上高と売れた個数について、次のア〜ウのことがわかっている。

ア　P弁当、Q弁当、サンドイッチの売上高の合計は99900円であった。
イ　サンドイッチの売れた数は、P弁当が売れた数の半分より4個少なかった。
ウ　1番多く売れたのはP弁当で、2番はQ弁当、3番はサンドイッチであった。

以上から判断して、昨日売れたサンドイッチの数として、正しいのはどれか。

A 21個　　**B** 22個　　**C** 23個　　**D** 24個　　**E** 25個

問題4

サンドイッチが1個500円、カレーは1皿700円、おにぎりは3個で200円で売られている。全てを1つ以上買い、組み合わせで合計で20個、金額としては10000円になるように買いたい。できるだけ多くカレーを買うようにすると、カレーは何皿買うことになるか。

A 10皿　　**B** 11皿　　**C** 12皿　　**D** 13皿　　**E** 14皿

問題5

オレンジジュースが1本150円、炭酸水は1本100円、麦茶は3本で400円で売られ

ている。全てを1本以上買い、組み合わせで合計で15本、金額としては2000円になるように買いたい。できるだけ多く麦茶を買うようにすると、麦茶は何本買うことになるか。

A 3本　　**B** 6本　　**C** 9本　　**D** 12本　　**E** 15本

問題6

　雑誌が1冊1000円、小説は1冊700円、漫画は3冊で1300円で売られている。全てを1冊以上買い、組み合わせで合計で15冊、金額としては9500円になるように買いたい。できるだけ多く小説を買うようにすると、小説は何冊買うことになるか。

A 5冊　　**B** 6冊　　**C** 7冊　　**D** 8冊　　**E** 9冊

問題7

　お土産屋さんで、キーホルダーが1個200円、スマホカバーは1個500円、マグネットは3個で200円で売られている。全てを1個以上買い、組み合わせで合計で20個、金額としては6000円になるように買いたい。できるだけ多くスマホカバーを買うようにすると、スマホカバーは何個買うことになるか。

A 8個　　**B** 9個　　**C** 10個　　**D** 11個　　**E** 12個

問題8

　文化祭の出し物用に衣装を買わなければならない。襟付きシャツが1枚3000円、パーカーは1枚2000円、Tシャツは4枚で1500円で売られている。全てを1枚以上買い、組み合わせで合計で40枚、金額としては50000円になるように買いたい。できるだけ多く襟付きシャツを買うようにすると、襟付きシャツは何枚買うことになるか。

A 7枚　　**B** 8枚　　**C** 9枚　　**D** 10枚　　**E** 11枚

問題9

　会社の忘年会用にドリンクを発注する必要がある。ビールが1本600円、日本酒は1本800円、レモンサワーは3本で1000円で売られている。全てを1本以上買い、組み合わせで合計で20本、金額としては10000円になるように買いたい。できるだけ多くビールを買うようにすると、ビールは何本買うことになるか。

A 7本　　**B** 8本　　**C** 9本　　**D** 10本　　**E** 11本

問題10

　サインペンが1個100円、ハサミは1個500円、ボールペンは4個で200円で売られている。全てを1個以上買い、組み合わせで合計で20個、金額としては5000円になるように買いたい。できるだけ多くハサミを買うようにすると、ハサミは何個買うことになるか。

A 7個　　B 8個　　C 9個　　D 10個　　E 11個

問題11

ケーキが1個500円、プリンは1個800円、チョコは3個で700円で売られている。全てを1つ以上買い、組み合わせで合計で20個、金額としては10000円になるように買いたい。プリンは何個買うことになるか。

A 5個　　B 6個　　C 7個　　D 8個　　E 9個

問題12

金魚が1匹700円、グッピーは1匹300円、メダカは3匹で500円で売られている。全てを1匹以上買い、組み合わせで合計で20匹、金額としては6000円になるように買いたい。できるだけ多くグッピーを買うようにすると、グッピーは何匹買うことになるか。

A 12匹　　B 13匹　　C 14匹　　D 15匹　　E 16匹

問題13

バドミントンのシャトルが1個500円、フリスビーは1個100円、ゴムボールは3個で400円で売られている。全てを1つ以上買い、組み合わせで合計で20個、金額としては3000円になるように買いたい。できるだけ多くフリスビーを買うようにすると、フリスビーは何個買うことになるか。

A 10個　　B 11個　　C 12個　　D 13個　　E 14個

問題14

オレンジジュースが1本250円、炭酸水は1本200円、麦茶は1本400円で販売していた。販売本数の総数は200本、売上総額は53500円となった。麦茶の販売本数は60本未満であり、炭酸水の売上が全体の売上の3割未満のとき、オレンジジュースの売上総額として可能性のあるものはどれか。

A 15500円　　B 16000円　　C 16500円　　D 17000円　　E 17500円

問題15

雑誌が1冊1000円、小説は1冊700円、海外書籍は1冊1300円で販売していた。販売冊数の総数は100冊、売上総額は109000円となった。小説の販売冊数は30冊未満であり、海外書籍の売上が全体の売上の6割未満のとき、雑誌の売上総額として可能性のあるものはどれか。

A 27000円　　B 28000円　　C 29000円　　D 30000円　　E 31000円

問題16

キーホルダーが1つ250円、スマホカバーは1つ550円、マグネットは1つで500円で販売していた。販売個数の総数は150個、売上総額は62000円となった。スマホカバーの販売個数は30個以上であり、マグネットの売上が全体の売上の4割を超えるとき、キーホルダーの売上総額として可能性のあるものはどれか。

A 15000円　　**B** 15250円　　**C** 15500円　　**D** 15750円　　**E** 16000円

問題17

襟付きシャツが1枚3000円、パーカーは1枚2000円、Tシャツは1枚1500円で販売していた。販売枚数の総数は100枚、売上総額は233000円となった。パーカーの販売枚数は20枚以上であり、襟付きシャツの売上が全体の売上の6割未満のとき、Tシャツの売上総額として可能性のあるものはどれか。

A 39000円　　**B** 40500円　　**C** 42000円　　**D** 43500円
E 45000円

問題18

2つの整数x、yがある。ただしx>yである。xとyの和が32で、積が255のときxの値はいくつか。

A 12　　**B** 15　　**C** 17　　**D** 19　　**E** 21

問題19

2つの整数x、yがある。xはyより29大きく、yの5倍に9を足した値に等しい。このとき、xはいくつか。

A 30　　**B** 31　　**C** 32　　**D** 33　　**E** 34

問題20

りんごが2個セットで500円、ぶどうが300円、みかんが4個セットで400円で売っている。これらを組み合わせて合計100個購入し、金額が24000円となるようにしたい。このときりんごの購入数として最適なものはどれか。

A 13個　　**B** 34個　　**C** 40個　　**D** 66個

22 不等式

頻出度 ■■■□□　　対応試験　SPIテストセンター／WEBテスティング

条件を正しく整理して整数の候補を絞り込む問題です。ここでは、不等式を用いて考えていきます。

> ## ▶整数部分だけを見る
>
> 問題文の条件を整理して、
> 不等式を立てることで整数の解を求める。
>
> ## 【不等式の特徴】
> ① P < Q < R
> ──────▶P < QとQ < Rに分けられる
> ② 両辺にマイナスの数を掛けたり
> 　 割ったりする…不等式の向きが変わる

例題　こんな問題が出る!

❶　姉妹合わせて45本の鉛筆を持っている。姉が自分の持っている鉛筆のちょうど
1／5をあげたとしてもまだ姉の方が多く、さらに2本あげたとすると、妹の方が多
くなる。姉が持っている鉛筆は何本か。　　　　　　　　　　　　　（解答目標時間40秒）

　　A　25本　　　B　30本　　　C　35本　　　D　40本

❷　ある整数を15で割って小数第1位を四捨五入すると、18になる。そのような整
数のうち、最大のものと最小のものはどれか。　　　　　　　　　　（解答目標時間40秒）

　　A　最大277、最小263　　　B　最大288、最小245
　　C　最大256、最小234　　　D　最大266、最小245

とらのすけ先生のワンポイントアドバイス

この単元も整数解同様、答えは「整数」と決まっています。
求めたい数字や文字について式を解き、答えが整数になるように効率的に推
論していきましょう。

例題の解答

❶ 就活アカデミーEdgey式の超高速解法！

姉の持っている鉛筆の本数をx本とする。

$4／5\,x > 45 - 4／5\,x$　…①
$4／5\,x - 2 < 45 - (4／5\,x - 2)$　…②

2式より、$28.1\cdots < x < 30.6\cdots$である。$x$は5の倍数なので、$x = 30$である。

....

　姉の持っている鉛筆の本数をx本とする。姉が自分の持っている鉛筆のちょうど1／5をあげてもまだ姉の方が多いので、$x - 1／5\,x > 45 - (x - 1／5\,x)$…①

　姉が自分の持っている鉛筆のちょうど1／5をあげた上で、さらに2本あげると妹の方が多くなるので、$x - 1／5\,x - 2 < 45 - (x - 1／5\,x - 2)$…②

　①と②の連立不等式を解くと、$28.1\cdots < x < 30.6\cdots$である。ここで、姉の持っている鉛筆の本数は、ちょうど1／5に分割できることから、5の倍数であるので、$x = 30$である。

→**B　30本**

---

❷ 就活アカデミーEdgey式の超高速解法！

$17.5 \leqq X／15 < 18.5$
$262.5 \leqq X < 277.5$
よって、整数Xで最小のものは263、最大のものは277。

....

　ある整数をxとする。xを15で割って小数第1位を四捨五入すると18なので、

　　$17.5 \leqq x／15 < 18.5$

これをxについて解くため、各辺に15をかけると

　　$262.5 \leqq x < 277.5$

　よって、整数xで最小のものは263であり、最大のものは277である。よって、Aが正解。

→**A　最大277、最小263**

実践問題

解答集 ▶ P57〜

問題1

何人かの子ども達に飴を配る。1人に3個ずつ配ると13個あまり、1人5個ずつにすると、最後の子どもは3個より少なくなる。このとき、子どもの人数と飴の総数はどれか。

A 子ども7人、飴50個　　　B 子ども8人、飴40個　　　C 子ども8人、飴37個
D 子ども9人、飴37個

問題2

家から駅までの距離は2.2kmである。最初毎分60mで歩き、途中から毎分120mで走る。家を出発してから20分以内に駅に着くには、最初に歩く距離を何m以内にすればよいか。

A 200m　　　B 210m　　　C 220m　　　D 230m

問題3

図書館内にあるすべての本棚に、本を置く方法について検討したところ、次のP〜Rのことがわかった。

P　1つの本棚に本を50冊ずつ置くと、180冊分のスペースがあまる。

Q　1つの本棚に本を30冊ずつ置くと、200冊より多く本があまる。

R　半数の本棚に本を50冊ずつ置き、残りの本棚に本を30冊ずつ置くと本はあまり、その数は30冊未満である。

以上から判断して、正しい本棚の数はどれか。

A 20台　　　B 21台　　　C 17台　　　D 22台

問題4

ハサミと鉛筆とペンを合わせて9本買った。3つについて、次のⅠ〜Ⅱのことがわかっている。

Ⅰ　3種類とも少なくとも1個は買った。

Ⅱ　鉛筆の本数は、ハサミより少ない。

❶　次の推論P〜Rのうち、必ず正しいといえるものはどれか。AからHの中から1つ選びなさい。

P　ペンが2本ならば、鉛筆は3本である。

Q　ペンが4本ならば、鉛筆は2本である。

R　ペンが5本ならば、鉛筆は1本である。

A Pのみ　　　**B** Qのみ　　　**C** Rのみ　　　**D** PとQ　　　**E** PとR
F QとR　　　**G** PとQとR　　**H** 選択肢に正解はない

❷ 次の推論S、T、Uのうち、必ず正しいといえるものはどれか。AからHの中から選びなさい。

　　S　鉛筆とペンの数が同じならば、ハサミは5本である。
　　T　ハサミとペンの数が同じならば、鉛筆は1本である。
　　U　ペンの数がハサミより2本以上多いならば、鉛筆は1本である。

A Sのみ　　　**B** Tのみ　　　**C** Uのみ　　　**D** SとT　　　**E** SとU
F TとU　　　**G** SとTとU　　**H** 選択肢に正解はない

問題5

2つの正の整数X、Yを小数第1位で四捨五入すると、X＝5、Y＝7になる。このとき、3X＋5Yの値の範囲のうち、最小の値はどれか。

A 45　　**B** 46　　**C** 47　　**D** 48　　**E** 49

問題6

4％と8％の食塩水がある。4％の食塩水300gと8％の食塩水を何gか混ぜ合わせて、6.5％以上7％以下の食塩水を作りたい。8％の食塩水を何g以上何g以下混ぜ合わせればよいか。

A 400g以上800g以下　　　**B** 600g以上1000g以下
C 300g以上700g以下　　　**D** 500g以上900g以下

問題7

身長も年齢も異なる、ア、イ、ウ、エの4人について次のⅠ～Ⅲのことがわかっている。

Ⅰ　アはエよりも身長が高い。
Ⅱ　エはウよりも年上で、ウはイよりも年上である。
Ⅲ　4人の中で、身長が最も高い者が最年少である。

❶ アがウより年上のとき、身長が最も低い人は誰か。当てはまるものをすべて答えよ。
　　A ア　　　**B** イ　　　**C** ウ　　　**D** エ

❷ 身長が最も低いものが最年長のとき、2番目に身長が低い人は誰か。当てはまるものをすべて選びなさい。
　　A ア　　　**B** イ　　　**C** ウ　　　**D** エ

問題8

1次不等式2／3（X＋1）＜3／2 X−1の解はどれか。

A X＞2 **B** X＜2 **C** X＞6 **D** X＜6 **E** X＞4

問題9

玉ねぎを袋に詰めていく。1袋に4個ずつ詰めていくと10個があまり、1袋に7個ずつ詰めていくと使われない袋が7袋でき、使われる袋のうち1袋は6個未満になるとき、この玉ねぎの数は何個か。

A 54個 **B** 62個 **C** 74個 **D** 82個 **E** 94個

問題10

畑にスイカの種を蒔いていく方法について検討したところ、次のア〜ウのことがわかった。

ア　1つの列に種を60個ずつ蒔くと、種は160個不足する。
イ　1つの列に種を40個ずつ蒔くと、種は420個より多くあまる。
ウ　半数の列に種を40個ずつ蒔き、残りの半数の列に種を60個ずつ蒔くと種はあまり、その数は150個未満である。

以上の条件より、種の個数として正しいのはどれか。

A 1520個 **B** 1640個 **C** 1760個 **D** 1880個 **E** 2000個

問題11

町内会の子ども達におにぎりを配っていく方法について検討したところ、次のア〜ウのことがわかった。

ア　1人に5個ずつ配ると、おにぎりは16個不足する。
イ　1人に3個ずつ配ると、おにぎりは10個より多くあまる。
ウ　半数の子どもに2個ずつ配り、もう半分の子どもに4個ずつ配ると、おにぎりはあまり、その数は14個未満である。

以上から判断して、おにぎりの個数として正しいものはどれか。

A 54個 **B** 63個 **C** 72個 **D** 81個 **E** 90個

問題12

あるクラスの生徒にチョコを配る。1人3つずつ配ると8個余り、1人5個ずつ配ると3人の生徒に配ることができず、配った生徒のうち1人が4個未満になる。このクラスの生徒の人数は何人か。

A 12人 **B** 13人 **C** 14人 **D** 15人 **E** 16人

問題13

あるクラスが集会の準備をしている。長椅子の1脚に4人ずつ座ると4人が座れなくなり、1脚に6人ずつ座ると使われない長椅子が2脚でき、使用している長椅子のうち1脚は3人未満になる。このクラスの人数は何人か。

A 36人　　**B** 40人　　**C** 44人　　**D** 48人　　**E** 52人

問題14

ある日、Aさんが公園のジョギングコースを、始めの2kmは時速4kmで歩き、残りを時速10kmで走ったところ、1周2時間より多くの時間がかかった。次の日、同じジョギングコースを、始めの2kmは時速4kmで歩き、残りを時速3kmで歩いたところ1周6時間未満で走ることができた。この公園のジョギングコースは1周何kmか。

A 17km　　**B** 18km　　**C** 19km　　**D** 20km　　**E** 21km

問題15

小学生に折り紙を配る。次のア〜ウのことがわかっている。

ア　1人に35枚ずつ配ると20枚より多くあまる。

イ　1人に45枚ずつ配ると210枚足りなかった。

ウ　半数の生徒に35枚ずつ、残りの生徒には45枚ずつ配布するには足りず、足りない枚数は85枚より多い。

このとき、折り紙の枚数は何枚か。

A 735枚　　**B** 780枚　　**C** 825枚　　**D** 870枚　　**E** 915枚

問題16

鉛筆が1本80円、消しゴムが1個100円で売られている。それぞれ合わせて20個買ったところ合計金額が1780円以上、1880円未満になった。購入した鉛筆の本数が消しゴムの個数よりも多いとき、消しゴムはいくつ購入したか。

A 5つ　　**B** 6つ　　**C** 7つ　　**D** 8つ　　**E** 9つ

問題17

あるアイドルグループがコンサートを行うことになった。長椅子の1脚に観客が10人ずつ座ると、5人が座れなくなる。1脚に13人ずつ座ると、使わない長椅子が2脚できる。このとき、使っている長椅子のうち1脚は、12人未満になる。観客の人数は何人か。ただし、観客の人数は、120人以下とする。

A 85人　　**B** 95人　　**C** 105人　　**D** 115人

23 最適値

頻出度 ■■ □□ 　　対応試験　SPIテストセンター／WEBテスティング／SPIペーパーテスト

問題文の条件に最も適した値を求める問題です。

> ▶**2通りの解法を意識！**
> ①**解答の選択肢が条件に合うかを**
> 　**一つずつ確認する方法**
> ②**連立方程式や二次方程式を**
> 　**立式して解く方法**

例題　こんな問題が出る！

❶　あるお菓子が80個ある。これらすべてを2個入り、3個入り、4個入りの箱に詰める。全部で30箱できるとき、3個入の箱の個数として適当なものはどれか。ただし、どの箱も1箱は作るものとする。　　（解答目標時間30秒）

　　A 18個　　　**B** 19個　　　**C** 20個　　　**D** 21個　　　**E** A～Dのいずれでもない

❷　ある商品は、販売単価を値下げすると販売個数が増加し、増加率は値下げ率の4.5倍となる。売上金額が値下げ前の4／3倍になるように販売単価を値下げするとき、最小の値下げ率として適切なものはどれか。ただし、税金はかからないものとする。　　（解答目標時間40秒）

　　A 8.3%　　　**B** 9.1%　　　**C** 10%　　　**D** 11.1%

例題の解答

❶　2個入り、3個入り、4個入りの箱の個数をそれぞれx、y、zとすると、

$$x + y + z = 30 \cdots ①$$
$$2x + 3y + 4z = 80 \cdots ②$$

が成り立つ。①、②より整理すると、$y + 2z = 20$　$z = 10 - y / 2$

したがって、zが整数となるためにはyは2の倍数でなければならない。yが2の倍数となる選択肢は18か20のときである。ここで、$y = 20$のとき、$z = 0$となり不適であるので、求める3個入りの箱の個数は18箱である。

→A　**18個**

---

❷　**就活アカデミーーEdgey式の超高速解法！**

$(1 - X)(1 + 4.5X) = 4 / 3$
$X = 2 / 3, 1 / 9$
最小の値下げ率は$1 / 9$

⋯⋯⋯⋯⋯⋯⋯⋯⋯⋯⋯⋯⋯⋯⋯⋯⋯⋯⋯⋯⋯⋯⋯⋯⋯⋯⋯⋯⋯⋯⋯⋯

値下げ率をXとすると、増加率は$4.5X$と表せる。
売上は販売単価×販売個数で表されるので、

$(1 - X)(1 + 4.5X) = 4 / 3$
$27X^2 - 21X + 2 = 0$
$(3X - 2)(9X - 1) = 0$
$X = 2 / 3, 1 / 9$

したがって、$1 / 9 < 2 / 3$ であるので、最小の値下げ率は$1 / 9$で、11.1%

→D　**11.1%**

┌─ **とらのすけ先生のワンポイントアドバイス** ─

最小の値を問われている場合は、選択肢の一番小さいものから当てはめる
最大の値を問われている場合は、選択肢の一番大きいものから当てはめる
と行うことで、方程式を立てるなどの数学的な解法を用いなくても解ける場合があります。

実践問題

解答集 ▶ P62～

問題1

ある商品は、販売単価を値下げすると販売個数が増加し、増加率は値下げ率の5倍となる。売上金額が値下げ前の1.6倍になるように販売単価を値下げするとき、最小の値下げ率として最適なものはどれか。ただし、税金はないものとする。

A 10%　　　**B** 20%　　　**C** 30%　　　**D** 40%

問題2

ある工場ではXとYを製造しており、1日あたりXは最大165個、Yは最大150個をそれぞれ製造できる。販売方法はセット販売で、X3個とY4個セットが500円、X5個Y2個のセットが300円である。1日の売上を最大化するようにX、Yを製造したときの売上はいくらか。

A 18000円　　　**B** 18500円　　　**C** 19000円　　　**D** 19500円

問題3

りんごが300円、ぶどうが200円、みかんが2個セットで100円で売っている。これらを組み合わせて合計50個購入し、金額が11600円となるようにしたい。このとき、りんごの購入数として最適なものはどれか。

A 26個　　　**B** 27個　　　**C** 28個　　　**D** 29個

問題4

あるお菓子が58個ある。これらすべてを2個入り、3個入り、5個入りの箱に詰める。全部で20箱できるとき、3個入の箱の個数として最適なものはどれか。

A 2個　　　**B** 4個　　　**C** 6個　　　**D** 8個

問題5

ある宿には現在A、B、Cの3タイプの部屋が合計22部屋ある。AはBの2倍、Cの3倍の定員である。ここでBの部屋数を2倍に増やし、Cの部屋数を5倍に増やすと、定員の合計が以前の3倍になった。このとき、Aの部屋数として最適なものはどれか。

A 2部屋　　　**B** 3部屋　　　**C** 4部屋　　　**D** 5部屋

問題6

ある製品を作るのには、右の表の作業A〜Dを1回ずつ行う必要がある。ただし、作業によっては、それを開始するにあたって必ず終えていなければならない先行作

作業	日数	先行作業
A	3	なし
B	4	A
C	2	A
D	4	B,C

業がある。このとき、確実に言えるのはどれか。

- **A** 作業Aが2日多くかかった場合、完成には17日間かかる
- **B** 作業Aと作業Bがともに1日多くかかった場合、完成には13日間かかる
- **C** 作業Cが1日多くかかった場合、完成には12日間かかる
- **D** 作業Dが1日多くかかった場合、完成には13日間かかる

問題7

　ある商品は、販売単価を値下げすると販売個数が増加し、増加率は値下げ率の3倍となる。売上金額が値下げ前の5／4倍になるように販売単価を値下げするとき、最小の値下げ率として最適なものはどれか。ただし、税金はないものとする。

A 5.2%　　**B** 16.7%　　**C** 50.0%　　**D** 58.3%

問題8

　ある工場ではXとYを製造しており、1日あたりXは最大100個、Yは最大250個をそれぞれ製造できる。販売方法はセット販売で、X2個とY3個セットが200円、X2個Y5個のセットが400円である。1日の売上を最大化するようにX、Yを製造したときの売上はいくらか。

A 18000円　　**B** 19000円　　**C** 20000円　　**D** 21000円

問題9

　ある工場ではXとYを製造しており、1時間あたりXは最大15個、Yは最大12個をそれぞれ製造できる。販売方法はセット販売で、X1個とY1個セットが40円、X3個Y2個のセットが100円である。1時間の売上を最大化するようにX、Yを製造したときの売上はいくらか。

A 540円　　**B** 700円　　**C** 870円　　**D** 1100円

問題10

　あるお菓子が110個ある。これらすべてを3個入り、4個入り、7個入りの箱に詰める。全部で30箱できるとき、4個入の箱の個数として最適なものはどれか。ただし、どの箱も1箱は作るものとする。

A 7個　　**B** 8個　　**C** 9個　　**D** 10個

24 魔方陣

頻出度 ■■□□□　　対応試験　SPIペーパーテスト／SPIテストセンター

一列に並べられた数字の和が全て等しくなるように、空欄に数字を当てはめていく問題です。

3×3の魔方陣

真ん中の数が**中央値**

点対称の位置にある
数字の和が全て
中央値の2倍

4×4の魔方陣

点対称な位置にある
数字の和が中央値の2倍

四隅と中央の4マスの和が
それぞれ全マスの和の$\frac{1}{4}$

例題　こんな問題が出る！

❶　1〜9までの数字を1つずつ右のマスに埋めて縦、横、斜めを足すとすべて等しくなるようにしたい。A、Bに当てはまる整数の組み合わせとして、それぞれ正しいのはどれか。

（解答目標時間30秒）

	B	
	A	3
	9	

A　（4, 1）　　**B**　（6, 7）　　**C**　（5, 6）
D　（6, 5）　　**E**　（5, 1）

❷　1〜16までの数字を1つずつ右のマスに埋めて縦、横、斜めを足すとすべて等しくなるようにしたい。A、Bに当てはまる整数の組み合わせとして、正しいのはどれか。

（解答目標時間90秒）

4		5	
B			3
	7		
	12	8	A

A　（2, 15）　　**B**　（9, 15）　　**C**　（9, 13）
D　（13, 15）　　**E**　（15, 13）

とらのすけ先生のワンポイントアドバイス

まずは魔方陣に共通する性質を使って空欄を求められないか考えてみましょう。それができない場合は空欄をアルファベットでおいて、連立方程式として処理しましょう。

例題の解答

❶ 就活アカデミーEdgey式の超高速解法！

魔方陣の真ん中にある**A**は中央値である**5**、**B**は1列あたりの数字の和が**15**で
あるため**1**。

....

3×3の魔方陣の性質として真ん中に入る数が入れる数の中央値になるというもの
があり、そのためAは1〜9の中央値である5となる。

また1列当たりの数の和はマス内すべての数の合計値を列数で割れば求められる。
この場合、マス内の合計値は1〜9を足し合わせて$(1 + 9) \times 9 \times 1 / 2 = 45$。

列数は3なので、1列当たりの数の和は$45 \div 3 = 15$。中央の縦列の数の和を考え
ると$B + 5 + 9 = 15$となる。

したがって、B = 1。よって、Eが正解。　　　　　　　　　　　　　　→E（**5,1**）

---

❷ 就活アカデミーEdgey式の超高速解法！

4×4の魔方陣では、中央を対称の中心として点対称な位置にある**2**数の和が
17になることが多い。
よって、**A = 13**、**C = 9**、**G = 14**。
これらを用いて、**B = 15**が求められる。よって、**D**が正解。

....

このような魔方陣によくあてはまる性質として、中央を対
称の中心として点対称な位置にある2数の和がいずれも17に
なるというものがある（この問題では5と12がそれに当たる）。
この規則性は全ての魔方陣に当てはまる訳ではないが、点対
称な位置にある数字は和が17になると期待して解くのもよ
いであろう。

4	C	5	D
B	E	F	3
G	7	H	I
J	12	8	A

魔方陣の空欄に整数C〜Jを当てはめる（図）。すると、4とA、Cと8、Gと3が対
応関係にあることが分かる。

これらの和が17とすると、A = 13、C = 9、G = 14が求められる。すると、1番
下の横列はJ、12、8、13と並んでいるからJ = 1が導ける。これで左から1番目の
縦列についてはB以外の数字が分かっているので、B = 15が導ける。よって、A =
13、B = 15

これらの数字を当てはめることで同じ数字が重複したり、1列の和が34にならな
かったりといった矛盾が起こらないため、この解が正しいことがわかる。Dが正解。

　　　　　　　　　　　　　　　　　　　　　　　　　　　　　　　→D（**13,15**）

実践問題

解答集 ▶ P64〜

問題1

1〜9までの数字を1つずつ右のマスに埋めて縦、横、斜めを足すとすべて等しくなるようにしたい。Aに当てはまる整数として、正しいのはどれか。

A 2　　**B** 4　　**C** 5　　**D** 7

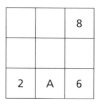

問題2

1〜16までの数字を1つずつ右のマスに埋めて縦、横、斜めを足すとすべて等しくなるようにしたい。Aに当てはまる整数として、正しいのはどれか。

A 3　　**B** 9　　**C** 1　　**D** 6

1		8	
	7	11	
15	A	10	
		5	

問題3

1〜16までの数字を1つずつ右のマスに埋めて縦、横、斜めを足すとすべて等しくなるようにしたい。A、Bに当てはまる整数の組み合わせとして、正しいのはどれか。

A （5, 10）　　**B** （5, 6）　　**C** （9, 10）
D （12, 6）

13		8	1
	B		
2	7		
		A	4

問題4

右の図のような3×3の魔方陣と4×4の魔方陣がある。それぞれ1〜9、1〜16までの数字を1つずつマスに埋めて縦、横、斜めを足すとすべて等しくなるようにしたい。A、Bにそれぞれ共通の数が入るとすると、Aに当てはまる整数として、正しいのはどれか。

A 1　　**B** 4　　**C** 6　　**D** 9

A		
	5	
		B

図1

12		14	
8		2	15
13	B		A

図2

問題5

右の図のような4×4の魔方陣が2つある。ともに1〜16までの数字を1つずつマスに埋めて縦、横、斜めを足すとすべて等しくなるようにしたい。A、Bにそれぞれ共通の数が入るとすると、AとBの和として、正しいのはどれか。

		15	16
	A		
	B		
5	11		

図1

13		16	
			11
1			A
12			B

図2

A 13 　**B** 15
C 18 　**D** 21

問題6

右の図のような4×4の魔方陣がある。1〜16までの数字を1つずつマスに埋めて縦、横、斜めを足すとすべて等しくなるようにしたい。Aに当てはまる数として、正しいのはどれか。

A 3 　**B** 6 　**C** 9 　**D** 12

A			
1	7		
A+1	11		4
B−1			B

問題7

右の図のような、10個の○に1〜12の数字から10個を選んで1つずつ入れる。1列に並ぶ4個の数字の和がどれも等しくなるようにすると、1列当たりの数字の和はいくらか。ただし、選ばなかった2個の数字の比は1：3とする。

A 14 　**B** 26 　**C** 28 　**D** 30

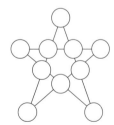

問題8

右の図のような、10個の○に1〜12の数字を1つずつ入れる。1列に並ぶ4個の数字の和がどれも28のとき、Aに入る数字はいくらか。

A 6 　**B** 2 　**C** 7 　**D** 9

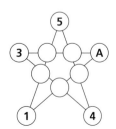

25 n進法

頻出度 ■■□□□   対応試験 SPIテストセンター／WEBテスティング／SPIペーパーテスト

私たちが日頃使っている数字は10進法ですが、この単元では10進法と2進法を相互に変換することを行います。

▶ 桁が1つ上がるために いくつ数字が必要かに着目せよ！

10進法 …… 0,1,2,3,4,5,6,7,8,9で表現
普段使っているのはこれ。
0〜9の10個の数字があるから10進法。

2進法 …… 0,1で表現　コンピュータの中は
0か1の2つの数字で構成されている。

16進法 …… 0,1,2,3,4,5,6,7,8,9,A,B,C,D,E,Fで表現
（Aが10進法の10、Bが11…に対応）
5Bという数字は、1桁目のBが10進法で
11で、2桁目の5は10進法で16×5＝80
なので、足して10進法で91。

n進法 …… n種類の記号を用いて数を表現する方法
n個数字が集まると桁が繰り上がる。

例題　こんな問題が出る！

❶ 2進法で111111と表される数を10進数で表すと何か。 （解答目標時間30秒）

　　A 58　　**B** 63　　**C** 72　　**D** 81

❷ 10進法で23と表される数を2進法で表すと何か。 （解答目標時間20秒）

　　A 10111　　**B** 10110　　**C** 10101　　**D** 11011
　　E A〜Dのいずれでもない

例題の解答

❶　就活アカデミーEdgey式の超高速解法！

$$
\begin{array}{cccccc}
1 & 1 & 1 & 1 & 1 & 1 \\
2^5 & 2^4 & 2^3 & 2^2 & 2^1 & 2^0 \\
\times & \times & \times & \times & \times & \times \\
1 & 1 & 1 & 1 & 1 & 1
\end{array}
$$

図より、$(1×1) + (2×1) + (4×1) + (8×1) + (16×1) + (32×1) = 63$。

　　n進法とはn個の数字で全ての数を表す方法である。2進法の場合0、1の2つの数字で全ての数を表す。1の位は1が2つあると10の位に繰り上がる。10の位は2が2つ集まると繰り上がる。すなわち、2の累乗が2つ集まると繰り上がる。他の位も同様に考え、総和を求めればよいので、$(1×1) + (2×1) + (4×1) + (8×1) + (16×1) + (32×1) = 63$。よって、Bが正解。

→**B　63**

❷　就活アカデミーEdgey式の超高速解法！

10進法をn進法で表すとき、
図のように最後の商からnで割った
あまりを書き並べる。

$$
\begin{array}{r|r l}
2 & 23 & \text{余り} \\
2 & 11 & \cdots\cdots\ 1 \\
2 & 5 & \cdots\cdots\ 1 \\
2 & 2 & \cdots\cdots\ 1 \\
 & 1 & \cdots\cdots\ 0
\end{array}
$$

　　$23÷2 = 11$あまり1より、あまりの1が1桁目に残り、11個の2が2桁目へ繰り上がる。2桁目では$11÷2 = 5$あまり1より、あまりの1が2桁目に残り、5が3桁目に繰り上がる。これを2で割れる限界まで繰り返すと、10111が得られる。

→**A　10111**

┌─ **とらのすけ先生のワンポイントアドバイス** ───

　　n進法からm進法に直すときは、一度10進法に直してから計算しましょう。

実践問題

解答集 ▶ P67〜

問題1

7進法で3654と表される数を10進法で表すと何か。

A 1265　　**B** 1362　　**C** 1376　　**D** 1421

問題2

3進法で212と表される数を10進法で表すと何か。

A 19　　**B** 23　　**C** 29　　**D** 31

問題3

10進で8108と表される数を7進法で表すと何か。

A 32432　　**B** 34213　　**C** 32413　　**D** 31232

問題4

3進法で1021と表す数と、2進法で1101と表す数の和を10進法で表すと何か。

A 36　　**B** 41　　**C** 47　　**D** 53

問題5

7進法で65、6進法で52と表す数の和は10進法で表すと何か。

A 79　　**B** 83　　**C** 85　　**D** 92

問題6

8進法で752、2進法で1100で表される数の和を4進法で表すと何か。

A 13312　　**B** 12231　　**C** 12332　　**D** 11302

問題7

6進法で1534と表される数をある表記法で表すと12202であった。この表記法は何か。

A 3進法　　**B** 4進法　　**C** 5進法　　**D** 6進法

問題8

2進法で111011で表される数をある表記法で表すと2012となった。この表記法は何か。

A 3進法　　**B** 4進法　　**C** 5進法　　**D** 6進法

ﾐ繝9

問題9

5進法で43、31で表される数の和を5進法で表すと何か。

A 124　　**B** 132　　**C** 130　　**D** 123

問題10

7進法で63、54と表される数の和を7進法で表すと何か。

A 110　　**B** 150　　**C** 132　　**D** 133

問題11

6進法で43、51と表される数の和を6進法で表すと何か。

A 132　　**B** 145　　**C** 134　　**D** 155

問題12

3進法で122、11と表される数の積を3進法で表すと何か。

A 2100　　**B** 2110　　**C** 2112　　**D** 2212

問題13

4進法で表された数を小さい方から並べると1、2、3、10、11、12…となる。

❶ 50番目の数は何か。

　A 221　　**B** 222　　**C** 302　　**D** 321

❷ 3210は何番目の数か。

　A 228　　**B** 231　　**C** 242　　**D** 243

問題14

2進法で表された数を小さい方から並べると1、10、11…となる。

❶ 101010は何番目の数か。

　A 25　　**B** 28　　**C** 32　　**D** 42

❷ 20番目の数は何か。

　A 10100　　**B** 10110　　**C** 11000　　**D** 11001

問題15

7進法で表された正の整数を小さいほうから順に並べると1、2、…、6、10、11…となる。

❶ 128番目の数は何か。

　A 34　　**B** 183　　**C** 242　　**D** 446

❷ 65123は何番目の数か。

　A 16187　　**B** 18366　　**C** 20153　　**D** 33162

26 数列

頻出度 ■■■□□□□ 対応試験 SPIテストセンター／WEBテスティング／SPIペーパーテスト

等差数列／等比数列／階差数列の出題がほとんどです。

a_nなどの表記に慣れないかもしれないが…

▶表記法a_nに慣れた者が数列を制する!

1番目の数字を初項と呼び、記号ではa_1と表す。
n番目の項を一般項と呼び、記号ではa_nと表す。
nに番目の数を入れれば、その項の数字が分かる。

等差数列の公式

$$\begin{array}{cccc} a_1 & a_2 & a_3 & a_4 \\ 1 & 3 & 5 & 7 \end{array}$$
d: +2 +2 +2

第n項：$a_n = a_1 + (n-1)d$

第n項までの和：$S_n = \dfrac{1}{2}(a_1 + a_n)n$

等比数列の公式

$$\begin{array}{cccc} a_1 & a_2 & a_3 & a_4 \\ 1 & 3 & 9 & 27 \end{array}$$
r: ×3 ×3 ×3

第n項：$a_n = a_1 \times r^{n-1}$

第n項までの和：$S_n = \dfrac{a(1-r^n)}{1-r} = \dfrac{a(r^n-1)}{r-1}$

階差数列の公式

$\{a_n\}: a_1 \quad a_2 \quad a_3 \quad a_4$

第n項：$b_n = a_{n+1} - a_n$ $\quad \{b_n\}: \quad b_1 \quad b_2 \quad b_3 \ (b_n = a_{n+1} - a_n)$

例題 こんな問題が出る!

❶ 初項55、公差−4の等差数列の初項から第10項までの和はどれか。

（解答目標時間20秒）

A 370 　　**B** 340 　　**C** 19 　　**D** 126 　　**E** A〜Dのいずれでもない

❷ 1から200までの間に、ある整数の倍数が11個ある。この11個の数の和として
適当なものはどれか。 （解答目標時間30秒）

A 1020 　　**B** 1122 　　**C** 1234 　　**D** 1378
E A〜Dのいずれでもない

例題の解答

❶ 　等差数列 $\{a_n\}$ の一般項は、$a_n = 55 + (n-1)(-4) = -4n + 59$ であることから、第10項は、$a_{10} = (-4) \times 10 + 59 = 19$ とわかる。

　　したがって、求める数の和は、初項55、末項19、項数10の等差数列の和になるため、等差数列の和の公式を用いて $1／2 \times 10 \times (55 + 19) = 370$ とわかる。

→**A　370**

❷ 　まずは、問題文の「ある整数」が何かを考える。「ある整数」の条件が1から200までの間に、倍数が11個あることより、200を割ったときの商が11となる整数を考える。

　　$200 \div 17 = 11$ あまり13、$200 \div 18 = 11$ あまり2より、17と18が該当するが、18の倍数11個の和は1188となり、これは選択肢にないので不適。

　　したがって、求める数の和は、初項17、末項187、項数11の等差数列の和になるため、等差数列の和の公式を用いて、$1／2 \times 11 \times (17 + 187) = 1122$ とわかる。

→**B　1122**

とらのすけ先生のワンポイントアドバイス

頻出度は高くありませんが、公式を覚えておくだけで解ける問題がほとんどです。余裕がある人は公式をマスターしておきましょう。

実践問題

解答集 ▶ P68〜

問題1

等比数列の連続した項 a、b、cがあり（a＜b＜cとする）、これらの3つの数の和は35、積は1000である。このとき、aの値として適切なものはどれか。

A 2　　**B** 3　　**C** 4　　**D** 5

問題2

第27項が93、第50項が185である等差数列 $\{a_n\}$ において、393は第何項か。

A 93　　**B** 97　　**C** 99　　**D** 102

問題3

第3項が12、第6項が−96の等比数列がある。第8項はどれか。

A 283　　**B** 360　　**C** −388　　**D** −384

問題4

次の数列$\{a_n\}$の第8項はどれか。

　　　　　1, 4, 11, 22, 37, 56,…

A 98　　**B** 125　　**C** 130　　**D** 106

問題5

100から300までの整数のうち、3で割って2あまる数の和はいくらか。

A 10200　　**B** 11220　　**C** 13400　　**D** 15900

問題6

100から300までの整数のうち、7で割って3あまる数の和はいくらか。

A 3020　　**B** 4473　　**C** 5771　　**D** 7723

問題7

一般項を$a_n = 4n + 5$で表せる数列$\{a_n\}$がある。次の数列$\{b_n\}$において、数列$\{a_n\}$の第30項と同じ数になるのは第何項か。

$\{b_n\} = 4, 5, 8, 13, 20, …$

A 7　　**B** 9　　**C** 12　　**D** 14

問題8

等比数列の連続した項a、b、cがあり（a＜b＜cとする）、これらの3つの数の和は63、積は1728である。このとき、aの値として適切なものはどれか。

A 2　　**B** 3　　**C** 4　　**D** 5

問題9

等差数列の連続した項a、b、cがあり（a＜b＜cとする）、これらの3つの数の和は54、積は4950である。このとき、aの値として適切なものはどれか。

A 9　　**B** 11　　**C** 15　　**D** 19

問題10

第14項が71、第35項が218である等差数列$\{a_n\}$において、449は第何項か。

A 63　　**B** 68　　**C** 69　　**D** 72

問題11

初項19、公差3の等差数列$\{a_n\}$の初項から第23項までの和はどれか。

A 996 **B** 987 **C** 1009 **D** 1196

問題12

初項から第n項までの和S_nが$S_n = 4n^2 - 21n$となる数列$\{a_n\}$の第35項はどれか。

A 255 **B** 243 **C** 309 **D** 229

問題13

初項が2、公比が3である等比数列の初項から第6項までの和はいくつか。

A 728 **B** 242 **C** 654 **D** 395

問題14

初項から第5項までの和が4、初項から第10項までの和が32である等比数列について、初項から第15項までの和はいくらか。

A 222 **B** 228 **C** 237 **D** 246

問題15

初項1、一般項を$a_n = 1 + 2(n-1)$で表せる数列$\{a_n\}$がある。次の数列Aにおいて、数列$\{a_n\}$の第40項と同じ数になるのは第何項か。

数列A：1, 2, 4, 7, 11, 16, 22, 29…

A 第12項 **B** 第13項 **C** 第14項 **D** 第15項

問題16

次のように、分数がある規則にしたがって並んでいる。このとき、5／12は第何項か。

1／2, 1／3, 2／3, 1／4, 2／4, 3／4, 1／5, …

A 第37項 **B** 第49項 **C** 第52項 **D** 第60項

問題17

初項から第n項までの和S_nが、$S_n = 2n^2 - n$で表されるとき、数列a_nの一般項は何か。

A 4n−3 **B** 6n + 2 **C** $2n^2 - n + 1$ **D** $2n^2 + n - 1$

27 整数の文章題

頻出度 ■■■ 対応試験 SPIテストセンター／WEBテスティング／SPIペーパーテスト

整数が主役となる、整数の性質に注目した問題です。

▶解法のPOINT

唯一の解法がないのがこの単元の難しいところ

約数と倍数・剰余系・因数分解・奇数偶数・数列など、あり得る解法に当たりをつける！

山勘が外れたら、別の解法を実践して、しらみつぶしにする！

例題　こんな問題が出る！

❶ X、Y 2つの整数がある。XはYの5倍より8大きく、XはYより12大きい。このときのXを求めよ。　（解答目標時間30秒）

   A 13　　**B** 17　　**C** 19　　**D** 23　　**E** A～Dのいずれでもない

❷ 7で割ると4あまり、9で割ると5あまる正の整数で1番小さい数は何か。

（解答目標時間30秒）

   A 32　　**B** 53　　**C** 74　　**D** 95

❸ 20は連続した正の整数の和で表すことができる。　（解答目標時間●秒）

  （1）何通りで表すことができるか。

   A 1通り　　**B** 2通り　　**C** 3通り　　**D** 4通り

  （2）20を連続した正の整数の和で表した場合、最大の数は何か。

   A 4　　**B** 5　　**C** 6　　**D** 7

例題の解答

❶ 就活アカデミーEdgey式の超高速解法!

$X = 5Y + 8$
$X = Y + 12$
よって、$X = 13$。

....

Xは Yの5倍より8大きいから、$X = 5Y + 8$。またXは Yより12大きいから、$X = Y + 12$。これを解くと、$X = 13$、$Y = 1$。

→**A 13**

---

❷ 7で割ると4あまる数は、11、18、25、32、39、46、53、60、67、…。
9で割ると5あまる数は、14、23、32、41、50、59、68、…。

→**A 32**

---

❸ (1)20を連続した正の整数の和で表したときの最小の整数をAとする。

連続した2つの数で表される場合、$A + (A + 1) = 20$。$A = 19／2$となり、Aは整数に不適。

連続した3つの数で表される場合、$A + (A + 1) + (A + 2) = 20$。$A = 17／3$となりAは整数に不適。

連続した4つの整数で表される場合、$A + (A + 1) + (A + 2) + (A + 3) = 20$。$A = 7／2$でAは整数に不適。

連続した5つの整数で表される場合、$A + (A + 1) + (A + 2) + (A + 3) + (A + 4) = 20$。$A = 2$。

連続した6つの整数で表される場合、$A + (A + 1) + (A + 2) + (A + 3) + (A + 4) + (A + 5) = 20$。$A = 5／6$。このとき、Aが1より小さくなっているから、これ以降は整数にならない。よって、$A = 2$の場合のみ条件に適している。

→**A**

(2)最大の数は、$A + 4$より6である。

→**C**

┌─ **とらのすけ先生のワンポイントアドバイス** ───

条件に合うか否かを、1つずつ直接選択肢を検証していく方が速い場合もあります。

実践問題

解答集 ▶ P70〜

問題1

X、Y、Zの3人が早食い競争を行った。1回競争するごとに1番早かった人は他の2人から持っているのと同じ枚数のチップをもらう。次のア〜ウのことがわかっている。

ア　1回目はZが1番だった。

イ　2回目と3回目はXが1番だった。

ウ　4回目ではYが1番で、XとZからそれぞれ81枚のチップをもらうと、XとZのチップはなくなった。

❶　チップは全部で何枚か。

A 162枚　　　**B** 171枚　　　**C** 243枚　　　**D** 252枚

❷　Xは2回目の競争が始まる前何枚チップを持っていたか。

A 9枚　　　**B** 12枚　　　**C** 15枚　　　**D** 18枚

問題2

1から6の数字が書かれているカードを横に並べた。右から1枚目と2枚目の数字の合計は7、左から1枚目から3枚目までの数字の合計は12であった。

❶　1番左が6のとき、3は右から何枚目の可能性があるか。

A 1枚目　　　**B** 2枚目　　　**C** 3枚目　　　**D** 4枚目

❷　左端が3で、右端が左端から2枚目より1大きいとき、1は右から何枚目か。

A 1枚目　　　**B** 2枚目　　　**C** 3枚目　　　**D** 4枚目

問題3

X、Y、Zの3人でゲームをした。1から8までのスペードのトランプをX、Zには3枚、Yは遅刻したので2枚配った。Xの3枚のトランプの和は14で、Yには7が配られた。また、Zの数字の積は15であった。

❶　Xの持っているカードは何か。

A 8、4、2　　　**B** 7、6、1　　　**C** 6、5、3　　　**D** 8、5、1

❷　Yが7以外に持っているカードは何か。

A 1　　　**B** 3　　　**C** 5　　　**D** 6

問題4

P、Q、R、S、Tの5人がカードゲームをした。1から8までの数字が書かれているカードを同時に1枚引き、1番大きい人が勝ちである。

❶　Rが勝ち、Sは6を引いた。偶数はPとSだけだった。このとき、Rの数字は何か。

    A 3   **B** 5   **C** 6   **D** 7

❷ ❶の条件に加え、TはRより2小さく、Pが1番小さいとき、Qの数字は何か。

    A 1   **B** 2   **C** 3   **D** 4

問題5

P、Q、R、Sの4人がカードを何枚か持っている。4人のカードを合計すると9枚で、Rと同じ枚数のカードを持っている人がおり、Sと同じ枚数のカードを持っている人もいる。

❶ Pが5枚カードを持っているとき、Qは何枚持っているか。

    A 2枚   **B** 3枚   **C** 4枚   **D** 5枚

❷ Pと同じ枚数のカードを持っている人がいるとき、Qは何枚持っている可能性があるか。

    A 1枚   **B** 3枚   **C** 5枚   **D** 7枚

問題6

40枚のカードをX、Y、Zの3人で分けた。カードの枚数は多い順にX、Y、Zであった。ZとXの差は8枚であった。また、XとYのカードの数を足して3で割った数は、Zの枚数と同じであった。Xの枚数は何枚か。

    A 18枚   **B** 21枚   **C** 24枚   **D** 25枚

問題7

P、Q、R、S、T、Uの6人がオークションに参加した。

このオークションでは6つの商品が出品されており、欲しい商品の前に金券を置くことで商品に入札する。

Pの持つ金券は1枚500円、QとRの持つ金券はそれぞれ1枚600円、SとTの持つ金券はそれぞれ1枚700円、Uの持つ金券は1枚800円に相当する。また、6人はそれぞれ商品に入札するのに十分な枚数の金券を持っているものとする。

❶ 右端と右端から3番目の商品の合計入札額が1500円、左端と左端から2番目の商品のそれぞれの合計入札額の積が350000円、左端から2番目と左端から4番目の商品の入札額の差は300円であった。このときPが入札した商品の位置はどこか。

    A 左端   **B** 左端から2番目   **C** 左端から4番目   **D** 左端から5番目

❷ ❶と同じ条件のとき、左から3番目は誰が入札した可能性があるか。

    A P   **B** Q   **C** S   **D** U

問題8

P、Q、R、Sの4つの点が−2、−1、0、1、2の順に数字が書いてある直線上を移動している。スイッチを押すと点が止まった。このとき同じ数字に止まった点はなく、RはSより1大きい数字で止まった。また、PからQの数字を引くと−3になった。

❶ Pが−2のとき、Qの数字は何か。

A −1　　**B** 0　　**C** 1　　**D** 2

❷ ❶のとき、Sはどの数字で止まったか。

A −1　　**B** 0　　**C** 1　　**D** 2

問題9

あるクラスで、タクシーに乗って実習へ向かった。タクシーは全部で4台あり1台に9人まで乗車することができる。1台目の乗車人数は4台目より多く、2台目と3台目の乗車人数は同じであった。また、どのタクシーにも最低6人は乗車しているものとする。

❶ 全部で29人乗っており、2台目に7人乗車していた。また、1台目の乗車人数は奇数であった。このとき、1台目の乗車人数は何人か。

A 3人　　**B** 5人　　**C** 7人　　**D** 9人

❷ 全部で25人乗車しているとき、3台目の乗車人数は何人か。

A 5人　　**B** 6人　　**C** 7人　　**D** 8人

問題10

犬・猫飼育可能なアパートに4世帯の家族P、Q、R、Sが住んでいる。Qは6匹のペットを飼っており、他の家族より多く飼育している。また、PとSのペット飼育数は同数で、Rはそれより1匹少なかった。4世帯の犬の飼育数の合計と猫の飼育数の合計は同じであった。

❶ 各世帯の犬と猫の飼育数の合計として考えられるものを全て選びなさい。

A （P, Q, R, S）＝（5, 6, 4, 5）

B （P, Q, R, S）＝（4, 6, 3, 4）

C （P, Q, R, S）＝（4, 6, 5, 4）

D （P, Q, R, S）＝（3, 6, 2, 3）

❷ Pの飼育しているペットが全て猫のとき、Qの飼育している猫の数として考えられるものを全て選びなさい。

A 7匹　　**B** 6匹　　**C** 5匹　　**D** 4匹　　**E** 3匹　　**F** 2匹

G 1匹　　**H** 0匹

問題11

とある服飾店の1日の売上のうち、Tシャツの平均単価は990円、その他の服の平均単価は5760円であった。また、Tシャツと他の服をあわせた平均単価は3650円である。このとき、Tシャツとその他の服はあわせて何着売れたか。

A 19着　　**B** 21着　　**C** 23着　　**D** 27着

問題12

連続する3つの偶数が存在し、その和は48となる。この3つの偶数のうち、最も小さい数字は何か。

A 12　　**B** 14　　**C** 16　　**D** 18

問題13

連続する5つの奇数が存在し、その和は125となる。この5つの奇数のうち、小さい方から3番目の数字は何か。

A 21　　**B** 23　　**C** 25　　**D** 27

問題14

十の位の数字が4で、百の位の数字が一の位の数の2倍より1小さい3桁の自然数がある。この自然数の百の位の数字と一の位の数字を入れ替えた数は、もとの数より99小さい。このとき、もとの3桁の自然数は何か。

A 141　　**B** 342　　**C** 543　　**D** 744

問題15

十の位の数字が5で、一の位の数字が百の位の数字の3倍より1小さい3桁の自然数がある。この自然数の百の位の数字と十の位の数字を入れ替えた数をもとの数に足すと780となるとき、もとの自然数は何か。

A 154　　**B** 255　　**C** 358　　**D** 421

問題16

薄力粉、卵、牛乳をあわせて10個購入したところ、代金の合計は1000円だった。薄力粉が1袋120円、卵が1パック80円、牛乳が1本110円とすると、牛乳は何本購入したか。

A 1本　　**B** 2本　　**C** 3本　　**D** 4本

28 場合の数❶（数え上げ）

| 頻出度 ■■■ | 対応試験 SPIペーパーテスト／SPIテストセンター |

事象が何通りあるか、公式を使用せずに1つずつ数える問題です。超頻出単元である「確率」へ続く重要なステップです。

> ## ▶樹形図や表を書き、漏れなく数える！
>
> 樹形図 　　　　　　表
>
>
>

例題　こんな問題が出る！

❶ 0、0、2、2、2、4の6つの数字のうち、3個を並べてできる整数は何通りあるか。　　　　　　　　　　　　　　　　　　　　　　　　（解答目標時間40秒）

　　A 10通り　　**B** 11通り　　**C** 12通り　　**D** 14通り
　　E 15通り　　　**F** A〜Eのいずれでもない

❷ プレゼント交換を5人で行う。誰も自分のプレゼントが当たらないようにする方法は何通りあるか。　　　　　　　　　　　　　　　　　　（解答目標時間50秒）

　　A 36通り　　**B** 40通り　　**C** 44通り　　**D** 48通り
　　E 52通り　　　**F** A〜Eのいずれでもない

とらのすけ先生のワンポイントアドバイス

難易度が高くない単元だからこそ、ケアレスミスに注意しましょう。

例題の解答

❶ 0が百の位にならないように数えていく。樹形図をかくと重複しないように簡単に数えることができる。樹形図は以下のようになる。

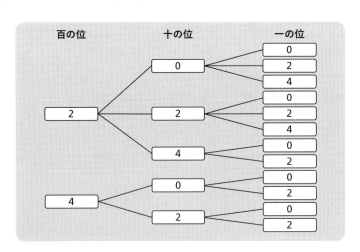

→C **12通り**

❷ 誰がどのプレゼントをもらうかについて考えられる場合を、樹形図をかいて考えていく。以下の樹形図は、AがBのプレゼントを受け取る場合である。

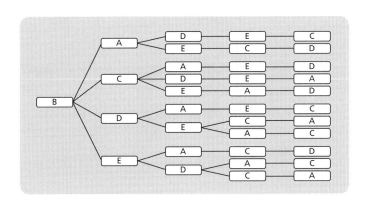

これ以外にもAがC、D、Eのプレゼントを受け取る場合もそれぞれ11通りずつ考えられるので、求める数は11×4＝44通りである。

→C **44通り**

実践問題

解答集 ▶ P73〜

問題1

A、B、Cの3人でじゃんけんをすることになった。

❶ Aがグーを出したとき、あいこになる組み合わせは何通りか。

　A 1通り　　**B** 2通り　　**C** 3通り　　**D** 4通り

❷ 1人だけが負ける結果は何通りあるか。

　A 9通り　　**B** 12通り　　**C** 14通り　　**D** 18通り

問題2

A、B、C、Dの4枚のカードから3枚を選んで文字を作る。同じカードは1度しか使えないとすると、文字は全部で何通りできるか。

A 6通り　　**B** 12通り　　**C** 18通り　　**D** 24通り

問題3

aを2つ、bを3つ用いて5文字の記号列を作る方法は何通りあるか。

A 5通り　　**B** 8通り　　**C** 9通り　　**D** 10通り　　**E** 11通り

問題4

大小2つのサイコロがあり、小さい方のサイコロの目は1〜6、大きい方のサイコロの目は4〜9である。この2つのサイコロを同時に投げたとき、出た目の数の和が5の倍数になるのは何通りあるか。

A 6通り　　**B** 7通り　　**C** 8通り　　**D** 9通り　　**E** 10通り

問題5

みかん2個、りんご3個、いちご4個の中から6個を取り出す方法は何通りあるか。ただし、取り出されない果物があってもよい。

A 8通り　　**B** 9通り　　**C** 10通り　　**D** 11通り　　**E** 12通り

問題6

A〜Gの7人の学生で、2人組と5人組を作る。A・Bは必ず同じ組になるようにすると、組の分け方は何通りあるか。

A 10通り　　**B** 11通り　　**C** 12通り　　**D** 13通り　　**E** 14通り

問題7

100円、50円、10円の硬貨を組み合わせて200円にする場合、その組み合わせは

何通りあるか。

A 7通り **B** 8通り **C** 9通り **D** 10通り **E** 11通り

問題8

1、2、7、9の数字を組み合わせて3桁の数を作る。

❶ いずれの位にも2が入っていない数は何通り作れるか。ただし、同じ数を何回用いてもよい。

A 6通り **B** 9通り **C** 12通り **D** 24通り **E** 27通り

❷ いずれの位にも2が入っていない数は何通り作れるか。ただし、同じ数は1度だけ用いてよい。

A 6通り **B** 9通り **C** 12通り **D** 24通り **E** 27通り

❸ 770よりも大きい数は何通り作ることができるか。ただし、同じ数を何回用いても良い。

A 3通り **B** 8通り **C** 16通り **D** 24通り **E** 32通り

問題9

10gのおもりが2つ、50gのおもりが1つ、100gのおもりが2つある。天秤の片側だけにおもりを乗せるとき、何通りの重さを測ることができるか。

A 16通り **B** 17通り **C** 18通り **D** 19通り **E** 20通り

問題10

サイコロAとサイコロBを同時に振る。このとき、出た目の積が3の倍数になる組み合わせは何通りあるか。ただし、「Aが1でBが6」と「Aが6でBが1」は別の組み合わせとして数える。

A 12通り **B** 15通り **C** 18通り **D** 20通り **E** 24通り

問題11

それぞれに赤い色と青い色があるA、B、Cという3種類のコーヒーカップがある。

❶ A、B、Cを1個ずつ買うとき、色の選び方は何通りあるか。

A 8通り **B** 9通り **C** 12通り **D** 24通り **E** 27通り

❷ A、B、Cを2個ずつ買うとき、色の選び方は何通りあるか。

A 8通り **B** 9通り **C** 24通り **D** 27通り **E** 81通り

問題12

Aさんはサッカーボールを7つグラウンドまで運ぶ。Aさんはボールを1度に2つまでしか運ぶことができない。このとき、ボールの運び方は何通りあるか。

A 18通り **B** 19通り **C** 20通り **D** 21通り **E** 25通り

問題13

12個の同じ玉をP、Q、Rの3人に分けるとき、渡す玉の数がP<Q<Rとなるのは何通りあるか。ただし、Pも1個はもらえるものとする。

A 5通り **B** 6通り **C** 7通り **D** 8通り **E** 9通り

問題14

AとBが4セットを先取した方が勝つ7セット制の卓球で対戦をした。最初の4セットのうち、Aが3セット、Bが1セットをとった。ここから試合の決着がつくまでのパターンは何通りあるか。

A 2通り **B** 4通り **C** 5通り **D** 6通り **E** 10通り

問題15

A、B、C、D、E、F に、1〜5の数字を1つの数字のみの重複を許して当てはめるとき、次の I 〜 II の条件を満たすものは何通りあるか。

I　A<B<C<D
II　D>E>F

A 6通り **B** 8通り **C** 10通り **D** 12通り **E** 15通り

問題16

スタートスイッチを押すと、A〜Dの4つのディスプレイに0〜9の数字がそれぞれランダムに現れる装置がある。このとき、AとBに現れた数字の和とCとDに現れた数字の和の差を求める。$(A+B)-(C+D)=16$となるのは何通りか。

A 5通り **B** 7通り **C** 9通り **D** 10通り **E** 13通り

問題17

4人のチームの中で、リレーの走る順番を決める。このとき、何通りの走順の決め方があるか。

A 6通り **B** 12通り **C** 18通り **D** 24通り **E** 30通り

問題18

12個のチョコをA、B、Cの3人に分ける。このとき、もらえるチョコの数がA< B < Cとなるのは何通りか。

A 3通り　　　**B** 4通り　　　**C** 5通り　　　**D** 6通り　　　**E** 7通り

問題19

3人が3つの並んだ椅子に座る座り方は何通りあるか。

A 3通り　　　**B** 4通り　　　**C** 5通り　　　**D** 6通り　　　**E** 7通り

問題20

AとBで優勝決定戦を行う。先に2勝した方を優勝とする。最初の試合でAが勝利した場合、優勝が決定するまでの勝負のつきかたは何通りあるか。ただし、試合では引き分けもあり、引き分けの次の試合は必ず勝負がつくものとする。

A 6通り　　　**B** 7通り　　　**C** 8通り　　　**D** 9通り　　　**E** 10通り

問題21

数直線の原点にある点Aは、次のⅠ～Ⅱの条件にしたがって動く。

Ⅰ　コインを投げて、表が出たら1cm、裏が出たら2cm動く。
Ⅱ　最初の1回目は正の方向に向かって動き、それ以降はコインを投げるたびに進行方向を変える。

コインを投げる回数が5回以内で、点Aが原点にちょうど戻ってくるのは何通りか。ただし、原点にAが戻ってきた時点でその試行は終わりにすることとする。

A 5通り　　　**B** 6通り　　　**C** 7通り　　　**D** 8通り　　　**E** 9通り

問題22

A～Dの4人でバトンを渡していく。次のⅠ～Ⅳのルールにしたがってバトンの受け渡しをしたとき、何通りの受け渡し方があるか。

Ⅰ　バトンを持っている人は他の3人のうちのいずれか1人にバトンを渡す。このとき、直前にバトンを持っていた人に渡すことはできず、また、自分が一度渡した人に渡すこともできない。
Ⅱ　はじめはAがバトンを持っている。
Ⅲ　B～Dは何度でもバトンを受け取ることができ、また、一度も受け取らなくてもよい。
Ⅳ　Aがバトンを受け取った時点で受け渡しは終了となる。

A 15通り　　　**B** 18通り　　　**C** 20通り　　　**D** 21通り　　　**E** 24通り

29 場合の数❷（公式）

頻出度 ■■■□□　対応試験　SPIテストセンター／WEBテスティング／SPIペーパーテスト

事象が何通りあるか、公式を使用して算出する問題です。超頻出単元である「確率」へ続く重要なステップです。

> ## ▶表記法 $_nP_r$ と $_nC_r$ に慣れた者が場合の数を制する！
>
> 記号の意味がわからなければ、章末付録の公式集を確認しよう！
>
> ## 順列の公式
>
> 異なるn個の中からr個並べたものを数える場合
>
> $$_nP_r = n×(n-1)×(n-2)\cdots = \frac{n!}{(n-r)!}（通り）$$
>
> ## 組み合わせの公式
>
> 異なるn個の中から順番を考慮せずにr個選んだものを数える場合
>
> $$_nC_r = \frac{_nP_r}{r!}（通り）$$

例題　こんな問題が出る！

❶ A、Bの2台の車に8人が分乗することになった。Aには3人、Bには5人が乗るとき、分乗する人の組み合わせは何通りあるか。　（解答目標時間20秒）

    A 8通り　　**B** 16通り　　**C** 24通り　　**D** 40通り　　**E** 56通り

    F A〜Eのいずれでもない

❷ 右の図のような4つに区切られた図形を、4色の絵の具を使って塗り分ける方法は何通りあるか。ただし、回転させて一致する塗り方は同じとみなす。　（解答目標時間30秒）

    A 5通り　　**B** 6通り　　**C** 7通り

    D 8通り　　**E** 9通り　　**F** A〜Eのいずれでもない

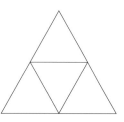

例題の解答

❶ Aに乗る3人を選べば残り5人はBに決まるので、8人からAに乗る3人を選ぶ組み合わせを求めればよい。つまり、組み合わせの公式を利用して、

$$_8C_3 = (8×7×6)／(3×2×1) = 56通りである。$$

→**E 56通り**

---

❷ **就活アカデミーEdgey式の超高速解法！**

4×(3−1) = 8通り

....

　回転させたときに同じ塗り方の図形にならないように、中央の塗り方から考える。中央の塗り方は4色を使用するので4通り。

　周りの3か所に関しては、円順列と捉えることができる。ここでワンポイントアドバイスに記載の円順列の公式より、(3−1)！= 2通りとわかる。以上より、4×2 = 8通り。

→**D 8通り**

とらのすけ先生のワンポイントアドバイス

公式をマスターしたうえで、どの問題にどの公式を使うのが最もよいのか見極める練習をしましょう。

＜公式の発展形＞
・同じものを含む順列の場合
　同じものを x 個、y個、…個含むn個の集合を1列に並べる場合、
　n！／(x！×y！×…)通り

・円順列の場合
　異なるn個を円状に並べる場合、(n−1)！通り

実践問題

解答集 ▶ P79〜

問題1

大人2人、子ども3人の合計5人から4人を選んでリレーのチームを作る。

❶ 走る順番は何通りあるか。

    A 60通り   **B** 120通り   **C** 240通り   **D** 360通り   **E** 720通り

❷ 大人2人、子ども2人の4人を選ぶとき、走る順番は何通りあるか。

    A 24通り   **B** 48通り   **C** 72通り   **D** 144通り   **E** 192通り

問題2

7人で旅行に行き、旅館に泊まることになった。

❶ 4人部屋、2人部屋、1人部屋に分かれるとき、その組み合わせは何通りあるか。

    A 35通り   **B** 49通り   **C** 63通り   **D** 84通り   **E** 105通り

❷ 3人部屋、2人部屋、2人部屋に分かれるとき、その組み合わせは何通りあるか。

    A 35通り   **B** 49通り   **C** 63通り   **D** 84通り   **E** 105通り

問題3

16個の区別できないボールをA、B、C、Dの4つの袋に分けて入れる方法は何通りあるか。ただし、1個もボールの入っていない袋があってはならない。

A 345通り   **B** 455通り   **C** 610通り   **D** 725通り   **E** 910通り

問題4

ネコ3匹とイヌ3匹の計6匹を並べる。先頭は必ずネコで、ネコは2匹以上続けて並ばないとき、並び方は何通りあるか。

A 36通り   **B** 72通り   **C** 108通り   **D** 144通り   **E** 180通り

問題5

A、B、C、D、E、F、Gの中から卓球の試合に出場する選手を選ぶ。

❶ 7人の中からシングルスに出場する2人を選ぶ。選び方は何通りあるか。

    A 14通り   **B** 21通り   **C** 28通り   **D** 35通り   **E** 42通り

❷ 7人の中からシングルスに1人、ダブルスに2人を選ぶとき、選び方は何通りあるか。ただしシングルスとダブルスには同じ人が出場してもよい。

    A 91通り   **B** 105通り   **C** 126通り   **D** 147通り   **E** 175通り

❸ ❷のとき、Aが少なくとも1回は出場する選び方は何通りあるか。

    A 35通り   **B** 46通り   **C** 57通り   **D** 68通り   **E** 79通り

問題6

チョコ、バニラ、いちごのアイスがそれぞれ10個ずつある。ここから10個を選んで買いたい。

❶ 2種類だけから選ぶとき、組み合わせは何通りあるか。

    A 24通り   **B** 27通り   **C** 30通り   **D** 33通り   **E** 36通り

❷ 3種類からそれぞれ最低2個ずつ選ぶとき、組み合わせは何通りあるか。

    A 10通り   **B** 15通り   **C** 20通り   **D** 30通り   **E** 50通り

❸ チョコを少なくとも3個選ぶとき、組み合わせは何通りあるか。

    A 20通り   **B** 24通り   **C** 28通り   **D** 32通り   **E** 36通り

問題7

右の図のような6本の横の平行線と、8本の縦の平行線が交わって図形の中にできる平行四辺形の数は何個か。

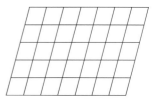

    A 210個   **B** 240個   **C** 300個

    D 360個   **E** 420個

問題8

正九角形がある。

❶ 正九角形の頂点を結んでできる三角形の数は何個か。

    A 81個   **B** 82個   **C** 83個   **D** 84個   **E** 85個

❷ 正九角形の頂点を結んでできる対角線の数は何本か。

    A 18本   **B** 27本   **C** 36本   **D** 45本   **E** 54本

問題9

数式$x+y+z=8$がある。

❶ $x+y+z=8$を満たす0以上の整数の組み合わせは何通りあるか。

    A 36通り   **B** 45通り   **C** 54通り   **D** 63通り   **E** 72通り

❷ $x+y+z=8$を満たす自然数の組み合わせは何通りあるか。

    A 15通り   **B** 18通り   **C** 21通り   **D** 24通り   **E** 27通り

問題10

プログラミングスクールには火、水、木、金のいずれかで週2回、スイミングスクールには月、木、金のうち週1回行きたい。

❶ 通い方は何通りあるか。ただし、プログラミングスクールとスイミングスクールが同じ曜日に重なってもよい。

A 6通り　　**B** 9通り　　**C** 12通り　　**D** 15通り　　**E** 18通り

❷ 同じ曜日に2つのスクールが重ならないように通う組み合わせは何通りあるか。

A 9通り　　**B** 12通り　　**C** 15通り　　**D** 18通り　　**E** 21通り

問題11

次のA、B、C、D、Eの5つの四角形からなる図形を4色を用いて全て塗る。ただし、隣り合う四角形は異なる色を塗るものとする。このとき、色の組み合わせは何通りか。

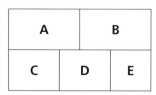

A 45通り　　**B** 54通り　　**C** 63通り　　**D** 72通り　　**E** 81通り

問題12

立方体の6つの面を6色使って全て塗るとき、その方法は何通りあるか。ただし、立方体を回転したときに一致する塗り方は同じものとみなす。

A 10通り　　**B** 20通り　　**C** 30通り　　**D** 40通り　　**E** 50通り

問題13

剣道の団体戦で、部員15人から5人を選抜することになった。

❶ 5人を選ぶとき、その組み合わせは何通りか。

A 1260通り　　**B** 3003通り　　**C** 4078通り　　**D** 4600通り

❷ 5人の出場選手の中で、先鋒〜大将戦までの出場順の組み合わせは何通りあるか。

A 120通り　　**B** 150通り　　**C** 180通り　　**D** 210通り

問題14

A〜Eの5人が旅行に行き、2人部屋と3人部屋の2つの部屋に泊まることになった。

❶ 部屋割りの組み合わせは何通りか。

A 6通り　　**B** 8通り　　**C** 10通り　　**D** 12通り

❷ AとBは必ず同じ部屋に泊まるようにすると、部屋割りの組み合わせは何通りか。

A 1通り　　**B** 2通り　　**C** 3通り　　**D** 4通り

問題15

異なる3つの箱にボールを7個入れたい。どの箱にも1個以上のボールを入れるとすると、入れ方の組み合わせは何通りか。

A 6通り **B** 12通り **C** 15通り **D** 20通り

問題16

立方体のそれぞれの面にA~Fの文字を割り当てる。このとき、文字の割り当て方は何通りあるか。

A 30通り **B** 32通り **C** 34通り **D** 36通り

問題17

1~3の数字を用いて自然数を作る。各位の数字の和が10となる自然数は何通りあるか。ただし、自然数は何桁であってもよいが、どの数字も必ず1回以上使用するものとする。

A 88通り **B** 94通り **C** 106通り **D** 152通り

問題18

階段を5段昇る。一度に2段までしか昇ることができないとすると、昇り方は何通りあるか。

A 6通り **B** 7通り **C** 8通り **D** 9通り

問題19

0~9までの数字から、異なる4個の数字を用いて4桁の自然数を作る。このとき、5の倍数は何個作れるか。

A 788個 **B** 820個 **C** 952個 **D** 1054個

問題20

internetの8文字がある。この8文字を1列に並べるとき、並べ方は何通りあるか。

A 1240通り **B** 3770通り **C** 4530通り **D** 5040通り

30 最短経路

頻出度 ■■ ▢▢ 　対応試験 SPIテストセンター／WEBテスティング／SPIペーパーテスト

出発地から目的地までの最短経路の数を求める問題です。

> 横に進む道が**p**通り、
> 縦に進む道が**q**通りある場合、
> 最短経路は
> **(p+q)!／(p! q!)**通り

例題　こんな問題が出る!

❶ 右の図のような格子状の道路がある。Aから
Bまで行くとき、最短の行き方は何通りあるか。

（解答目標時間20秒）

A 12通り　　**B** 18通り　　**C** 35通り
D 36通り　　**E** 40通り
F A〜Eのいずれでもない

❷ 右の図のような格子状の道路がある。Aから
Bまで行くとき、最短の行き方は何通りあるか。

（解答目標時間30秒）

A 44通り　　**B** 45通り　　**C** 46通り
D 47通り　　**E** 48通り

例題の解答

❶　AからBに向けて右上に進んでいく。

　最短経路で向かうためには「右に4つ進む」と「上に3つ進む」を組み合わせたものの数を考えればよいので、同じものを含む順列の公式を使って、

　　7！÷(3！4！)＝35通りである。

→C　35通り

---

❷　通常の計算で求めるのは少し面倒な形状の道路である。そこで、「ドミノ式解法」という、各交点に"出発点からその交点までの最短経路の数を直接書き込んで求める"方法を用いる。

　例えば、Aの真上の交点は1通りの行き方があるので1と書く。Aのすぐ右の交点も1通りの行き方があるので1と書き入れる。それらの2点の交点にはその和である2を書く。このように、和を書き入れながら右上に進めていくと次の図のようになる。

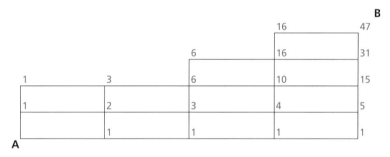

→D　47通り

とらのすけ先生のワンポイントアドバイス

一見難しく見えますが、解法が決まっているのでポイントを押さえれば、誰でも解ける順列の問題です。
ただし、条件が複数提示されると計算が複雑になることもあります。
計算ミスをしないよう、経路に場合の数を書き込んだり、経路のパターン（上下左右）がそれぞれ何個ずつ存在するかを書き出すなどして対策しておくとよいでしょう。

実践問題

解答集 ▶ P83〜

問題1

次の図のような格子状の道路をAからBまで最短経路で行く。

❶ AからBへ最短経路を通って行くとき、必ずCを通りながら行く方法は何通りあるか。

    A 75通り   **B** 90通り   **C** 105通り   **D** 120通り   **E** 135通り

❷ AからBへ最短経路を通って行くとき、必ずDを通りながら行く方法は何通りあるか。

    A 75通り   **B** 90通り   **C** 105通り   **D** 120通り   **E** 135通り

❸ AからBへ最短経路を通って行くとき、CとDの両方を通りながら行く方法は何通りあるか。

    A 36通り   **B** 45通り   **C** 54通り   **D** 63通り   **E** 72通り

問題2

次の図のような格子状の道路をAからBまで最短経路で行く。

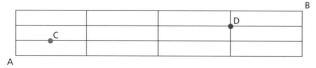

❶ Cを通らずに行く方法は何通りあるか。

    A 10通り   **B** 15通り   **C** 20通り   **D** 25通り   **E** 30通り

❷ Dを通らずに行く方法は何通りあるか。

    A 10通り   **B** 15通り   **C** 20通り   **D** 25通り   **E** 30通り

❸ CもDも通らずに行く方法は何通りあるか。

    A 11通り   **B** 22通り   **C** 25通り   **D** 33通り   **E** 34通り

問題3

次の図のような格子状の道路をAからBまで最短経路で行く。

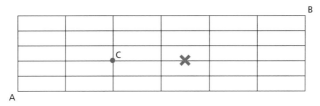

❶ AからBまで行くときの最短経路は何通りあるか。ただし、×の付いている道路も通れるものとする。

    A 58通り   **B** 116通り   **C** 213通り   **D** 462通り   **E** 924通り

❷ Cを通ってAからBへ行く最短経路は何通りあるか。ただし、×の付いている道路も通れるものとする。

    A 70通り   **B** 105通り   **C** 140通り   **D** 175通り   **E** 210通り

❸ Cを通り、×のついている道路を通らない行き方は何通りあるか。

    A 50通り   **B** 100通り   **C** 150通り   **D** 200通り   **E** 250通り

問題4

次の図のような格子状の道路をAからBまで最短経路で行く。

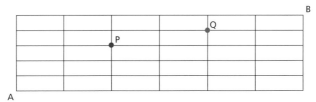

❶ AからBへ行く最短経路は全部で何通りあるか。

    A 231通り   **B** 462通り   **C** 693通り   **D** 924通り

    E 1155通り

❷ 必ずPを通ってAからBへ行く最短経路は何通りあるか。

    A 100通り   **B** 150通り   **C** 200通り   **D** 250通り

    E 300通り

❸ 必ずP、Qの両方を通ってAからBへ行く最短経路は何通りあるか。

    A 50通り   **B** 60通り   **C** 70通り   **D** 80通り   **E** 90通り

❹ PとQのどちらも通らずにAからBへ行く最短経路は何通りか。

    A 92通り   **B** 162通り   **C** 192通り   **D** 262通り   **E** 292通り

31 確率（場合の数）

頻出度 ■■■ □ 　対応試験 SPIテストセンター／WEBテスティング／SPIペーパーテスト

起こり得るすべての場合をもれなく、重複なく数え上げたときの確率を求める問題です。

> ▶ **求める確率**＝ 求める場合の数 ／ 全ての場合の数
>
> ある事象Xが起こる確率を
> P（X）と書くことにする。
> このとき、すべての場合の数がn通り、
> 求める場合の数がa通りある事象Xについて、
>
> その確率は、$P(X) = \dfrac{a}{n}$
>
> また、事象Xが起こらない確率（余事象）は、
> 100% ＝ 1 から、起こる確率を引くので、
> 1 － P（X）になる。

例題 こんな問題が出る！

❶ 1〜6までの目がある大小2つのサイコロを同時に振った。片方の目だけが奇数である確率はどれか。 （解答目標時間30秒）

    A 1／4　　**B** 1／12　　**C** 1／2　　**D** 3／4　　**E** 5／12

❷ 袋の中に 7つのボールが入っており、それぞれのボールには 1から7までの異なる1つの整数が書かれている。この袋の中から、無作為にボールを3つ取り出したとき、3つのボールに書かれた整数の和が7の倍数となる確率として、正しいのはどれか。 （解答目標時間30秒）

    A 1／35　　**B** 2／7　　**C** 3／5　　**D** 1／7　　**E** 8／35

例題の解答

❶ 大小2つのサイコロを振ったときに、片方の目だけが奇数の場合を〇、それ以外を×として表に示す。すべての事象が36通り、そのうち〇が18通りなので、18÷36＝1／2。

	1	2	3	4	5	6
1	×	〇	×	〇	×	〇
2	〇	×	〇	×	〇	×
3	×	〇	×	〇	×	〇
4	〇	×	〇	×	〇	×
5	×	〇	×	〇	×	〇
6	〇	×	〇	×	〇	×

→C **1／2**

❷ 7の倍数となるのは、1〜7のうち3つの数の和が7、14のいずれかになるときである。3つの数の組み合わせは、

　　・数が7のとき、（1, 2, 4）
　　・数が14のとき、（1, 6, 7）（2, 5, 7）（3, 4, 7）（3, 5, 6）

の5通りである。7つのボールから3つを取り出す方法は、${}_7C_3 = 35$ 通り。

→D **1／7**

┌─ **とらのすけ先生のワンポイントアドバイス** ─

1つ1つの場合を書き出し、整理してから考えるようにしましょう。
事象と余事象のどちらを導くと、より早く簡単に求められるかを考えてから計算しましょう。

実践問題

解答集 ▶ P85〜

問題1

袋の中に9つのボールが入っており、それぞれのボールには1から9までの異なる1つの整数が書かれている。この袋の中から、無作為にボールを3つ取り出したとき、3つのボールに書かれた整数の和が8の倍数となる確率として、正しいのはどれか。

A 7／84   **B** 3／28   **C** 11／84   **D** 13／84   **E** 5／28

問題2

箱の中にうさぎのぬいぐるみが4個、きりんのぬいぐるみが6個、ぞうのぬいぐるみが2個、合計12個のぬいぐるみが入っている。この箱の中から無作為に5個のぬいぐるみを同時に取り出すとき、取り出した5個がうさぎのぬいぐるみ2個、きりんのぬいぐるみ2個、ぞうのぬいぐるみ1個である確率として、正しいのはどれか。

A 1／10   **B** 1／198   **C** 5／22   **D** 5／792
E A〜Dのいずれでもない

問題3

1〜6までの目がある大小2つのサイコロを同時に振った。

❶ 片方の目だけが5である確率はどれか。

    A 1／3   **B** 5／18   **C** 1／2   **D** 1／6   **E** 7／18

❷ 少なくとも1つのサイコロの目が5になる確率はどれか。

    A 11／36   **B** 17／36   **C** 19／36   **D** 23／36   **E** 25／36

問題4

コインを4回投げたとき、表が1回だけ出る確率はどれか。なお、表が出る確率は2／3、裏が出る確率は1／3とする。

A 2／81   **B** 4／81   **C** 8／81   **D** 13／81   **E** 17／81

問題5

2本の当たりくじが入った8本のくじがある。5人が順番にくじを引き、1度引いたくじは戻さないものとする。

❶ 2番目の人が当たりくじを引く確率はどれか。

    A 1／8   **B** 1／6   **C** 1／4   **D** 1／12
    E A〜Dのいずれでもない

❷ 3番目と5番目の人が当たりくじを引く確率はどれか。

A 1／12　　**B** 1／7　　**C** 1／8　　**D** 1／6　　**E** 1／28

問題6

ドーナツとケーキが6個ずつ入った箱がある。

❶ 4回に分けて1個ずつ取り出したとき、4個ともドーナツである確率はどれか。

　　A 1／240　　**B** 1／15　　**C** 1／33　　**D** 2／33　　**E** 2／15

❷ 3回に分けて1個ずつ取り出したとき、ケーキ・ドーナツ・ケーキの順に出る確率はどれだけか。ただし、ドーナツなら箱に戻し、ケーキなら戻さないものとする。

　　A 9／11　　**B** 10／11　　**C** 45／363　　**D** 15／121
　　E A〜Dのいずれでもない

問題7

あるサークルには、男性5人、女性3人が所属している。この中からリーダーを2人選びたい。男性と女性1人ずつになる確率はどれか。

A 1／4　　**B** 1／28　　**C** 15／28　　**D** 15／56
E A〜Dのいずれでもない

問題8

1〜6までの目があるサイコロXとサイコロYを振った。出た目の和が7である確率はどれか。

A 1／4　　**B** 1／12　　**C** 1／9　　**D** 1／6　　**E** A〜Dのいずれでもない

問題9

P、Q、R、Tの4枚のカードを裏返して横1列に並べる。

❶ QとRのカードが両端になる確率はどれか。

　　A 1／12　　**B** 1／6　　**C** 1／24　　**D** 2／3
　　E A〜Dのいずれでもない

❷ PとTの間が1つ以上空いている確率はどれか。

　　A 1／2　　**B** 1／4　　**C** 1／6　　**D** 3／4
　　E A〜Dのいずれでもない

問題10

あるゲームでは、サイコロを振って出た目の数だけコマを進める。ただし、3を出した場合はスタート地点に戻る。最初に2回サイコロを振った結果、スタート地点から4つ進んだ位置にコマがある確率はどれか。

A 1／12　　**B** 1／9　　**C** 1／6　　**D** 1／18　　**E** A〜Dのいずれでもない

問題11

あるゲームでは、サイコロを振って出た目の数だけコマを進める。ただし、3を出した場合はスタート地点に戻る。最初に2回サイコロを振った結果、スタート地点から6つ進んだ位置にコマがある確率はどれか。

A 1／9　　**B** 1／6　　**C** 7／36　　**D** 5／36　　**E** A〜Dのいずれでもない

問題12

運動会の参加賞である袋の中には、菓子PまたはQが1つと、菓子XまたはYが1つの合計2個がランダムに入っている。参加賞の袋は100袋ある。すべての袋に入っている菓子の個数を合わせると、P70個、Q30個、X20個、Y80個で合計200個になる。この参加賞の袋を1袋もらったとき、菓子PもXも入っていない確率はどれか。

A 1／4　　**B** 9／16　　**C** 6／25　　**D** 8／25
E A〜Dのいずれでもない

問題13

赤玉が3個、黄玉が4個、青玉が5個、合計12個の玉が入っている袋から同時に3個を取り出す。取り出された玉がすべて黄玉である確率はどれか。

A 1／3　　**B** 6／55　　**C** 1／55　　**D** 3／55　　**E** 4／55

問題14

キャンプ場に来た12人が、5人用テント、4人用テント、3人用テントの3つに分かれる。5人用テントが5本、4人用テントが4本、3人用テントが3本、計12本のくじで割りあてを決めたい。ただし、一度引いたくじは戻さないものとする。最初の3人がくじを引いた。3人とも5人用テントになる確率はどれか。

A 1／22　　**B** 3／22　　**C** 5／22　　**D** 3／11
E A〜Dのいずれでもない

問題15

千円札、五千円札、一万円札がそれぞれ2枚ずつ、合計6枚の紙幣が入った封筒がある。同時に2枚取り出したとき、合計10000円になる確率はどれか。

A 1／18　　**B** 1／6　　**C** 1／3　　**D** 1／15　　**E** A〜Dのいずれでもない

問題16

五百円玉、百円玉、五十円玉、十円玉がそれぞれ2枚ずつ、合計8枚の硬貨が入った封筒がある。同時に3枚取り出したとき、合計600円になる確率はどれか。

A 1／168　　**B** 1／42　　**C** 1／28　　**D** 1／4
E A〜Dのいずれでもない

問題17

大中小3つのサイコロを同時に投げる。

❶ 出た目の積が奇数になる確率はどれか。

   A 1／2   **B** 1／4   **C** 3／8   **D** 1／36   **E** 1／8

❷ 出た目の和が偶数になる確率はどれか。

   A 1／2   **B** 1／4   **C** 3／8   **D** 1／36   **E** 1／8

問題18

1から4までの数字がそれぞれ1つずつ書かれた4枚のカードが2組ある。

❶ 1組のカードをよく切って、左から横一列に4枚並べるとき、左から2番目が3、左から3番目が4になる確率はどれか。

   A 1／2   **B** 1／4   **C** 1／6   **D** 1／12
   E A〜Dのいずれでもない

❷ 1組のカードを横一列に4枚並べ、その上にもう1組のカードの4枚を並べる。上下のカードの数がすべて同じ順番で並ぶ確率はどれか。

   A 1／8   **B** 1／6   **C** 1／24   **D** 1／4
   E A〜Dのいずれでもない

問題19

1から5までの数字がそれぞれ1つずつ書かれた5枚のカードが入った袋がある。ここから2枚のカードを引く。

❶ 同時に2枚引くとき、1と2である確率はどれか。

   A 1／5   **B** 3／5   **C** 1／4   **D** 1／10
   E A〜Dのいずれでもない

❷ 1度引いたカードは戻さず、1枚目を十の位、2枚目を一の位において2桁の数を作る。一の位が4になる確率はどれか。

   A 1／20   **B** 1／10   **C** 1／5   **D** 1／12
   E A〜Dのいずれでもない

❸ 偶数は袋に戻し、奇数は袋に戻さないものとする。このとき、奇数、偶数の順番に2枚を引く確率はどれか。

   A 6／25   **B** 9／20   **C** 1／25   **D** 3／10
   E A〜Dのいずれでもない

32 確率（乗法定理・加法定理）

条件を満たす場合が起こる確率を求める問題です。

条件付き確率

ある事象Bが起こるという条件のもと、
事象Aが起こる確率P（A｜B）は、

$$P(A \mid B) = \frac{P(A \cap B)}{P(B)}$$

乗法定理

ある事象Aと事象Bが同時に起こる確率P（A∩B）は、

$$P(A \cap B) = P(B) \times P(A \mid B)$$

加法定理

ある事象Aと事象Bのうち、
少なくともどちらか一方が起こる確率P（A∪B）は、

$$P(A \cup B) = P(A) + P(B) - P(A \cap B)$$

例題　こんな問題が出る！

❶ 15本のくじの中に、当たりくじが3本含まれている。ここから同時に2本のくじ
を引いたとき、当たりくじが1本のみ含まれている確率として正しいのはどれか。

（解答目標時間30秒）

　A 1／35　　B 3／35　　　C 6／35　　　D 9／35　　　E 12／35
　F A～Eのいずれでもない

❷ ダイヤの1～13のトランプがある。ここから同時に3枚のカードを引いたとき、
4の倍数が2枚含まれている確率として正しいのはどれか。　（解答目標時間30秒）

　A 1／143　　B 7／143　　　C 15／143　　　D 25／286　　　E 31／286
　F A～Eのいずれでもない

例題の解答

❶ 就活アカデミーEdgey式の超高速解法！

求めたい確率は、
{3（当たりくじの数）×12（外れくじの数）}／{₁₅C₂（全通り）} ＝ 12／35。

・・

15本のくじから2本を選ぶ方法は、$_{15}C_2 = 15×14 ／ (2×1) = 105$通りである。

次に、同時に2本のくじを引いたとき、当たりくじが1本のみ含まれている場合が何通りあるかを考えてみる。当たりくじが1本のみの場合とは、当たりくじ3本のうちの1本を選び、はずれくじ12本のうち1本を選ぶ場合であるので、それぞれ1本ずつ組み合わせるから3×12 ＝ 36通りとわかる。

よって、求める確率は、36／105 ＝ 12／35。

→E **12／35**

❷ 就活アカデミーEdgey式の超高速解法！

求めたい確率は、
{₃C₂（4の倍数を引く場合）×10（それ以外を引く場合）}／{₁₃C₃（全通り）} ＝ **15／143**。

・・

13枚から3枚を選ぶ方法は$_{13}C_3 = 13×12×11 ／ (3×2×1) = 1716 ／ 6 = 286$通り。
ここで、1〜13のうち、4の倍数は4, 8, 12の3つで、それ以外の数は10個ある。
4の倍数を2枚、それ以外の数のカードを1枚引く方法は、3×10 ＝ 30通り。
よって、求める確率は、30／286 ＝ 15／143。

→C **15／143**

とらのすけ先生のワンポイントアドバイス

確率は超頻出分野ですが、苦手意識を持っている人も多い分野です。
苦手意識を持っている人も解答パターンを押さえておけば必ず解けるので、
まずは基礎問題から挑戦しましょう。

実践問題

解答集 ▶ P89〜

問題1

P、Qを含む6人がくじを引く。くじは6本あり、当たりはそのうち2本である。一度引いたくじはもとに戻さないものとする。くじは一番目にP、2番目にQが引くことにした。PかQのどちらかのみが当たりを引く確率はどれか。

A 2／9 **B** 4／9 **C** 1／15 **D** 4／15 **E** 8／15

問題2

袋の中に赤色のボールが8個、青色のボールが5個、白色のボールが3個入っている。ここからA、Bがこの順に球を1個ずつ取り出し、取り出した玉は元に戻さないものとする。このとき、AとBが同じ色の玉を取り出す確率はどれか。

A 19／60 **B** 13／40 **C** 1／3 **D** 41／120 **E** 43／120

問題3

Aは、BとCを交互に対戦相手としてテニスの試合を3試合することになった。AがBに勝つ確率が2／3、AがCに勝つ勝率が1／3であるとき、Aが2回以上連続で勝つ確率は、最初にどちらと対戦する方が高いか。また、そのときの確率はどれか。

A B、5／27 **B** B、10／27 **C** C、5／27 **D** C、8／27
E C、10／27

問題4

Aは、BとCを交互に対戦相手としてバトミントンの試合を3試合することになった。AがBに勝つ確率が2／7、AがCに勝つ確率が3／7であるとき、Aが2回以上連続で勝つ確率は、最初にどちらと対戦する方が高いか。また、そのときの確率はどれか。

A B、35／343 **B** B、113／220 **C** B、72／343
D C、97／343 **E** C、99／343

問題5

男性3人、女性9人の12人がいる。この12人の中からくじで3人を選びたい。3人のうち、女性が2人以上になる確率はどれくらいか。

A 109／220 **B** 113／220 **C** 111／220 **D** 21／55 **E** 48／55

問題6

赤玉4個、白玉4個が入った箱Xと、赤玉5個、白玉3個が入った箱Yがある。サイコロを振って偶数ならXから、奇数ならYから、玉を1個取り出す。なお、取り出した玉は、その都度元の箱に戻してからサイコロを振るものとする。

❶ サイコロを1回だけ振って、赤玉が出る確率はどれか。

 A 1／2 **B** 5／64 **C** 9／16 **D** 3／16 **E** 9／56

❷ サイコロを2回振って、少なくとも1回は白玉が出る確率はどれか。

 A 81／256 **B** 9／16 **C** 1／4 **D** 175／256
 E A〜Dのいずれでもない

問題7

2本が当たりで6本がはずれのくじを、P、Q、R、S、Tの順番で引く。ただし、一度引いたくじは戻さないものとする。

❶ QとSが当たりを引く確率はどれか。

 A 1／10 **B** 1／32 **C** 1／15 **D** 1／28 **E** 1／256

❷ PとRのうちどちらか1人だけが当たりを引く確率はどれか。

 A 13／28 **B** 15／28 **C** 3／8 **D** 3／7 **E** 2／3

問題8

コインP、Qがある。Pは0.30の確率で、Qは0.40の確率で表が出る。

❶ PとQを1回ずつ投げる。PもQも表が出る確率はどれか。

 A 0.12 **B** 0.24 **C** 0.21 **D** 0.18 **E** 0.40

❷ Qだけを2回投げる。1回だけ表が出る確率はどれか。

 A 0.48 **B** 0.16 **C** 0.24 **D** 0.84 **E** 0.42

問題9

袋が3つあり、いずれも赤玉が2個と白玉が3個の合計5個の玉が入っている。それぞれの袋から中を見ずに玉を1個取り出し、取り出した3個の玉の中に白玉が少なくとも1個含まれる確率はどれか。

 A 114／125 **B** 116／125 **C** 117／125 **D** 119／125
 E A〜Dのいずれでもない

問題10

サッカーボールが3、野球ボールが1の割合で入っている箱がある。そのサッカーボールのうちの10％、野球ボールのうちの20％は選手のサインがかかれているボールで、当たりである。ここから無作為にボールを取り出す。

❶ ボールを1個取り出して、サッカーボールの当たりを引く確率はどれか。

 A 3／10 **B** 3／4 **C** 2／35 **D** 3／40
 E A〜Dのいずれでもない

❷ 1個目に当たりを引き、それを箱に戻して2個目にも当たりを引く確率はどれ

か。

 A 1／32 **B** 3／64 **C** 1／64 **D** 7／80
 E A〜Dのいずれでもない

問題11

 袋が3つあり、いずれも白玉が1個と黒玉が2個の合計3個の玉が入っている。それぞれの袋から中を見ずに玉を1個取り出し、取り出した3個の玉の中に白玉が少なくとも2個含まれる確率はどれか。

 A 19／27 **B** 23／27 **C** 7／27 **D** 5／9
 E A〜Dのいずれでもない

問題12

 25本のくじの中に、当たりくじが4本入っている。ここから同時に2本のくじを引いたとき、当たりくじが1本のみ含まれている確率として、正しいのはどれか。

 A 7／25 **B** 8／25 **C** 1／3 **D** 13／25 **E** 1／5

問題13

 白玉3個と赤玉2個が入った袋がある。ここから、1個ずつ玉を取り出していく。

❶ 1番目と3番目と5番目が白玉である確率はどれか。

 A 1／5 **B** 2／5 **C** 3／10 **D** 1／2 **E** 1／10

❷ 最初から「赤白赤白」の順番で取り出される確率はどれか。

 A 1／5 **B** 2／5 **C** 3／10 **D** 1／2 **E** 1／10

❸ どこかで白玉が連続して3個取り出される確率はどれか。

 A 1／10 **B** 1／5 **C** 3／10 **D** 2／5
 E A〜Dのいずれでもない

問題14

 白玉と黒玉が5：4の比率で入っている箱があり、白玉の中には20%、黒玉の中には50%の割合で当たりの玉が入っている。1回の抽選で1個取り出し、その都度玉は中に戻すものとする。

❶ 当たりの玉のうち、白玉：黒玉の比率はいくらか。

 A 5：4 **B** 1：4 **C** 1：2 **D** 2：9 **E** 4：5
 F A〜Eのいずれでもない

❷ 3回抽選をして、3回ともはずれが出る確率はどれか。

 A 6／27 **B** 8／27 **C** 10／27 **D** 3／27
 E A〜Dのいずれでもない

❸ 2回抽選をして、少なくとも1回は白玉の当たりが出る確率はどれか。

A 16／81　　**B** 65／81　　**C** 25／81　　**D** 17／81

E A〜Dのいずれでもない

問題15

白玉と黒玉が5：2の比率で入っている箱があり、白玉の中には40％、黒玉の中には50％の割合で当たりの玉が入っている。

❶ 袋の中から1個取り出したとき、当たりの白玉である確率はどれか。

A 4／7　　**B** 2／7　　**C** 5／7　　**D** 3／7

E A〜Dのいずれでもない

❷ 袋の中から1個だけ取り出したとき、当たりである確率はどれか。ただし、白玉、黒玉は問わない。

A 1／7　　**B** 2／7　　**C** 3／7　　**D** 4／7

E A〜Dのいずれでもない

❸ 袋から2個だけ取り出し、それを元に戻さずにもう1個取り出したときに、2個とも当たりではない玉である確率はおよそどれか。ただし、玉を1個取り出した後の箱の中の白玉と黒玉の比率は、ほぼ変わらないものとする。

A 1／7　　**B** 2／7　　**C** 12／49　　**D** 16／49

E A〜Dのいずれでもない

問題16

ある商品の不良品検査を行う。商品は全部で10個あり、このうち2個が不良品であることがあらかじめ判明している。1個ずつ順に検査をするとき、ちょうど6個目の検査で2個の不良品を見つけ出す確率はいくらか。

A 1／9　　**B** 2／13　　**C** 11／19　　**D** 9／11

33 独立試行

| 頻出度 ■■■■ | 対応試験 SPIテストセンター／WEBテスティング／SPIペーパーテスト |

ある事象が起こる確率を求める問題です。

> ある事象の起こる確率が
> pであるとき、その事象が
> n回のうちm回起こる確率は、
>
> $$_nC_m \times p^m \times (1-p)^{n-m}$$
>
> 組み合わせの数：$_nC_m$
> 各事象の起こる確率：$p^m \times (1-p)^{n-m}$

例題　こんな問題が出る！

❶　AとBの2人がじゃんけんをした。先に3勝した方を勝者とするとき、5回目のじゃんけんでAが勝者となる確率はどれか。ただし、あいこは1回に数える。

（解答目標時間30秒）

　　A $13/27$　　**B** $1/3$　　**C** $8/81$　　**D** $5/9$

❷　A , B , Cの3人がある的に向かって1つのボールを投げるとき、的に当てる確率はそれぞれ$1/3, 1/4, 1/2$であるという。この3人がそれぞれ1つのボールを投げるとき、少なくとも1人が的に当てる確率はどれか。　　（解答目標時間30秒）

　　A $5/6$　　**B** $3/4$　　**C** $2/3$　　**D** $1/4$

とらのすけ先生のワンポイントアドバイス

まず、問題文の条件を満たすのは、どういった事象の場合かを考え、その後その事象が起こる確率を求めましょう。

例題の解答

❶ 就活アカデミーEdgey式の超高速解法!

$$_4C_2×(1/3)^2×(2/3)^2×1/3=8/81$$

....

じゃんけん1回でAがBに勝つ確率は1/3、勝たない確率は2/3である。

Aが5回目で勝者となるので、1〜4回目で2回勝ち、さらに5回目でAが勝つ確率を求めればよい。

1〜4回目でAが2回勝つのは、

(勝ち、勝ち、勝たない、勝たない)、(勝ち、勝たない、勝ち、勝たない)、

(勝ち、勝たない、勝たない、勝ち)(勝たない、勝ち、勝たない、勝ち)、

(勝たない、勝ち、勝ち、勝たない)、(勝たない、勝たない、勝ち、勝ち)

の6通りある。　$< _4C_2=6 >$

これらそれぞれに対する確率は、1/3×1/3×2/3×2/3=4/81であるので、

4/81×6=8/27。

したがって、求める確率は8/27×1/3=8/81。

→C **8/81**

---

❷ 就活アカデミーEdgey式の超高速解法!

余事象の考え方から、
2/3×3/4×1/2=1/4
答えは、1−1/4=3/4

....

ある事象が起こる確率は、1から「その事象が起こらない確率」を引くことでも求めることが出来る。このような事象のことを余事象と呼び、この問題の場合では、「誰も的に当てない場合」になる。

A, B, Cの3人が的に当てない確率は、それぞれ2/3, 3/4, 1/2である。

よって、3人とも的にボールが当たらない確率は2/3×3/4×1/2=1/4。

少なくとも1人が的に当てる確率はこの事象の余事象なので、求める確率は、

1−1/4=3/4。

→B **3/4**

実践問題

解答集 ▶ P92〜

問題1

数直線上に原点Pがある。サイコロを投げ、1または2の目が出たら点Pは正の向きへ1動き、3または4の目が出たら点Pは負の向きへ1動き、5または6の目が出たら点Pは動かない。サイコロを3回投げたとき、点Pが原点に止まる確率はどれか。

A 2／27 　　**B** 1／3 　　**C** 7／27 　　**D** 2／5

問題2

箱の中に10本のくじが入っており、そのうち3本だけが当たりくじである。1人1本ずつ順にくじを引き、引いたくじはもとに戻さない。当たりくじがなくなった時点で終了とするとき、5人目で終了となる確率はどれか。

A 1／120 　　**B** 1／240 　　**C** 1／60 　　**D** 1／20

問題3

数直線上に原点Pがある。サイコロを投げ、1または2の目が出たら点Pは正の向きへ1動き、3または4の目が出たら点Pは負の向きへ1動き、5または6の目が出たら点Pは動かない。サイコロを3回投げたとき、点Pが −1の点に止まる確率はどれか。

A 1／9 　　**B** 2／9 　　**C** 1／3 　　**D** 7／27

問題4

PとQの2人が、大吉が出る確率が1／10、小吉が出る確率が1／6というおみくじを1回ずつ引く。PとQの一方が大吉で、もう一方が小吉を引く確率はどれか。

A 1／60 　　**B** 1／30 　　**C** 1／120 　　**D** 1／27

問題5

PとQがサイコロを振って出た目の数が大きい方が勝つゲームをする。PがQに3以上を出して勝つ確率はどれか。ただし、同じ数の目が出たら引き分けとする。

A 7／18 　　**B** 2／5 　　**C** 5／12 　　**D** 5／18

問題6

A、B、Cの3人がある的に向かって1つのボールを投げるとき、的に当てる確率はそれぞれ1／10、1／11、1／12であるという。この3人がそれぞれ1つのボールを投げるとき、少なくとも1人が的に当てる確率はどれか。

A 5／6 　　**B** 3／4 　　**C** 2／3 　　**D** 1／4

問題7

AとBの2人がじゃんけんをした。2回あいこになったら、ゲームを終えるものとするとき、4回目のじゃんけんでゲームが終わる確率はどれか。

A 2／3　　**B** 4／9　　**C** 4／27　　**D** 1／6

問題8

数直線上に点Pがある。サイコロを投げ奇数の目が出たら正の向きに2進み、偶数の目が出たら、負の向きに1だけ進むものとする。サイコロを5回投げたとき、点Pが1の位置に止まる確率はどれか。

A 5／16　　**B** 1／32　　**C** 5／8　　**D** 1／4

問題9

袋Aには赤玉4個と青玉2個、袋Bには赤玉5個と青玉3個が入っている。袋Aから2個、袋Bから1個の玉を取り出すとき、玉の色が全て同じである確率はどれか。

A 1／4　　**B** 13／24　　**C** 11／40　　**D** 5／12

問題10

箱の中に11本のくじが入っており、そのうち4本だけが当たりくじである。1人1本ずつ順にくじを引き、当たりくじが全てなくなった時点で終了とするとき、6人目で終了となる確率はどれか。ただし、引いたくじは戻さないものとする。

A 4／11　　**B** 1／33　　**C** 10／33　　**D** 7／15

問題11

数直線上に動点Pがある。サイコロを投げ、素数の目が出たら点Pは正の向きに1進み、それ以外の数字が出たら負の向きに2進む。サイコロを3回投げたとき、点Pが原点に止まる確率はどれか。

A 3／8　　**B** 1／3　　**C** 1／4　　**D** 2／5

問題12

AとBの2人が、大吉が出る確率が1／11、小吉が出る確率が1／8というおみくじを1回ずつ引く。AとBの一方が大吉で、もう一方が小吉を引く確率はどれか。

A 1／30　　**B** 1／44　　**C** 1／88　　**D** 1／11

問題13

A、B、Cの3人が、大吉が出る確率が1／12、中吉が出る確率が1／10、小吉が出る確率が1／7というおみくじを1回ずつ引く。大吉、中吉、小吉が1回ずつ出る確率はどれか。

A 1／30　　B 1／140　　C 1／120　　D 1／840

問題14

PとQがサイコロを振って出た目の数が大きい方が勝つゲームをする。Pが3以上の差でQに勝つ確率はどれか。

A 2／5　　B 1／6　　C 1／12　　D 7／18

問題15

弓道部員の3人A、B、Cが矢を的に当てる確率はそれぞれ3／5、3／7、5／8である。この3人が1人1回ずつ的に向かって矢を放つとき、次の確率はどれか。

❶ Bだけが的に当てる確率。

　　A 3／7　　B 9／140　　C 9／56　　D 15／56

❷ Bを含めた2人だけが的に当てる確率。

　　A 27／280　　B 24／56　　C 57／280　　D 3／28

問題16

袋Aには赤玉5個と青玉4個、袋Bには赤玉2個と青玉6個が入っている。袋Aから2個、袋Bから1個の玉を取り出すとき、玉の色がすべて同じである確率はどれか。

A 5／72　　B 13／72　　C 1／8　　D 7／36

問題17

袋Aには赤玉7個と青玉3個、袋Bには赤玉6個と青玉4個が入っている。袋Aから3個、袋Bから2個の玉を取り出すとき、玉の色が全て同じである確率はどれか。

A 59／600　　B 59／300　　C 37／600　　D 7／72

問題18

サッカー部のAさんはシュートをするとき、5回のうち3回の割合でゴールが決まる。A君が4回連続してシュートをするとき、2回以上ゴールが決まる確率はどれか。

A 11／125　　B 112／625　　C 716／729　　D 513／625

問題19

バスケットボール部のAさんはシュートをするとき、4回のうち1回の割合でゴールが決まる。Aさんが4回連続してシュートをするとき、3回以上ゴールが決まる確率

はどれか。

  A 1／64   **B** 13／256   **C** 3／64   **D** 243／256

問題20

  箱の中に、1から8までの整数が書かれた8枚のカードが入っている。この箱の中からカードを1枚取り出し、その数字を記録して箱の中に戻す。この操作を4回繰り返すとき、次の確率はどれか。

❶ すべて6以上である確率。

    A 1／16   **B** 81／4096   **C** 343／1000   **D** 27／512

❷ 最小値が6である確率。

    A 27／64   **B** 19／512   **C** 91／2048   **D** 65／4096

問題21

  ペナルティキックで、キーパーとキッカーはそれぞれ右・真ん中・左のいずれかを選択する。このとき、キッカーは蹴る場所をそれぞれ3分の1の確率で選択するものとする。

  5回のペナルティキックすべてでキーパーが真ん中を選択したとき、2回キーパーが止められる確率はどれか。

  A 1／243   **B** 10／243   **C** 30／243   **D** 80／243

問題22

  箱の中に柄の異なる手袋が左右一対でA〜Eの5種類、計10足ある。ここから4足を選ぶとき、少なくとも一対が揃う確率はどれか。

  A 9／11   **B** 11／19   **C** 13／21   **D** 15／23

問題23

  ある感染症の検査キットがある。この検査キットは、感染症の陽性者を90％の確率で陽性と判定するが、陰性者も2％の確率で陽性と判定してしまう。いま、検査対象者のうち感染症に実際にかかっている人が5％、かかっていない人が95％だとすると、陽性判定者のうち実際に陽性である確率はどれか。

  A 36／55   **B** 45／64   **C** 58／75   **D** 67／99

01 順序関係❶（順番）

| 頻出度 ■■■ | 対応試験 SPIテストセンター／WEBテスティング／SPIペーパーテスト |

条件を満たすような、並び方、順番、順位などを推論する問題です。

▶問題文の条件を図式化する

- 順序関係を導出する問題のうち、順序尺度を扱う問題

例）Aの両隣にはBとCが並んでいる
→ | B | A | C |　または　| C | A | B |

例）DとEの間に2人が並んでいる
→ DOOE　または　EOOD

例題　こんな問題が出る！

❶ P、Q、R、Sの4人がいる。PとSの年齢を足すと、Rの年齢になる。Pの年齢は、Qよりも低い。次のうち、必ず正しいといえる推論をすべて選びなさい。ただし、4人の年齢は1歳以上とする。（解答目標時間40秒）

　A RはSよりも年齢が高い
　B RはSよりも年齢が低い
　C Pの年齢はSと同じである
　D A、B、Cの中に必ず正しいと言える推論はない

❷ P、Q、R、S、T、Uの6人がいる。それぞれの学年について次のⅠ～Ⅲのことがわかっている。

　　Ⅰ　PはSより4学年上である。
　　Ⅱ　TはRより1学年上である。
　　Ⅲ　UはQより4学年上である。

　Qの学年は大きい方から数えて何番目か。当てはまるものをすべて選びなさい。ただし、全員の学年は異なり、また学年差は最大で5学年分とする。（解答目標時間40秒）

　A 1番目　　B 2番目　　C 3番目　　D 4番目　　E 5番目　　F 6番目

例題の解答

❶ 就活アカデミーEdgey式の超高速解法！

R＝P＋S⇔R＞S
→RはSよりも年齢が高い

....

P、Q、R、Sで文中の条件を式にする。
PとSの年齢を足すと、Rの年齢になる→R＝P＋S
Pの年齢は、Qよりも低い→P＜Q
また、年齢は必ず1歳以上より、P、Q、R、S＞0
A　RはSよりも年齢が高い→R＞S…R＝P＋SよりR＞Sなので必ず正しいといえる
B　RはSよりも年齢が低い→S＞R…R＝P＋Sなので、誤り
C　Pの年齢はSと同じである→P＝S…PとSの年齢の関係は不明なのでどちらと
　　　もいえない

→A　RはSよりも年齢が高い

❷ 就活アカデミーEdgey式の超高速解法！

P○○○S
TR
U○○○Q→UP○○QSまたはPU○○SQ→よって、UPTRQSまたはPUTRSQ。

....

各条件を整理し、PからUまで年齢が高い順番に並べる。これを矛盾がないよう
に調整すればよい。

I　PはSより4学年上である。→P○○○S
II　TはRより1学年上である。→TR（並び順は固定）
III　UはQより4学年上である。→U○○○Q

これらを全て満たす並べ方は、IまたはIIIの間の3学年分の間にIIのTRの2人が
入るときである。間の空欄が2人続けて入るようにIとIIIを並べると、並べ方はUP
○○QSまたはPU○○SQの2通りしかない。
間にTRを当てはめると、UPTRQSまたはPUTRSQとなる。したがって、Qは5番
目か6番目。　　　　　　　　　　　　　　　　　　　→E　5番目、F　6番目

とらのすけ先生のワンポイントアドバイス

判明している順序関係を、もれなくすべて書き出します。
複数の条件を組み合わせる際に、書き漏らしが無いよう注意しましょう。

187

実践問題

解答集 ▶ P97〜

問題1

V、W、X、Y、Zの5人が、スピーチをする順番をくじで決めた。それについて、次のア〜イのことがわかっている。

ア　VはYの次である。

イ　XはWの次の次だが最後ではない。

Zは何番目にスピーチするか。当てはまるものをすべて選びなさい。

A 1番目

B 2番目

C 3番目

D 4番目

E 5番目

問題2

P、Q、R、S、Tの5人が徒競走をした。同着がなく、次のⅠ〜Ⅲのことがわかっているとき、5人の順位をA〜Eの中から1つ選びなさい。

Ⅰ　Pは3位である。

Ⅱ　QのタイムはSとTのタイムの平均と同じ。

Ⅲ　SはQよりも早くゴールしたが、1位ではない。

選択肢は左から順に、1位、2位、3位、4位、5位とする。

A RQPST　　　**B** RSPQT　　　**C** RQPTS　　　**D** SQPTR

E AからDのいずれでもない

問題3

あるイベントでP、Q、R、Sの4人がスピーチをすることになった。スピーチをする順番について次のⅠ〜Ⅲのことがわかっている。

Ⅰ　PはSの次にスピーチをする。

Ⅱ　QとSは続けてスピーチをしない。

Ⅲ　RはQよりあとにスピーチをする。

Qのスピーチは何番目か。当てはまるものをすべて選びなさい。

A 1番目　　　**B** 2番目　　　**C** 3番目　　　**D** 4番目

問題4

P、Q、R、S、Tの5人が徒競走をした。同着がなく、次のⅠ〜Ⅲのことがわかって

いるとき、Pの順位として当てはまるものをすべて選びなさい。

Ⅰ　Tは1位である。

Ⅱ　QのタイムはPとSのタイムの平均と同じ。

Ⅲ　RはQよりも早くゴールした。

A 1番目　　**B** 2番目　　**C** 3番目　　**D** 4番目　　**E** 5番目

問題5

　A～Dの4人は、4時に駅で待ち合わせることにした。A～Dがそれぞれ次のように発言しているとき、確実に言えるものはどれか。ただし、駅の時計塔は正しい時刻を刻んでいるものとする。

A 「自分の時計が5分進んでいると思っていたので、3時55分に到着したと思ったが、Cの時計では5分遅刻だった。」

B 「自分の時計が3分遅れていると思っていたので、4時7分に到着したと思ったが、時計塔は4時2分を指していた。」

C 「自分の時計が4分進んでいると思っていたので、4時ちょうどに到着したと思ったが、時計塔は3時56分を指していた。」

D 「Bの2分前に到着したが、このとき既に1人が到着していた。自分の時計では集合時間より3分早かった。」

A Dの時計は正しい時刻を表示していた

B Dより先に到着していたのはCである

C Cの時計はBの時計より7分進んでいる

D 最も早く到着した人は、最も遅く到着した人の10分前に到着した

問題6

　A～Eの5人が、文化祭でそれぞれ異なる模擬店を出店した。模擬店は図のように並んでいる。次のア～イのことが判明しているとき、A～Eの模擬店がすべて確定するためにはさらにどの条件が必要か。

| 校庭 | 焼きそば | たこやき | かき氷 | カフェオレ | 揚げパン |

ア　AとBの模擬店の間には、2軒の店がある。

イ　AはCよりも、EはAよりも校庭側に出店している。

A DはBよりも校庭側に出店している

B EはDよりも校庭側に出店している

C BとCの模擬店の間には、1軒の店がある

D 最も校庭側に出店したのはEである

02 順序関係❷（差）

頻出度 ■■■□□　　対応試験　SPIテストセンター／WEBテスティング／SPIペーパーテスト

順番を整理する問題であり、数量条件として「差」が与えられています。

> ## ▶条件を図表などを用いて一覧化する
>
> ・順序関係を導き出す問題のうち、
> 　間隔尺度や比例尺度を扱う問題
> ①数値が順序関係だけでなく、大小関係の意味も持つ
> ➡ 数量関係にも気を付ける！
> ②順序関係は必ずしも1つでない
> ➡ 考えられる順序パターンを洗い出す！

例題　こんな問題が出る！

❶　P、Q、R、Sの4人が読んだ本の数について次のⅠ〜Ⅲのことがわかっている。

　　Ⅰ　PとSは5冊の差がある。
　　Ⅱ　QはRより2冊多い。
　　Ⅲ　Qと5冊以上の差がある人はいない。

　同数はないとき、Sの読んだ本は多い方から何番目か。当てはまるものをすべて選びなさい。
（解答目標時間40秒）

A 1番目　　**B** 2番目　　**C** 3番目　　**D** 4番目

❷　P、Q、R、S、Tの5人がみた映画の本数について次のⅠ〜Ⅴのことがわかっている。

　　Ⅰ　PとQは1本差である。
　　Ⅱ　QとRは3本差である。
　　Ⅲ　RとSは2本差である。
　　Ⅳ　SとTは1本差である。
　　Ⅴ　Tは5人の中で最も少ない。

　同数はないとき、Sのみた映画の本数は多い方から数えて何番目か。
（解答目標時間60秒）

A 1番目　　**B** 2番目　　**C** 3番目　　**D** 4番目　　**E** 5番目

例題の解答

❶ 就活アカデミーEdgey式の超高速解法！

Ⅰ　POOOOS、SOOOOP

Ⅱ　QOR

Ⅲ　QはPとSの間

以上より、PQRS、PQSR、SQRP、SQPRの並び順。

....

　各条件を整理し、本の多い→少ない順にメモをする。これを矛盾が無いように調整すればよい。

Ⅰ　PとSは5冊の差がある。…POOOOS、SOOOOP

Ⅱ　QはRより2冊多い。…QOR

Ⅲ　Qと5冊以上の差がある人はいない。

　Qと5冊以上の差がある人はいないので、QはⅠの両端ではなく必ずPとSの間に入る。

　以上より、想定されうる順番を整理すると、PQRS、PQSR、SQRP、SQPR。

→A　1番目、C　3番目、D　4番目

---

❷　条件ⅤよりTは最も少なく、条件ⅣよりSはTより1本多いことになる。同数はないので、Sは2番目に少ない。したがって、Sは多い方から数えて4番目である。

　他の条件と矛盾しないか確認すると、たとえば、多い方から順に並べて、PQ○○R○STのような本数差のときに条件Ⅰ～Ⅴが成り立つ。

→D　4番目

┌ とらのすけ先生のワンポイントアドバイス ────

「間隔尺度」とは、量的なデータのうちメモリが等間隔であるものをいいます。
（例）気温、偏差値など

「比例尺度」とは、量的なデータのうち原点が存在し、間隔や比に意味があるものをいいます。
（例）体重、速度など

どちらも間隔に意味があるデータであり、これを扱うのが順序関係（比）の特徴です。手を動かして条件を視覚的に整理し、順序関係を明らかにしましょう。

実践問題

解答集 ▶ P98〜

問題1

A、B、C、Dの4人の年齢について次のⅠ〜Ⅳのことがわかっている。

Ⅰ　AとBは3歳差である。
Ⅱ　BはCより2歳上である。
Ⅲ　CとDは1歳差である。
Ⅳ　DはAと2歳差である。

同じ歳の人がおらず、Aの年齢が21歳のとき、Cの年齢として考えられるものをすべて選びなさい。

A 18歳　　**B** 19歳　　**C** 20歳　　**D** 21歳　　**E** 22歳
F 23歳　　**G** 24歳　　**H** AからGのいずれでもない

問題2

X、Y、Zの3社の売上を比較したところ、次のⅠ〜Ⅱのことがわかった。

Ⅰ　X社の売上はZ社より多い。
Ⅱ　3社の中で売上が最も少ないのはY社ではない。

次のうち、必ず正しいといえる推論をすべて選びなさい。

A X社が売上が最も多い
B Y社が売上が最も少ない
C Z社が売上が最も少ない
D A、B、Cには、必ず正しいといえる推論はない

問題3

X、Y、Zの3つの動物園がある。1日の来場者数を比較したところ、次のⅠ〜Ⅲのことがわかった。

Ⅰ　X動物園の1日あたりの来場者数はY動物園の半分より多い。
Ⅱ　Z動物園の1日あたりの来場者数は最も少なくない。
Ⅲ　Y動物園の1日あたりの来場者数はZ動物園よりも多い。

次のうち、必ず正しいといえる推論をすべて選びなさい。

A X動物園の来場者数が最も多い
B Y動物園の来場者数が最も多い
C Z動物園の来場者数はXよりも多い
D A、B、Cには、必ず正しいといえる推論はない

問題4

P、Q、R、S、Tの靴の大きさについて、次のⅠ～Ⅲのことがわかっている。

Ⅰ　PとRは2cm差である。

Ⅱ　PとSは2cm差である。

Ⅲ　QはRよりも大きい。

5人は1cmずつ大きさが異なり、同じ大きさの人はいない。Pが24cmのとき、Rは何cmか。当てはまるものをすべて選びなさい。

A 20cm　　**B** 21cm　　**C** 22cm　　**D** 23cm　　**E** 24cm　　**F** 25cm

G 26cm　　**H** 27cm　　**I** 28cm　　**J** AからIのいずれでもない

問題5

とあるマラソン大会の参加者P、Q、R、Sについて、次のⅠ～Ⅲのことがわかっている。

Ⅰ　PはQより8分早くゴールした。

Ⅱ　QはRより12分遅くゴールした。

Ⅲ　SはPより10分遅く、午後2時40分にゴールした。

ここで、とある別のマラソン参加者Tについて、Rより早くゴールしていることがわかっているとき、Tのゴールした時間として考えられるものをすべて選びなさい。ただし、同着はないものとする。

A 14:35　　**B** 14:30　　**C** 14:25　　**D** 14:20　　**E** 14:15

問題6

W、X、Y、Zの4人の体重について次のⅠ～Ⅲのことがわかっている。

Ⅰ　最も体重が重いYと最も体重が軽い者とは14kg差である。

Ⅱ　XとYは7kg差である。

Ⅲ　WとXも7kg差である。

Ⅳ　ZはXより3kg重い。

同じ体重の人がいないとき、Zは体重が軽い方から数えて何番目か。当てはまるものをすべて選びなさい。

A 1番目　　**B** 2番目　　**C** 3番目　　**D** 4番目

問題7

W、X、Y、Zの4人は徒競走をした。4人の順位について、次のⅠ～Ⅲのことがわかっている。

Ⅰ　Xは最も早くゴールした。

Ⅱ　WはYよりも遅くゴールした。

Ⅲ　YはZよりも早くゴールした。

同着はないとき、Wの順位として妥当なものをすべて選びなさい。

A 1番目　　　**B** 2番目　　　**C** 3番目　　　**D** 4番目

問題8

W、X、Y、Zの4人が読んだ本の数について、次のⅠ～Ⅲのことがわかっている。

Ⅰ　WとXは3冊の差がある。

Ⅱ　XはYより1冊少ない。

Ⅲ　Yと4冊以上の差がある人はいない。

同数はないとき、Zの読んだ本は多い方から何番目か。当てはまるものをすべて選びなさい。

A 1番目　　　**B** 2番目　　　**C** 3番目　　　**D** 4番目

問題9

6階建てのマンションにP、Q、R、S、Tの5人が住んでおり、次のⅠ～Ⅳのことがわかっている。

Ⅰ　PはQの1階下に住んでいる。

Ⅱ　QはRより2階上に住んでいる。

Ⅲ　Sは5人の中で最上階に住んでいる。

Ⅳ　TはSの1階下に住んでいる。

同じ階に住んでいる人がいないとき、Pの住む階は5人の中で高い方から数えて何番目か。正しいものをすべて選びなさい。

A 1番目　　　**B** 2番目　　　**C** 3番目　　　**D** 4番目　　　**E** 5番目

問題10

A～Eの5人のテストの点数について、次のⅠ～Ⅴのことがわかっている。

Ⅰ　BとCは30点差である。

Ⅱ　EはBより20点以上低い。

Ⅲ　Aは5人の平均点よりも30点高い。

Ⅳ　DはAより点数が低く、Bより高い。

Ⅴ　EはAより80点低い。

このとき、確実に言えることはどれか。

A DはAより20点低い

B Bは平均点である

C CはAより20点低い

D Cは平均点以下である

問題11

A〜Fの6人のうち、最も背が高いのはCの190cmで、これは2番目に高い人と6cm差である。Aは168cmで、B、D、Fとそれぞれ2cm、5cm、1cmの差がある。6人の平均身長が174cmであるとき、確実に言えることはどれか。

A Bは最も背が低い

B Aは3番目に背が高い

C Fは4番目に背が高い

D Dは2番目に背が高い

問題12

A〜Eの5チームが4×100mリレーを行った。その結果、Aチームが1位で最下位とのタイム差は4.5秒であった。また、CとD、CとEのタイム差は1秒、AとBのタイム差は3秒、BとDのタイム差は1.5秒であった。このとき、A〜Eチームの順位を確定させるにはさらにどの条件が必要か。

A AとCのタイム差は3秒だった

B AとDのタイム差は4.5秒だった

C BとCのタイム差は0.5秒だった

D BとEのタイム差は1.5秒だった

問題13

あるアパートの1階にはA〜Dの4人が住んでおり、この4人の部屋について、次のⅠ〜Ⅲのことがわかっている。

Ⅰ　BとCは1つ部屋を挟んだところに住んでいる。

Ⅱ　Dは一番端の部屋に住んでいる。

Ⅲ　AもBも203号室ではない。

このとき、端に住んでいるのはDと誰か。

201号室	202号室	203号室	204号室

A A　　**B** B　　**C** C

195

03 その他の順序関係

| 頻出度 ■■□□□ | 対応試験 | SPIテストセンター／WEBテスティング／SPIペーパーテスト |

時計に表示されている時刻をもとに順序関係を考える問題です。

正確な時計と不正確な時計の両方が
存在します。問題文を細部まで読み、
確実に正確なものを
基準に設定したうえで
順序関係を表などに整理しよう！

例題　こんな問題が出る！

❶　X〜Zの3人は、9時00分にカフェで待ち合わせをすることにした。3人が到着した状況について次のように発言しているとき、確実にいえることとして、最も妥当なのはどれか。ただし、カフェの時計は正確である。　（解答目標時間60秒）

X「私は自分の時計が2分遅れていると思ったので、8時57分に着いたと思った。」
Y「私はXの時計で9時ちょうどに着いたが、カフェの時計では3分遅刻だった。」
Z「私は自分の時計で9時4分に着いた。私の5分後にYが到着した。」

A　XはZの時計で9時3分に到着した
B　YはZの時計で9時7分に到着した
C　ZはXの時計で9時ちょうどに到着した
D　3人の中ではYが最も遅く到着した
E　Zの時計は10分進んでいた
F　A〜Eのいずれでもない

❷　P〜Sの4人は、13時00分に会議室で打ち合わせをすることにした。4人が到着した状況について次のように発言しているとき、確実にいえることとして、最も妥当なものをすべて選びなさい。ただし、会議室の時計は正確である。

（解答目標時間90秒）

P「私は自分の時計が7分遅れていると思ったので、12時53分に着いたと思った。」

Q「私はPの時計で13時05分に着いたが、会議室の時計では2分遅刻した。」

R「私は自分の時計で13時03分に着いた。私の6分後にQが到着した。」

S「私はQの時計で12時55分に着いたが、会議室の時計では3分早く到着した。」

A PはRの時計で12時56分に到着した

B QはRの時計で13時08分に到着した

C RはPの時計で12時56分に到着した

D SはRの時計で13時03分に到着した

E Qは4人の中で4番目に到着した

F Pの時計は8分進んでいた

例題の解答

❶ 就活アカデミーEdgey式の超高速解法！

X Xの時計は8時55分を指している。

Y Xの時計は3分遅い。Yは9時03分に到着。

Z Zは8時58分に到着。Zの時計は6分進んでいた。

以上を踏まえ、Xの到着時刻は8時58分。

....

X〜Zの発言を、正確な時刻を基準にしながら一つずつ整理していく。

Xは、自分の時計が2分遅れていて8時57分に着いたと思っている。このことから、Xが着いたときのXの時計は、8時55分を示していたことになる。

Yは、カフェの正確な時計で3分遅刻だったとある。このことから、Yは9時03分に到着したことがわかる。このとき、Xの時計は9時ちょうどを示していたとあるため、Xの時計は実際には3分遅れていたとわかる。

Zは、Yの5分前に到着したので、Zは8時58分に到着したことがわかる。このとき、Zの時計は9時04分を示していたとあるため、Zの時計は実際には6分進んでいたとわかる。

A　まずXの到着時刻を考える。Xが到着したとき、3分遅れているXの時計で8時55分だったため、Xは8時58分に到着したとわかる。一方、Zの時計は6分進んでいるため、XはZの時計で9時4分に到着した。・・・×

B　Yの到着時刻は9時3分。一方、Zの時計は6分進んでいるため、YはZの時計で9時09分に到着した。・・・×

C　Zの到着時刻は8時58分。一方、Xの時計は3分遅れているため、ZはXの時計で8時55分に到着した。・・・×

D　XとZの到着時刻は8時58分。一方、Yの到着時刻は9時03分であるため、3

人の中ではYが最も遅く到着した。・・・○

E　Zの時計は6分進んでいた。・・・×

→D　3人の中ではYが最も遅く到着した

---

❷ P～Sの発言を、正確な時刻を基準にしながら一つずつ整理していく。

・Pは、自分の時計が7分遅れていて12時53分に着いたと思ったとある。このことから、Pが着いたときのPの時計は、12時46分を示していたことになる。

・Qは、会議室の正確な時刻で2分遅刻だったとある。このことから、Qは13時02分に到着したことが分かる。このとき、Pの時計は13時05分を示していたとあるため、Pの時計は実際には3分進んでいたとわかる。

・Rは、Qの6分前に到着したので、Rは12時56分に到着したことがわかる。このとき、Rの時計は13時03分を示していたとあるため、Rの時計は実際には7分進んでいたとわかる。

・Sは、会議室の正確な時計で3分早く到着したとある。このことから、Sは12時57分に到着したことがわかる。このとき、Qの時計は12時55分を示していたとあるため、Qの時計は2分遅れていたとわかる。

A　まずPの到着時刻を考える。Pが到着したとき、3分進んでいるPの時計で12時46分だったため、Pは12時43分に到着したとわかる。一方、Rの時計は7分進んでいるため、PはRの時計で12時50分に到着した。・・・×

B　Qの到着時刻は13時02分。一方、Rの時計は7分進んでいるため、QはRの時計で13時09分に到着した。・・・×

C　Rの到着時刻は12時56分。一方、Pの時計は3分進んでいるため、RはPの時計で12時59分に到着した。・・・×

D　Sの到着時刻は12時57分。一方、Rの時計は7分進んでいるため、SはRの時計で13時04分に到着した・・・×

E　Pは12時43分、Qは13時02分、Rは12時56分、Sは12時57分に到着した。したがって、Qは4人の中で4番目に到着した。・・・○

F　Pの時計は3分進んでいた。・・・×

→E　Qは4人の中で4番目に到着した。

┌ とらのすけ先生のワンポイントアドバイス ─

頻出度は高くありませんが、いざ出題された時に時間がかかって解けなかったという声を耳にします。
ワンランク上を目指す人は挑戦してみましょう。

実践問題

解答集 ▶ P100〜

問題1

A〜Cの3人は、10時00分にレストランで待ち合わせをすることにした。3人が到着した状況について次のように発言しているとき、確実に言えることとして、最も妥当なものをすべて選びなさい。ただし、レストランの時計は正確である。

A「私は自分の時計が3分遅れていると思ったので、9時57分に着いたと思った。」
B「私はAの時計で10時ちょうどに着いたが、レストランの時計では2分遅刻だった。」
C「私は自分の時計で10時7分に着いた。私の6分後にBが到着した。」

A　AはCの時計で10時7分に到着した
B　BはCの時計で10時2分に到着した
C　CはAの時計で10時ちょうどに到着した
D　3人の中ではBが最も早く到着した
E　Cの時計は11分進んでいた

問題2

W、X、Y、Zの4人は、10時30分に会議室で打ち合わせをすることにした。4人が到着した状況について次のように発言しているとき、確実に言えることとして、最も妥当なものをすべて選びなさい。ただし、会議室の時計は正確である。

W「私は自分の時計が4分遅れていると思ったので、10時23分に着いたと思った。」
X「私はWの時計で10時30分ちょうどに着いたが、会議室の時計では2分早く到着した。」
Y「私はXの時計で10時32分に着いたが、会議室の時計では3分早く到着した。」
Z「私は自分の時計で10時28分に着いた。私の7分後にYが到着した。」

A　WはXの時計で10時22分に到着した
B　XはZの時計で10時36分に到着した
C　Yは4人の中で2番目に早く到着した
D　Yの時計は4分進んでいた

問題3

P〜Rの3人は6：00に空港で待ち合わせをすることにした。3人が到着した時の状況について次のように述べているとき、言えることとして適切なものをすべて選択せよ。ただし、空港の時計は正しい時刻を指しているものとする。

P「私は自分の腕時計で、6：10に着いた。私の3分後にRが着いた。」
Q「私は自分の時計が5分遅れていると思ったので、5：55に着いたと思った。」

R「私はQの時計で6：00ちょうどに着いたが、空港の時計では4分遅刻だった。」

A PはQよりも遅く着いた

B QはRより3分遅く着いた

C Pの到着は6：01である

D Qの到着は6：00ちょうどである

問題4

P〜Rの3人が11：00に駅で待ち合わせている。3人が到着したときの状況について次のように述べているとき、言えることとして適切なものを選択せよ。ただし、駅の時計は正しい時刻を指しているものとする。

P「私が着いた5分後にQが着いた。」

Q「私は自分の時計で11：00ちょうどに着いたが、Rは3分遅刻した。」

R「私は駅の時計では6分遅刻した。」

A Pは駅の時計で2分遅刻した

B Pは10：58に着いた

C Qの時計は駅よりも3分進んでいる

D Qは駅の時計で4分遅刻した

問題5

P〜Sの4人が10：00に駅で待ち合わせをしている。4人が到着したときの状況について次のように述べているとき、言えることとして適切なものを選択せよ。ただし、駅の時計は正しい時刻を指しているものとする。

P「私は自分の時計で10：00ちょうどに着いた。」

Q「私はSよりも7分早く着いた。」

R「私はPよりも3分早く着いた。」

S「私はPの時計では2分遅刻だが、駅の時計では4分遅刻だった。」

A Pは2番目に到着した

B Qは9：57に到着した

C Rは2番目につき、駅の時計で10：00ちょうどであった

D SはRよりも4分遅く着いた

問題6

P〜Rの3人が15：00に空港に待ち合わせをしている。3人が到着したときの状況について次のように述べているとき言えることとして適切なものを選択せよ。ただし、空港の時計は正しい時刻を指しているものとする。

P「私は自分の時計では15分遅れで着いた。」

Q「私はPの時計では15分早く着いたが、空港の時計では5分遅刻だった。」

R「私が来てから全員そろうまで45分かかった。」

A Pは空港の時計で45分待たされた

B QはPよりも20分早く着いた

C QはRが着いてから15分後に到着した

D RはPの時計で10分早く着いた

問題7

P〜Rの3人は10：30に水族館で待ち合わせをしていた。3人が到着したときの状況について次のように述べているとき、言えることとして適切なものを選択せよ。ただし、水族館の時計は正しい時刻を指しているものとする。

P「私は自分の時計では1分早く着いたが、Qは1分遅刻した。」

Q「私は水族館の時計で5分遅刻した。」

R「私は自分の時計では集合時間よりも3分早く着いたが、Pの時計では9分早く着いた。」

A Pは水族館の時計で3分早く着いた

B Pは水族館の時計で6分遅刻した

C QはRが着いてから6分後に到着した

D RはPよりも5分早く到着した

E Rは水族館の時計で10：25に着いた

問題8

P〜Tの5人は11：00に動物園で待ち合わせをした。5人が到着したときの状況について次のように述べているとき、言えることとして適切なものを選択せよ。ただし、動物園の時計は正しい時刻を指しているものとする。

P「私は自分の時計で時間ちょうどに到着した。」

Q「私は自分の時計では1分早く到着したが、Pの時計では1分遅刻した。」

R「私はQの時計で6分早く着いたが、動物園の時計では2分早く着いた。」

S「私は自分の時計では集合時間に間に合ったと思ったが、Pの時計では3分遅刻だった。」

T「私が到着した8分後にRが到着した。」

A Tが到着した時刻は動物園の時計で10：55である

B Pは動物園の時計で4分遅刻した

C Sは動物園の時計で5分遅刻した

D Qは動物園の時計で4分遅刻した

E RはPの時計で10：54に到着した

04 試合

頻出度 ■ ■ ■ 　対応試験 SPIテストセンター／WEBテスティング／SPIペーパーテスト

リーグ戦、もしくはトーナメント戦に関する組み合わせ、勝ち数、優勝チーム、順位などを推理する問題です。

▶試合数 or チーム数を xとして立式

参加するチーム数がxであるとき、

▶リーグ戦の試合数
…… $_xC_2$（組み合わせのCで立式）

▶トーナメント戦の試合数 …… $x-1$

例題　こんな問題が出る！

❶ 野球の大会が開催され、参加チームを7チームずつのリーグに分け、各リーグで1回だけ総当たり戦を行なったところ、全てのリーグの試合数の合計が315試合になった。大会の参加チームの合計数として、正しいものはどれか。

（解答目標時間40秒）

A 80チーム　　**B** 105チーム　　**C** 145チーム　　**D** 170チーム

❷ サッカーのトーナメント戦が開催され、1日につき3試合まで行われ、また、同じチームが1日に2試合行われないように日程を組んだ。優勝チームと準優勝チームが決まるまでの最短の日数が16日だったとき、参加したチーム数として妥当なものを選びなさい。

（解答目標時間120秒）

A 46チーム　　**B** 47チーム　　**C** 48チーム　　**D** 49チーム

とらのすけ先生のワンポイントアドバイス

リーグ戦を扱う問題においては、勝敗表を用います。トーナメント戦を扱う問題においては、トーナメント図を用いて情報を整理しましょう。

例題の解答

❶ 就活アカデミーEdgey式の超高速解法！

1リーグあたりの試合数
$_7C_2 = (7×6)÷(2×1) = 21$試合
総試合数が315より、
$315÷21 = 15$リーグ
以上より、$15×7 = 105$試合。Bが正解。

・・

7チームでリーグ戦を行うときの試合数は、$_7C_2 = (7×6)÷(2×1) = 21$試合となる。
1リーグあたりの試合数が21なので、リーグ数は$315÷21 = 15$とわかる。
1リーグあたりに7チームなので、チームの参加数の合計は
$15×7 = 105$チームとなる。よって、Bが正解。

→B **105チーム**

❷ 46チームの場合、14日間、1日3試合すると、$3×14$チーム敗退して残り4チームになる。
　15日目は、その4チームが対戦し、2チームが勝ち残る。16日目が決勝戦。

　47チームの場合は、同様に14日間試合をすると、残り5チームになる。
　15日目は2試合できて3チーム残る。16日目は1試合できて2チームになる。17日目が決勝戦。

　48チームの場合は、14日間試合をすると、残り6チームになる。
　15日目は3試合できて3チーム残る。16日目は1試合できて2チームになる。17日目が決勝戦。

　49チームの場合は、14日間試合をすると、残り7チームになる。
　15日目は3試合できて4チーム残る。16日目は2試合できて2チームになる。17日目が決勝戦。

　以上より、最短の日数が16日なのはA。

→A **46チーム**

実践問題

解答集 ▶ P102〜

問題1

ある町で、小学生の野球大会が開催される。 形式は16チームが参加する、トーナメント方式の勝ち抜き戦である。 試合は、全部で何試合か。

A 14試合 　　 **B** 15試合 　　 **C** 16試合 　　 **D** 17試合 　　 **E** 18試合

問題2

P、Q、R、Sの4チームが野球の総当たり戦を行った。結果について、次のⅠ〜Ⅱのことがわかっている。なお、各試合で引き分けはないものとする。

Ⅰ　PはQに勝った。
Ⅱ　RはSにだけ負けた。

❶　次のア〜ウのうち、必ず正しいといえる推論はどれか。選択肢から1つ選びなさい。

　　ア　Qが全敗ならば、Sは全勝。
　　イ　Sが全勝ならば、Pは1勝2敗。
　　ウ　Pが1勝2敗ならば、Qも1勝2敗。

A アのみ 　　 **B** イのみ 　　 **C** ウのみ 　　 **D** アとイ 　　 **E** アとウ
F イとウ 　　 **G** すべて 　　 **H** 正しい推論はない

❷　最も少ない情報ですべての勝敗を確定させるためには、ⅠとⅡの他に次のカ〜クのうちどれが加わればよいか。次の選択肢から1つ選びなさい。

　　カ　Qが1勝2敗。
　　キ　Sが2勝1敗。
　　ク　Sが1勝2敗。

A カのみ 　　 **B** キのみ 　　 **C** クのみ 　　 **D** カとキ 　　 **E** カとク
F キとク 　　 **G** すべて 　　 **H** すべてが加わっても確定できない

問題3

柔道の大会が開催され、参加人数96人を6人ずつのリーグに分け、各リーグで1回だけ総当たり戦を行なった。大会の全てのリーグの試合数として、正しいものはどれか。

A 480試合 　　 **B** 240試合 　　 **C** 192試合 　　 **D** 180試合

問題4

テニスの大会が開催され、参加人数135人をいくつかのリーグに分け、各リーグで1回だけ総当たり戦を行なったところ、270試合が行われた。大会のリーグ数として、正しいものはどれか。

A 10リーグ　　　**B** 18リーグ　　　**C** 24リーグ　　　**D** 27リーグ

問題5

37チームが出場するバスケットボールのトーナメント戦が開催され、1日につき3試合まで行われ、また、同じチームが1日に2試合行われないように日程を組んだ。優勝チームと準優勝チームが決まるまでの最短の日数として、妥当なものはどれか。

A 11日　　　**B** 12日　　　**C** 13日　　　**D** 14日

問題6

A〜Gの7チームが図のようなトーナメント戦でサッカーの試合を行った。トーナメントについて次のア〜エのことがわかっているとき、確実に言えることはどれか。

> ア　Cは優勝した。
> イ　AはFに勝った。
> ウ　GとD、EとFは対戦した。
> エ　BとCは対戦していない。

A Aは1回だけ勝った
B Dは1回だけ勝った
C BとGの試合数は同じであった
D AとGは対戦した
E A〜Dに確実に言えるものはない

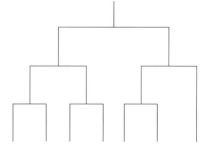

問題7

33人でトーナメント戦を行った。1日に4試合までしか行うことができない。最も少ない日数で消化した場合、何日要するか。ただし、同じ人が1日に2試合することはないものとする。

A 7日　　　**B** 8日　　　**C** 9日　　　**D** 10日　　　**E** 11日

問題8

A～Gの7人が卓球のトーナメント戦を行った。図に示されているのがそのトーナメント表で、青線が勝者を表している。次のア～エに述べられていることから判断して確実に言えることはどれか。

ア　CはAに勝った。
イ　BはFに負けた。
ウ　GはCに勝った。
エ　Dは2回戦でFに勝った。

A　Aはカである
B　Bはアである
C　Cはイである
D　Dは優勝した
E　Eはエである

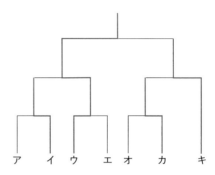

問題9

A～Hの8チームがトーナメント戦でサッカーの試合を行う。そこで勝ち残ったチームをXとする。残りの7チームで再びトーナメント戦を行って、勝ち残ったチームをYとする。XとYが決勝戦を行う。両チームのうち先に2回勝ったチームを優勝チームとするとき、優勝チームが決まるまでに行わなければならない最多試合数はどれか。ただし、引き分けはないものとする。

A　16試合　　B　17試合　　C　18試合　　D　19試合　　E　20試合

問題10

A～Fの6人がテニスのトーナメント戦を行った。図に示されているのがそのトーナメント表で、青線が勝者を表している。次の①～⑤に述べられていることから判断して、確実に言えることはどれか。

①　BはAに敗れた。
②　AはFに勝った。
③　DはEに勝った。
④　DはFに敗れた。
⑤　Aは2回戦でCに勝った。

A　Aはオである　　　B　Bはアである
C　Cはエである　　　D　Dはカである
E　Eはウである

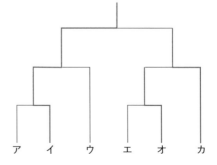

問題11

ある卓球大会でA～Gの7チームが図のようなトーナメント戦を行った結果について、次のア～エがわかった。

ア　AはCに負けた。
イ　BはEに負けた。
ウ　FはEと対戦した。
エ　FはGに勝った。

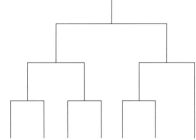

確実に言えるのはどれか。

A　Cは決勝戦に進んだ
B　Bが決勝戦に進んだとすると、
　　FはGと2回戦で対決した
C　Dが優勝したとすると、DはCと対戦した
D　FはEと1回戦で対戦した
E　Gが決勝戦に進んだとすると、BはDと対戦した

問題12

A～Hの8チームでトーナメント戦を行い、4人が次のような発言をした。この際確実に言えることはどれか。ただし、4人とも発言は真実であるものとする。

A「DとEは対戦した。」
B「AはHに負けた。」
C「Hには勝った。」
D「CはFに負けた。」

A　CとGは対戦しなかった
B　CはBと対戦した
C　AとHは対戦しなかった
D　DとFは対戦した
E　GとBは対戦しなかった

05 矛盾回避

頻出度 ■ ■ ■ □ □　　対応試験　SPIテストセンター／WEBテスティング／SPIペーパーテスト

条件から矛盾のないように推理をする問題です。

> ▶**条件を整理して表や図にする**
> ①**条件の整理と場合分けを理解する**
> ②**問題文から確実に分かる内容を押さえる**
> ③**考え得るパターンを表や図にまとめる**

例題　こんな問題が出る!

❶　ある高校に、1年生男子1名、女子2名、2年生男子2名、女子3名、3年生男子1名、女子1名の計10名の部員がいるクラブがある。

　　この10名の部員をA〜Cの3グループに分けたところ、Aグループは男女各2名ずつ、Bグループは男女同数、Cグループは各学年の部員が1名以上となり、また、どのグループも学年、性別共に一致する部員はいなかった。このとき確実に言えることはどれか。　　　　　　　　　　　　　　　　　　　　　　　（解答目標時間60秒）

　　A Aグループには1年生の男子がいる　　**B** Bグループには1年生の女子がいる
　　C Bグループには2年生の男子がいる　　**D** Cグループには3年生の男子がいる
　　E Cグループには3年生の女子がいる

❷　赤色、青色、白色のクレヨンが各20本ずつある。このクレヨンを30個の箱に2本ずつ入れ、以下の条件にしたがって箱にラベルを貼る。
　　（ⅰ）2本のクレヨンが同色である場合：その色のラベル
　　（ⅱ）赤色と青色が1本ずつの場合　　：青色のラベル
　　（ⅲ）赤色と白色が1本ずつの場合　　：白色のラベル
　　（ⅳ）青色と白色が1本ずつの場合　　：白色のラベル

　　30箱すべてにラベルを貼ったところ、赤色と青色のラベルを貼った箱がそれぞれ8箱ずつで、残りは白色のラベルが貼られていた。このとき、青色と白色のクレヨンが1本ずつ入った箱は最大で何箱あることになるか。　　　　　　（解答目標時間60秒）

　　A 5箱　　　**B** 6箱　　　**C** 7箱　　　**D** 8箱　　　**E** 9箱

例題の解答

❶ Aグループは男女各2名の計4名、Cグループは各学年の部員がいるので3人以上で、これで計7人以上。

したがって、Bグループが男女同数であるから、Bグループは男女各1名しかありえず、この結果、Cグループは男子1名、女子3名となる。

どのグループにも学年、性別共に一致する部員はいないので、2年生の女子部員3名は各A〜Cのグループに1名ずつでなければいけない。

また、1年生の女子部員2名はAグループとCグループに分かれることになり（2名ともCグループにはならない）、Cグループの女子残り1名は3年生となる。

男子については2年生の2名がいずれもAグループであることはないが、それ以上は確定することができない。

したがって、確実に言えるものはEのみで、Eが正解。

→E Cグループには3年生の女子がいる

---

❷ 赤色のラベルの8箱は赤いクレヨンが2本ずつ入っているので、赤いクレヨンの残りは20−2×8＝4（本）ある。

青いクレヨンは白いクレヨンと組み合わせる本数を多くしたいので、なるべく青色のクレヨンを使わずに、青色のラベルの箱8箱を作ることを考える。

赤いクレヨン1本と青いクレヨン1本で、青色のラベルの箱になる。赤いクレヨンは残り4本なので、この組み合わせで青色のラベルの箱が4箱できる。使った青いクレヨンは4本。

青色のラベルの箱はあと4箱作るので、この4箱には、青いクレヨンが2本ずつ入る。よって、使った青いクレヨンは2×4＝8本。

残った青いクレヨンは20−（4＋8）＝8（本）で、この8本が白いクレヨンと組み合わせることができ、青色と白色のクレヨンが1本ずつ入った箱は、8箱作れる。

→D 8箱

とらのすけ先生のワンポイントアドバイス

頻出度は高くありませんが、いざ出題されたときに時間がかかって解けなかったという声を耳にします。
ワンランク上を目指す人は挑戦してみましょう。

実践問題

解答集 ▶ P105〜

問題1

あるクラスでは、日替わりで1人ずつ掃除当番を担当している。A〜Eの生徒が、今日の当番について次のように発言した。

A「私は当番ではない。」
B「Dが当番だ。」
C「Bこそ当番だ。」
D「Aの言っていることは真実だ。」
E「Bはウソをついている。」

のちに、5人のうち1人だけがウソをついていることが判明したとすると、今日の掃除当番は誰か。

A A　　**B** B　　**C** C　　**D** D　　**E** E

問題2

P〜Sの4人は、月曜日から土曜日までの連続する6日間に行われた会合の受付を担当した。各人が担当した日について、次のⅠ〜Ⅳのことがわかっているとき、確実に言えることはどれか。

Ⅰ　Pは4日間担当したが、そのうちの3日間だけ連続していた。
Ⅱ　Qは3日連続して担当しない日があったが、それ以外の日はすべて担当した。
Ⅲ　火曜日に担当したのはR1人であった。また、Pが担当してQが担当しない日はRが担当した。
Ⅳ　Sは3日間担当したが、連続して担当した日はなかった。また、RとSが同じ日に担当することもなかった。

A Pは土曜日に担当しなかった
B Qは木曜日に担当した
C 月曜日に担当したのはPとSの2人だった
D Rは金曜日に担当した
E 水曜日に担当したのはS1人だった

問題3

選択肢がA、Bの2つからなる問題が6問あり、P、Q、Rの3人がそれぞれ解答した。次のⅠ〜Ⅳのことがわかっているとき、確実に言えることはどれか。

Ⅰ　Pは5問についてAと解答し、1問についてBと解答したところ、正解は5問だった。
Ⅱ　Qは4問についてAと解答し、2問についてBと解答したところ、正解は4問だった。

Ⅲ　Rは2問についてAと解答し、4問についてBと解答したところ、正解は2問だった。

Ⅳ　3人とも正解だった問題数と、3人とも不正解だった問題数は同じであった。

A 6問のうち、正解がAである問題は4問である

B PとQの2人が正解し、Rが不正解であった問題は3問である

C Rが正解した2問について、Qはどちらも正解している

D Pが不正解であった問題について、PはAと解答している

E Rが正解した2問について、RはどちらもBと解答している

問題4

　6つのゴルフ場A〜Fについて、その所在地と運営会社を調べたところ、次のⅠ〜Ⅲのことがわかった。

Ⅰ　A、B、C、Dのうち、千葉にあるものは2つであり、X社のものは2つである。

Ⅱ　B、C、D、Eのうち、千葉にあるものは1つであり、X社のものは2つである。

Ⅲ　C、D、E、Fのうち、千葉にあるものは2つであり、X社のものは1つである。

以上から判断して、確実に言えるのはどれか。

A Aは千葉にあるが、X社のものではない

B Cは千葉にはないが、X社のものである

C Dは千葉にあるが、X社のものではない

D Eは千葉にはないが、X社のものである

E Fは千葉にあるが、X社のものではない

問題5

　P〜Sの4人が次のように述べているとき、確実に言えることはどれか。ただし、4人はそれぞれ正直者、ウソつきのいずれかである。

P　「Rはウソつきだ。」

Q　「Sはウソつきだ。」

R　「Qはウソつきではない。」

S　「PもRもウソつきだ。」

A Q、Rは正直者である

B P、Sは正直者である

C R、Sは正直者である

D P、Rはウソつきである

E Q、Rはウソつきである

問題6

　P〜Tの5人がそれぞれ買い物をしたところ、1人が消しゴムを買い、1人がボールペンを買い、残り3人がノートを買った。5人は次のように発言しているが、ノートを

買った3人はウソをつき、そうでない2人は本当のことを言っている。

P 「Qはボールペンを買った。」
Q 「Rはノートを買った。」
R 「Sはノートを買っていない。」
S 「Tはボールペンを買った。」
T 「Pはノートを買った。」

以上より、確実に言えることはどれか。

A Pは消しゴムを買った　　**B** Pはノートを買った　　**C** Qは消しゴムを買った
D Qはノートを買った　　**E** Tは消しゴムを買った

問題7

P〜Tの5個のおもりがあり、その重さの合計は300gである。それぞれのおもりには、P＝20g、Q＝40g、R＝60g、S＝80g、T＝100gと表示されているが、重さが正確なのは3個だけで、2個については表示と10gの誤差がある。

これらのおもりをてんびんに乗せて重さを比べたところ、左にP、R、Sの3個、右にQ、Tの2個を乗せると左右がつりあい、左にP、S、右にQ、Rを乗せると右のほうが重く、左にP、T、右にQ、Sを乗せると左のほうが重かった。表示と誤差のある2個のおもりの組合せとして正しいものはどれか。

A P、Q　　**B** Q、R　　**C** Q、S　　**D** R、T　　**E** S、T

問題8

P〜Uの6人の子どもが縦に1列に並んでいる。

QとSとの間には2人いて、Rから1人おいて前にPが並んでいた。また、先頭はPでもTでもなかった。

次のいずれかの条件が加わると6人の並び方が確定するが、その条件はどれか。

A Qは先頭である　　　　　　**B** Rのすぐ後ろはUである
C Sの前後はTとUである　　**D** QはSより前方である

問題9

P〜Rの男性3人とX〜Zの女性3人の各3組の夫婦が丸テーブルを囲んで座って食事をしている。その座り方について次のⅠ〜Ⅳのことがわかっている。

Ⅰ　Pの真向かいにはXが座っている。
Ⅱ　Yの左隣にはZの夫が座っている。
Ⅲ　Qの左隣の女性は、Rの右隣に座っている。
Ⅳ　Zは夫の隣ではない。

このとき、Zの夫およびRの真向かいの女性は誰と誰か。

A P、Y　　**B** Q、Y　　**C** Q、Z　　**D** R、Z　　**E** R、Y

問題10

　ある抽選において、A〜Eのうち1人が当選した。だれが当選したかを各人に尋ねたところ、次のような答えが返ってきた。

　A「当選したのはBかDです。」
　B「私とCは当選していません。」
　C「当選したのはAです。」
　D「当選したのはBかEです。」
　E「当選したのはCかDです。」

　5人のうち2人がウソをついていることがわかっているとき、当選したのは誰か。

A A　　**B** B　　**C** C　　**D** D　　**E** E

問題11

　A、B、Cの3人はそれぞれ警察官、消防士、救急救命士のいずれかである。以下の発言のうち、1つだけが正しく他がすべてウソであるとき、正しい発言はどれか。

　A Bは消防士である
　B Bは救急救命士である
　C Cは消防士ではない
　D Aは警察官ではない
　E Aは救急救命士ではない

問題12

　A〜Dの4人は、定食屋でアルバイトをしている。各人のシフトについて次のⅠ〜Ⅳのことが判明しているとき、確実に言えるものはどれか。ただし、月曜日は定休日とする。

　Ⅰ　Aは4日間担当したが、そのうちの3日間だけ連続していた。
　Ⅱ　Bは3日間連続して担当しない日があったが、それ以外の日はすべて担当した。
　Ⅲ　水曜日に担当したのはC1人であった。また、Aが担当してBが担当しない日はCも担当した。
　Ⅳ　Dは3日間担当したが、連続して担当した日はなかった。また、CとDが同じ日に担当することもなかった。

　A Aは日曜日に担当しなかった
　B 火曜日に担当したのはAとDの2人だった
　C Cは土曜日に担当した
　D 木曜日に担当したのはD1人だった

06 手順推理

頻出度 ■■■□□ 対応試験 SPIテストセンター／WEBテスティング／SPIペーパーテスト

前後の流れや、手順などを推理する問題です。

> ▶**条件やルールから
> 論理を導き出す**
> ①**問題文に記載された
> 前提となる条件を探す**
> ②**条件を整理して、
> "AならばBとなる"という
> 論理を導き出す**

例題　こんな問題が出る!

❶ Aさんは、それぞれ10～80点まで10点刻みで書かれた穴が8つあるもぐらたたきに挑戦した。次のア～ウのことがわかっているとき、起こり得ないことはどれか。ただし、各穴のもぐらは2回顔を出すものとする。 （解答目標時間90秒）

　　ア　Aさんは、合計で200点を獲得した。
　　イ　Aさんが2回目にたたいて得たもぐらの点数は、1回目の2倍であった。
　　ウ　Aさんがもぐらをたたいて点数を得た回数は、5回であった。

　　A 点数を得たもぐらには、10点と20点のもぐらはなかった
　　B 点数を得たもぐらは、3つの穴のもぐらであった
　　C 3回目から5回目までに点数を得たもぐらは、30点以下のもぐらであった
　　D 点数を得たもぐらは、4つの穴のもぐらであり、十の位が奇数の点のもぐら
　　　　はなかった

❷ A、B、C、D、Eの5つのレストランの人気ランキングがある。Eは3位で、AはDより上位に、BはCより上位であった。また、同位のレストランはなかった。最も少ない情報で5つのレストランのランキングが全て分かるためには、次のア～ウの

うち、どの情報が加わればよいか。A～Hの中から1つ選びなさい。

（解答目標時間120秒）

　ア　BはAより上位であった。
　イ　Cは2位だった。
　ウ　Dは5位だった。

A アだけ
B イだけ
C ウだけ
D アとイ
E アとウ
F イとウ
G アとイとウ
H ア、イ、ウの全てが加わってもわからない

例題の解答

❶　ア～ウの条件を満たす得点の組合せを、1回目の得点から場合分けして検討する。

　まず、1回目が10点の場合、条件イより、2回目は20点、条件ア、ウより、3～5回目で170点なので、（10, 80, 80）（20, 70, 80）（30, 60, 80）…と、この場合だけでも複数ある。
　さらに、1回目が20点～40点の場合も同様に複数の成立例があり、すべて挙げるのは大変である。
　しかし、本問は「起こり得ない」選択肢を選ぶ問題であり、「起こり得る」ものは消去できるので、選択肢の内容それぞれについて一例を探し、起こり得るかを確認する。

　選択肢A
　30点以上のもぐらで、条件を満たす得点の組合せを検討する。条件イより、1回目が30点で、2回目が60点の場合、条件ア・ウより、3～5回目で110点なので、これを満たす組合せを探すと、たとえば次のような組合せで成立する。
　1回目：30点、2回目：60点、3回目：30点、4回目：40点、5回目：40点、計：200点

　選択肢B
　選択肢Aで挙げた例より、3種類の得点で成立することが確認できる。

選択肢**C**

3〜5回目が30点以下ということは、1、2回目が高得点の場合を検討すれば良い。1回目が40点、2回目が80点の場合、3〜5回目で80点なので、たとえば次のような組み合わせで成立する。

1回目：40点、2回目：80点、3回目：20点、4回目：30点、5回目：30点、計：200点

選択肢**D**

十の位が偶数の点のもぐらは、20点、40点、60点、80点の4種類なので、これらの得点のみで、しかも4種類をひと通り得点している組合せを探す。

しかし、これらをひと通り得点したところで、20 + 40 + 60 + 80 = 200点より、4回で200点に達し、5回で200点という条件を満たすことができない。よって、このようなことは、有り得ない。

→**D** **点数を得たもぐらは、4つの穴のもぐらであり、十の位が奇数の点のもぐらはなかった。**

---

❷ Eは3位なので、(1)(2)E(4)(5)。また、A→D、B→C。

ア　BはAより上位であった。

B→(C、A→D)がわかる。

イ　Cは2位だった。

(1)C E(4)(5)より、B C E A Dが確定する。

ウ　Dは5位だった

(1)(2)E(4)Dがわかる。

→**B　イだけ**

とらのすけ先生のワンポイントアドバイス

条件やルールが複雑で問題文を見るだけで諦めてしまう人を見かけます。
条件やルールを整理すれば決して難しくありませんので、挑戦してみましょう。

実践問題

解答集 ▶ P110〜

問題1

1組52枚のトランプがある。絵柄（ハート、スペード、ダイヤ、クラブ）を見ずにカードをめくっていくとき、同じ柄が揃うには最低何枚のカードをめくる必要があるか。

A 2枚 **B** 3枚 **C** 4枚 **D** 5枚

問題2

くじびきで当たり・はずれ・再抽選くじが100枚ずつ入っている箱がある。この箱からいずれか1種のくじが確実に50枚以上取り出されるためには、最低何枚くじを引けばよいか。

A 82枚 **B** 148枚 **C** 323枚 **D** 458枚

問題3

A、B、C、D、Eの5人でテストの点数を比べた。前回と今回の順位について、次のア〜ウのことがわかっている。ただし、同位の生徒はいない。

ア　Aは今回、前回から3つ順位が下がった。
イ　前回も今回もDはEより1つ下の順位だった。
ウ　Bの今回の順位は2位だった。

❶　左から順に1〜5位の生徒を並べた。今回の順位として正しいものはどれか。A〜Dの中から1つ選びなさい。

　　A EBDCA **B** EBDAC **C** CBEDA **D** CBEAD

❷　最も少ない情報で前回の順位を確定するには、ア〜ウの他、次の（ア）〜（ウ）のうちどれが加われば良いか。A〜Hの中から1つ選びなさい。

　　（ア）Cは前回、Bよりも上の順位だった。
　　（イ）Cは前回、1位ではなかった。
　　（ウ）前回と今回が同じ順位の生徒はいなかった。

　　A　（ア）だけ　　　**B**　（イ）だけ　　　**C**　（ウ）だけ　　　**D**　（ア）と（イ）
　　E　（ア）と（ウ）　　**F**　（イ）と（ウ）　　**G**　（ア）と（イ）と（ウ）
　　H　（ア）、（イ）、（ウ）の全てが加わっても分からない

問題4

A、B、C、D、Eの5人で10点満点のテストを行った。同じ点数の人がいないとき、Bの点数として可能性があるものを全て選びなさい。また、各人の点数について、次

のア〜ウのことがわかっている。

> ア　Aの点数はDの点数の2倍だった。
> イ　Eの点数はCの点数より3点高かった。
> ウ　5人のうち、最高点は9点、最低点は3点だった。

A 3点　　**B** 4点　　**C** 5点　　**D** 6点　　**E** 7点　　**F** 8点　　**G** 9点

問題5

　A、B、C、D、E、Fの6人で100メートル競走を行った。3位の可能性がある人を全て選びなさい。ただし、順位について、次のア〜ウのことがわかっている。

> ア　AとBの間には1人いる。
> イ　DとEの間には3人いる。
> ウ　Fは最下位だった。

A A　　**B** B　　**C** C　　**D** D　　**E** E　　**F** F

問題6

　A、B、C、D、Eの5人でテストを行った。その結果、Aが1位で、1位と最下位の差は18点だった。また、CとDは4点差、CとEは4点差、AとBは12点差、BとDは6点差だった。次の推論の正誤について、必ず正しいものを全て選びなさい。

> **A** Cは2位である
> **B** DとEは同点である
> **C** Bの次に点数が高いのはCである

問題7

　A、B、C、D、Eの5人は家から学校まで行くのに、それぞれ10分、20分、30分、40分、50分、60分のうち、それぞれ違う所要時間がかかる。同じ時刻に家を出て学校に向かった場合について、次のア〜イのことがわかっている。

> ア　AとBは、20分差で到着する。
> イ　CはDより40分早く到着する。

❶ Cの所要時間は何分か。当てはまるものを全て選びなさい。

> **A** 10分　　**B** 20分　　**C** 30分　　**D** 40分　　**E** 50分　　**F** 60分

❷ BとEが20分差で到着する場合、Aの所要時間は何分か。当てはまるものを全て選びなさい。

> **A** 10分　　**B** 20分　　**C** 30分　　**D** 40分　　**E** 50分　　**F** 60分

問題8

A、B、C、D、Eの身長について、次のア〜ウのことがわかっている。

ア　5人は1cmずつ身長が異なり、同じ大きさの人はいない。

イ　CとDの差は1cmである。

ウ　AとBの差は2cmである。

❶　身長を大きい順に並べたとき、Eは5人の中で何番目か。可能性がある順番を全て選びなさい。

    A 1番目　　　**B** 2番目　　　**C** 3番目　　　**D** 4番目　　　**E** 5番目

❷　Aの身長が170cmでCより大きいとき、Dの身長として可能性があるものを全て選びなさい。

    A 165cm　　**B** 166cm　　**C** 167cm　　**D** 168cm　　**E** 169cm
    F 170cm　　**G** 171cm　　**H** 172cm　　**I** 173cm

問題9

A、B、C、D、Eの5人が、それぞれ、ひとりで行く旅行の行き先についてくじで決めた。旅行の行き先は北海道と沖縄の2種類で、行き先や決定順番について、次のア〜ウのことがわかっている。

ア　沖縄は連続しない。

イ　最初に沖縄を引いたのはAだった。

ウ　Bが沖縄を引き、その次にEが引いた。

❶　Cが北海道を引いたとき、Cの順番として可能性があるのはどれか。当てはまるものを全て選びなさい。

    A 1番目　　　**B** 2番目　　　**C** 3番目　　　**D** 4番目　　　**E** 5番目

❷　最も少ない情報で、全員のくじを引いた順番と北海道と沖縄の行き先を明確にするには、ア〜ウの条件の他、次の（ア）〜（ウ）のうちどれが加わればよいか。A〜Hの中から1つ選びなさい。

  （ア）北海道を引いた人は2人だけだった。

  （イ）Eは最後に引いた。

  （ウ）Dは北海道を引いた。

    A （ア）だけ　　　**B** （イ）だけ　　　**C** （ウ）だけ　　　**D** （ア）と（イ）
    E （ア）と（ウ）　　**F** （イ）と（ウ）　　**G** （ア）と（イ）と（ウ）
    H （ア）、（イ）、（ウ）だけではわからない

問題10

A、B、C、D、Eの5人が1500メートル走を行った。この時の状況について次のア〜ウのことがわかっている。

ア　BとDの間に2人ゴールした。
イ　DはEの次にゴールした。
ウ　5分を切ったのは2人だけだった。

❶　Aが4分50秒でゴールした場合、Cは早い順で何番目にゴールしたか。当てはまるものを全て選びなさい。

　　A 1番目　　**B** 2番目　　**C** 3番目　　**D** 4番目　　**E** 5番目

❷　Aが5分10秒でゴールした場合、Cは早い順で何番目にゴールしたか。当てはまるものを全て選びなさい。

　　A 1番目　　**B** 2番目　　**C** 3番目　　**D** 4番目　　**E** 5番目

問題11

A、B、C、D、Eの5人は同じアパートに住んでおり、週に1度ずつごみ捨てをする。ごみ捨てをする曜日について、次のア〜ウのことがわかっている。

ア　Dは水曜日にごみ捨てをする。
イ　Aの4日後にCがごみ捨てをする。
ウ　5人はそれぞれ、別の曜日にごみ捨てをする。

❶　Aの翌日にBがごみ捨てをするとき、Aがごみ捨てをする可能性がある曜日を全て選びなさい。

　　A 月曜日　　　**B** 火曜日　　　**C** 水曜日　　　**D** 木曜日　　　**E** 金曜日
　　F 土曜日　　　**G** 日曜日

❷　Aの2日後にBがごみ捨てをするとき、Cがごみ捨てをする可能性がある曜日を全て選びなさい。

　　A 月曜日　　　**B** 火曜日　　　**C** 水曜日　　　**D** 木曜日　　　**E** 金曜日
　　F 土曜日　　　**G** 日曜日

問題12

A、B、C、D、Eの5人のテスト結果について、次のア〜イのことがわかっている。

ア　AはBと2点差、Dと1点差である。
イ　BはCと3点差、Eと1点差である。

❶　1番点数が高い人が90点のAであった時、Eの点数として可能性があるものはどれか。当てはまるもの全てを選びなさい。

　　A 83点　　**B** 84点　　**C** 85点　　**D** 86点　　**E** 87点　　**F** 88点

G 89点 **H** 90点

❷ 1番点数が低い人が86点、1番点数が高い人が92点であった時、Aの点数として可能性があるものはどれか。当てはまるものを全て選びなさい。

A 86点 **B** 87点 **C** 88点 **D** 89点 **E** 90点

F 91点 **G** 92点

問題13

A、B、C、Dの4つの企業の売上高について、次のア〜ウのことがわかっている。

ア AとBの差は100億円。

イ AとDの差は50億円。

ウ CとDの差は150億円。

❶ AとCの差が200億円の場合、1番高い売上高の企業はどれか。当てはまるものを全て選びなさい。

A A **B** B **C** C **D** D

❷ Aが1000億円の場合、最も少ない情報で全ての企業の売上高を明確にするためには、次の(ア)〜(ウ)のうち、どれが加わればよいか。AからHの中で1つ選びなさい。

(ア)AはDより高い。

(イ)BはCより低い。

(ウ)DはCより低い。

A (ア)だけ **B** (イ)だけ **C** (ウ)だけ **D** (ア)と(イ)

E (ア)と(ウ) **F** (イ)と(ウ) **G** (ア)と(イ)と(ウ)

H (ア)、(イ)、(ウ)だけではわからない

07 命題と論理① (論理式)

頻出度 ■■■□□ | 対応試験 SPIテストセンター／WEBテスティング／SPIペーパーテスト

「〜は〜である。」という与えられた命題同士の関係を問う問題です。

▶「対偶」と「三段論法」で解く！

命題は対偶に置き換えて真偽を考える

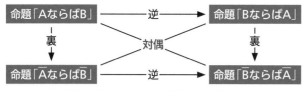

「命題」と「その対偶の命題」の真偽は一致

三段論法：「A⇒B」「C⇒A」ならば「C⇒B」

例) 私は球技が得意だ。サッカーは球技である。
　　よって、私はサッカーが得意だ。

例題 こんな問題が出る！

❶ 「サッカーが好きな人は、野球が好きだ」という命題が正しいとき、次のうち正しいものを全て選びなさい。 (解答目標時間20秒)

　A 野球が好きな人は、サッカーが好きだ

　B 野球が好きでない人は、サッカーが好きでない

　C サッカーが好きでない人は、野球が好きでない

❷ 「優しい人は、人から好かれる」という命題が真であるとき、正しいものはどれか。 (解答目標時間20秒)

　A 人から好かれる人は、優しい人である

　B 優しくない人は、人から好かれない

　C 人から好かれない人は、優しい人ではない

　D 人から好かれる人は、優しい人ではない

　E 優しくない人は、人から好かれる

例題の解答

❶ 就活アカデミーEdgey式の超高速解法！

与えられた命題の対偶から、解答は「野球が好きでない人は、サッカーが好きでない」である。

....

命題と論理の関係を整理する。関係には逆・裏・対偶の3種類存在する。

逆：AならばB →BならばA

裏：AならばB→AでないならばBでない

対偶：BでないならばAでない

そして、一般に命題はその対偶と真偽が一致すると知られている。すなわち、命題が正しい場合、その対偶も正しい。

以上より、対偶の関係にある選択肢を選べばよい。AならばB、という命題の対偶は、BでないならAではない、である。そのため、サッカーが好きな人は野球が好きだ、という命題の対偶は、野球が好きでない人はサッカーが好きでない、である。Bが正解。

→B　野球が好きでない人は、サッカーが好きでない

---

❷ 就活アカデミーEdgey式の超高速解法！

与えられた命題の対偶より、「人から好かれない人は、優しい人ではない」が解答。Cが正解。

....

前問同様に、対偶の関係にある選択肢を選べばよい。

AならばBという命題の対偶は、BでないならAではない、である。そのため、優しい人は人から好かれる、という命題の対偶は、「人から好かれない人は、優しい人ではない」である。Bが正解。

→C　人から好かれない人は、優しい人ではない

とらのすけ先生のワンポイントアドバイス

頻出度が高い単元ではありませんが、SPI以外の就職試験（玉手箱やTG-WEBなど）には高頻度で出題されるものです。ワンランク上を目指す人はぜひ押さえておきましょう。

実践問題

解答集 ▶ P113〜

問題1

『りんごが好きな人は、バナナが好き』、『ぶどうが好きな人は、いちごもすいかも好き』が全て正しいとき、次の記述で必ずしも正しくないのはどれか。

- **A** りんごが好きならバナナが好き
- **B** いちごが好きでないならぶどうも好きでない
- **C** バナナが好きでないならぶどうも好きでない
- **D** バナナが好きならぶどうが好き

問題2

次のア〜ウのうち論理的に正しいものはどれか。

- ア「本が好きな人は、推理小説を読む。本が嫌いな人は、自己啓発本を読むのが嫌いである。ゆえに、推理小説を読む人は、自己啓発本を読むのが嫌いである。」
- イ「バスに乗らない人は、電車にも乗らない。バスに乗る人は、船にも乗る。ゆえに、船に乗らない人は、電車にも乗らない。」
- ウ「よく寝る子供は、身長が伸びる。身長が伸びない子は、よく食べない。ゆえに、よく食べる子供は、よく寝る。」

A アのみ　　**B** イのみ　　**C** ウのみ　　**D** ア、イ　　**E** ア、ウ
F イ、ウ　　**G** ア、イ、ウすべて　　**H** ア、イ、ウのいずれでもない

問題3

「国語が好きな人は、算数が好きではない」という命題が正しいとき、確実に言えることは次のうちどれか。

- **A** 算数が好きでない人は、国語が好きである
- **B** 国語と算数が両方とも好きな人もいる
- **C** 国語が好きでない人は、算数が好きである
- **D** 算数が好きな人は、国語が好きでない
- **E** 算数が好きな人の中には、国語が好きな人もいる

問題4

「健康である人は、早寝早起きである」「スポーツができる人は、健康である」の2つが分かっているとき、次のアとイの真偽について正しく述べているものはどれか。

- ア　早寝早起きである人は健康である。
- イ　スポーツができる人は早寝早起きである。

A アとイのどちらも必ず正しい

B アは必ず正しいがイは正しいとは限らない

C アは必ず正しいがイは必ず誤り

D アは必ず正しいとは限らないがイは必ず正しい

E アとイのどちらも正しいとは限らない

問題5

「お菓子を食べない人は、健康である」という命題が正しいとき、次のうち確実に言えることはどれか。

A 健康な人は、お菓子を食べない

B 健康でない人は、お菓子を食べる

C お菓子を食べる人は、健康でない

D 健康でない人は、お菓子を食べるとは限らない

E お菓子を食べない人でも健康でない人がいる

問題6

アとイの命題が正しいとき、次のうち確実に言えることはどれか。

ア　動物であるならば命がある。

イ　人間であるならば動物である。

A 人間であるならば命がある

B 命があるならば人間である

C 人間でないならば命がない

D 人間でないならば動物でない

問題7

ある会社における、バスケットボール、バレーボール、サッカー、野球、卓球ができる者の在籍状況について次のア〜エのことがわかっている。

ア　バスケットボールができるものは、バレーボールもできる。

イ　サッカーができるものは、野球もできる。

ウ　サッカーができるものは、野球ができ、かつ卓球もできる。

エ　バスケットボールができないものは、卓球もできない。

次のうち、論理的に確実に言えることはどれか。

A バスケットボールができるものは、サッカーもできる

B バレーボールができるものは、バスケットボールもできる

C サッカーができないものは、野球もできない

D 野球ができないものは、卓球もできない

E 卓球ができるものは、バスケットボールもできる

問題8

ある会社の社員の性格を分析したところ、次のア〜エのことがわかっている。

ア　積極的な人は、外向的である。
イ　内向的な人は、理性的である。
ウ　誠実でない人は、消極的でない。
エ　短気な人は、外向的でない。

次のうち、論理的に確実に言えることはどれか。

A 誠実な人は、外向的である
B 内向的でない人は、理性的でない
C 短気な人は、積極的でない
D 誠実でない人は、理性的である

問題9

P、Q、R、S、Tという5事業の担当者について、次のア〜エのことがわかっている。

ア　Pを担当するものは、Qを担当する。
イ　Qを担当するものは、Sを担当する。
ウ　Rを担当するものは、Pを担当する。
エ　Tを担当しないものは、Qを担当しない。

次のうち、論理的に確実に言えることはどれか。

A Pを担当するものは、Rを担当する
B Qを担当するものは、Pを担当する
C Pを担当しないものは、Sを担当しない
D Sを担当しないものは、Pを担当しない

問題10

次のアからオの命題が成り立つことがわかっている。

ア　国語か算数が得意なものは、理科が得意である。
イ　国語が得意でないものは、社会も得意ではない。
ウ　英語が得意なものは、社会も得意である。
エ　体育が得意なものは、算数が得意である
オ　図工が得意でないものは、理科が得意でない。

次のうち、論理的に確実に言えることはどれか。

A 国語が得意でないものは、算数が得意である
B 体育が得意なものは、国語も算数も得意である
C 英語が得意なものは、理科も体育も得意である

D 図工が得意でないものは英語も体育も得意ではない

E 国語が得意でないものは算数が得意である

問題11

「プロジェクトAに参加する者は、プロジェクトBに参加しない」という命題が成り立つとき、次のうち確実に言えることはどれか。

A プロジェクトAに参加する者は、プロジェクトBに参加する

B プロジェクトBに参加しない者は、プロジェクトAに参加する

C プロジェクトBに参加する者は、プロジェクトAに参加しない

問題12

Y大学の講義について、次のア〜ウのことがわかっている。

ア 講義Aを受講する人は、講義Bも受講する。

イ 講義Aを受講しない人は、講義Cを受講する。

ウ 講義Bを受講する人は、講義Dを受講する。

推論AからCのうち論理的に確実に言えることはどれか。

A 講義Aを受講しない人は、講義Bも受講しない

B 講義Bを受講しない人は、講義Cも受講しない

C 講義Dを受講しない人は、講義Aも受講しない

問題13

1〜100までの数字が書かれたカードから1枚を選んだとき、次のア〜エの記述について、これらの論理的関係について正しいものを選びなさい。

ア 選んだカードの一の位と十の位の数字を入れ替えると、もとの数より小さくなる。

イ 選んだカードは、5を法として計算すると余りが0である。

ウ 選んだカードの数字を2倍した数字のカードが存在する。

エ 選んだカードは偶数である。

A アが正しければ、イは必ず正しい

B アが正しければ、ウは必ず正しい

C アが正しければ、エは必ず正しい

D イが正しければ、アは必ず正しい

E イが正しければ、ウは必ず正しい

F イが正しければ、エは必ず正しい

08 命題と論理② (表・図)

頻出度 ■■ □ □　　対応試験　SPIテストセンター／WEBテスティング／SPIペーパーテスト

「〜は〜である。」という与えられた命題同士の関係を問う問題です。論理式では解くのが難しい問題についても考えてみましょう。

▶「ベン図で表す」or
「全通り書き出す」ことで解く

ベン図に表す方法

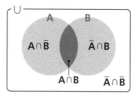

- A∩B：AかつB
- A∪B：AまたはB
- Ā∩B：「Aではない」かつB
- A∩B̄：Aかつ「Bではない」
- Ā∩B̄：「Aではない」かつ「Bではない」

**全通り
書き出す方法**

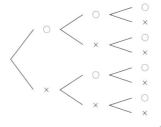

例題　こんな問題が出る!

❶　あるサークルのメンバーに、行ったことがある国について尋ねたところ、次のア〜イのことがわかった。このとき、確実に言えることはどれか。　（解答目標時間90秒）

　　ア　中国に行ったことがある人は、韓国とインドに行ったことがある。

　　イ　韓国に行ったことがある人は、オーストラリアに行ったことがある。

　A　韓国に行ったことがあるが、中国に行ったことがない人は、インドに行ったことがある

　B　インドに行ったことがあるが、中国に行ったことがない人は、オーストラリ

　　　アに行ったことがある
　C　インドとオーストラリアに行ったことがある人は、韓国に行ったことがある
　D　オーストラリアに行ったことがないが、インドに行ったことがある人は、韓国に行ったことがある
　E　オーストラリアに行ったことがあるが、インドに行ったことがない人は、中国に行ったことがない

❷　あるハンバーガー店X、Y、Zについて、アンケート調査を行い、これらの店が「好き」または「嫌い」のいずれであるかを選択してもらった。
　　次のⅠ～Ⅴのことがわかっているとき、確実に言えることはどれか。

（解答目標時間90秒）

　　Ⅰ　Xだけが好きな人がいる。
　　Ⅱ　Yだけが好きな人がいる。
　　Ⅲ　XとYの両方が好きな人で、Zが嫌いな人はいない。
　　Ⅳ　Zが好きな人がいる。Zが好きな人は全員、XとYも好きである。
　　Ⅴ　XとYの両方が嫌いな人がいる。

　A　X、Y、Zの3種類とも嫌いな人はいない
　B　X、Y、Zのうち、2種類が好きな人がいる
　C　Zが嫌いな人は全員、Yが嫌いである
　D　Yが好きでZが嫌いな人は全員、Xが嫌いである
　E　XとZの両方が嫌いな人は全員、Yが好きである

例題の解答

❶　このような複雑な問題の場合は、ベン図に表してみるとわかりやすい。
　まず、中国は、韓国とインドに含まれる。韓国とインドの関係は不明であるから、図1のように一部分交わる形で表記する。

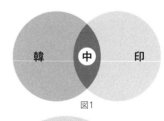

図1

　さらに、2番目の条件より、韓国を包むようにオーストラリアを加える。ここでは、オーストラリアとインドの関係も不明であるから、図2のように一部分交わる形で表記する。
　これより、図2のように①～④として選択肢を確認する。

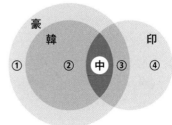

図2

A　図2の②に該当する人がいる可能性があるので、「韓国に行ったことがあるが、中国に行ったことがない人」の中に、インドに行ったことがない人がいる可能性がある。よって、不確実。

B　同様に、④に該当する人がいる可能性があるので、不確実。

C　同様に、③に該当する人がいる可能性があるので、不確実。

D　④に該当する人は韓国に行っていないので、誤り。

E　①②に該当する人は、中国に行っていないので、確実に言える。

以上より、Eが正解。

→E　オーストラリアに行ったことがあるが、インドに行ったことがない人は、中国に行ったことがない

---

❷　組み合わせが全部で2×2×2＝8通りしかないため、図にして具体的な組み合わせを可視化する。

条件Ⅰ、Ⅱより、「X：○, Y：×, Z：×」「X：×, Y：○, Z：×」に該当する人はいることがわかる。また、条件Ⅲより、「X：○, Y：○, Z：×」に該当する人はいない。

さらに条件Ⅳより、「X：○, Y：×, Z：○」「X：×, Y：○, Z：○」「X：×, Y：×, Z：○」に該当する人はいないが、「X：○, Y：○, Z：○」に該当する人はいることになる。すると、「X：×, Y：×, Z：○」がいないので条件Ⅴより、「X：×, Y：×, Z：×」に該当する人はいることになる。

以上までの結果を改めて表記すると、図のようになる。これより選択肢を確認すると、

A　「X：×, Y：×, Z：×」に該当する人がいるので、誤り

B　そのような人は存在しない

C　「X：×, Y：○, Z：×」に該当する人がいるので、誤り

D　「X：×, Y：○, Z：×」に該当する人で、確実に言える

E　A同様、誤り

よって、Dが正解。

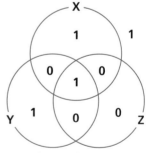

※1がいる、0がいないを表す

→D　Yが好きでZが嫌いな人は全員、Xが嫌いである。

 とらのすけ先生のワンポイントアドバイス

 頻出度が高い単元ではありませんが、SPI以外の就職試験（玉手箱やTG-WEBなど）には高頻度で出題されるものです。ワンランク上を目指す人はぜひ押さえておきましょう。

実践問題

解答集 ▶ P116〜

問題1

ある学校のクラスで、やったことのあるスポーツについて尋ねたところ、次のI〜IIIのことがわかった。このとき、論理的に確実に言えることはどれか。

Ⅰ　サッカーをやったことがある生徒は、野球をやったことがない。
Ⅱ　バスケをやったことがある生徒は、サッカーまたは卓球をやったことがある。
Ⅲ　野球をやったことがある生徒は、卓球をやったことがある。

A 野球をやったことがない生徒は、サッカーをやったことがある
B バスケをやったことがある生徒は、野球をやったことがない
C バスケをやったことがない生徒の中に、サッカーと野球をやったことがない生徒がいる
D 卓球をやったことがない生徒の中に、3種目以上をやったことのある生徒はいない

問題2

ある大学では、英語、スペイン語、ロシア語、韓国語のうち1ヵ国語以上履修しなければ卒業が認められないことになっている。この大学の卒業生を対象に、在学中の外国語の履修状況についてアンケートを取ったところ、次のア〜エのことがわかった。このとき、確実に言えることはどれか。

ア　スペイン語を履修した生徒の中には、ロシア語を履修した生徒はいなかった。
イ　韓国語を履修した生徒は、英語も履修していた。
ウ　英語を履修した生徒の中には、スペイン語を履修した生徒がいた。
エ　ロシア語を履修した生徒は、ロシア語も含めて2ヵ国語以上履修していた。

A スペイン語を履修した生徒の中には、韓国語を履修した生徒がいた
B 英語を履修した生徒は、英語も含めて2ヵ国語以上履修していた
C ロシア語を履修した生徒の中には、韓国語を履修した生徒がいた
D ロシア語を履修した生徒は、英語も履修していた
E 3ヵ国語を履修した生徒がいた

09 真偽の推理❶ （仮定問題）

頻出度 ■■■　　　対応試験　SPIテストセンター／WEBテスティング／SPIペーパーテスト

条件が複数人の発言によって設定され、その中からウソの発言を見抜く問題です。

▶3つの解法をマスターしよう！

①番長法

1人の該当者を
導くときに使う
例：鍵を1人が
　　持っているとき、
　　各発言者の発言の真偽を○×で記入

発言者／求める対象	A	B	C	○の数
A	○	×	×	1
B	×	○	○	2
C	○	×	○	2

②GW法

対象を2グループに
分けるときに使う
例：特定の発言にしたがい、
　　発言者を
　　ウソつき／正直者に分ける

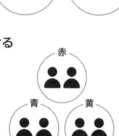

ウソつき　　　正直

③場合分け法

①②以外に使う
例：特定の発言にしたがい、
　　発言者を
　　3グループ以上に分ける

赤
青　黄

例題　こんな問題が出る！

❶ A、B、C、Dが次のような発言をした。このとき、確実にいえることとして妥当なのはどれか。ただし、4人はそれぞれ正直者または嘘つきのいずれかであり、正直者とは常に真実をいう人、嘘つきとは常に真実と反対のことをいう人である。

（解答目標時間90秒）

　　A「Bは嘘つきである。」
　　B「この中に嘘つきは2人いる。」
　　C「Dは嘘つきである。」

D「Aは嘘つきである。」

A AとBが嘘つきである
B BとCが嘘つきである
C CとAが嘘つきである
D DとBが嘘つきである

❷ A〜Eの5人は、サッカー、水泳、テニス、バレーボール、野球のうちの1つだけが得意で、同じスポーツが得意な者はいない。それぞれに得意なスポーツについて聞いたところ、次のように発言した。

A「私は野球が得意で、Dは水泳が得意だ。」
B「私はテニスが得意で、Cは水泳が得意だ。」
C「私は水泳が得意で、Aはバレーボールが得意だ。」
D「私は水泳が得意で、Bはサッカーが得意だ。」
E「私は野球が得意で、Cはバレーボールが得意だ。」

各人が発言の前半か後半のどちらかでのみ本当のことを言い、残りの半分は誤ったことを言っているとき、サッカーが得意な者として、最も妥当なのはどれか。

（解答目標時間90秒）

A A　　**B** B　　**C** C　　**D** D　　**E** E

例題の解答

❶ 背理法を用いて考える。背理法とは、ある前提を置き話を進めると矛盾が生じる場合、その前提が間違っているといえる、という証明法である。

今回はCが正直者であると仮定すると、Dは嘘つきとなる。Dが嘘つきであるとAは嘘つきであるという発言が嘘となるため、Aは正直者となる。

Aが正直者であると、Bは嘘つきとなる。Bが嘘つきであると「この中に嘘つきは2人いる」という発言が嘘になる。Bの発言が嘘であるとすると、「この中に嘘つきは0人、1人、3人、4人のいずれかである」ということになる。しかし、現時点でDとBの2人が嘘つきであるとなっているため、話に矛盾が生じる。

以上の事から、Cが正直者であるという仮定が誤っており、Cは嘘つきであることがわかる。同様に考えていくと、CとAが嘘つきであることがわかり、Cが正解。

→C CとAが嘘つきである。

---

❷ 1.Aの前半の発言が本当であると仮定する。

A「Aは野球が得意：○、Dは水泳が得意：×」

ここで、「A」または「野球」に関する発言に着目する。
Aは野球が得意であるから、Cの後半の発言とEの前半の発言は誤りである。

C「Cは水泳が得意：○、Aはバレーボールが得意：×」
E「Eは野球が得意：×、Cはバレーボールが得意：○」

ここで、Cの前半の発言とEの後半の発言が矛盾していることがわかる。ゆえにAの前半の発言は誤りであることが確定する。

2. Aの前半の発言が誤りであるとき

A「Aは野球が得意：×、Dは水泳が得意：○」

ここで、「D」または「水泳」に関する発言に着目する。
Dは水泳が得意であるから、Bの後半の発言とCの前半の発言は誤りである。
また、Dの前半の発言は正しい。

B「Bはテニスが得意：○、Cは水泳が得意：×」
C「Cは水泳が得意：×、Aはバレーボールが得意：○」
D「Dは水泳が得意：○、Bはサッカーが得意：×」

Aがバレーボールが得意であることから、Eの後半の発言は誤り。

E「Eは野球が得意：○、Cはバレーボールが得意：×」

以上より、各人の得意なスポーツは以下の通り。

A　バレーボール
B　テニス
C　サッカー
D　水泳
E　野球

→C C

とらのすけ先生のワンポイントアドバイス

それぞれの発言の真偽や条件との矛盾を見ていくため、相互関係をメモすると分かりやすくなります。

実践問題

解答集 ▶ P117〜

問題1

A、B、C、D、Eの5人は野球、サッカー、バレー、バスケ、テニスのうち1つだけが得意で、同じスポーツが得意なものはいない。それぞれに得意なスポーツについて聞いたところ、次のように発言した。

A「私はテニスが得意で、Dはサッカーが得意だ。」
B「私はバレーが得意で、Cはサッカーが得意だ。」
C「私はサッカーが得意で、Aはバスケが得意だ。」
D「私はサッカーが得意で、Bは野球が得意だ。」
E「私はテニスが得意で、Cはバスケが得意だ。」

各人が発言の前半か後半のどちらかでのみ本当のことを言い、残りの半分は誤ったことを言っているとき、バスケが得意な者として最も妥当なのはどれか。

A A **B** B **C** C **D** D **E** E

問題2

A〜Eの5人はそれぞれ異なる色の帽子を持っており、その色は赤、青、白、黒、緑のいずれかである。5人は持っている帽子について、次のように述べている。

A「私の帽子は黒色である。」「Bの帽子は青色だ。」
B「私の帽子は黒色である。」「Eの帽子は青色だ。」
C「私の帽子は青色である。」「Dの帽子は白色だ。」
D「私の帽子は白色である。」「Bの帽子は赤色だ。」
E「私の帽子は緑色である。」「Cの帽子は赤色だ。」

5人のそれぞれの発言の一方は事実であり、他方は事実ではないとする。このとき、確実に言えることはどれか。

A Aは赤で、Bは白である
B Aは黒で、Eは青である
C Cは青で、Bは緑である
D Cは青で、Dは白である
E Eは緑で、Dは黒である

問題3

A～Cの3人はスペイン語、英語、ドイツ語のうちの 1つだけが得意で、同じ言語が得意な者はいない。 次の記述ア～オのうち1つだけが正しく、他は間違っているとき、正しいのはどれか。

ア　スペイン語が得意なのはBである。
イ　スペイン語が得意なのはCではない。
ウ　ドイツ語が得意なのはBである。
エ　ドイツ語が得意なのはAではない。
オ　英語が得意なのはAではない。

A　スペイン語が得意なのはAで、ドイツ語が得意なのはBである
B　スペイン語が得意なのはBで、英語が得意なのはCである
C　ドイツ語が得意なのはAで、英語が得意なのはBである
D　ドイツ語が得意なのはBで、スペイン語が得意なのはCである
E　英語が得意なのはBで、スペイン語が得意なのはAである

問題4

A～Cの3人は見た目では区別できないが、1人は天使、1人は悪魔、1人は人間である。天使は真実を言い、悪魔は嘘しか言わず、人間はどちらを言うかわからない。3人は次のように発言した。このとき、3人がどういう者か、最も妥当なものを選びなさい。

A「私は人間ではない。」
B「Cは天使ではない。」
C「Aは悪魔ではない。」

A　A：天使、B：悪魔、C：人間
B　A：人間、B：悪魔、C：天使
C　A：悪魔、B：天使、C：人間
D　A：悪魔、B：人間、C：天使
E　A：人間、B：天使、C：悪魔

問題5

A～Cの3人が次のように発言した。確実に言えることとして、最も妥当なものを選択肢より選びなさい。

A「BとCは共にウソをついている。」
B「AとCは共にウソをついている。」
C「AとBは共にウソをついている。」

A　3人のうち、1人がウソをついている

B 3人のうち、2人がウソをついている

C 全員がウソをついている

D 誰もウソをついていない

E Cのみがウソをついている

10 真偽の推理❷（矛盾問題）

| 頻出度 ■■■□□ | 対応試験 SPIテストセンター／WEBテスティング／SPIペーパーテスト |

真偽の推理①と同じく、発言の中でウソをついている人物を特定し、解を見つける問題です。

条件が与えられ、その矛盾を導くタイプの問題。
「ウソつき問題」同様、
番長式を用いて表に書き出そう。

①番長法

1人の該当者を
導くときに使う
例：鍵を1人が
　　持っているとき、
　　各発言者の発言の真偽を○×で記入

求める対象＼発言者	A	B	C	○の数
A	○	×	×	1
B	×	○	○	2
C	○	×	○	2

②GW法

対象を2グループに
分けるときに使う
例：特定の発言にしたがい、
　　発言者を
　　ウソつき／正直者に分ける

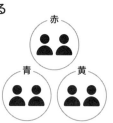

ウソつき　正直

③場合分け法

①②以外に使う
例：特定の発言にしたがい、
　　発言者を
　　3グループ以上に分ける

赤　青　黄

とらのすけ先生のワンポイントアドバイス

このカテゴリにおいては、発言の中で矛盾するペアが見られます。すなわち、発言Aが正しいとき、発言Bは必ず間違いであるというケースです。この場合、発言Aが正しい場合と、発言Bが正しい場合の2通りを見ていくことで、解にたどり着けることが多いです。

例題　こんな問題が出る！

❶　運動場にA〜Hの8人の生徒がいる。それぞれ1〜4組のいずれかに属しており、その内訳は1組が3名、2組が2名、3組が2名、4組が1名である。属するクラスについての記述（ア〜カ）のいずれか1つが誤りであるとき、2組に属する生徒の組み合わせとして正しいものはどれか。　　　　　　　　　　　　　（解答目標時間90秒）

　　　ア　BはHと同じクラスだが、3組ではない。
　　　イ　Fが属するクラスは2組でも3組でもない。
　　　ウ　Cは1組に属している。
　　　エ　Gは2組に属している。
　　　オ　Dは4組である。
　　　カ　AはDと同じクラスに属している。

A AB　　**B** BD　　**C** EG　　**D** FH　　**E** GH

❷　A〜Fの6人がリレーを走ったときのことを考える。以下の記述は、Fを除く5人が順位に関して述べたものである。Fの直前と直後にゴールした者がウソをつき、残りの3人は本当のことを言っているとき、1位と6位の組み合わせとして適切なものを選びなさい（選択肢の前者が1位、後者が6位を表しているものとする）。　（解答目標時間90秒）

　　　A「私はBの直前もしくは直後にゴールした。」
　　　B「Dの直前にFがゴールした。」
　　　C「私の直後にDがゴールした。」
　　　D「私の直後にEがゴールした。」
　　　E「私の直前にCがゴールした。」

A A、B　　**B** B、D　　**C** C、A　　**D** D、A　　**E** E、B

例題の解答

❶　オとカがともに正しいと仮定すると、4組に属する生徒が2人いることになるので、これは条件にそぐわない。したがって、オかカのいずれかが誤りであり、残りの記述は正しいと見なすことができる。この時点でC：1組、G：2組は確定する。
　　ここで、アよりBとHが1組であることが確定する。（既にGが2組であることが確定しており、計2名しかいない2組に、BとHが同時に属することは起こり得ない。）
　　続いてFが1〜3組である可能性はなくなったので、F：4組。オの「Dは4組である」という記述が誤りであることがわかる。オと矛盾するカの記述が正しく、Aと

Dが3組で確定する。

　　よって、E：2組であるため、よって、Cが正解。

→C EG

---

❷　AからEの発言において、それぞれBとC、CとE、DとEが矛盾している（いずれも少なくとも片方の発言は×である）。

　　条件からFの直前もしくは直後にゴールした者はウソをついていることから、Fの記述があるBの発言に着目する。

　　Bの発言が仮に本当であれば、Fの直前と直後にゴールした者はウソをついているので、Fの直後にゴールしたDの発言は×。またBに矛盾するCの発言も×となる。並びとしてCFDが考えられるが、これは正しいとされるEの発言に矛盾するため、成立しない（既にCとDの発言が×であると仮定したので、Eの発言は○であると推定できる）。

　　ここで、Bはウソをついていることがわかる。また、CとEの発言、DとEの発言が矛盾しているが、ウソをついているのはあと一人であるから、Eがウソをついていることがわかる。したがって、A、C、Dの発言は○になる。ウソをついているBとEはFの直前か直後である。

　　以上を整理すると、CDEFBAの並びが成立する。よって、Cが正解。

→C C、A

実践問題

解答集 ▶ P119～

問題1

　A～Eの5人が部屋から順に退出した。部屋を退出した順番について次の発言があったが、そのうちの1つは誤りである。このとき、退出した順番として正しいものを選択肢の中から選びなさい。

　ア「Aは、Dより先でEより後に退出した。」
　イ「Cは、Aより先でDより後に退出した。」
　ウ「Dは、Eより先でBより後に退出した。」
　エ「Eは、Aより先でCより後に退出した。」

　A B→D→C→E→A

B　E→B→A→C→D

C　D→E→C→B→A

D　C→B→E→A→D

E　A→C→E→B→D

問題2

A〜Eの5人の年齢を比較した時の発言（ア〜エ）がある。このうちの1つは誤りであり、残りの全ては正しい。このとき、最も年齢の若い者を選択肢から選びなさい。

ア「Eは、Bより年下でDより年上である。」

イ「Dは、Bより年下でCより年上である。」

ウ「Cは、Eより年下でAより年上である。」

エ「Bは、Cより年下でEより年上である。」

A　A

B　B

C　C

D　D

E　E

問題3

A〜Eの5人が、ある1人の強盗犯の特徴について次のように証言した。

A「男性だった。」

B「帽子をかぶっていた。」

C「黒いTシャツを着ていた。」

D「身長は170cm程度だった。」

E「白いTシャツを着ていた。」

さらに、これらの証言についてそれぞれが次のように発言した。

A「Dはウソをついている。」

B「Cはウソをついている。」

C「ウソをついているのは2人だ。」

D「Bはウソをついている。」

E「Aはウソをついている。」

ウソをついている人の証言および発言はどちらともウソである。このとき、選択肢の中で正しいと言えるものを全て選びなさい。

A　1人だけがウソをついている

B　2人がウソをついている

C　3人がウソをついている

D Aはウソをついている

E Bはウソをついている

問題4

ある日の時間割について、A～Eの5人が以下のように発言している。5人は同じクラスに所属しており、1コマにつき1科目の授業が割り当てられている。

A「1時間目は理科だ。」

B「数学が2時間目にある。」

C「国語は3時間目だ。」

D「3時間目は英語だ。」

E「4時間目は社会だ。」

さらに、これらの証言についてそれぞれが次のように発言した。

A「ウソをついているのは2人だ。」

B「Dはウソをついている。」

C「Bはウソをついている。」

D「Aはウソをついている。」

E「Cはウソをついている。」

ウソをついている人の発言はどちらともウソである。このとき、選択肢の中で正しいと言えるものはどれか。

A 1人だけがウソをついている

B 2人がウソをついている

C 3人がウソをついている

D AとCはともにウソをついている

E Eはウソをついている

問題5

職員室にいたA、B、C、D、運動場にいたE、F、Gの計7人の中学校の先生が以下のように発言したが、このうち2人の発言は正しく、残りの5人の発言は誤っている。正しい発言をした者の組み合わせとして正しいものはどれか。ただし、サッカー部の顧問は7人のうち2人である。

A「職員室にいる4人はサッカー部の顧問でない。」

B「Cはサッカー部の顧問だ。」

C「Bの発言は誤りだ。」

D「B、Cの発言はいずれも誤りだ。」

E「F、Gの発言のうち少なくともいずれかは正しい。」

F「私はサッカー部の顧問でない。」

G「サッカー部の顧問である2人はいずれも職員室にいる。」

A AとB　　**B** AとC　　**C** BとE　　**D** EとF　　**E** EとG

問題6

A〜Eの5人が次のように発言している。正直者は必ず本当のことを言い、嘘つきはかならず嘘をつく。選択肢のうち、正直者をすべて列挙したものはどれか。

A「5人の中に嘘つきは1人もいません。」
B「5人の中に嘘つきは1人以上います。」
C「5人の中に嘘つきは2人以上います。」
D「AとBはともに嘘つきです。」
E「Cは嘘つきです。」

A A　　**B** B　　**C** B、C　　**D** D、E　　**E** A、B、C

問題7

ある小学校で、1組のクラスにいるA、B、C、D、2組のクラスにいるE、F、Gの7人のうち、ピアノを弾ける子が2人いることがわかっている。そこでA〜Gに尋ねたところ、それぞれ次の発言をした。ただし、7人のうち、本当のことを言っているのは2人だけで、あとの5人は間違ったことを言っている。これらのことから確実にいえるのはどれか。

A「Bはピアノが弾ける。」
B「Aは間違ったことを言っている。」
C「AもBも2人とも間違っていることを言っている。」
D「1組のクラスにいる子の中にはピアノが弾ける子はいない。」
E「私はピアノが弾けない。」
F「ピアノが弾けるのは2人とも1組のクラスにいる子だ。」
G「EとFの少なくともどちらかは本当のことを言っている。」

A 本当のことを言っているのは、ともに2組のクラスにいる子である
B CもDも間違ったことを言っている
C ピアノが弾けるのはEとFである
D 1組にいる子のうち、少なくとも1人はピアノが弾ける
E ピアノが弾ける子は2組にしかいない

問題8

A〜Fの6人は全て年齢は異なるが、最も年齢が近い者との差は1歳である。年齢順に関する発言（A〜E）のうち、Fの1歳年上及び1歳年下である2人がウソをつき、残り3人は本当のことを言っているとき、年齢を若い順に並べたものとして正しいのはどれか。

243

A「BはFの1歳年上である。」
B「私はDの1歳年下である。」
C「BはCの1歳年上だ。」
D「Cは私の1歳年下だ。」
E「私はAの1歳年上もしくは1歳年下だ。」

A AECDFB　　**B** CBDFAE　　**C** DEAFCB　　**D** EACBFD　　**E** BFDCEA

問題9

　次はA～Cの3人の身長に関する発言である。そのうち一つだけが正しく、他は全てウソであるとき、身長が高い順番に並べたものを選択肢から選びなさい。

ア「一番身長が高いのはAである。」
イ「一番身長が高いのはBではない。」
ウ「身長が真ん中なのはAである。」
エ「身長が真ん中なのはCではない。」
オ「一番身長が低いのはCではない。」

A CBA　　**B** ABC　　**C** ACB　　**D** BCA　　**E** BAC

問題10

　A～Fの6人が箱の中からボールを1つずつ取る。箱の中には赤（1点）、青（2点）、黄（3点）、緑（4点）、黒（5点）、白（6点）の6色のボールが入っており、ボールを取り出す者は、取り出したボールの得点を獲得する。以下は獲得した点数の順番に関するA～Fの発言である。これらのうち、最も得点が高かった者（最上位であった者）の発言は真実ではなく、それ以外の者の発言は真実であるとき、選択肢より確実に言えることはどれか。

A「1点を獲得したのはEである。」
B「私とFの順位の間にAおよびDの順位がある。」
C「Aは3点を獲得した。」
D「私とFのいずれも緑を取っていない。」
E「BはAおよびDより獲得点数が下である。」
F「私はAより獲得点数が上である。」

A 獲得した点数が高い順番に並べるとCFADEBとなる
B 獲得した点数が低い順番に並べるとEBDAFCとなる
C CFDは順位が連続している
D Dは3位である
E Fは黒色を取っていない

問題11

　ある期間中、A、B、Cの3人について、日焼け止めを持っているかどうかをたずねた。晴れのときと晴れでないとき、天気予報が晴れだったときと晴れではなかったときについて、それぞれ日焼け止めを持っているかをたずねたところ、次のア～エのことがわかった。このとき、3人とも日焼け止めを持っていると言える条件は次のうちどれか。

　　ア　晴れのとき、Aは日焼け止めを持っている。
　　イ　晴れでないとき、Bは日焼け止めを持っていない。
　　ウ　天気予報が晴れだったとき、Bは日焼け止めを持っている。
　　エ　天気予報が晴れでなかったとき、Cは日焼け止めを持っていない。

　A Aが日焼け止めを持っていたとき
　B Bが日焼け止めを持っていたとき
　C Cが日焼け止めを持っていたとき
　D 晴れであるとき

問題12

　A～Dの4人が円卓を囲んでいる。4人は花組、鳥組、風組、月組のいずれかに属し、それぞれ赤、青、黒、白のいずれかのハンカチを持っている。次のア～エのことがわかっているとき、確実に言えることはどれか。

　　ア　Aの右側の人は黒のハンカチを持っており、左側の人は風組である。
　　イ　Bの右側の人は鳥組であり、左側の人は赤のハンカチを持っている。
　　ウ　Cの右側の人は花組であり、左側の人は青のハンカチを持っている。
　　エ　Dの右側の人は白のハンカチを持っており、左側の人は月組である。

　A Aは赤いハンカチを持っている
　B Bは風組である
　C Cは月組である
　D 月組は黒のハンカチを持っている

11 資料解釈

頻出度 ■■■■ 対応試験 SPIテストセンター／WEBテスティング／SPIペーパーテスト

与えられたデータについて、そこから正しく言えることを選択肢から選ぶ問題です。

▶簡単な選択肢から消す！

※いきなり資料を読み込まないこと！

① 選択肢を最初に確認する

② 計算不要で不適な選択肢は消す

③ 有効数字を見極め、
　四捨五入で計算を簡単に

例題　こんな問題が出る！

❶　次の表は、日本に住む外国人児童の人数を国別にまとめたものであるが、この表から正しいと言えるものはどれか。 （解答目標時間90秒）

日本に住む外国人児童の人数

地域	2010年	2011年	2012年	2013年
アジア	25,800	26,825	26,325	28,621
オセアニア	3,200	2,672	2,530	2,444
北米	19,733	21,345	21,798	23,222
中南米	1,578	1,718	1,649	1,595
ヨーロッパ	11,575	11,572	11,715	14,067
中近東	860	913	1,036	1,002
アフリカ	950	894	849	882
合計	63,696	65,939	65,902	71,833

A 表中のいずれの年においても、アジア国籍の児童の人数はオセアニア国籍の児童の人数の10倍を超えている

B 2011年〜2013年のいずれにおいても、北米国籍の児童の人数の対前年増加率は5%を超えている

C 2011年〜2013年のいずれにおいても、合計の人数の対前年増加率は3%を超えている

D 2011年〜2013年について、ヨーロッパ国籍の児童の人数が前年より増えている年は、中南米国籍の児童の人数も前年より増えている

E 表中のいずれの年においても、アジア・北米・ヨーロッパ国籍の児童の人数の合計が全体の約90%を占めている

❷ 次の表は、日本の米の輸入量の推移について、輸入相手国別の構成比を示したものである。この表から確実に言えることとして、最も妥当なものはどれか。

（解答目標時間90秒）

（単位：%）

	平成20年度	平成21年度	平成22年度	平成23年度	平成24年度
アメリカ	18.0	8.9	4.6	3.2	3.6
タイ	45.0	68.6	58.6	65.3	47.6
中国	9.1	5.2	9.4	0.4	0.1
オーストラリア	26.2	10.8	20.9	13.0	25.3
パキスタン	0.4	0.1	4.5	9.5	14.1
その他	1.3	6.2	2.0	8.6	9.3
合計	100.0 (10,836t)	100.0 (4,386t)	100.0 (14,189t)	100.0 (13,913t)	100.0 (12,860)

A 平成22年度のタイからの輸入量は、前年度のそれの2倍を上回っている

B 平成21年度以降のアメリカからの輸入量は毎年度減少している

C 表中の全年度のオーストラリアからの輸入量を合計しても10000 tに満たない

D 平成21年度の中国からの輸入量は、平成24年度のアメリカからの輸入量よりも多い

E 平成24年度のパキスタンからの輸入量は、前年度のそれと比べると、1000 t以上増加している

例題の解答

❶ A 2010年について、オセアニア国籍の児童の人数3,200の 10倍は32,000なので、アジア国籍の児童の人数25,800はこれを超えていない。

B あまり増えていない年に着目すると、北米の2011年→2012年は、21,345→21,798で増加数は500にも満たず、21,345の3%にも及ばない。

C 合計の2011年→2012年は、65,939→65,902で減少している。

D 2012年→2013年について、ヨーロッパ国籍の児童の人数は増えているが、中南米国籍の児童の人数は減っている。

E アジア・北米・ヨーロッパ国籍の児童の合計が約90%ということは、その他の4地域の合計が約10%ということになる。この4地域の合計を大まかに計算してみると、いずれも合計の約10%とわかる。

よって、Eが正解。

→E 表中のいずれの年においても、アジア・北米・ヨーロッパ国籍の児童の人数の合計が全体の約90％を占めている。

---

❷ A　22年のタイは、14,189×58.6％で、7000を上回る。

　　一方、前年のそれは、4,386×68.8％で、3500に及ばない。よって、前者は後者の2倍を上回り、本肢は妥当である。

　B　アメリカの21年→22年について、次のように比較できる。

　21年　4,386　×　8.9％

　　　　　↓3倍以上　↑2倍未満

　22年　14,189 ×　4.6％

よって、21年＜22年と分かり、22年は前年より減少していない。

　C　20年　10,836×26.2％　　　→ 2600以上

　　　21年　4,386×10.8％　　　→ 400以上

　　　22年　14,189×20.9％　　→ 2800以上

　　　23年　13,913×13.0％　　→ 1600以上

　　　24年　12,860×25.3％　　→ 3000以上

これを合計すると、10000を超えることがわかる。

　D　21年の中国と24年のアメリカを、次のように比較する。

　21年　中国　　　4,386　×　5.2％

　　　　　　　　　↓2倍以上　↑2倍未満

　24年　アメリカ　12,860　×　3.6％

よって、24年のアメリカの方が多いことがわかる。

　E　パキスタンの23年は、13,013×9.5％で、これは1000以上ある。

一方、24年は、12,8600×14.1％でこれは2000に及ばない。

よって、24年は前年より1000以上の増加はしていない。

以上より、Aが正解。

→A 平成22年度のタイからの輸入量は、前年度のそれの2倍を上回っている。

とらのすけ先生のワンポイントアドバイス

パターンが決まっています。
多くの問題を解きパターンに慣れて、確実に正解しましょう。

実践問題

解答集 ▶ P121〜

問題1

次の表は社会保障給付費とその内訳、及び社会保障給付費が国民所得に占める割合についてまとめたものである。この表から判断できることとして、最も妥当なのはどれか。

（単位：百万円）

区分		平成10年度	平成15年度	平成20年度	平成25年度
社会保障給付費		64,749	78,073	88,519	104,609
	医療	24,062	25,888	28,182	32,879
	年金	33,509	41,231	46,859	52,971
	福祉その他	7,178	10,954	13,478	18,759
社会保障給付費が 国民所得に占める割合（％）		18.54	20.01	24.65	28.71

A 表の各年度のうち、「社会保障給付費」に対する「医療」の比率が最も大きいのは平成15年度である

B 表の各年度のうち、「社会保障給付費」に対する「福祉その他」の比率が最も小さいのは、平成15年度である

C 表の各年度で、国民所得が最も小さいのは、平成15年度である

D 平成10年度の「医療」「年金」「福祉その他」の金額をそれぞれ100とした指数でみると、平成25年度は「医療」の金額の指数が最も小さい

E 「福祉その他」の平成15年度、平成20年度、平成25年度をみると、それぞれの5年前に対する増加率が最も大きいのは、平成25年度である

問題2

次の表は、平成20年度から平成24年度までの酒類の生産量についてまとめたものである。次の表から確実に言えることはどれか。

(単位：1,000kL)

	平成20年度	平成21年度	平成22年度	平成23年度	平成24年度
焼酎	2,903	2,962	2,832	2,893	2,854
ビール	996	1,012	980	948	843
清酒	449	454	557	545	527
ウイスキー	188	193	205	216	219
果実酒類	91	97	101	113	100

A 平成23年度の焼酎の生産量の対前年増加量は、平成21年度のそれを下回っている

B 表中の各区分のうち、平成21年度における酒類の生産量の対前年度増加率が最も小さいのは、ビールである

C 平成20年度のウイスキー類の生産量を100としたときの平成22年度のそれの指数は、120を上回っている

D 平成21年度から平成24年度までの4年間における果実酒類の生産量の1年度当たりの平均は、10万2000kLを上回っている

E 表中の各年度とも、焼酎の生産量は、清酒の生産量の6.2倍を上回っている

問題3

次の表は、平成25年から29年までのある地域の主な出火原因別火災件数をまとめたものである。この表から判断できることとして、最も妥当なのはどれか。

（単位：件）

主な 出火原因 ＼ 年	25年	26年	27年	28年	29年
放火	471	424	367	286	281
たばこ	231	215	213	186	206
てんぷら油	135	117	114	105	102
火遊び	57	62	86	66	73
ガスコンロ	105	95	92	113	105

A 主な出火原因を火災件数の多い順にみると、25年から29年まで同じ順で変わらない

B 主な出火原因による火災の合計件数は、26年以降前年に対し連続して減少している

C たばこが出火原因の火災件数は、26年以降前年に対し連続して減少している

D 火遊びが出火原因の火災件数は、この5年間で29年が最も多い

E 主な出火原因による火災の合計件数は、29年は25年に対し2割以上減少した

問題4

次の表から確実に言えることはどれか。

我が国における商品の特殊分類別輸入額の指数の推移

（平成20年＝100）

区分	平成20年	平成21年	平成22年	平成23年	平成24年
総額	100	104.5	103.1	107.3	121.2
食料・その他の直接消費財	100	105.4	107.2	104.5	109.2
工業用原料	100	102.5	99.9	107.8	125.2
資本財	100	102.2	102.3	106.5	118.1
非耐久消費財	100	108.4	105.2	107.2	115.3
耐久消費財	100	108	113.4	114.3	125
その他	100	116.8	127.3	115.3	129

A 平成21年から平成24年までの各年とも、商品の特殊分類別輸入額の総額に占める耐久消費財の輸入額の割合は、前年のそれを上回っている

B 資本財の輸入額の平成22年に対する平成24年の増加率は、食料・その他の直接消費財の輸入額のそれの5倍より小さい

C 平成22年において、工業用原料の輸入額の対前年減少率は、非耐久消費財の輸入額のそれより大きい

D 平成23年において、非耐久消費財の輸入額の対前年増加率は、同年の総額のそれを上回っている

E 平成24年における資本財の輸入額の対前年増加率は、平成23年におけるそれの2倍より大きい

問題5

次の表は、ある国における地域別輸入額の推移をまとめたものである。この表から判断できることとして、最も妥当なのはどれか。ただし、表中の数値は小数点以下第2位を四捨五入しているため、合計は100%とならない場合がある。

地域別輸入額の推移

地域別構成比（%） ＼ 年	2010年	2011年	2012年	2013年	2014年	2015年
アジア	61.9	63.4	61.2	59.1	60.1	60.1
北アメリカ	10.3	10.4	11.0	11.3	12.3	12.5
中南アメリカ	4.5	4.2	4.3	5.1	3.8	3.9
ヨーロッパ	13.7	14.1	15.3	16.0	15.5	15.5
アフリカ	2.6	2.6	2.1	2.3	1.6	1.2
オセアニア	7.1	5.5	6.3	6.5	6.6	6.8
輸入額(10億円)	81,253	85,969	78,507	66,064	75,479	82,782

A 2014年における輸入額が2013年より減少しているのは、アフリカからの輸入額だけである

B 2015年においては、すべての地域からの輸入額が14年より増加している

C 2010年から2015年までのすべての年において、アジアからの輸入額はヨーロッパからの輸入額の4倍を超えている

D 2010年から2015年までで、オセアニアからの輸入額が最も多いのは、2010年である

12 ゲームの必勝法

頻出度 ■■ □ □ 　対応試験　SPIテストセンター／WEBテスティング／SPIペーパーテスト

ゲームに勝つ方法を考える問題です。

> ▶最終手番から逆算する!
>
> ①最終手番での勝利条件を確認
>
> ②相手の手札によらず
>   　最終手番で勝利条件を満たす、
>   　n−1番手の自身の行動条件を確認
>
> ③以降これを繰り返し、
>   　初手に取るべき行動を特定

例題　こんな問題が出る!

❶ A、Bの2人で交互にコインを取り続け、最後のコインを取った人が勝ちとなるゲームをしている。コインは全部で38枚あり、1人が1度に1枚以上4枚以下のコインを取り、AもBも勝つための最善を尽くすとする。Bが先手のときに、確実にいえることはどれか。　　　　　　　　　　　　　　　　　　　（解答目標時間90秒）

　A　Bは最初に1枚とれば、必ず勝てる
　B　Bは最初に2枚とれば、必ず勝てる
　C　Bは最初に3枚とれば、必ず勝てる
　D　Bの取る枚数に関わらず、先手のBは必ず勝てる
　E　Bの取る枚数に関わらず、後手のAは必ず勝てる

❷ A、Bの2人が、1〜6の数字の中から1つ選んで交互に数字を書いていくゲームを、Aを先手として行う。このゲームは次のルールにしたがって行い、数字を書くことができなくなった者が負けとなる。

Ⅰ 既に書かれた数の約数は書くことができない（例えば「4」と書いてあった場合、「1」「2」「4」は書くことができない）。

Ⅱ パスすることはできない。

ところで、このゲームでは先手が必ず勝つ方法がある。先手のAが必ず勝つために、Aが1回目に書くべき数字として妥当なもののみをすべて挙げているのはどれか。

（解答目標時間90秒）

A 1、3   **B** 2、4   **C** 3、6   **D** 5、6   **E** 2、4、5

例題の解答

❶ 最後にコインを取った人が勝利であるから、Bは最後にコイン4枚以下の状態で手番が回ってくるように仕向ける必要がある。そのような状態にするには、最後の1つ手前のAの手番において、コインが5枚ちょうどである必要がある。これは遡って考えるとどの手番でも同様であるため、Bは常にAの取ったコインとの合計枚数が5枚になるよう振る舞えばよい。

まず、コインの枚数である38を $1+4=5$ で割り、そのあまりを求める。すると、$38 = 5×7 + 3$ より、3。

Bは、初めにこのあまりである3枚を取れば必ず勝つことができる。

手順として、38枚を5枚ずつのグループ7組とあまりの3枚に分けて考え、Bは初めにあまりの3枚を取る。次に、例えばAが2枚を取ったら、Bは3枚を取って、5枚のグループを1組取りきる。さらに、Aが4枚を取ったら、Bは残る1枚を取って、同様に1組取りきる。以下同様に、BはAと合わせて5枚になるように取っていけば、最後の1枚はBが取ることができる。つまり、「5枚」とは、Aが1枚から4枚の範囲で何枚取ったとしても、残る枚数をBが確実に取ることができる唯一の枚数なので、他の枚数ではこの戦略は不可能である。

→C Bは最初に3枚とれば、必ず勝てる

---

❷ 先手のAが最初にどの数字を書くかで場合分けをし、さらにBが書く数字を検討していく。

約数を多く持つ「6」や「4」から始めれば、その後に書ける数字が限られてくるため展開が楽になるので、まず「6」から検討する。

（1）Aが「6」を書いた場合

「6」の約数である「1」「2」「3」「6」が書けなくなるため、「4」と「5」のみが残る。「4」と「5」は互いに素（最大公約数が1）なため、Bがどちらを書いても、Aはもう片方を書くことができ、そこでBが書ける数字がなくなる。

これより、「6」は正解なので選択肢はC、Dに絞られ、残る候補は「3」または

「5」。次にこれらを検討する。

（2）Aが「3」を書いた場合

（1）を参考に考えると、次にBが「6」を書いた場合、「4」と「5」が残るため、Aが片方、Bがもう片方を書いて、Aが書く数字がなくなる。

よって、Aは「3」を書いても確実に勝つことができず、ここでCが消去され、Dが正解。

（3）Aが「5」を書いた場合

「1」と「5」が書けなくなるが、Bが「6」を書いた場合「4」しか残らず、Aは「4」を書いて勝つことができる。また、Bが「4」を書いた場合も、Aが「6」を書いて勝つことができる。

さらに、Bが「2」または「3」を書いた場合、Aは「3」または「2」を書けば「4」と「6」が残るので、Aは確実に勝てる。

よって、Aが「5」を書いた場合も、Bがどの数字を書いてもAは確実に勝つことができる。

→ **D 5、6**

とらのすけ先生のワンポイントアドバイス

頻出度は高くありませんが、いざ出題されたときに、時間がかかって解くことができなかったという声をよく聞きます。
1度問題を解いて慣れておきましょう。

実践問題

解答集 ▶ P124〜

問題1

A、Bの2人で交互にコインを取り続け、最後のコインを取った人が勝ちとなるゲームをしている。コインは全部で64枚あり、1人が1度に1枚以上4枚以下のコインを取り、AもBも勝つための最善を尽くすとする。Bが先手のときに、確実に言えることはどれか。

ア　Bは最初に1枚とれば必ず勝てる。

イ　Bは最初に2枚とれば必ず勝てる。

ウ　Bは最初に3枚とれば必ず勝てる。

エ　Bは最初に4枚とれば必ず勝てる。

オ　Bの取る枚数に関わらず、後手のAは必ず勝てる。

A ア　　**B** イ　　**C** ウ　　**D** エ　　**E** オ

問題2

10個の石を、下のように3つの山に分ける。

この石をA、Bの2人で交互に取る。このとき、次のⅠ～Ⅳのルールに従うものとする。

Ⅰ　1回に1個または2個の石を取らなければならない。

Ⅱ　2個石を取る場合、その石は連なっていなければならない。

Ⅲ　一番上の列から石を取らなければならない。

Ⅳ　最後に石を取った方が勝者となる。

Aが先手のときに、確実に言えることはどれか。

A Aは最初に1個とれば、必ず勝てる

B Aは最初に2個とれば、必ず勝てる

C Aは最初に1個とれば、必ず負ける

D Aは最初に2個とれば、必ず負ける

問題3

兄と弟が箱に入った7つのボールを交互に取っていくゲームを行う。

ボールは1度に最大3個まで取ることができ、最後にボールを取った方の勝利となる。

なお、ボールを取る順番はじゃんけんで決めるものとする。このとき、確実に言えることはどれか。

A 先手を取った方が必ず勝利する

B 後手を取った方が必ず勝利する

C 先手・後手どちらを取っても勝利は確定しない

問題4

AチームとBチームが椅子取りゲームを行う。

椅子は全部で8脚あり、ゲームのルールは次のようになっている。

Ⅰ　両チームは交互に1～3脚の椅子を選んで取ることができる。

Ⅱ　最後に椅子を取ったチームの勝ちとなる。

Ⅲ　先手の最初の1手を除き、前のチームが取った脚数と同じ数を取ることはできない。

IV　椅子を取ることが出来なかった場合（前チームと同数でしか、椅子を取ることができない場合）、相手チームの勝利とする。

ところで、このゲームにはある規則が存在する。その条件はどれか。

A 先手が最初に1脚取った場合、後手が必ず勝利する
B 先手が最初に2脚取った場合、後手が必ず勝利する
C 先手が最初に3脚取った場合、後手が必ず勝利する
D 先手が最初に1脚取った場合、先手が必ず勝利する
E 先手が最初に2脚取った場合、先手が必ず勝利する
F 先手が最初に2脚取った場合、先手が必ず勝利する

問題5

先手と後手が、次のア〜エのルールにしたがいゲームを行う。

ア　nは2以上の整数とする。はじめにn個の石が存在する。
イ　先手は$n-1$個以下から、好きな数だけ石を取る。
ウ　以降の手番の者は、直前に相手が取った石の数の2倍以下で好きな数だけ石を取る。
エ　最後に石を取ったものが勝利する。

❶　$n=5$のとき、先手と後手のどちらに必勝法があるか。
　　A 先手　　　**B** 後手　　　**C** 必勝法は存在しない

❷　$n=7$のとき、先手と後手のどちらに必勝法があるか。
　　A 先手　　　**B** 後手　　　**C** 必勝法は存在しない

問題6

ある2人が、52枚のトランプ（ジョーカーを除く）を山札から交互に取っていくゲームを行う。次のア〜イのルールにしたがうとき、このゲームには必勝法が存在する。その必勝法とはどれか。

ア　1度に山札から取れる枚数は、1枚以上6枚以下である。
イ　最後の一枚を取ったものが勝利となる。

A 先手を選んで最初に1枚を取る
B 先手を選んで最初に3枚を取る
C 先手を選んで最初に5枚を取る
D 後手を選んで相手の取った枚数との合計が6枚になるように取る
E 後手を選んで相手の取った枚数との合計が7枚になるように取る

MEMO

13 暗号

頻出度 ■■■ 対応試験 SPIテストセンター／WEBテスティング／SPIペーパーテスト

与えられた暗号の規則性を見つけ、選択肢に規則性を当てはめることで解答していく問題です。

> ## ▶共通点から法則を導き出す
>
> ### ①与えられた文字列と暗号を確認
> 　例：東京を○○と表すとき…
>
> ### ②文字列と暗号の共通点を探す
> 　例：文字数（五十音、アルファベットetc…）
>
> ### ③法則性を見つけたら、問題に適用

例題 こんな問題が出る！

❶ 東京をSNJXNと表すとき、札幌はどのように表せるか。 （解答目標時間60秒）

　A SBOOPQP　　**B** SZOONQN　　**C** RBQQPSP　　**D** RZOONQN
　E TBQQPSP

❷ タヌキを「30, 42, 11」で表すとき、「10, 03, 82」で表されるものは何か。

（解答目標時間60秒）

　A コアラ　　　**B** キツネ　　　**C** アヒル　　　**D** イルカ　　　**E** カエル

┌─ **とらのすけ先生のワンポイントアドバイス** ─

暗号の規則性には、アルファベット順やあいうえお、あかさたな順がよく用いられています。

例題の解答

❶ 就活アカデミーEdgeY式の超高速解法！

SNJXNはTOKYOの各アルファベットを1つずつ戻したものなので、SAPPOROも同様に考えると、RZOONQNである。

....

東京をSNJXNと表しているので、暗号の要素は5つである。

英語5文字の羅列の暗号であることから、アルファベットに関する暗号だと推測がつく。

SNJXNはTOKYOの各アルファベットを1つずつ戻したものなので、SAPPOROも同様に考えるとRZOONQNとなり、これが答えである。

→**D RZOONQN**

---

❷ 就活アカデミーEdgeY式の超高速解法！

10の位は「ア、カ、サ、タ、ナ、…」、1の位は「ア、イ、ウ、エ、オ」に対応していると推測を立てる。
よって、「10、03、82」はカエルである。

....

タヌキを「30、42、11」で表しており、暗号の要素は3つである。

暗号の要素数と文字数が一致していることから、暗号の各要素はそれぞれかなを表していると考えられる。

10の位は0、1、2、3、4、…が「ア、カ、サ、タ、ナ、…」に、1の位は0、1、2、3、4が「ア、イ、ウ、エ、オ」に対応していると推測を立てる。

よって、「10、03、82」はカエルとなり、これが答えである。

→**E カエル**

実践問題

解答集 ▶ P125〜

問題1

春を［6a, 9c］と表すとき、冬はどのように表されるか。

A ［6c, 8a］　　**B** ［6c, 8b］　　**C** ［6c, 8c］　　**D** ［7a, 8a］　　**E** ［7c, 8c］

問題2

雨を「9, 26, 18, 13」と表すとき、「8, 13, 12, 4」で表されるものは何か。

A 晴れ　　**B** 曇り　　**C** 雷　　**D** 台風　　**E** 雪

問題3

にほんを「ち、の、ろ」と表すとき、フランスはどのように表されるか。

A「む、や、ろ、く」　　**B**「む、わ、ろ、く」　　**C**「ぬ、や、ろ、つ」
D「ぬ、や、ろ、く」　　**E**「ぬ、わ、ろ、く」

問題4

オレンジを「?0, !8, ?9, %2@」、ドリアンを「?3@, %8, ※0, ?9」と表すとき、「%0, %3, ?1@」で表されるものは何か。

A レモン　　**B** リンゴ　　**C** メロン　　**D** スイカ　　**E** イチゴ

問題5

ある暗号で「highway」は「022, 100, 021, 022, 212, 001, 221」で表される。このとき、「202, 210, 012, 201, 011, 001, 221」で表されるものは何か。

A 物理学　　**B** 火曜日　　**C** 旅行　　**D** 花束　　**E** 海岸

問題6

「あおもり」を「Aa, Ae, Ge, Ib」で表すとき、「いしかわ」はどのように表されるか。ただし、Iはiの大文字を表す。

A Ac, Dc, ke, Ee　　**B** Ga, Hc, Fd , Ie　　**C** Rb, Ya, Pc, Fe
D Ab, Cb, Ba, Ja　　**E** kb, Gd, Ne, Wa

問題7

ある暗号で、「松本」を「1043, 1231, 2325, 4122」、「入江」を「1101, 2054, 2210」で表すとき、「1020, 2223, 5002」で表されるものは何か。

A 佐藤　　**B** 金子　　**C** 中田　　**D** 根本　　**E** 大野

問題8

　アルファベットの配列を数字に置き換えた暗号で、暗号化のためのキーワードである「THINK」を使うと、「POWER」は「10, 23, 06, 19, 03」と表される。同じキーワードを用いて、「SMART」はどのように表されるか。

　A「13, 21, 10, 06, 05」　　**B**「08, 24, 31, 12, 21」
　C「31, 05, 18, 22, 17」　　**D**「25, 16, 36, 09, 19」
　E「32, 45, 10, 04, 26」

問題9

「夏休み」をある暗号で表現すると、「ANGHLNFHZV」となる。同じ暗号を使って、「ZHFVZRTNAR」で表されるものは何か。

　A 花吹雪　　**B** 七五三　　**C** 虫眼鏡　　**D** 映画館　　**E** 観光地

問題10

　ある暗号で「坂本」を「RYHWHIMG」、「木戸」は「JGAK」と表すとき、「JYFOTO」が表す名前を含む人物として正しいものは次のうちどれか。

　A 大久保利通　　**B** 西郷隆盛　　**C** 勝海舟　　**D** 岩倉具視　　**E** 島津斉彬

問題11

　ある暗号において、「赤」を「33 + 10 + 4」、「星」を「34 + 40 + 1 + 33」と表すとき、「2 + 30 + 44」で表されるものは何か。

　A 空　　**B** 馬　　**C** 音楽　　**D** 電話　　**E** 箱

問題12

　ある暗号で、「オレンジ」が「5÷1, 36÷9, 50÷10, −6÷3」、「ザクロ」が「−3÷3, 6÷2, 45÷9」で表されるとき、「2÷1, 8÷4, −10÷2」で表されるものは何か。

　A イチゴ　　**B** バナナ　　**C** アンズ　　**D** リンゴ　　**E** スモモ

問題13

　ある暗号で「ACID」が「赤赤赤、赤赤黄、赤黄黄、赤青赤」、「BEST」が「赤赤青、赤青青、黄赤赤、黄赤青」で表されるとき、「赤黄青、青青黄、青赤黄、黄黄赤」で表されるものは何か。

　A ENVY　　**B** LOVE　　**C** RISE　　**D** TRAP　　**E** HOLY

14 てんびん問題

頻出度 ■■□□ 対応試験 SPIテストセンター

てんびんを使って、条件にあてはまるものを見つける問題です。

（1）異なるものを見つける
（2）異なるものを見つける最短回数を求める
の2通りのケースがある。

異なるものは大抵1つのみなので、
以下のように場合分け。

ⅰ）比較したグループのてんびんがつり合う
　→**残ったグループ**に異なるものが存在

ⅱ）比較したグループでてんびんが傾く
　→**比較したどちらか**に異なるものが存在

例題　こんな問題が出る！

❶　9枚の同じ大きさ・形のコインA〜Iがある。このうち7枚は同じ重さの本物であるが、2枚は重さの軽い偽物である。天秤ばかりを使って次のア〜エのことがわかっているとき、重さの軽いもののうちの1つはどれか。　（解答目標時間90秒）

　　ア　左にA・C・E、右にD・F・Gのコインを乗せたところ釣り合った。
　　イ　左にA・E・F、右にB・D・Hのコインを乗せたところ釣り合った。
　　ウ　左にA・E・F、右にC・D・Gのメダルを乗せたところ釣り合わなかった。
　　エ　左にB・D・H、右にE・F・Iのメダルを乗せたところ釣り合った。

A A　　**B** B　　**C** C　　**D** D　　**E** E

❷　外見上では見分けがつかないボールが3個あり、この中の1個が偽物で、本物より軽いことがわかっている。上皿てんびんを使って偽物のボールを見つけるためには最低何回の操作が必要か。　（解答目標時間90秒）

A 1回　　**B** 2回　　**C** 3回　　**D** 4回　　**E** 5回

例題の解答

❶ まず、アとウの操作に注目する。この2回の操作において、左右のメダルの違いを見ると、CとFが入れ替わっただけだとわかる。

これより、アでは釣り合ったのに、ウでは釣り合わなかったので、CとFのいずれかが偽物であるとわかる。

すなわち、アの操作では左右に1つずつ偽物があって釣り合っていたことになり、ここで皿に乗せなかったB、H、Iはいずれも本物であることがわかる。

ここで、ウの操作では、どちらかの片方に偽物が2つともある状態になったことがわかるが、左に偽物が2つあるとすると、イの操作の左にも偽物が2つあることになり、矛盾する。

これより、ウの操作で右に乗せたC、D、Gの中に偽物が2つあることがわかり、イの操作から左右のコインは全て本物であることがわかっているため、Dは本物であることがわかる。

よって、偽物はCとGである。

→**C C**

---

❷ **就活アカデミーEdgey式の超高速解法!**

アドバイスの公式を利用し、3^n個で表すと、$3 = 3^1$

....

3個のボールをそれぞれA、B、Cとする。
この中の1つだけが軽いので、試しにAとBを比べてみる。
AとBが釣り合った場合、Cが偽物である。
AとBが釣り合わなかった場合、上にあがった軽い方のボールが偽物である。
よって、3個のボールのうちの1個の偽物は1回の操作で見つけることができる。

→**A 1回**

とらのすけ先生のワンポイントアドバイス

異なるもの1つを探す問題では、以下の公式を覚えておいて損はないです。

3個まで⇒1回
4個～9個まで⇒2回
10個～27個まで⇒3回
28個～81個まで⇒4回
3^n個まで⇒n回

の操作で異なるものを見つけることができる。

実践問題

解答集 ▶ P132〜

問題1

9枚のコインがあり、そのうちの1枚が偽物である。偽物のコインは本物よりも重い。正確に重さを量ることができる天秤を用いて、偶然見つかる場合を除いて、確実に偽物を見つけ出すためには最低何回の操作が必要か。

A 1回 　　**B** 2回 　　**C** 3回 　　**D** 4回 　　**E** 5回

問題2

12個のおもりがあり、その中に見た目では区別のつかない他と異なる重さのおもりが1つ紛れ込んでいる。正確に重さを量れる上皿てんびんを用いて、他と異なる重さのおもりを見つける。

❶ 他のものよりも重いおもりが1つだけあるとき、重いものを確実に見つけるために必要な操作は最低何回であるか。

   A 1回 　　**B** 2回 　　**C** 3回 　　**D** 4回 　　**E** 5回

❷ 重さの異なるおもりが1つだけあるとき、このおもりを見つけ出すために必要な操作は最低何回か。

   A 1回 　　**B** 2回 　　**C** 3回 　　**D** 4回 　　**E** 5回

問題3

同じ形・同じ大きさのコインが243枚ある。この中に1枚だけ他と比べて重さの軽い偽物が混じっているとき、正確に重さを量ることができる上皿てんびんを用いて確実に偽物を見つけ出すためには最低何回の操作が必要か。

A 1回 　　**B** 2回 　　**C** 3回 　　**D** 4回 　　**E** 5回

問題4

2000枚のコインの中に1枚だけ他よりも重いものが混じっている。このとき、重さの違うものを、偶然見つける場合を除いて、正確に見つけるためには最低何回の操作が必要か。

A 6回 　　**B** 7回 　　**C** 8回 　　**D** 9回 　　**E** 10回

問題5

必ず5回のてんびんを用いて量る操作を行う。1つだけ他よりも軽いおもりが紛れ込んでいる。

❶ 無駄の無いように効率よく操作をする場合、最大何個のおもりの中から重さの軽いものを見つけ出すことができるか。

A 27個　　**B** 81個　　**C** 243個　　**D** 729個　　**E** 2187個

❷　無駄の無いように効率よく操作をする場合、5回の操作が必要になるのは、最小何個のおもりの中から重さの軽いものを見つけ出すときか。

A 80個　　**B** 81個　　**C** 82個　　**D** 242個　　**E** 244個

問題6

必ず7回のてんびんを用いて量る操作を行う。1つだけ他とは重さの異なるおもりが紛れ込んでいる。ただし、この重さの違うおもりは他のものよりも重いものか軽いものかはわからない。

❶　無駄の無いように効率よく操作をする場合、最大何個のおもりの中から重さの違うものを見つけ出すことができるか。

A 1090個　　**B** 1092個　　**C** 1093個　　**D** 2187個　　**E** 2188個

❷　無駄の無いように効率よく操作をする場合、7回の操作が必要になるのは、最小何個のおもりの中から重さの違うものを見つけ出すときか。

A 363個　　**B** 364個　　**C** 365個　　**D** 728個　　**E** 730個

問題7

無駄の無いように必ず8回だけてんびんで量る操作を行う。1つだけ他とは重さの違うおもりが紛れ込んでいる。

❶　重さの違うおもりが、他よりも軽いとわかっているとき、最大何個までのおもりの中から重さの軽いものを見つけることができるか。

A 3280個　　**B** 3281個　　**C** 6560個　　**D** 6561個　　**E** 6562個

❷　重さの違うおもりが他よりも軽いか重いかわからないとき、最大何個までのおもりの中から重さの違うものを見つけ出すことができるか。

A 3280個　　**B** 3281個　　**C** 6560個　　**D** 6561個　　**E** 6562個

計算の基礎おさらい

正の数
　＋5、＋1/2、＋7.2のように0より大きい数のことで、＋符号が付いていない100のような数も正の数

負の数
　−5、−1/2、−7.2のように0より小さい数のことで、−符号が必ず付く

負の数の引き算
　2−(−8)＝2＋8のように、引くとマイナスがつながると、プラスになる

負の数と正の数の掛け算
　−2×8＝−16のように正×負や負×正は、その答えが負になる
　−2×(−2)＝4のように、負×負は、その答えが正になる

問　次の計算をせよ
　(1) $3-2\times8$
　(2) $3-2\times8+10$
　(3) $3-2\times(8+10)$
　(4) $2^3-2\times8$
　(5) $\{19-(-2)^3\}\div3^2$

計算の手順
　①×と÷は＋と−より先に
　例　$3-2\times8=3-16=-13$
　②左から計算しよう
　例　$3-2\times8+10=3-16+10$
　　　$=-13+10=-3$
　③括弧の中は先に計算しよう
　例　$3-2\times(8+10)=3-2\times18=-33$
　④指数は先に計算しよう
　例　$2^3-2\times8=2\times2\times2-2\times8=-8$
　⑤すべてをまとめてみよう
　例　$\{19-(-2)^3\}\div3^2$
　　　$=\{19-(-8)\}\div9=27\div9=3$

分数の表記
　・分母が下側、分子が上側
　・タテ、ヨコ、ナナメの表記がある
　　（½、1／2、½）

分数の約分（既約分数化）
　分母と分子が同じ整数で割れるうちは、割り続けないといけないよ。
　24／36なら12でお互い割れるから、2／3を意味しているんだね。

$$\frac{24}{36} \quad \frac{12}{18} \quad \frac{6}{9} \quad \frac{2}{3} \qquad \frac{24}{36} \quad \frac{2}{3}$$

分数の足し算引き算
　分母が同じ足し算引き算は、分母は固定して、分子だけを足し引きしよう。異なる場合には通分だね。

$$\frac{1}{2} + \frac{1}{3} = \frac{3}{6} + \frac{2}{6} = \frac{5}{6}$$

$$\frac{5}{12} + \frac{1}{4} = \frac{5}{12} + \frac{3}{12} = \frac{8}{12} = \frac{2}{3}$$

分数の掛け算
　掛け算は分母同士、分子同士をそれぞれかけるよ。掛け算をする間に約分できるところは約分しておこう。

＜望ましくない例＞

$$\frac{3}{8} \times \frac{4}{9} = \frac{12}{72} = \frac{6}{36} = \frac{1}{6}$$

＜望ましい例＞

$$\frac{\overset{1}{\cancel{3}}}{\underset{2}{\cancel{8}}} \times \frac{\overset{1}{\cancel{4}}}{\underset{3}{\cancel{9}}} = \frac{1}{6}$$

分数の割り算
　÷記号がついている分数は上下逆転させると掛け算にすることができるよ。掛け算として計算しよう。

$$\frac{9}{7} \div \frac{3}{5} = \frac{9}{7} \times \frac{5}{3} = \frac{15}{7}$$

百分率の計算
　百分率（％表記）や小数の表記が混ざっていると計算をしにくいので、なるべく分数にそろえて計算しよう。

小数	分数	歩合	％(百分率)
0.1	1／10	1割	10%
0.125	1／8	1割2分5厘	12.5%
0.2	1／5	2割	20%
0.25	1／4	2割5分	25%
0.5	1／2	5割	50%

計数（小学算数）公式一覧

面積

正方形＝　一辺 × 一辺
長方形＝　縦 × 横
平行四辺形＝　底辺 × 高さ
三角形＝（底辺 × 高さ）÷ 2
台形＝（上底 ＋ 下底）× 高さ ÷ 2
ひし形＝　対角線 × 対角線÷2
円＝　半径 × 半径 × 円周率
おうぎ形＝　円の面積 ×（中心角 ÷ 360）

体積

立方体＝　一辺 × 一辺 × 一辺
直方体＝　縦 × 横 × 高さ
柱体＝　底面積 × 高さ

時間

1日＝　24時間
1時間＝　60分
1分＝　60秒

平均

平均＝　合計 ÷ 個数
合計＝　平均 × 個数
個数＝　合計 ÷ 平均

割合

割合＝　比べる量 ÷ もとにする量
比べる量＝　もとにする量 × 割合
もとにする量＝　比べる量 ÷ 割合

単位の換算

$1cm^2＝1000mm^2$
$1\ell＝10d\ell＝1000m\ell$
$1m^3＝1000000cm^3$
$1k\ell＝1000\ell$
$1cm^3＝1m\ell$
$1kg＝1000g$
$1t＝1000kg$
$1m^2＝10000cm^2$（100cm×100cm）
$1a＝100m^2$（10m×10m）
$1ha＝100a$（100m×100m）
$1km^2＝100ha$

食塩水

食塩水の濃さ（％）＝
　食塩の量 ÷ 食塩水の量 × 100
食塩の量＝
　食塩水の量 × 食塩水の濃さ÷100
食塩水の量＝
　食塩の量 ÷ 食塩水の濃さ×100

速さ

速さ＝　距離 ÷ 時間
距離＝　速さ × 時間
時間＝　距離 ÷ 速さ
時速＝　分速 × 60
分速＝　時速 ÷ 60
秒速＝　分速 ÷ 60

植木算

両端に木を植えるとき…
　木の数＝木と木の間の数 ＋ 1
両端に木を植えないとき…
　木の数＝木と木の間の数 － 1
円形に木を植えるとき…
　木の数＝木と木の間の数

和差算

2つの数の和や差から数をあてる
大きい方の数＝（和＋差）÷ 2
小さい方の数＝（和－差）÷ 2

鶴亀算

ツルの数＝
　（鶴亀の頭数 × 4 －鶴亀の足数）÷ 2

旅人算

出会算…
2人が出会う時間＝
　2人の間の距離 ÷ 2人の速さの和
追越算…
後ろの人が追いつく時間＝
　2人の間の距離 ÷ 2人の速さの差

流水算

船が川を上る場合の速さ＝
　船の速さ － 川の流れの速さ
船が川を下る場合の速さ＝
　船の速さ ＋ 川の流れの速さ

計数（中学数学）公式一覧

基本法則

交換法則　$a+b=b+a$　$a \times b = b \times a$

結合法則　$a+b+c=(a+b)+c=a+(b+c)$
　　　　　$a \times b \times c = (ab) \times c = a \times (bc)$

分配法則　$(a+b) \times c = ac+bc = c \times (a+b)$

等式の性質

$A=B$が成り立つとき、

和　$A+C=B+C$

差　$A-C=B-C$

積　$AC=BC$

商　$\dfrac{A}{C} = \dfrac{B}{C}$ $(C \neq 0)$

指数の法則

$a^m \times a^n = a^{m+n}$

$a^m \div a^n = a^{m-n}$

$(a^m)^n = a^{mn}$

$\left(\dfrac{a}{b}\right)^n = \dfrac{a^n}{b^n}$

$(ab)^n = a^n b^n$

展開・因数分解

$(a+b)(c+d) = ac+ad+bc+bd$

$(x+a)(x+b) = x^2 + (a+b)x + ab$

$(a+b)^2 = a^2 + 2ab + b^2$

$(a-b)^2 = a^2 - 2ab + b^2$

$(a+b)(a-b) = a^2 - b^2$

$(ax+b)(cx+d) = acx^2 + (ad+bc)x + bd$

平方根

$(\sqrt{a})^2 = a$

$\sqrt{a} \times \sqrt{b} = \sqrt{ab}$

$\sqrt{a^2} = |a|$ （$|a|$ はaの絶対値）

$\dfrac{\sqrt{b}}{\sqrt{a}} = \sqrt{\dfrac{b}{a}}$

二次方程式の解の公式

$ax^2 + bx + c = 0$の解 $x = \dfrac{-b \pm \sqrt{b^2 - 4ac}}{2a}$

$ax^2 + 2bx + c = 0$の解 $x = \dfrac{-b \pm \sqrt{b^2 - ac}}{a}$

比例

$y = ax$ （a：比例定数）

反比例

$y = \dfrac{a}{x}$ （a：比例定数）

一次関数

$y = ax + b$ （a：傾き　b：切片）

2直線が平行
　　→2直線の傾きが等しい

2直線が垂直
　　→2直線の傾きをかけると-1

関数 $y = ax^2$

$y = ax^2$ （a：比例定数）

変化の割合

変化の割合 $= \dfrac{y\text{の増加量}}{x\text{の増加量}}$

$y = ax$の変化の割合　a

$y = \dfrac{a}{x}$の変化の割合

　$\dfrac{-a}{pq}$ （xがpからqまで変化するとき）

$y = ax + b$の変化の割合　a

$y = ax^2$の変化の割合

　$a(p+q)$

　（xがpからqまで変化するとき）

直線と放物線

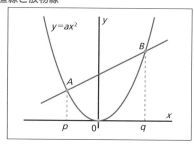

放物線$y = ax^2$と直線が2点で交わるとき、2つの交点のx座標をそれぞれp, qとすると、直線の式は、

傾き　$a(p+q)$

切片　$-apq$　で表される

三平方の定理

$a^2 + b^2 = c^2$

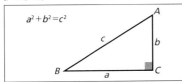

特別な直角三角形の辺の比

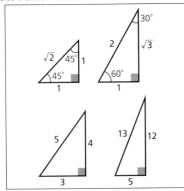

正三角形の面積

$S = \dfrac{\sqrt{3}}{4}a^2$ （S：面積　a：1辺の長さ）

直方体・立方体の対角線

直方体の対角線の長さ

$\sqrt{a^2 + b^2 + c^2}$ （a：縦　b：横　c：高さ）

立方体の対角線の長さ

$\sqrt{3a^2}$ （a：1辺の長さ）

正四面体

体積 $V = \dfrac{\sqrt{2}}{12}a^3$

（V：体積　a：1辺の長さ）

多角形の角度

三角形の内角和＝180度
四角形の内角和＝360度
多角形の内角和＝180度×（頂点数−2）
n角形の外角の和　360°

場合の数・確率の公式

（組み合わせ）
n個のものから2個を選ぶ選び方

$_nC_2 = \dfrac{n(n-1)}{2 \times 1}$

n個のものから3個を選ぶ選び方

$_nC_3 = \dfrac{n(n-1)(n-2)}{3 \times 2 \times 1}$

（確率）
・Pが起こらない確率
　　1−p （p：Pが起こる確率）
・少なくとも1回以上Pが起こる確率
　　1−（1回もpが起こらない確率）

円の公式

円周率＝π
円周＝直径 × π
円周率＝円周 ÷ 直径
おうぎ形の弧長＝円周 ×（中心角 ÷ 360）

$l = 2\pi r$ （l：円周　r：半径）
$S = \pi r^2$ （S：円の面積　r：半径）

おうぎ形の公式

$l = \dfrac{2\pi r \times a}{360}$

　（l：弧の長さ　r：半径　a：中心角）

$S = \dfrac{\pi r^2 \times a}{360}$

　（S：おうぎ形の面積　r：半径
　a：中心角）

$S = \dfrac{1}{2}lr$

　（S：おうぎ形の面積　l：弧の長さ
　r：半径）

角柱・円柱の公式

表面積＝側面積 ＋ 底面積 × 2
側面積＝側面の周 × 高さ
$V = Sh$ （V：体積　S：底面積　h：高さ）

角錐・円錐の公式

表面積＝側面積 ＋ 底面積

$V = \dfrac{1}{3}Sh$ （V：体積　S：底面積　h：高さ）

$a = 360° \times \dfrac{r}{l}$

　（a：側面のおうぎ形の中心角
　l：母線　r：半径）

円錐の側面積＝πlr （l：母線　r：半径）

球の公式

$S = 4\pi r^2$ （S：表面積　r：半径）

$V = \dfrac{4\pi r^3}{3}$ （V：体積　r：半径）

MEMO

Chapter 3

能力試験
言語能力
典型6領域!

01 二語の関係

頻出度 ■■■ 対応試験 SPIテストセンター／SPIペーパーテスト

提示された2語の関係を把握する問題です。

主な出題パターン

① 包含関係 （ex. 馬：動物）
② 同じ意味 （ex. 殊勝：健気）
③ 反対の意味 （ex. 収入：支出）
④ 役割 （ex. 定規：計測）
⑤ 材料 （ex. チーズ：牛乳）
⑥ 並列 （ex. 邦楽：洋楽）
⑦ セット （ex. 針：糸）
⑧ 動詞と目的語（ex. 投与：薬）

例題 こんな問題が出る！

❶ 示された2語の関係と同じ関係のものはどれか。 （解答目標時間30秒）

米：せんべい

A 大豆：うどん　　**B** 大豆：豆腐　　**C** 食事：主菜　　**D** 大豆：寒天

❷ 示された2語の関係と同じ関係のものはどれか。 （解答目標時間30秒）

コーヒー：嗜好品

A 農産物：野菜　　**B** 雪：雨　　**C** きな粉：おから　　**D** チーズ：牛乳

とらのすけ先生のワンポイントアドバイス

事前に対策をしておくことで、かなりの正答率が取れるようになる単元です。
出題パターンを把握し、確実に正解できるようにしましょう。
問題文の2語の関係がわからない場合は、選択肢から関係を考え、問題文
に当てはめて考えるのもよいでしょう。

例題の解答

❶ 米：せんべい　→　材料
　 大豆：うどん　→　無関係
　 大豆：豆腐　→　材料
　 食事：主菜　→　構成要素
　 大豆：寒天　→　無関係

→**B　大豆：豆腐**

❷ コーヒー：嗜好品　→　包含関係
　 農産物：野菜　→　包含関係
　 雪：雨　→　並列
　 きな粉：おから　→　材料が同じ
　 チーズ：牛乳　→　材料

→**A　農産物：野菜**

実践問題

解答集 ▶ P136〜

問題1

最初に示された二語の関係と同じ関係を作る。 ☐☐☐ に当てはまる適切な語句を選びなさい。

ドア・ノブ＝漢字・ ☐☐☐

A 文字 　　**B** 楷書 　　**C** 中国語 　　**D** かな 　　**E** つくり

問題2

最初に示された二語の関係と同じ関係を作る。 ☐☐☐ に当てはまる適切な語句を選びなさい。

太鼓・ばち＝針・ ☐☐☐

A 手芸 　　**B** 糸 　　**C** 衣服 　　**D** 道具 　　**E** 裁縫

問題3

最初に示された二語の関係と同じ関係を作る。 ☐☐☐ に当てはまる適切な語句を選びなさい。

心配・不安＝享楽・ ☐☐☐

A 安楽 　　**B** 禁欲 　　**C** 悦楽 　　**D** 哀感 　　**E** 節制

問題4

最初に示された二語の関係と同じ関係を作る。 ☐☐☐ に当てはまる適切な語句を選びなさい。

植物・ひまわり＝飲料・ ☐☐☐

A 炭酸水 　　**B** 炭水化物 　　**C** 食事 　　**D** ペットボトル 　　**E** ミネラル

問題5

最初に示された二語の関係と同じ関係を作る。 ☐☐☐ に当てはまる適切な語句を選びなさい。

メジャー・計測＝ハサミ・ ☐☐☐

A 紙 　　**B** 利き手 　　**C** 文房具 　　**D** 切断 　　**E** 包丁

問題6

最初に示された二語の関係と同じ関係を作る。 ☐☐☐ に当てはまる適切な語句を選びなさい。

粗野・優雅＝強靭・ _____

A 柔軟　　**B** 弱体　　**C** 強情　　**D** 脆弱　　**E** 豪胆

問題7

最初に示された二語の関係と同じ関係を作る。_____ に当てはまる適切な語句を選びなさい。

尽力・献身＝催促・ _____

A 督促　　**B** 没頭　　**C** 冷酷　　**D** 専心　　**E** 負債

問題8

最初に示された二語の関係と同じ関係を作る。_____ に当てはまる適切な語句を選びなさい。

英語・言語＝Tシャツ・ _____

A ジャケット　　**B** 衣服　　**C** 半袖　　**D** ブランド　　**E** 上着

問題9

最初に示された二語の関係と同じ関係を作る。_____ に当てはまる適切な語句を選びなさい。

高慢・自負＝栄養・ _____

A 滋養　　**B** 委細　　**C** 強壮　　**D** 効力　　**E** 脆弱

問題10

最初に示された二語の関係と同じ関係を作る。_____ に当てはまる適切な語句を選びなさい。

店・販売＝裁判官・ _____

A 法廷　　**B** 弁護士　　**C** 事件　　**D** 訴訟　　**E** 判決

問題11

次の語句で同じ関係になっているものをA〜Iから選び、記号で答えなさい。

ア　日本：アメリカ
イ　教師：指導
ウ　NHK：TBS
エ　桜：植物

A アとイ　　**B** アとウ　　**C** アとエ　　**D** アとイとウ　　**E** イとウとエ
F アとウとエ　　**G** アとイとエ　　**H** 全て当てはまる
I 全て当てはまらない

問題12

次の語句で同じ関係になっているものをA〜Iから選び、記号で答えなさい。

ア　律儀：実直

イ　冷静：沈着

ウ　了解：納得

エ　冷淡：薄情

A アとイ　　　**B** アとウ　　　**C** アとエ　　　**D** アとイとウ　　　**E** イとウとエ
F アとウとエ　　　**G** アとイとエ　　　**H** 全て当てはまる
I 全て当てはまらない

問題13

次の語句で同じ関係になっているものをA〜Iから選び、記号で答えなさい。

ア　弓：矢

イ　オレンジ：果物

ウ　チョコレート：カカオ

エ　加湿器：水

A アとイ　　　**B** アとウ　　　**C** アとエ　　　**D** アとイとウ　　　**E** イとウとエ
F アとウとエ　　　**G** アとイとエ　　　**H** 全て当てはまる
I 全て当てはまらない

問題14

次の語句で同じ関係になっているものをA〜Iから選び、記号で答えなさい。

ア　幸運：凶運

イ　お茶：水

ウ　平凡：非凡

エ　優越：劣後

A アとイ　　　**B** アとウ　　　**C** アとエ　　　**D** アとイとウ　　　**E** イとウとエ
F アとウとエ　　　**G** アとイとエ　　　**H** 全て当てはまる
I 全て当てはまらない

問題15

次の語句で同じ関係になっているものをA〜Iから選び、記号で答えなさい。

ア　唐突に：だしぬけに

イ　いぶかる：変だと思う

ウ　凛々しい：堂々たる

エ　煩わしい：容易い

A アとイ **B** アとウ **C** アとエ **D** アとイとウ **E** イとウとエ
F アとウとエ **G** アとイとエ **H** 全て当てはまる
I 全て当てはまらない

問題16

次の語句で同じ関係になっているものをA〜Iから選び、記号で答えなさい。

ア　漏電：火災
イ　台風：地震
ウ　大雨：土砂災害
エ　雪：風

A アとイ **B** アとウ **C** アとエ **D** アとイとウ **E** イとウとエ
F アとウとエ **G** アとイとエ **H** 全て当てはまる
I 全て当てはまらない

問題17

次の語句で同じ関係になっているものをA〜Iから選び、記号で答えなさい。

ア　植物：草
イ　赤道：緯線
ウ　洋式：和式
エ　火曜日：金曜日

A アとイ **B** アとウ **C** アとエ **D** イとウ **E** イとエ
F ウとエ **G** アとイとエ **H** 全て当てはまる **I** 全て当てはまらない

問題18

最初に示された二語の関係と同じ関係を作る。　　　　に当てはまる適切な語句を選びなさい。

鉛筆・筆記用具＝iPhone・　　　　

A 検索 **B** スマホ **C** テレビ **D** 固定電話

問題19

最初に示された二語の関係と同じ関係を作る。　　　　に当てはまる適切な語句を選びなさい。

類似・相違＝帰納・　　　　

A 抽象 **B** 普遍 **C** 点在 **D** 演繹

02 語句の意味

頻出度 ■■■■ 対応試験 SPIテストセンター／SPIペーパーテスト

提示された言葉と同じ意味の選択肢を選ぶ問題です。

習得のPOINT

・説明文から漢字を想起してみる
・選択肢はすべて検討する
・（学習時に）類義語・対義語も
　調べる

例題 こんな問題が出る!

❶ 次の語句と最も意味が合致するものを1つ選びなさい。　　（解答目標時間20秒）

　気にしてこだわること

　A 拘泥　　B 耽溺　　C 悔悟　　D 大綱　　E 恭順

❷ 次の語句と最も意味が合致するものを1つ選びなさい。　　（解答目標時間20秒）

　巧みでないこと

　A たわいない　　B つたない　　C ふがいない　　D とりとめのない
　E すげない

例題の解答

❶　選択肢の意味は以下の通り。

　　　拘泥：気にしてこだわること
　　　耽溺：何かに夢中になって溺れること
　　　悔悟：過ちを認めて、後悔すること
　　　大綱：物事の基本
　　　恭順：命令に謹んで従うこと

→**A　拘泥**

❷　選択肢の意味は以下の通り。

　　　たわいない：取るに足らない
　　　つたない：巧みでないこと
　　　ふがいない：情けない
　　　とりとめのない：話にまとまりがない
　　　すげない：思いやりがない

→**B　つたない**

─ とらのすけ先生のワンポイントアドバイス ─

網羅的に学習することが難しく、日常の語彙力が問われる単元です。
地道ですが、語句の意味を1つずつ覚えていくことが最短の学習方法です。
問題集以外にも、日頃の生活からわからない単語を調べるように心がけましょう！

実践問題

解答集 ▶ P137〜

問題1

次に示した言葉と最も意味が合う語句を、以下の選択肢の中から1つ選びなさい。

おしなべて

A 思うに　　　**B** 一般的に　　　**C** 並べて　　　**D** なだめて　　　**E** 大胆な

問題2

次に示した言葉と最も意味が合う語句を、以下の選択肢の中から1つ選びなさい。

同じことがたびたび続いて嫌になること

A 横柄　　　**B** 嘱望　　　**C** 貪欲　　　**D** 食傷　　　**E** 反駁

問題3

次に示した言葉と最も意味が合う語句を、以下の選択肢の中から1つ選びなさい。

優れている相手をしのいでその上に立つこと

A 安閑　　　**B** 拮抗　　　**C** 凌駕　　　**D** 興隆　　　**E** 挙行

問題4

「　」に入るのに、最もふさわしいものをA〜Eの中から選びなさい。

「　」とした不安に襲われる

A 歴然　　　**B** 超然　　　**C** 茫然　　　**D** 唖然　　　**E** 漠然

問題5

次に示した言葉と最も意味が合う語句を、以下の選択肢の中から1つ選びなさい。

つつしんで差し上げること

A 吐露　　　**B** 露呈　　　**C** 謹呈　　　**D** 謹慎　　　**E** 激白

問題6

次に示した言葉と最も意味が合う語句を、以下の選択肢の中から1つ選びなさい。

無理を承知の上であえてすること

A 敢行　　　**B** 彷徨　　　**C** 難行　　　**D** 挑戦　　　**E** 放蕩

問題7

次に示した言葉と最も意味が合う語句を、以下の選択肢の中から1つ選びなさい。

徐々に

A 漸次　　B 頓挫　　C 愚鈍　　D 逐次　　E 暫時

問題8

次に示した言葉と最も意味が合う語句を、以下の選択肢の中から1つ選びなさい。

根本の原因を取り去ること

A 淘汰　　B 抜本　　C 抜粋　　D 防除　　E 剥離

問題9

次に示した言葉と最も意味が合う語句を、以下の選択肢の中から1つ選びなさい。

目立って見える

A 目につく　　B 目が利く　　C 目に余る　　D 目が高い　　E 目が回る

問題10

次に示した言葉と最も意味が合う語句を、以下の選択肢の中から1つ選びなさい。

他より目立って優れていること

A 顕著　　B 明快　　C 有終　　D 銘柄　　E 出色

問題11

次に示した言葉と最も意味が合う語句を、以下の選択肢の中から1つ選びなさい。

仕事を怠けること

A 油がのる　　B 油を売る　　C 油を絞る　　D 油が切れる　　E 油を注ぐ

問題12

次に示した言葉と最も意味が合う語句を、以下の選択肢の中から1つ選びなさい。

陰で操り、自分の思い通りに動かすこと

A 網の目をくぐる　　B 顎が落ちる　　C 尾ひれをつける
D 煙幕をはる　　E 糸を引く

問題13

次に示した言葉と最も意味が合う語句を、以下の選択肢の中から1つ選びなさい。

自分の内心を明かすこと

A 底を割る　　B 底をつく　　C 底が浅い　　D 底が知れない
E 底に底あり

03 複数の意味

頻出度 ■■■ 対応試験 SPIテストセンター／WEBテスティング／SPIペーパーテスト

提示された言葉が同じ意味で用いられている文を選ぶ問題です。

習得のPOINT

・「多義語」を問う問題
単語の核となる意味を理解する
熟語から意味を連想してみる
例文とあわせて覚える

・「文法」を問う問題
品詞を覚える
（名詞／連体詞／副詞／接続詞／感動詞／動詞／形容詞／形容動詞／助動詞／助詞）

動作・状態を意識する
例文とあわせて覚える

例題 こんな問題が出る！

❶ 下線部の語が最も近い意味で使われているものを1つ選びなさい。

（解答目標時間30秒）

明日の試合のオーダーを<u>組む</u>

A 彼と<u>組ん</u>で事業を始める
B 活字を版に<u>組む</u>
C 新たに政党を<u>組む</u>
D 座布団の上で足を<u>組む</u>
E 困難と四つに<u>組む</u>

❷ 下線部の語が最も近い意味で使われているものを1つ選びなさい。

（解答目標時間30秒）

受験勉強<u>で</u>暇がない

A 30歳<u>で</u>結婚する
B 1日<u>で</u>仕上げる
C 泳い<u>で</u>渡る
D テレビ<u>で</u>情報を知る
E 君のおかげ<u>で</u>助かった

例題の解答

❶ 「多義語」について問われている問題です。
問題文の「組む」はヒト・モノを統一あるものに組織したり編成したりする、の意味。これに最も近いのはC。その他の意味は以下の通り。

A 同じ目的で何かをするために仲間になる
B 活字を、指定に従って原稿通りに並べる
D ものを互い違いに交差させたり絡み合わせたりする
E 正面から堂々と争う

→C　新たに政党を組む

❷ 「文法」について問われている問題です。
問題文の「で」は動作・作用の原因を表す格助詞。これに最も近いのはE。その他の意味は以下の通り。

A 動作・作用の行われる時
B 期限
C 接続動詞（てが濁音付きになったもの）
D 手段・方法

→E　君のおかげで助かった

― とらのすけ先生のワンポイントアドバイス ―

提示された言葉を別の表現に置き換えてみましょう。
「文法」について問われているものに関しては、頻出の用法を覚えることで簡単に解ける問題もあります。とりわけ、本書に記載の用語は必須です。

実践問題

解答集 ▶ P139〜

問題1

下線部の語が最も近い意味で使われているものを1つ選びなさい。

近年この地域は米の輸出を<u>伸ばし</u>ている

A 自己ベストから5秒もタイムが<u>伸びた</u>
B ゴムひもを<u>伸ばす</u>
C 服のしわを<u>伸ばす</u>
D 曲がった釘を<u>伸ばす</u>
E 凝った背筋を<u>伸ばす</u>

問題2

下線部の語が最も近い意味で使われているものを1つ選びなさい。

雲の隙間から太陽が<u>現れ</u>る

A 彼の思想が絵によく<u>現れ</u>ている
B その人物は彗星のごとく<u>現れ</u>た
C 奇才の真価がいよいよ世に<u>現れ</u>た
D 怒りが顔に<u>現れ</u>る
E 日頃の鍛錬はいざという時の行動に<u>現れ</u>る

問題3

下線部の語が最も近い意味で使われているものを1つ選びなさい。

あなたのご意見を<u>伺い</u>たい

A 噂はかねがね<u>伺っ</u>ています
B 明日、こちらから<u>伺い</u>ます
C 先日の件で詳しい話を<u>伺う</u>
D 上司のご機嫌を<u>伺う</u>
E 接待の場で席を<u>伺う</u>

問題4

下線部の語が最も近い意味で使われているものを1つ選びなさい。

未だ固い表情を<u>崩さ</u>ない

A 豪雨でがけ<u>崩れ</u>が起こる
B 字を<u>崩し</u>て書く
C 一万円札を<u>崩す</u>
D 赤子の無邪気さに思わず相好を<u>崩す</u>

E 足がしびれたので<u>崩し</u>た姿勢を取る

問題5

下線部の語が最も近い意味で使われているものを1つ選びなさい。

転んでもただでは<u>起き</u>ない

A 事故が<u>起き</u>てからでは遅い
B 寝坊をしてベッドから飛び<u>起き</u>る
C 伝票を<u>起こ</u>す
D 今日は明け方まで<u>起き</u>ていた
E 毎朝7時に<u>起き</u>てシャワーを浴びる

問題6

下線部の語が最も近い意味で使われているものを1つ選びなさい。

敵に塩を<u>送る</u>

A 実家に荷物を<u>送る</u>
B 駅まで車で<u>送る</u>
C 失意の日々を<u>送る</u>
D 走者を次の塁に<u>送る</u>
E 活用語尾を<u>送る</u>

問題7

下線部の語が最も近い意味で使われているものを1つ選びなさい。

与えられた役を<u>蹴る</u>

A ボールを勢いよく<u>蹴る</u>
B 席を<u>蹴っ</u>て退場する
C 水を<u>蹴っ</u>て泳ぐ
D 組合の要求を<u>蹴る</u>
E 荒々しく床を<u>蹴る</u>

問題8

下線部の語が最も近い意味で使われているものを1つ選びなさい。

こちらの要求を<u>押し</u>通す

A 荷車を<u>押す</u>
B 社長が提案した事業を<u>押す</u>
C 今一度念を<u>押す</u>
D 契約書に判を<u>押す</u>
E 開始時間が10分<u>押す</u>

問題9

下線部の語が最も近い意味で使われているものを1つ選びなさい。

敵の精鋭を**叩く**

- **A** 出鼻を**叩か**れる
- **B** 窓を雨が**叩く**
- **C** 先方の意向を**叩く**
- **D** 二束三文に**叩く**
- **E** 無駄口を**叩く**

問題10

下線部の語が最も近い意味で使われているものを1つ選びなさい。

肉を切らせて骨を**断つ**

- **A** 隣国と国交を**断つ**
- **B** 望みが**断た**れる
- **C** 電気回路を**断つ**
- **D** 酒を**断つ**
- **E** 休養のため筆を**断つ**

問題11

下線部の語が最も近い意味で使われているものを1つ選びなさい。

少年時代の**ように**遊びたい

- **A** 真夏の**ような**暑さだ
- **B** この機械はどこも故障していない**ようだ**
- **C** 分かりやすい**ように**例を付けましょう
- **D** やっと料理が作れる**ように**なった
- **E** 君の**ような**人材はいない

問題12

下線部の語が最も近い意味で使われているものを1つ選びなさい。

寒い**の**を我慢する

- **A** 本を読む**の**が好きだ
- **B** 赤い自転車は君**の**ものかい?
- **C** 姉は話**の**好きな人だ
- **D** 学校**の**友達と話す
- **E** 妹**の**描いた絵を見る

問題13

下線部の語が最も近い意味で使われているものを1つ選びなさい。

思った**より**重かった

A 日本**より**アメリカへ
B この役にふさわしいのは君**より**ほかにいない
C 父**より**手紙が届いた
D 以前**より**達筆になった
E 会議は正午**より**行われる

問題14

下線部の語が最も近い意味で使われているものを1つ選びなさい。

先日に続きまたも**や**地震が起こった

A もう、どうでもいい**や**
B かつての繁栄は今**や**見る影もない
C ポチ**や**、こっちにおいで
D 波の音を聞く**や**海岸へ駆け出した
E 海**や**山などに行く

問題15

下線部の語が最も近い意味で使われているものを1つ選びなさい。

多少の悪天候など**もの**ともしない

A **もの**ども、屋敷に集合だ
B よくここまで仕上げた**もの**だ
C つまらない**もの**ですが、お受け取り下さい
D だって時間がないんだ**もの**
E あんなのは**もの**の数に入らない

問題16

下線部の語が最も近い意味でつかわれているものを1つ選びなさい。

今は猫の**手**も借りたい

A おもむろに鍋の取っ**手**を掴む
B 家屋から火の**手**が上がる
C 袖に**手**を通す
D 女**手**一つで子どもを育て上げる
E **手**の込んだ細工を仕掛ける

04 文の並べ替え

頻出度 ■■■ 対応試験 SPIテストセンター／WEBテスティング

いくつかの文章を並べ替えて、正しい順番にする問題です。

▶**文章のつながりを見出そう！**

①つなぎやすい文章からつなげる

②先頭に来る文章を見つける

③接続詞等で、
　不自然な部分はないか全体を確認する

例題　こんな問題が出る！

❶ 次の文を読んで、アからオを意味が通るように並べ替えたとき、イの次にくる文を選びなさい。 （解答目標時間40秒）

　ア　だから他人からの評価は意識しすぎなくてもよいのである。
　イ　人は他人から注目されている程度を過大評価する傾向がある。
　ウ　他人からの評価を意識し、行動や外見に気をつかう人が多い。
　エ　しかし、自分が思うほど他人は注目していないのだ。
　オ　これをスポットライト効果という。

　A ア　　**B** ウ　　**C** エ　　**D** オ　　**E** イが最後の文

❷ 次の文を読んで、アからオを意味が通るように並べ替えたとき、イの次にくる文を選びなさい。 （解答目標時間40秒）

　ア　近年、地球温暖化が深刻になり問題視されている。
　イ　一方で、気温の上昇により降水量が著しく減る場合もある。
　ウ　つまり、温暖化により自然や環境が大きく変化するのである。
　エ　その結果、食料不足や生態系の変化が進むのである。
　オ　温暖化がもたらす影響として海面の上昇や豪雨の頻発が挙げられる。

　A ア　　**B** ウ　　**C** エ　　**D** オ　　**E** イが最後の文

例題の解答

❶ まず、オの表現で、「〜という」に注目する。この表現は同格・内容説明の用法を持つため、同義の選択肢を探す。候補となるのはイかウだが、今回は「効果」の語義に当てはまりそうな選択肢を選べばよい。すると、イがオの前に来ることがわかる。

並べ替えると、文意が通じることがわかる。

イ　人は他人から注目されている程度を過大評価する傾向がある。
オ　これをスポットライト効果という。
ウ　他人からの評価を意識し、行動や外見に気をつかう人が多い。
エ　しかし、自分が思うほど他人は注目していないのだ。
ア　だから他人からの評価は意識しすぎなくてもよいのである。

→D **オ**

❷ 本問は接続詞が多く使われているため、論理に注目して解いていく。アはトピックの導入文の働きをしているため、文頭にくることがわかる。次に、ウに「つまり」という表現があることに注目する。「つまり」という接続詞は、直前の文と同一の内容を言い換える時に使われる。今回はウの内容とイの内容が同一の内容である。よって、イ→ウの流れになることがわかる。最後に、イの「一方で」という表現にも注目するとよい。「一方で」という接続詞は、ある事象A/Bについて、対照的な二つの面を対比するときや、A/Bが並行して行われる際に使われる。今回は後者の意味で使われている。イと並行している現象は、オであることからオ→イの流れになることがわかる。最後に残ったエが文末に来る。

並べ替えると、文意が通じることがわかる。

ア　近年、地球温暖化が深刻になり問題視されている。
オ　温暖化がもたらす影響として海面の上昇や豪雨の頻発が挙げられる。
イ　一方で、気温の上昇により降水量が著しく減る場合もある。
ウ　つまり、温暖化により自然や環境が大きく変化するのである。
エ　その結果、食料不足や生態系の変化が進むのである。

→B **ウ**

とらのすけ先生のワンポイントアドバイス

「しかし」「そこで」などの接続詞や「あれ」などの指示語は先頭にきません。また、接続詞が順接（「そして」など）であれば前後で似た意味の文が、逆接（「しかし」など）であれば異なる意味の文がきます。

実践問題

解答集 ▸ P142〜

問題1

次の文章を読み、以下の問いに答えなさい。

ア　ゆえに、海馬を損傷すると記憶障害が生じるのだ。

イ　重要だと判断された情報は短期記憶として保持される。

ウ　そのため、脳内で情報の取捨選択が必要になる。

エ　日常生活において人間の脳には常に多くの情報が入ってくる。

オ　そして海馬の働きにより長期記憶へ移行する。

❶　アからオを意味が通るように並べ替えたとき、ウの次にくる文を選びなさい。

　　A ア　　**B** イ　　**C** エ　　**D** オ　　**E** ウが最後の文

❷　アからオを意味が通るように並べ替えたとき、オの次にくる文を選びなさい。

　　A ア　　**B** イ　　**C** ウ　　**D** エ　　**E** オが最後の文

問題2

次の文章を読み、以下の問いに答えなさい。

ア　教育とは何かという問いには、さまざまな答え方がある。

イ　その一つに、学校で教え一学ぶことというものがある。

ウ　これは教育をもっとも狭く定義したものになる。

エ　このように、狭義と広義の定義の間に無数の教育の定義が存在するのである。

オ　他方、教育とは人間の成長全体を支えるものであるという答え方もある。

❶　アからオを意味が通るように並び替えたとき、ウの次にくる文を選びなさい。

　　A ア　　**B** イ　　**C** エ　　**D** オ　　**E** ウが最後の文

❷　アからオを意味が通るように並び替えたとき、エの次にくる文を選びなさい。

　　A ア　　**B** イ　　**C** ウ　　**D** オ　　**E** エが最後の文

問題3

次の文章を読み、以下の問いに答えなさい。

ア　なぜなら、人間関係に利害関係や生産性が求められないからだ。

イ　学生時代の人間関係は貴重なものである。

ウ　つまり、損得勘定抜きでの人付き合いができるのだ。

エ　社会人になってからの人付き合いには、それらの要素が反映されることが増える。

オ　だからこそ、学生時代に多くの友人を作ることは良いとされている。

❶ アからオを意味が通るように並べ替えたとき、イの次にくる文を選びなさい。

A ア　　B ウ　　C エ　　D オ　　E イが最後の文

❷ アからオを意味が通るように並べ替えたとき、オの次にくる文を選びなさい。

A ア　　B イ　　C ウ　　D エ　　E オが最後の文

問題4

次の文章を読み、以下の問いに答えなさい。

ア　モノ消費とは、「商品・サービスの機能に価値を感じて使うこと」である。

イ　一方でコト消費とは「商品・サービスによって得られる経験に価値を感じて使うこと」である。

ウ　さらに近年注目を集めている消費行動がトキ消費である。

エ　例えば、MacBookそのものの性能ではなく、スタバでMacBookを使う体験に価値を感じる学生がいるということだ。

オ　モノ消費からコト消費へという言葉を最近ニュースで聞くようになった。

❶ アからオを意味が通るように並べ替えたとき、エの次にくる文を選びなさい。

A ア　　B イ　　C ウ　　D オ　　E エが最後の文

❷ アからオを意味が通るように並べ替えたとき、オの次にくる文を選びなさい。

A ア　　B イ　　C ウ　　D エ　　E オが最後の文

問題5

アからオの語句を［1］から［5］に入れて文の意味が通るようにしたとき、［1］にあてはまるものを選びなさい。

世界で活躍するモデルの多くが［1］［2］［3］［4］［5］施行された。

ア　活動を制限する法律が

イ　若い女性の多くが

ウ　フランスでは痩せすぎているモデルの

エ　痩せ型であることで

オ　無理なダイエットをする傾向にある現状を改善すべく

A ア　　B イ　　C ウ　　D エ　　E オ

問題6

アからオの語句を［1］から［5］に入れて文の意味が通るようにしたとき、［2］にあてはまるものを選びなさい。

インターネットの急速な普及により［1］［2］［3］［4］［5］身につけることが必要になった。

ア　行いやすくなった一方で
イ　情報収集を
ウ　情報を見極める力を
エ　信憑性のない情報も
オ　多く出回るようになったため

A ア　　**B** イ　　**C** ウ　　**D** エ　　**E** オ

問題7

アからオの語句を［1］から［5］に入れて文の意味が通るようにしたとき、［4］にあてはまるものを選びなさい。

多くの生物に備わっている体内時計は［1］［2］［3］［4］［5］がマウス実験から明らかになった。

ア　全体の統括を行なっていること
イ　あらゆる細胞でリズムを刻んでおり
ウ　中でも脳の視床下部が
エ　一部の器官が
オ　担っているのではなく

A ア　　**B** イ　　**C** ウ　　**D** エ　　**E** オ

問題8

アからオを意味が通るように並べ替えたとき、イの次にくる文を選びなさい。

ア　とりわけ父親が子育ての喜びを実感し、子育ての責任を認識しながら、積極的に子育てに関わるよう促していくことが一層求められている。
イ　仕事と家庭の両立については、男女を問わず推進していくことが求められる。
ウ　これは、少子化の一因ともなっていると考えられる。
エ　現在のところ、男性が子育てや家事に十分に関わっていないことが、女性の継続就業を困難にしている。
オ　実際、男性の育児休業取得率については、「少子化社会対策大綱」において、2025年には30％にすることを目標としているが、現状、7.48％にとどまっている。

A ア　　**B** イ　　**C** ウ　　**D** エ　　**E** オ

問題9

アからオの語句を［1］から［5］に入れて文の意味が通るようにしたとき、［2］にあてはまるものを選びなさい。

第一に、劇というものは［1］［2］［3］［4］［5］訓練をしなければならない。

ア　ひとつの面白い場面がつくりあげられるのだから、

イ　それを正しく読みとる

ウ　劇をほんとうに面白いものにするためには、

エ　どうしてもみんなが、「話し言葉」の美しさと、表情のけだかさとを身につけ、

オ　「話し言葉」のもっとも生き生きとした使い方、人間の表情のもっとも正しいあらわし方によって、

A ア　　**B** イ　　**C** ウ　　**D** エ　　**E** オ

問題10

アからオの語句を［1］から［5］に入れて文の意味が通るようにしたとき、［5］にあてはまるものを選びなさい。

新卒者・既卒者の就職支援については、［1］［2］［3］［4］［5］行っている。

ア　全国56か所の新卒応援ハローワーク等において、

イ　就職支援を実施するとともに、

ウ　学校への出張相談などを

エ　大学等との連携による

オ　就職支援ナビゲーターによる担当者制のきめ細かな

A ア　　**B** イ　　**C** ウ　　**D** エ　　**E** オ

問題11

アからオを意味が通るように並べ替えたとき、イの次にくる文を選びなさい。

ア　一人暮らしの経験は、自らの生活にかかわる能力を高めるため、人生を豊かにする。

イ　一人暮らしを通じて生活にかかわる能力を高めていれば、互いに配慮して争わずに分担が行える。

ウ　また、一人暮らしは結婚までに経験していることが理想だとされている。

エ　例えば、実家では親にやってもらっていた食事やお弁当の準備を自分で行うようになると親のありがたさを実感して親孝行につながるだろう。

オ　なぜなら、結婚後は他人同士が一つ屋根の下で生活することになるため、生活に関わる様々な部分で分担が求められるからだ。

A ア　　**B** ウ　　**C** エ　　**D** オ　　**E** イが最後の文

05 空欄補充

頻出度 ■■■ 対応試験 SPIテストセンター／SPIペーパーテスト

文中の空欄に当てはまる適切な単語を選択する問題です。

▶空欄前後の関係性に着目！

①前後の文章のつながりを捉える
例：因果、対比、転換、並列、補足etc…

②文章内で類似の語句や表現はないか確認する

③実際に空欄に当てはめ、
違和感がないか確認する

例題　こんな問題が出る！

❶ ［＿＿＿＿］に当てはまる適切な語句を選びなさい。 （解答目標時間20秒）

　　［＿＿＿＿］を入れて勉強する。

A 本腰　　B 躍起　　C 気力　　D 意志　　E 威力

❷ ［＿＿＿＿］に当てはまる適切な語句を選びなさい。 （解答目標時間20秒）

　　柔軟剤や石鹸など日用品の普及で、生活の［＿＿＿＿］が進んだ。しかし、企業同士の競争により、多様な商品が発売されると、人々は、各々の生活スタイルに合わせて、日用品を購入するようになった。

A 同質化　　B 多様化　　C 空洞化　　D 柔軟化　　E 高度化

─ とらのすけ先生のワンポイントアドバイス ─

選択肢を空欄に当てはめて読んだ際に、意味がスッキリ通る選択肢を探してみるという解法もあります。

例題の解答

❶ 就活アカデミーEdgey式の超高速解法！

～を入れて勉強するという表現から、～には「集中する」「気合を入れる」といったニュアンスの慣用表現が入る。これに合致するのは本腰である。

....

躍起は、「躍起になって弁護する」など「○になって」という表現で使われる。
気力、意志、威力は、「(気力、意志、威力)がある/ない」など「○がある/ない」という表現で使われる。

→**A 本腰**

❷ 就活アカデミーEdgey式の超高速解法！

しかし、という逆接の接続詞の後に多様なという単語がある。そのため、多様化とは反対の同質化が解答である。

....

　　　　　に入る語は、日用品の普及で進んだ事である。普及とは、広く一般に行き渡ることであるため、「高度化」「空洞化」は誤り。また、「しかし」という逆接の接続詞の後に多様な商品が発売、とあるため、「多様化」は誤り。残った選択肢のうち、多様、各々の生活スタイルに合わせて、から想像される単語とは逆の単語を選ぶ。以上より、解答は「同質化」である。

→**A 同質化**

実践問題

解答集 ▶ P144〜

問題1

　文中の ⬚ に入れる語として最も適切なものを、AからEまでの中から1つ選びなさい。

　彼の発言は信頼しにくい。なぜなら、 ⬚ していないからだ。

A 切磋琢磨 　　**B** 言行一致 　　**C** 臨機応変 　　**D** 礼儀礼節 　　**E** 不撓不屈

問題2

　文中の ⬚ に入れる語として最も適切なものを、AからDまでの中から1つ選びなさい。

　昔から優れた科学者は ⬚ と想像力のよく発達した人たちであった。例えばニュートンは林檎が落ちたのを見て、これは地球が引っ張っているのではないかと想像してみた。更に、この引く力はどんな大きさであるかを知らんと欲して、色々考えを巡らした。

A 体力 　　**B** 観察力 　　**C** 表現力 　　**D** 視力

問題3

　文中の ⬚ に入れる語として最も適切なものを、AからEまでの中から1つ選びなさい。

　一般への普及を目的に整備された歴史的仮名遣いだったが、普及までに数十年かかった。明治初期の文豪の中には ⬚ な仮名遣いを続ける者も多かった。そもそも正しい仮名遣いを確定することが難しい語もあり、何が正しいかを決定すること自体に無理があるという意見もある。

A 恣意的 　　**B** 帰納的 　　**C** 合法的 　　**D** 演繹的 　　**E** 決定的

問題4

　文中の ⬚ に入れる語として最も適切なものを、AからEまでの中から1つ選びなさい。

　企業の側でも、「企業の社会的責任（CSR）」への意識が高まり、事業を通じてだけでなく、ボランティアや寄付といった手段によって地域社会への貢献が盛んに行われている。今後は官と民の ⬚ な連携により、各々の得意分野を活かし、地域の活性化に貢献することが重要である。

A 局所的 　　**B** 排他的 　　**C** 能動的 　　**D** 包括的 　　**E** 限定的

問題5

文中の _____ に入れる語として最も適切なものを、AからEまでの中から1つ選びなさい。

環境への適応という観点からも、 [1] な生物群よりも [2] を持った生物群の方が生き残りやすい。環境に変化が起きたとき、前者は適応できるかできないかの二択である。一方、後者はどれかが適応し、生き残ることができるからである。

- **A** [1]画一的　　[2]多様性
- **B** [1]潜在的　　[2]具体性
- **C** [1]抽象的　　[2]多様性
- **D** [1]抽象的　　[2]具体性
- **E** [1]潜在的　　[2]多様性

問題6

文中の _____ に入れる語として最も適切なものを、AからEまでの中から1つ選びなさい。

学齢に達した児童であっても、病気や障害などを理由に小学校への就学が困難な場合、就学猶予や就学免除などの手続きを受けられることがある。 [1]、養護学校が1979年に義務教育化され、それに伴い養護学校などの障害児を対象とした学校が [2] してきたため、近年では就学猶予・就学免除ともに許可が下りることは少なくなっている。

- **A** [1]ただし　　[2]充実
- **B** [1]つまり　　[2]充実
- **C** [1]つまり　　[2]衰退
- **D** [1]さらに　　[2]充実
- **E** [1]さらに　　[2]衰退

問題7

文中の _____ に入れる語として最も適切なものを、AからEまでの中から1つ選びなさい。

帰納法とは、いくつかの個別の事例から、一般的な法則を見出そうとする推論方法である。しかし、帰納法で得た結論は、必ずしも _____ とは言えない。例えば「リンゴAは甘い」「リンゴBは甘い」「リンゴCは甘い」という事例から「全てのリンゴは甘い」という推論をしたとする。しかし、これから先、甘くないリンゴが発見される可能性は常にあるのだ。

- **A** 普遍的な真理　　**B** 主観的な憶測　　**C** 形式的な内容
- **D** 一元的な展開　　**E** 具体的な概念

問題8

　文中の [＿＿＿] に入れる語として最も適切なものを、AからDまでの中から1つ選びなさい。

　こちらは地獄の底の血の池で、ほかの罪人と一しょに、浮いたり沈んだりしていた犍陀多でございます。何しろどちらを見ても、まっ暗で、たまにそのくら暗からぼんやり浮き上っているものがあると思いますと、それは恐しい針の山の針が光るのでございますから、その [＿＿＿] と云ったらございません。

芥川龍之介『蜘蛛の糸』

　A 心細さ　　　**B** 騒々しさ　　　**C** 女々しさ　　　**D** 窮屈さ

問題9

　文中の [＿＿＿] に入れる語として最も適切なものを、AからEまでの中から1つ選びなさい。

　近年では、消費者の多くが、製品を買って所有することよりも、楽しい体験で得られる満足感や生活を豊かにすることを重視するようになりつつあります。つまり [1] から [2] への移行が進んでいるのです。

　A ①モノ消費　　②選択的消費
　B ①積極的消費　②消極的消費
　C ①消極的消費　②積極的消費
　D ①モノ消費　　②コト消費
　E ①コト消費　　②モノ消費

問題10

　文中の [＿＿＿] に入れる語として最も適切なものを、AからEまでの中から1つ選びなさい。

　「人」という字があるが、これは立っている人を真横から見た姿を [＿＿＿] して、作られた文字である。

　A 模倣　　　**B** 勧学　　　**C** 象徴　　　**D** 占有　　　**E** 一般化

問題11

　文中の [＿＿＿] に入れる語として最も適切なものを、AからDまでの中から1つ選びなさい。

　人というものは、所得の [1] によって満足を得るのではなく、身近な人との [2] によって満足感を得る。例えば、自身の年収が1000万円だとしよう。一方で友人が年収500万円という水準であれば、当の本人は優越感を得ることができる。また逆の立場であれば、到底年収の満足感は下がってしまうであろう。

A 1 給付額　2 絶対額

B 1 平均値　2 絶対値

C 1 絶対額　2 保有金額

D 1 絶対額　2 相対値

問題12

　文中の ▢▢▢▢ に入れる語として最も適切なものを、AからEまでの中から1つ選びなさい。

　情報空間を相手にする業種はいろいろあるが、とりわけ銀行業を含む金融業がIT化・AI化されやすいのは、それが主に ▢▢▢▢ を扱っているからだ。言葉とは違い、それのほうがコンピューターには得意なのである。今のところ、AIは言葉の意味を理解することができない。しかし、単純な数値の分析などはそのような深遠な意味を持たずにすみ、一方でその処理能力を現時点では存分に発揮することができている。

　A モノグラフ　　**B** 幾何学　　**C** 接客業　　**D** アナリスト　　**E** 数値

問題13

　文中の ▢▢▢▢ に入れる語として最も適切なものを、AからEまでの中から1つ選びなさい。

　都心から地方都市に引っ越してきて最初に驚いたことは移動距離の変化である。都心で暮らしていた時の移動といえば家の近くの徒歩圏内か、電車に乗って出かけるような遠くに行くことが主だった。だが、地方都市では家の近くに買い物できる場所は乏しく、都心のダイヤや駅との距離に慣れた身にとっては電車の ▢▢▢▢ が悪いため、ほとんどの場合中距離の場所に車で出かけることになった。

　A 便益　　**B** 利便性　　**C** 実用性　　**D** 機動性　　**E** 効率性

問題14

　文中の ▢▢▢▢ に入れる語として最も適切なものを、AからEまでの中から1つ選びなさい。

　国語の試験でよく見られる「この時の筆者の気持ちを答えよ」という設問に意味はあるのだろうか。仮にその設問を通じて生徒に他者の心情に想像力を巡らせることを目的にしている ▢▢▢▢ 、実際に生徒が想像するのは「設問を作った人間は生徒にどのように答えてほしいか」だろう。それならば、試験の設問ではなく授業中のグループワークなどを通じて生徒間で話し合わせたり、実際に自分で物語を作らせたりするほうが他者の心情に想像を巡らせることになるのではないだろうか。

　A から　　**B** が　　**C** にしては　　**D** のだとしても　　**E** ため

06 長文読解

| 頻出度 ■■■ | 対応試験 SPIテストセンター／WEBテスティング／SPIペーパーテスト |

長文を読んで、与えられた複数の設問に答える問題です。

習得のPOINT

・まず設問を確認し、出題内容を把握する
・短時間で答えられる問題から回答する
・接続詞や筆者の主張にはマークをつけておく

例題　こんな問題が出る！

次の文を読んで、問いに答えなさい。　　　　　　　　　　（解答目標時間7分）

　近代の物理科学は、自然を研究するための道具として五官の役割をなるべく切り詰め自然を記載する言葉の中からあらゆる人間的なものを削除する事を目標として進んで来た。そうしてその意図はある程度までは遂げられたように見える。この「anthropomorphismからの解放」という合い言葉が合理的でまた目的にかなうものだということは、この旗じるしを押し立てて進んで来た近代科学の収穫の豊富さを見ても明白である。科学はたよりない人間の官能から独立した「科学的客観的人間」の所得となって永遠の落ちつき所に安置されたようにも見える。われわれ「生理的主観的人間」は目も耳も指も切り取って、あらゆる外界との出入り口をふさいで、そうして、ただ、生きていることと、考えることとだけで科学を追究し、自然を駆使することができるのではないかという空想さえいだかせられる恐れがある。しかし、それがただの夢であることは自明的である。　　１　　を杜絶すると同時に人間は無くなり、従って世界は無くなるであろう。しかし、この、近代科学から見放された人間の感覚器を子細に研究しているものの目から見ると、これらの器官の機構は、あらゆる科学の粋を集めたいかなる器械と比べても到底比較にならないほど精緻をきわめたものである。これほど精巧な器械を捨てて顧みないのは誠にもったいないような気がする。この天成の妙機を捨てる代わりに、これを活用してその長所を発揮するような、そういう「科学の分派」を設立することは不可能であろうか。こういう疑問を起こさない

ではいられないほどにわれわれの感覚器官はその機構の巧妙さによってわれわれを誘惑するのである。　2　、そういう学問の分派が可能だとすれば、それはどういう方面にその領域を求めるべきであろうか。この問題より前にまず五官による認識の本質的特徴に注目する必要がある。思うに五官の認識の方法は一面**分析**的であると同時にまた総合的である。たとえば耳は音響を調和分析にかける。そうして、めんどうな積分的計算をわれわれの無意識の間に安々と仕上げて、音の成分を認識すると同時に、またそれを総合した和弦や不協和音を一つの全体として認識する。また目は、たとえば、リヒテンベルグの陽像と陰像とを一瞬時に識別する。これを客観的に識別しようとすればめんどうな分析法によって多数の係数を算出し、さらにそれを統計にかけて表示しなければならない。

寺田 寅彦『感覚と科学』青空文庫

❶ 空欄　1　に当てはまる最も適切な言葉は、次のうちどれか。

　　A 意識　　**B** 繋がり　　**C** 五官　　**D** 長所　　**E** 器械

❷ 空欄　2　に当てはまる接続詞を選びなさい。

　　A たとえば　　**B** よって　　**C** 一方　　**D** もしも　　**E** しかしながら

❸ 下線部「anthropomorphism」について、本文中で筆者が述べていることと合致するものを選びなさい。

　　A 不要と切り捨てず、「科学の分派」として設立すべきものである

　　B 科学の粋を集めたいかなる器械と比べても比較にならないほど精緻をきわめたものである

　　C 科学的客観的人間が成立する過程で人間の生理的主観的部分を切り詰めたものである

　　D 自然を記載する言葉として不適切である

　　E 多数の係数を算出し、さらにそれを統計にかけて表示しなければならない

❹ 下線部「**分析**」の言い換えとして最も適切なのは、次のうちどれか。

　　A 表示　　**B** 構築　　**C** 分解　　**D** 調査　　**E** 解析

❺ 本文中に述べられていることと合致するものを選びなさい。

　　A 近代の物理科学が自然を駆使できるようになるには、五官の認識を瞬時に数量的に表現できる器械を発明することが必要である

　　B 五官を活用する「科学の分派」を設立出来れば、これまで解明できなかったあらゆる自然を記載できるようになる

　　C 科学的客観的人間の誕生が、今日までの人類の発展をもたらした

　　D 人間の感覚器官は、自然を個別具体的に認識している

例題の解答

❶ 空欄部分直後の文章を見ると、「この、近代科学から見放された人間の感覚器～」との記述があるが、これが空欄部の言い換えであることに着目すればよい。近代科学から見放された、とは、本文1行目より、近代の物理科学が自然を研究するための道具として五官の役割をなるべく切り詰めてきたことを指す。

→C **五官**

---

❷ 空欄部分前後の関係を整理する。前半部では、従来の近代物理科学の分派として、五官を活用した物理科学の設立が筆者によって提案されている。一方、後半部では、この分派が成立する場合、どのような領域において成立しうるかへと話を展開している。すなわち、前半部までの論理をいったん真と仮定した上で、後半部へと論理をさらに展開させていることがわかる。このような展開をつなぐ接続詞は「もしも」。

→D **もしも**

---

❸ 「anthropomorphism」は「擬人化」を意味するが、擬人化から解放されるとはどういうことかというと、下線部直前にある「自然を記載する言葉の中からあらゆる人間的なものを削除する事」である。よって、「anthropomorphism」とは、人間的な姿かたちや性質をもって自然の特徴を見出すこと、となる。本文中でこの擬人化の趣旨に関して筆者が発言している部分を探すと、「天成の妙機を捨てる代わりに、これを活用してその長所を発揮するような、そういう『科学の分派』を設立することは不可能であろうか。」と述べている。よって、筆者は擬人化を容認する学問の設立を望んでいるとわかる。

→A **不要と切り捨てず、「科学の分派」として設立すべきものである**

---

❹　下線部を含む文章を見ると、「五官の認識の方法は一面分析的であると同時にまた総合的である」と述べられている。以降、この例示が示されていくため、この対比構造を理解しつつ分析について例示されている箇所を理解すればよい。すると、耳は音響を調和分析にかけて音の成分を認識し、目はリヒテンベルグの陽像と陰像とを一瞬時に識別することがわかる。つまり、五官は分析によって一つひとつの事象を識別し、その後それらを総合した一つの全体として自然を認識することがわかる。以上から答えは事柄を細かく分けて、組織的・論理的に調べることを意味する解析。

→**E　解析**

---

❺　本文3行目において、筆者は従来の五官を排除する近代の物理科学がもたらした収穫の豊富さについて一定評価していることが読み取れる。

　　A、B：もっともらしい説明がされているが、本文中に該当する記述は存在しないため不適。

　　D：人間の感覚器官は、自然を一面分析的であると同時にまた総合的に認識している。

→**C　科学的客観的人間の誕生が、今日までの人類の発展をもたらした**

とらのすけ先生のワンポイントアドバイス

問題形式は大きく分類すると、「空欄補充」「接続詞補充」「言い換え」「文章の挿入」「内容解釈」「内容一致」の6つに分けられます。
このうち、「空欄補充」「接続詞補充」「言い換え」「文章の挿入」は比較的短い時間で回答できる場合が多いので、これらを先んじて回答するのがよいでしょう。

実践問題

解答集 ▶ P145〜

問題1
次の文章を読み、以下の問いに答えなさい。

　一般の観察によると映画は音楽がはいつていよいよ効果的になるものとされているらしいが、我々の経験によると、現在の日本では音楽がくわわつて効果をます場合が四割、効果を減殺される場合が六割くらいに見ておいて大過がない。①

　ここは音楽がはいるから、もつと見られるようになるだろうという考え方は制作態度としてもイージイ・ゴーイングだし、実際問題としても必ず誤算が生じる。

　さて、**こういうおもしろくない結果**が何によつて生じてくるかということを考えてみると、それには種々の原因がある。が、何といつてもまず第一は音楽家の理解力の不足、といつてわるければ、理解力に富む音楽家が不足なのか、あるいは不幸にして理解力に富む音楽家がまだ映画に手を出さないかのいずれかであろう。②

　第二に音楽家の誠意の不足である。

　これもそういつてわるければ誠意ある音楽家がまだ映画に手をふれないか、あるいは誠意ある人があまり音楽家にならなかつたかのいずれかであろう。

　第三に準備時間の不足である。

　第四に演奏技術の貧困である。これもそういつてわるければ技術の貧困ならざる楽団は高価で雇いにくいからといいかえておく。③

　第五に録音時間の極端な制限。もちろんこれは経済的な理由にのみよるものであるが、多くの場合音楽の吹込みは徹夜のぶつとおしで二昼夜くらいであげてしまう。

　さてここで最も問題になるのは何といつても第一の理解力の不足という点であるが、まず一般的なことからふれて行くと、音楽家は多くの場合、我々の期待よりも過度に 　1　 なメロディーを持つてくる傾向がある。④

　自分の場合を例にとついうと、作者はつとめて 　1　 に流れることを抑制しながら仕事をしている場合が多いのであるが、これに音楽を持ち込むと多くの場合 　1　 になつて作者の色彩を薄らげてしまう。

　 　2　 これは深く考えてみると必ずしも音楽家の罪ばかりではなく、また実に音楽そのものの罪でもあるのだ。なぜならば、私の考えでは音楽は他の芸術とくらべると本質的に 　1　 な分子が多いからである。⑤

　私の経験によると、映画のある部分が内容的にシリアスになればなるほど音楽を排斥するということがいえそうに思える。しかしてそれは音楽の質のいかんには毫も関係を持たないことなのである。そしてこのことは映画の芸術がある意味でリアリスティックであり、音楽があくまでも象徴的であるところからもきていると思うがこれらの問題はあまりに大きすぎるから今は預つておいて、ふたたび実際的な問題にたちかえることにする。

伊丹万作『映画と音楽』青空文庫

❶ 空欄 1 には共通の言葉が入る。あてはまる最も適切な語句は、次のうちどれか。

　A 刺激的　　**B** 権威的　　**C** 叙情的　　**D** 自己犠牲的

❷ 下線部「こういうおもしろくない結果」としてあてはまらないものはどれか。最も適切なものを選びなさい。

　A 映像の迫力が音楽によって減衰されてしまう
　B 音楽がその場面において想起させるべき感情をかき消してしまう
　C 音楽を入れても入れなくても映像の質には大差がない
　D 最も印象付けたい場面において、音楽が排斥されてしまう

❸ 空欄 2 にあてはまる接続詞を選びなさい。

　A したがって　　**B** しかし　　**C** ところで　　**D** なんといっても　　**E** また

❹ 次の文章を本文中に入れるとすると、①から⑤のどこに入れるのが最も適当か。

　だから音楽を吹きこむ前に試写してみて十分観賞に堪え得る写真を作つておかないと大変なことになる。

　A ①　　**B** ②　　**C** ③　　**D** ④　　**E** ⑤

❺ 本文中で述べられている内容としてあてはまるものは、次のうちどれか。

　A 音楽が映像の効果を増幅させるかは、監督の手腕によるところが大きい
　B 映画監督の制作意図は、音楽家に伝わり得ない
　C シリアスな映画場面で音楽を排斥するのは、音楽の質が低いためだ
　D 映画はリアリスティックなのに対し、音楽は象徴的である

問題2

次の文章を読み、以下の各問いに答えなさい。

生には広義と狭義とがある。僕は今そのもっとも狭い個人の生の義をとる。この生の神髄はすなわち [1] である。そして [1] とは要するに一種の力である。力学上の力の法則に従う一種の力である。

力はただちに動作となって現れねばならぬ。何となれば力の存在と動作とは同意義のものである。したがって力の活動は避け得られるものではない。活動そのものが力の全部なのである。活動は力の唯一のアスペクトである。

さればわれわれの生の必然の論理は、われわれに活動を命ずる。また拡張を命ずる。何となれば活動とはある存在物を空間に展開せしめんとするの謂に外ならぬ。

けれども生の拡張には、また生の充実を伴わねばならぬ。むしろその充実が拡張を余儀なくせしめるのである。したがって充実と拡張とは同一物であらねばならぬ。

[2] 生の拡充はわれわれの唯一の生の義務となる。われわれの生の執念深い要請を満足させるものは、ただもっとも有効なる活動のみとなる。また生の必然の論理は、生の拡充を障礙せんとするいっさいの事物を除去し破壊すべく、われわれに命ずる。そしてこの命令に背く時、われわれの生は、われわれの自我は、停滞し、腐敗し、壊滅する。

生の拡充は生そのものの根本的性質である。原始以来人類はすでにその生の拡充のために、その周囲との闘争と、およびその周囲の利用とを続けて来た。また人類同士の間にも、お互いの生の拡充のために、お互いの闘争と利用とを続けて来た。そしてこの人類同士の闘争と利用とが、人類をして、未だ発達したる知識の光明に照らされざりし、その生の道をふみ迷わしめたのである。

人類同士の闘争と利用とは、かえってお互いの生の拡充の<u>障礙</u>となった。すなわち誤れる方法の闘争と利用との結果、同じ人類の間に征服者と被征服者との両極を生じた。このことはすでに「征服の事実」の中に詳論した。

被征服者の生の拡充はほとんど杜絶せられた。彼等はほとんど自我を失った。彼等はただ征服者の意志と命令とによって動作する奴隷となった、器械となった。自己の生、自己の我の発展をとどめられた被征服者は勢い<u>堕落</u>せざるを得ない、腐敗せざるを得ない。

征服者とてもまた同じことである。奴隷の腐敗と堕落とは、ひいて主人の上にも及ぼさずにはやまない。また奴隷には奴隷の不徳があれば、主人には主人の不徳がある。奴隷に卑屈があれば、主人には傲慢がある。いわば奴隷は消極的に生を毀ち、主人は積極的に生を損ずる。人として生の拡充を障礙することは、いずれも同一である。

大杉栄『生の拡充』青空文庫

❶ <u>障礙</u>と同じ意味を持つ語句は、次のうちどれか。

　　A 妨げ　　**B** 補助　　**C** 失敗　　**D** 延長

❷ 　1　にあてはまる語句は、次のうちどれか。

　　A 拡充　　**B** 闘争　　**C** 利用　　**D** 自我

❸ 生そのものの根本的性質について、本文中で述べられていることはどれか。

　　A 力学上の力の法則に従う一種の力である

　　B 生の充実を伴ってはじめて展開されるものである

　　C 被征服者においては杜絶されたものである

　　D われわれの唯一の生の権利である

❹ 　2　にあてはまる接続詞は、次のうちどれか。

　　A ややもすれば　　**B** しからざれば　　**C** かくして　　**D** ところで

❺ 本文中で述べられていることと合致するのは、次のうちどれか。

　　A 自我とは、力の唯一のアスペクトである

　　B 生の拡充は、永遠に達成しえないものである

　　C 生の拡充を自生することで、われわれは闘争と利用を抑制することができる

　　D 征服者も被征服者も、ひとえに生の拡充を妨げられている

SPI頻出！ 間違いやすい慣用句 **74**選

慣用句	意味
足がすくむ	こわくて動けなくなる。
足がつく	隠し事が明らかになってしまう。
足が出る	①隠し事がバレる。②お金を使いすぎて赤字になる。
足が棒になる	疲れて動けなくなる。
足もとをみる	相手の弱みにつけこむ。
足を洗う	悪いことをするのを卒業する。
足をのばす	①普段より遠くまで行く。②ゆっくりとくつろぐ。
足を引っ張る	他人に迷惑をかける。
あっけにとられる	驚いてぼうぜんとなる。
息をのむ	思わずハッとなる。
一目置く	力を認めて、尊敬する。
犬も食わない	だれも好きにならない。
腕が鳴る	実力を出そうとワクワクする。
腕をみがく	練習して、実力をつける。
うどの大木	体ばかり大きくて役立たず。
馬が合う	ぴったりと気持ちが通じ合う。
瓜二つ	そっくりなくらい似ている。
顔が売れる	有名になる。
肩をすくめる	①恥ずかしい思いをする。②あきれる。
かぶりを振る	否定する。
からすの行水	お風呂の時間が短い。
気が置けない	とても仲が良い。お互い遠慮がいらない。
気が利く	よく目配りができる。
気がひける	引け目を感じる。気持ちがのらない。
木で鼻をくくる	そっけない態度。
くぎを刺す	あらかじめ、念を押す。
口が重い	口数が少ない。静かになる。
口車に乗る	人に言い押されて、だまされる。
唇をかむ	怒りをこらえる。
口火を切る	先頭をきって行動する。
口をすっぱくする	同じことを何度も注意して言う。
口をつぐむ	言うのをグッとこらえる。だまる。
口をとがらせる	すねる。不満を持つ。
口をはさむ	話に割って入る。
首が回らない	借金でやりくりできなくなる。
首を長くする	わくわくして待つ。

慣用句	意味
腰が低い	丁寧で愛想がよい。
腰が引ける	こわくなる。消極的になる。
腰を折る	人の話をさえぎる。
腰を据える	どっしりと構えて取り組む。
さじを投げる	途中であきらめる。
舌を巻く	驚いたり感心したりする。
雀の涙	ほんのちょっとの量。
立て板に水	すらすらと話す。
手塩にかける	じっくりと大事に育てる。
手をこまねく	なにもせずにじっと見ている。
とりつくしまもない	相手が冷たくて頼ることができない。
二の足を踏む	ためらう。ちゅうちょする。
猫の手も借りたい	忙しくて誰でもいいから助けてほしい。
猫の額	とても狭い。
歯が立たない	全くかなわない。相手にならない。
鼻が高い	誇りに思う。得意げになる。
鼻であしらう	冷たくする。相手にしない。
鼻にかける	自慢する。
鼻につく	うっとうしい。気に入らない。
鼻をあかす	あっと言わせる。
歯に衣着せぬ	思ったことをずけずけと言う。
氷山の一角	表になっているのは全体の一部にすぎない。
骨を折る	苦労する。
眉をひそめる	心配事やいやなことで顔をゆがめる。
水をさす	いい状態のじゃまをする。
耳が痛い	忠告や指摘が正しくて聞くのがつらい。
耳を疑う	聞き間違いかと驚く。
耳を傾ける	じっと話を聞く。
耳をそろえる	借りた分をすべてそろえて返す。
身もふたもない	直接すぎて、それを言うと話が進まない。
胸が高鳴る	期待でどきどきする。
目がない	好きすぎて我をわすれる。
目を皿のようにする	目を大きく見開く。
目を細める	可愛いものにほほえましくなる。
目を丸くする	驚く。
目をみはる	①目を大きく見開く。②すばらしいもの。
虫がいい	自分にとって都合がいい。自己中心的。
やぶから棒	突然のこと。いきなり。

SPI頻出！ことわざ**100**選

ことわざ	意味
青菜に塩	元気をなくして、しょんぼりとする
悪事千里を走る	悪い行いはすぐに伝わってしまう
あぶはち取らず	欲張って両方取ろうとするとどちらも手に入らない
雨だれ石を穿つ	小さな努力でも続けると大きな成功がある
案ずるより産むがやすし	やる前はあれこれ心配するがやってみると簡単にできる
石の上にも三年	辛いことも我慢していればいつか結果が出る　類義語：果報は寝て待て、待てば海路の日和あり
石橋をたたいて渡る	用心に用心を重ねて慎重に行動する　類義語：転ばぬ先の杖
医者の不養生	口では立派なことを言うが行動ができていない
急がば回れ	急いでいるときほど遠回りしたほうが結局近道になる
一か八か	運にまかせて思い切ってやってみる
一を聞いて十を知る	一部を聞いただけでそのすべてが分かるほど賢い
一寸先は闇	先のことがまったくわからない
一寸の虫にも五分の魂	小さなものにも意地があるからばかにできない
犬も歩けば棒に当たる	①出しゃばると悪いことが起こる　②行動すると幸運が訪れる
井の中の蛙大海を知らず	自分の小さな世界に満足して、外の大きな世界を知らない
魚心あれば水心	相手が親切ならこちらも親切になる
馬の耳に念仏	人のアドバイスを聞こうとしない愚かなこと、類義語：ねこに小判、豚に真珠、犬に論語
鬼の目にも涙	冷たくて厳しい人もときには涙を流す
帯に短したすきに長し	中途半端で使いものにならない
溺れる者はわらをもつかむ	ピンチのときは頼りないものでも頼ってしまう
飼い犬に手をかまれる	面倒を見ていたものに裏切られる
蛙の面に水	どんなことをされても平気でいる
火中の栗を拾う	人のために危険をおかす
河童の川流れ	どんなにうまい人でも時には失敗する　類義語：弘法にも筆の誤り、猿も木から落ちる
果報は寝て待て	幸運は焦らずにじっと待つのがよい
亀の甲より年の功	お年寄りの意見は大事にしたほうがいい
かわいい子には旅をさせよ	大事な子だからこそ旅をさせていろいろ経験させる
きじも鳴かずば撃たれまい	余計なことを言ってわざわいが起こる
九死に一生を得る	ギリギリのところで助かる
木を見て森を見ず	細かいことにこだわって全体が見えていない
犬猿の仲	非常に仲が悪い

ことわざ	意味
紅一点	男性ばかりのところに一人だけ女性がいて目立つ
弘法にも筆の誤り	どんなに上手な人も失敗することがある　類義語：河童の川流れ、猿も木から落ちる
弘法筆を選ばず	上手な人ほど道具に左右されない
転ばぬ先の杖	前もって念入りに準備する
紺屋の白袴	他人のことばかりで、自分のことがおろそかになる
猿も木から落ちる	上手な人も失敗することがある　類義語：河童の川流れ、弘法にも筆の誤り
山椒は小粒でもぴりりと辛い	小さいからといって油断してはいけない
三人寄れば文殊の知恵	凡人でも三人集まればいいことが思い浮かぶ
地獄で仏に会ったよう	困難な状況で救いを受ける
失敗は成功のもと	失敗して反省して成功に近づけていく　類義語：失敗は成功の母
釈迦に説法	詳しい人に教えようとする愚か者
朱に交われば赤くなる	付き合う人に影響を受けて良くも悪くもなる
白羽の矢が立つ	数あるなかから候補として選ばれる
背に腹は代えられない	さし迫った苦痛を回避するためには、他を犠牲にしても仕方ない
船頭多くして船山に登る	指示する人が多すぎて誤った方向に進む
千里の道も一歩から	大きな目標もまずは最初の小さな一歩が大事
対岸の火事	自分にはまったく関係がない
蛇足	余計なもの、こと
立つ鳥あとをにごさず	立ち去るときはきれいさっぱりにしてから立ち去る
蓼食う虫も好き好き	人の好みは好き好きだから何もいえない
棚からぼた餅	思いがけず幸運が訪れる　類義語：瓢箪から駒
旅の恥はかき捨て	旅先では恥ずかしいこともやってしまう
竹馬の友	古くからの友人、幼馴染
ちょうちんに釣鐘	形は似ているが、全く異なる
月とすっぽん	一見似ているが、全く異なる
灯台もと暗し	大事なことほど近すぎて気付きにくい
豆腐にかすがい	いくら言っても効き目がない
度肝を抜く	とてもびっくりする
毒を食らわば皿まで	もはや取り返しがつかないので徹底的にやる
隣の芝生は青い	他人のものはうらやましく思える
とらぬ狸の皮算用	まだ手にしていないのにあてにして計画を立てる
虎の威を借る狐	他人の力を借りて威張る人
どんぐりの背くらべ	どれも似通っていてたいしたものがない　類義語：五十歩百歩
とんびが鷹を生む	平凡な親から優れた子が生まれる

ことわざ	意味
泣きっ面に蜂	不幸に不幸が重なる　類義語：弱り目に祟り目
七転び八起き	何度失敗してもやる気を出して挑む
二階から目薬	もどかしくて、まったく効果がない
逃がした魚は大きい	手に入れかけて失ったものはいっそう惜しく思える
二兎を追う者一兎をも得ず	欲張ってどちらも得ることができない　類義語：あぶはち取らず
ぬかにくぎ	まったく効き目がない　類義語：豆腐にかすがい、のれんに腕押し
ぬれ手で粟	楽して大儲けする
ねこに小判	価値の分からぬものには立派なものも無意味　類義語：豚に真珠
寝た子を起こす	せっかくおさまったことに手出しをしてまた問題を起こす
能ある鷹は爪を隠す	能力があるものほど才能を隠す
のど元過ぎれば熱さを忘れる	過ぎ去ってしまえばたいしたことはない
のれんに腕押し	意見しても全く効果がない　類義語：豆腐にかすがい、ぬかにくぎ
早起きは三文の徳	朝早く起きるといいことが起こる
万事休す	もうおしまい、絶体絶命
人の噂も七十五日	噂はしばらく経つと忘れ去られる
百聞は一見にしかず	百回聞くより一目見たほうがよくわかる
下手の横好き	下手だけどそれをするのが好きである
仏の顔も三度まで	温厚な人も三度誤ちを繰り返されると怒る
骨折り損のくたびれ儲け	苦労だけして利益がない
馬子にも衣装	つまらない人でも服が立派だと立派に見える
待てば海路の日和あり	待っていれば幸運が訪れる　類義語：石の上にも三年、果報は寝て待て
身から出たさび	自分の行いで起きたわざわいや失敗
水清ければ魚棲まず	きれいすぎるとかえって人に親しまれない
三つ子の魂百まで	幼い頃の性格は年をとっても変わらない
目の上のこぶ	うっとうしくて邪魔な目上の人
元の木阿弥	一度良くなったのにまた悪くなる
焼け石に水	少しの助けではなんの役にも立たない
柳の下のどじょう	一度成功してもまた同じように成功するとは限らない
やぶをつついて蛇を出す	わざわざ自ら災難を引き起こす
寄らば大樹の陰	頼るなら力がある人がよい
弱り目に祟り目	災難に災難が重なる　類語：泣きっ面に蜂
良薬は口に苦し	自分にとってためになる意見ほど聞きづらい
類は友を呼ぶ	似たものどうしは自然と集まる
渡る世間に鬼はない	世の中には親切な人もいる
笑う門には福来る	笑っていると幸運が訪れる

SPI頻出！ 四字熟語**100**選

四字熟語	よみかた	意味
悪戦苦闘	あくせんくとう	厳しい状況のなかで苦しみながら努力する
暗中模索	あんちゅうもさく	手がかりがないなかでいろいろ試してみる
意気揚々	いきようよう	元気に誇らしげに振るまう
異口同音	いくどうおん	みんな同じことを言う。意見が一致する
以心伝心	いしんでんしん	言葉がなくても気持ちが通じ合う
一期一会	いちごいちえ	一生に一度の機会。その機会を大切にする
一日千秋	いちじつせんしゅう	とても待ち遠しい
一念発起	いちねんほっき	目標新たに決意を固める
一目瞭然	いちもくりょうぜん	一目見ただけではっきりわかる
一攫千金	いっかくせんきん	一度で大儲けする
一喜一憂	いっきいちゆう	喜んだり悲しんだりする
一挙一動	いっきょいちどう	一つ一つの行動や動作
一刻千金	いっこくせんきん	わずかな時間も大きな価値がある
一進一退	いっしんいったい	進んだり戻ったりする
一心同体	いっしんどうたい	心も体も一つであるかのように信頼が深い
一心不乱	いっしんふらん	一つのことにのみ集中する
一石二鳥	いっせきにちょう	一度で二回分の得をする
一朝一夕	いっちょういっせき	わずかな時間
一長一短	いっちょういったん	良いところも悪いところもある
一刀両断	いっとうりょうだん	ためらわずに思い切って判断する
因果応報	いんがおうほう	行動によって良くも悪くも報いがある
右往左往	うおうさおう	秩序なく混乱する
岡目八目	おかめはちもく	第三者のほうが正しく判断できる
温故知新	おんこちしん	古いことから新しい発想を得る
花鳥風月	かちょうふうげつ	自然の美しい景色
我田引水	がでんいんすい	自分勝手でわがまま
完全無欠	かんぜんむけつ	欠点がまったくない状態
起死回生	きしかいせい	絶望的な状態からひっくり返す
起承転結	きしょうてんけつ	物事の順序、物語の構成
奇想天外	きそうてんがい	普通では思いもつかない奇抜な
喜怒哀楽	きどあいらく	人間のさまざまな感情
急転直下	きゅうてんちょっか	突然状況が変わり、解決へと向かう

四字熟語	よみかた	意味
興味津々	きょうみしんしん	興味や関心がとても高い
金科玉条	きんかぎょくじょう	最も大切に守らなければならないきまり
空前絶後	くうぜんぜつご	前例がなく、ありえないこと
厚顔無恥	こうがんむち	厚かましく、図々しい
公平無私	こうへいむし	私心なく物事を公平に進めること
公明正大	こうめいせいだい	公平で正しく、堂々としていること
古今東西	ここんとうざい	いつでもどこでも
虎視眈々	こしたんたん	相手のすきをねらって、じっくりと機会をうかがう
五里霧中	ごりむちゅう	手がかりが見つからず方針が立たないこと
言語道断	ごんごどうだん	とんでもない。もってのほか。
三寒四温	さんかんしおん	三日寒い日が続いた後、四日暖かい日が続く。冬の現象
自画自賛	じがじさん	自分で自分をほめる
自給自足	じきゅうじそく	食べ物を自分でつくって暮らす
四苦八苦	しくはっく	とても苦労する
自業自得	じごうじとく	自分のした行いは自分に返ってくる
事実無根	じじつむこん	証拠もなく、まったくのでたらめ
七転八倒	しちてんばっとう	激しい苦痛で転げまわる
自問自答	じもんじとう	自分に問いかけ自分で答えを探す
弱肉強食	じゃくにくきょうしょく	弱いものが負け、強いものが生き残る
縦横無尽	じゅうおうむじん	自由自在に。自分の思い通りに
十人十色	じゅうにんといろ	好みや考え方は人によってさまざま
首尾一貫	しゅびいっかん	最初から最後まで同じ方針を貫く
枝葉末節	しようまっせつ	取るに足らないこと。ささいなこと
心機一転	しんきいってん	気持ちを良いほうにすっかり切り替える
針小棒大	しんしょうぼうだい	おおげさに言う
晴耕雨読	せいこううどく	世間を忘れて、心穏やかに暮らす
正々堂々	せいせいどうどう	正しく、立派な態度
絶体絶命	ぜったいぜつめい	危険から逃げられない窮地
千差万別	せんさばんべつ	差異・種別が非常に多いこと
全身全霊	ぜんしんぜんれい	心身の力すべて
前代未聞	ぜんだいみもん	いまだ聞いたこともないほど珍しい
先手必勝	せんてひっしょう	先に行動したほうが有利になる
千変万化	せんぺんばんか	さまざまに変化する
大器晩成	たいきばんせい	優れた人ほど遅れて成功する
大同小異	だいどうしょうい	だいたい同じで、細かいところが少し違う

四字熟語	よみかた	意味
他力本願	たりきほんがん	他人の力をあてにする
単刀直入	たんとうちょくにゅう	すぐに本題に入る
適材適所	てきざいてきしょ	適切な人材を配置する
電光石火	でんこうせっか	動きがとても素早い
天真爛漫	てんしんらんまん	飾らず素直で純真な心をもつ
独立独歩	どくりつどっぽ	誰にも頼らずひとりで思うとおりにする
二束三文	にそくさんもん	数が多くても値段がとても安い
日進月歩	にっしんげっぽ	絶え間なく進歩していくこと
二人三脚	ににんさんきゃく	二人で力をあわせて行動する
馬耳東風	ばじとうふう	人の意見をまったく気にかけず聞き流す
八方美人	はっぽうびじん	人当たりばかりよく周りに同調する
半信半疑	はんしんはんぎ	半分信じて、半分疑う状態
百発百中	ひゃっぱつひゃくちゅう	百回やれば百回成功する
品行方正	ひんこうほうせい	真面目で正しく立派な態度
不言実行	ふげんじっこう	あれこれ言わずに黙ってすべきことをする
不眠不休	ふみんふきゅう	寝ることも休むこともしない
付和雷同	ふわらいどう	自分の意見を持たず、周りに同調する
粉骨砕身	ふんこつさいしん	力の限りに努力する
平身低頭	へいしんていとう	恐れおおく、頭を低くする
傍若無人	ぼうじゃくぶじん	好き勝手にふるまう
抱腹絶倒	ほうふくぜっとう	お腹を抱え、転げまわって大笑いする
三日天下	みっかてんか	ほんのわずかな時間だけ権力を握る
三日坊主	みっかぼうず	長続きしない
無我夢中	むがむちゅう	心を奪われて我を忘れる
優柔不断	ゆうじゅうふだん	ぐずぐずして決断が遅い
有名無実	ゆうめいむじつ	名前ばかり有名で実力がない
油断大敵	ゆだんたいてき	油断せず気を抜かない
用意周到	よういしゅうとう	準備がしっかり行き届いている
立身出世	りっしんしゅっせ	世間から認められ、高い地位をもつ
理路整然	りろせいぜん	話の筋道がしっかり通っている
臨機応変	りんきおうへん	突然の変化にも対応していく
老若男女	ろうにゃくなんにょ	年齢や性別のちがいなくすべての人
和魂洋才	わこんようさい	日本の心を持って西洋の優れた技術を生かす

SPI頻出！対義語 120 選

威圧する	⇔	懐柔される	高尚な趣味	⇔	低俗な記事
依存している	⇔	独立する	肯定する	⇔	否定する
異端児	⇔	正統派	巧妙な手口	⇔	拙劣な文章
栄進を祈る	⇔	零落する	婚姻届を受理する	⇔	意見が却下された
演繹法	⇔	帰納法	混沌とした社会	⇔	秩序だった行動
画一的な服装	⇔	多様性を重視	斬新な意見	⇔	陳腐な置物
革新政党	⇔	保守政党	詳細な事例	⇔	事件の概略
獲得する	⇔	喪失する	承諾する	⇔	固辞する
過激な表現	⇔	穏便な人	自律的な存在	⇔	他律的な行動
寡黙な人	⇔	饒舌な人	進化の研究	⇔	退化を危惧する
簡潔な表現	⇔	冗長な表現	迅速な連絡	⇔	緩慢な動き
干渉する	⇔	放任する	鋭い感性	⇔	理性的な対応
陥没の危機	⇔	隆起の危機	精密な翻訳	⇔	粗雑な対応
既知の事実	⇔	未知の世界	世界の中枢	⇔	組織の末端
希薄な関係	⇔	濃厚な味	絶対評価	⇔	相対評価
義務	⇔	権利	創造力豊かな	⇔	模倣に徹する
狭義の意味	⇔	広義の意味	挿入工具	⇔	抽出処理
供給する	⇔	需要がある	促進する	⇔	抑制する
強硬な態度	⇔	軟弱な地盤	損失を回避する	⇔	利益を追求する
狭量な人間	⇔	寛容な態度	悲観的な性格	⇔	楽観的な性格
虚偽申告	⇔	真実を聞く	必然的な結果	⇔	偶然の結果
謙虚な性格	⇔	傲慢な性格	非凡な才能	⇔	凡庸な人物
虚構の世界	⇔	現実の問題	普遍的な事象	⇔	特殊な事象
巨視的（マクロ）	⇔	微視的（ミクロ）	変数を固定する	⇔	流動的な情勢
緊張する	⇔	筋弛緩剤	本音	⇔	建前
勤勉な人	⇔	怠惰な人	免許を取得する	⇔	遺失処理
具体的な提案	⇔	抽象的な提案	物事の本質	⇔	怪奇な現象
軽蔑に値する	⇔	崇拝者	問題が顕在化した	⇔	潜在的な意識
結果を出す	⇔	原因を特定する	理論的な答え	⇔	実践的な教え
原則を重視する	⇔	例外的な規則	時間を浪費する	⇔	娯楽費を倹約する

SPI頻出！ 類義語 **120**選

悪事が露見する	≒	嘘が発覚する	竣工祝い	≒	落成式
安泰な人生	≒	平穏な生活	滋養エキス	≒	栄養食品
遺憾に思う	≒	残念に思う	勝利に貢献する	≒	世界平和に寄与する
永遠の誓い	≒	恒久の平和	省略記号	≒	詳細を割愛する
沿革を調べる	≒	変遷を見る	助命を哀願する	≒	不定愁訴
縁者を支援する	≒	同族嫌悪	思慮深い人	≒	分別がない
解雇の種類	≒	罷免の制度	尽力する	≒	奔走する
回復の兆し	≒	治癒する	盛衰記	≒	勢力の消長
我慢の限界	≒	忍耐力	疎外感を味わう	≒	排斥運動をする
頑健性	≒	屈強な男	滞在の日記	≒	駐留先が決まる
肝心なこと	≒	肝要である	対等な勝負	≒	互角な試合
頑迷な人	≒	偏屈な人	代表職の進退	≒	去就に迷う
気質の分類	≒	性格を診断する	達成感を味わう	≒	恋愛が成就する
寄贈された絵画	≒	粗品進呈	長所を話す	≒	美点凝視
規律を守る	≒	綱紀粛正に努める	体裁を整える	≒	体面を保つ
空前絶後	≒	未曾有の危機	伝播性がある	≒	波及する
計略をめぐらす	≒	策謀家	道徳の授業	≒	倫理の授業
激励される	≒	自分を鼓舞する	突然の雨	≒	不意をつかれる
効果は抜群だ	≒	屈指の人気	風潮が高まる	≒	時勢の成り行き
交渉に失敗する	≒	工場に談判する	俯瞰する	≒	鳥瞰図
混乱を解く	≒	委員会が紛糾する	弁解する	≒	釈明を求める
最期の言葉	≒	御臨終	無視される	≒	黙殺の極み
雑然とした部屋	≒	乱雑な対応	明白な事実	≒	端的な発言
瑣末な人間	≒	些細な事柄	由緒正しい	≒	来歴を確認する
時間を堪能する	≒	環境を満喫する	用途を誤る	≒	使途不明金
示唆を出す	≒	暗示される	領土を占有する	≒	機会を独占する
質問をする	≒	質疑応答を行う	流浪人	≒	漂泊の思い
使命を全うする	≒	任務を果たす	冷静な判断	≒	沈着な行動
従順な態度	≒	素直な人	例題を抜粋する	≒	抄録集
修理が困難	≒	修繕を行う	朗報を聞く	≒	福音書

MEMO

Chapter 4

能力試験
英語力
典型5領域！

01 英英辞典

| 頻出度 | ■■□□□ | 対応試験 | SPIテストセンター／SPIペーパーテスト |

英語の説明文に最も近い単語を選ぶ問題です。

習得のPOINT

- ・選択肢を確認し、わかる単語から文章を推測する
- ・同意語・反意語を重点的に覚える
- ・品詞の活用形等で、確実に落とせる選択肢を落とす

例題 こんな問題が出る！

❶ 英文の意味に最も近い語を以下から1つ選びなさい。

the process of thinking about and deciding on a plan for achieving or making something　　　　　　　　　　　　　　　　　　（解答目標時間20秒）

A planning　　**B** trade　　**C** accounting　　**D** allowance
E innovate

❷ 英文の意味に最も近い語を以下から1つ選びなさい。

to tell or show what you are feeling or thinking by using words, looks, or actions　　　　　　　　　　　　　　　　　　　　（解答目標時間20秒）

A produce　　**B** express　　**C** action　　**D** inform　　**E** develop

とらのすけ先生のワンポイントアドバイス

頻出語句の意味を押さえるのが最も確実な対策方法です。中学～大学受験レベルの英単語を復習しましょう。見当がつかない場合は、消去法で絞り込んだ上で、あまり時間をかけ過ぎずに選択するようにしましょう。

例題の解答

❶ 就活アカデミーーEdgey式の超高速解法！

planningは、計画、という意味で、英文の意味に最も近い。

....

planningは計画、tradeは貿易、accountingは経理、allowanceは許容、手当、innovateは革新する、という意味である。the process of thinking about and deciding on a plan for achieving or making somethingは、何かを成し遂げたり、作り出したりするために計画を考えたり決定する過程、という意味である。最も意味が近い単語は、planningである。

→A planning

❷ 就活アカデミーーEdgey式の超高速解法！

expressは、表現する、という意味で、英文の意味に最も近い。

....

produceは生産する、expressは表現する、actionは行動、informは知らせる、developは発展させる、という意味である。to tell or show what you are feeling or thinking by using words, looks, or actionsは、言葉や表情、行動で感じていることや考えていることを伝えたり、見せたりすること、という意味である。最も意味が近い単語は、express である。

→B express

実践問題

解答集 ▶ P147〜

問題1

最初にあげた説明文に最も近い意味を持つものを次の中から1つ選びなさい。

the total number of people who live in a particular area

A people **B** population **C** popularity **D** passenger
E emigrant

問題2

最初にあげた説明文に最も近い意味を持つものを次の中から1つ選びなさい。

a school for advanced education, especially in a particular profession or skill

A kindergarten **B** colleague **C** college **D** collision
E collapse

問題3

最初にあげた説明文に最も近い意味を持つものを次の中から1つ選びなさい。

a process in which you make a judgment about a person or situation, or the judgment you make

A referee **B** situation **C** assist **D** assurance **E** assessment

問題4

最初にあげた説明文に最も近い意味を持つものを次の中から1つ選びなさい。

an agreement between two people to marry

A divorce **B** destruction **C** engagement **D** energy
E diversity

問題5

最初にあげた説明文に最も近い意味を持つものを次の中から1つ選びなさい。

the money that you earn from your work or that you receive from the government etc

A outcome **B** income **C** fare **D** deposit **E** price

問題6

最初にあげた説明文に最も近い意味を持つものを次の中から1つ選びなさい。

the air, water, and land on Earth, which is affected by man's activities

A environment   **B** global   **C** government   **D** map   **E** area

問題7

最初にあげた説明文に最も近い意味を持つものを次の中から1つ選びなさい。

a chance to do something or an occasion when it is easy for you to do something

A party   **B** opponent   **C** opportunity   **D** challenge   **E** crime

問題8

最初にあげた説明文に最も近い意味を持つものを次の中から1つ選びなさい。

a large mass of land surrounded by sea

A voyage   **B** arctic   **C** lack   **D** continent   **E** attitude

問題9

最初にあげた説明文に最も近い意味を持つものを次の中から1つ選びなさい。

an official attempt to find out the truth about or the cause of something such as a crime, accident

A murder   **B** investigation   **C** insert   **D** inquire
E independence

問題10

最初にあげた説明文に最も近い意味を持つものを次の中から1つ選びなさい。

a form of a language which is spoken only in one area, with words or grammar that are slightly different from other forms of the same language

A direction   **B** verb   **C** dialect   **D** distinction   **E** dialogue

問題11

最初にあげた説明文に最も近い意味を持つものを次の中から1つ選びなさい。

a situation that is unusual or amusing because something strange happens, or the opposite of what is expected happens or is true

A iconic   **B** paradox   **C** irony   **D** verbal   **E** stranger

問題12

最初にあげた説明文に最も近い意味を持つものを次の中から1つ選びなさい。

something that you say when you express an opinion or say what you have noticed

A remark　　**B** remain　　**C** reduce　　**D** recycle　　**E** rejection

問題13

最初にあげた説明文に最も近い意味を持つものを次の中から1つ選びなさい。

the importance, honor, and praise that people give someone they admire a lot

A victory　　**B** glory　　**C** geography　　**D** vice　　**E** grave

問題14

最初にあげた説明文に最も近い意味を持つものを次の中から1つ選びなさい。

someone who has formally asked, usually in writing, for a job, university place etc

A applicant　　**B** interviewer　　**C** identity　　**D** famous
E audience

問題15

最初にあげた説明文に最も近い意味を持つものを次の中から1つ選びなさい。

a subject or problem that is often discussed or argued about, especially a social or political matter that affects the interests of a lot of people

A figure　　**B** odds　　**C** issue　　**D** term　　**E** suffer

問題16

最初にあげた説明文に最も近い意味を持つものを次の中から1つ選びなさい。

a way of doing or achieving something

A case　　**B** solid　　**C** pour　　**D** means　　**E** possession

問題17

最初にあげた説明文に最も近い意味を持つものを次の中から1つ選びなさい。

the process of watching something or someone carefully for a period of time

A observation　　**B** reservation　　**C** profile　　**D** research
E assumption

問題18

最初にあげた説明文に最も近い意味を持つものを次の中から1つ選びなさい。

a statement saying that something is not true

A entrance　　**B** acceptance　　**C** denial　　**D** detail　　**E** correct

問題19

最初にあげた説明文に最も近い意味を持つものを次の中から1つ選びなさい。

the act of improving something, or the state of being improved

A improvement　　**B** detect　　**C** disappearance　　**D** expectancy
E wealth

問題20

最初にあげた説明文に最も近い意味を持つものを次の中から1つ選びなさい。

a way of solving a problem or dealing with a difficult situation

A expectation　　**B** conviction　　**C** persuasion　　**D** solution
E existence

問題21

最初にあげた説明文に最も近い意味を持つものを次の中から1つ選びなさい。

a series of actions that are done in order to achieve a particular result

A process　　**B** concession　　**C** portrayal　　**D** procession
E conclusion

問題22

最初にあげた説明文に最も近い意味を持つものを次の中から1つ選びなさい。

happening one after the other without anything different happening in between

A inspection　　**B** suspicion　　**C** fraction　　**D** annotation
E succession

問題23

最初にあげた説明文に最も近い意味を持つものを次の中から1つ選びなさい。

a statement about what you think is going to happen, or the act of making this statement

A indication　　**B** prediction　　**C** dictation　　**D** communication
E opposition

問題24

最初にあげた説明文に最も近い意味を持つものを次の中から1つ選びなさい。

to remove someone from their job

A miss　　**B** escape　　**C** dismiss　　**D** lose　　**E** quit

02 空欄補充

| 頻出度 | | 対応試験 | SPIテストセンター／SPIペーパーテスト |

英熟語、文法の知識を問う問題です。

習得のPOINT

- ・英熟語／英文法の知識を固める
- ・品詞の活用形等で、
  確実に落とせる選択肢を落とす
- ・わからない問題に時間をかけすぎない

例題　こんな問題が出る！

❶　文中の _____ に入れる語として最も適切なものを、AからEまでの中から1つ
選びなさい。　　　　　　　　　　　　　　　　　　　　　　　　（解答目標時間20秒）

マイクは、友人に助けを求めるより仕方なかった。
Mike had no choice but to turn _____ his friends for help.

A in　　**B** with　　**C** to　　**D** on　　**E** up

❷　文中の _____ に入れる語として最も適切なものを、AからEまでの中から1つ
選びなさい。　　　　　　　　　　　　　　　　　　　　　　　　（解答目標時間20秒）

会議は、5時に解散した。
The meeting broke _____ at five.

A up　　**B** out　　**C** down　　**D** in　　**E** at

❸　文中の _____ に入れる語として最も適切なものを、AからEまでの中から1つ
選びなさい。　　　　　　　　　　　　　　　　　　　　　　　　（解答目標時間20秒）

彼は納税の義務を怠った。
He _____ to pay taxes.

A refused **B** neglected **C** rejected **D** negotiated
E diagnosed

例題の解答

❶ 就活アカデミーEdgey式の超高速解法!

turn to A for Bで、AにBを求める、という意味である。

⋯⋯⋯⋯⋯⋯⋯⋯⋯⋯⋯⋯⋯⋯⋯⋯⋯⋯⋯⋯⋯⋯⋯⋯⋯⋯⋯⋯⋯⋯⋯⋯

turn inは提出する、turn withは〜で回す、turn toは頼る、turn onはスイッチをつける、turn upは姿を現す、という意味である。

→**C** **to**

❷ 就活アカデミーEdgey式の超高速解法!

break upで、(会議などが)終わる、という意味である。

⋯⋯⋯⋯⋯⋯⋯⋯⋯⋯⋯⋯⋯⋯⋯⋯⋯⋯⋯⋯⋯⋯⋯⋯⋯⋯⋯⋯⋯⋯⋯⋯

break upは(会議などが)終わる、break outは勃発する、break downは故障する、break inは侵入する、break atは〜で壊れる、という意味である。

→**A** **up**

❸ 就活アカデミーEdgey式の超高速解法!

neglect to Aで、Aを怠る、という意味である。

⋯⋯⋯⋯⋯⋯⋯⋯⋯⋯⋯⋯⋯⋯⋯⋯⋯⋯⋯⋯⋯⋯⋯⋯⋯⋯⋯⋯⋯⋯⋯⋯

「怠る」を意味する動詞はBのneglect。その他の意味は以下の通り。
A：拒絶する
C：拒否する
D：交渉する
E：診断する

→**B** **neglected**

┌─ **とらのすけ先生のワンポイントアドバイス** ─

頻出英熟語の暗記と、基礎的な文法の習得が正解への最短ルートです。
見当がつかない場合は、消去法で絞り込んだ上で、あまり時間をかけ過ぎずに選択するようにしましょう。

実践問題

解答集 ▶ P149〜

問題1

文中の ◻︎◻︎◻︎◻︎ に入れる語として最も適切なものを、AからEまでの中から1つ選びなさい。

今からお話しすることはとても大切なことなので注意して聞いてください。

What I am about to share with you is very ◻︎◻︎◻︎◻︎ , so please listen carefully.

A central　　**B** important　　**C** similar　　**D** major　　**E** fair

問題2

文中の ◻︎◻︎◻︎◻︎ に入れる語として最も適切なものを、AからEまでの中から1つ選びなさい。

先日デビューした歌手の人気はますます高まっています。

The singer who debuted the ◻︎◻︎◻︎◻︎ day is becoming more and more popular.

A before　　**B** once　　**C** other　　**D** behind　　**E** such

問題3

文中の ◻︎◻︎◻︎◻︎ に入れる語として最も適切なものを、AからEまでの中から1つ選びなさい。

彼はその会議の重要なテーマを理解したのか?

Did he understand the ◻︎◻︎◻︎◻︎ theme of the meeting?

A excellent　　**B** primal　　**C** advanced　　**D** critical　　**E** core

問題4

文中の ◻︎◻︎◻︎◻︎ に入れる語として最も適切なものを、AからEまでの中から1つ選びなさい。

この布は水をよく吸収する。

This cloth ◻︎◻︎◻︎◻︎ water well.

A squeezes　　**B** absorbs　　**C** leads　　**D** picks　　**E** pulls

問題5

文中の ◻︎◻︎◻︎◻︎ に入れる語として最も適切なものを、AからEまでの中から1つ選びなさい。

塩をもっと加える必要があると思う。

I think you need to ◻︎◻︎◻︎◻︎ more salt.

A share   **B** make   **C** add   **D** carry   **E** search

問題6

　文中の ☐☐☐ に入れる語として最も適切なものを、AからEまでの中から1つ選びなさい。

　そんなつまらないことで私に手間をかけさせないでほしい。
　I don't want you to ☐☐☐ me with such trivial matters.

A call   **B** let   **C** bring   **D** bother   **E** terrify

問題7

　文中の ☐☐☐ に入れる語として最も適切なものを、AからEまでの中から1つ選びなさい。

　水質汚濁の原因は街からの汚水だ。
　Water pollution is ☐☐☐ by sewage from the city.

A led   **B** given   **C** changed   **D** switched   **E** caused

問題8

　文中の ☐☐☐ に入れる語として最も適切なものを、AからEまでの中から1つ選びなさい。

　パンクしてしまったタイヤを処分してくれないかい?
　Will you ☐☐☐ of the flat tire?

A dispose   **B** cut   **C** waste   **D** fix   **E** throw

問題9

　文中の ☐☐☐ に入れる語として最も適切なものを、AからEまでの中から1つ選びなさい。

　僕が約束の時間に遅刻した言い訳をさせてほしい。
　Let me make an ☐☐☐ for being late for the promised time.

A absence   **B** excuse   **C** intensity   **D** reason   **E** effort

問題10

　文中の ☐☐☐ に入れる語として最も適切なものを、AからEまでの中から1つ選びなさい。

　どんなことがあろうと運命として受け入れるよ。
　I will accept whatever happens as my ☐☐☐ .

A business   **B** life   **C** fate   **D** fault   **E** tendency

問題11

文中の ☐☐☐☐ に入れる語として最も適切なものを、AからEまでの中から1つ選びなさい。

ジェンダー平等を実現するための法律を制定する。

Enact legislation to achieve gender ☐☐☐☐ .

A equal　　**B** equaling　　**C** equaled　　**D** equality　　**E** equals

問題12

文中の ☐☐☐☐ に入れる語として最も適切なものを、AからEまでの中から1つ選びなさい。

私の家から食料雑貨店までは車で15分ほどかかる。

It takes about 15 minutes by car from my house to the ☐☐☐☐ store.

A department　　**B** liquor　　**C** food　　**D** convenience　　**E** grocery

問題13

文中の ☐☐☐☐ に入れる語として最も適切なものを、AからEまでの中から1つ選びなさい。

少女は彼に手を差し伸べたが、彼は握手をためらった。

The girl offered her hand to him, but he ☐☐☐☐ to shake hands.

A hesitated　　**B** hated　　**C** tried　　**D** refused　　**E** disliked

問題14

文中の ☐☐☐☐ に入れる語として最も適切なものを、AからEまでの中から1つ選びなさい。

怪我をした足に、余分な圧力をかけないようにしてください。

Avoid putting extra pressure on the injured ☐☐☐☐ .

A lung　　**B** stomach　　**C** liver　　**D** limb　　**E** toe

問題15

文中の ☐☐☐☐ に入れる語として最も適切なものを、AからEまでの中から1つ選びなさい。

両親の外出中、私は妹の面倒を見なければならなかった。

I had to look ☐☐☐☐ my little sister while my parents were away.

A on　　**B** at　　**C** back　　**D** in　　**E** after

問題16

　文中の ☐☐☐☐ に入れる語として最も適切なものを、AからEまでの中から1つ選びなさい。

自社の利益率は他社より5%低い。

The profit ☐☐☐☐ of our company is 5% lower than that of other companies.

A margin　　**B** gain　　**C** merit　　**D** percentage　　**E** sum

問題17

　文中の ☐☐☐☐ に入れる語として最も適切なものを、AからEまでの中から1つ選びなさい。

彼女は蝶がどのように飛ぶかを観察した。

She ☐☐☐☐ how butterflies fly.

A saw　　**B** checked　　**C** observed　　**D** watched　　**E** looked

問題18

　文中の ☐☐☐☐ に入れる語として最も適切なものを、AからEまでの中から1つ選びなさい。

君は今度のパーティーに参加するのかい?

Are you going to ☐☐☐☐ in the next party?

A visit　　**B** attend　　**C** take　　**D** participate　　**E** go

問題19

　文中の ☐☐☐☐ に入れる語として最も適切なものを、AからEまでの中から1つ選びなさい。

できるだけ早くこの手紙に返事をくださると嬉しいです。

I would ☐☐☐☐ it if you could respond to this letter as soon as possible.

A glad　　**B** happy　　**C** plesant　　**D** thank　　**E** appreciate

問題20

　文中の ☐☐☐☐ に入れる語として最も適切なものを、AからEまでの中から1つ選びなさい。

質問があれば、手を挙げてください。

If you have any questions, ☐☐☐☐ your hand.

A raise　　**B** put　　**C** rise　　**D** locate　　**E** stand

03 同意語

| 頻出度 | ■■□□□ | 対応試験 | SPIテストセンター／SPIペーパーテスト |

最初に示された語とほぼ同じ意味の単語を選ぶ問題です。

習得のPOINT

- 同じ意味でもニュアンスの異なる
  単語を把握する
- 品詞の活用形等で、
  確実に落とせる選択肢を落とす
- わからない問題に時間をかけすぎない

例題　こんな問題が出る！

❶ 最初に示された最も近い意味を持つ語を、選択肢より選びなさい。（解答目標時間10秒）

refuse

A respect　　**B** accept　　**C** confluence　　**D** disappoint　　**E** reject

❷ 最初に示された最も近い意味を持つ語を、選択肢より選びなさい。（解答目標時間10秒）

notice

A promise　　**B** protest　　**C** announcement　　**D** choice
E schedule

とらのすけ先生のワンポイントアドバイス

頻出語句の意味を押さえるのが最も確実な対策方法です。中学〜大学受験レベルの英単語を復習しましょう。また、接頭辞がヒントとなることもあります。見当がつかない場合は、消去法で絞り込んだ上で、あまり時間をかけ過ぎずに選択するようにしましょう。

例題の解答

❶ 就活アカデミーEdgey式の超高速解法！

refuse【他動】（＝拒否する）と同じ接頭辞を持つAとEに着目する。2語のうち、Eのreject【他動】は「拒絶する」の意味であり、示された語とほぼ同じ意味を持つ。

....

最初に示されたrefuse【他動】は「拒否する」の意味。また、選択肢として与えられた語の意味はそれぞれ以下の通り。

　　A：respect【他動】＝尊敬する
　　B：accept【他動】＝受け入れる
　　C：confluence【名】＝合流、重なった状態
　　D：disappoint【他動】＝失望させる
　　E：reject【他動】＝拒絶する

→**E reject**

❷ 就活アカデミーEdgey式の超高速解法！

noticeと同じ語源を持つnoteは、「メモ」「文書」「記す」といった意味。ここから、元の語も「お知らせ」の意味合いに近いことが推測できる。答えであるCのannouncementは、announceの派生語であり、同様に「知らせる」というニュアンスを持つ語であることがわかる。

....

最初に示されたnoticeは、名詞としては「通知」、他動詞としては「気が付く」等、複数の意味を持つ語である。選択肢として与えられた語の意味はそれぞれ以下の通り。

　　A：promise【名】＝約束 /【他動】＝約束する
　　B：protest【名】＝抗議 /【他動】＝抗議する
　　C：announcement【名】＝発表、告知
　　D：choice【名】＝選択
　　E：schedule【名】＝予定、スケジュール /【他動】＝予定する

→**C announcement**

実践問題

解答集 ▶ P151〜

問題1

最初に示された語と最も近い意味を持つ語を、選択肢より選びなさい。

obvious

A ambiguous **B** evident **C** obstacle **D** numerous
E nutritious

問題2

最初に示された語と最も近い意味を持つ語を、選択肢より選びなさい。

obscure

A indistinct **B** secure **C** understandable **D** exclusive
E complex

問題3

最初に示された語と最も近い意味を持つ語を、選択肢より選びなさい。

valuable

A excessive **B** useful **C** vulnerable **D** worthless
E precious

問題4

最初に示された語と最も近い意味を持つ語を、選択肢より選びなさい。

sly

A honest **B** intelligent **C** cunning **D** overwhelm **E** diligent

問題5

最初に示された語と最も近い意味を持つ語を、選択肢より選びなさい。

huge

A odd **B** moist **C** bizarre **D** gigantic **E** grateful

問題6

最初に示された語と最も近い意味を持つ語を、選択肢より選びなさい。

earnest

A sturdy **B** mean **C** sincere **D** dull **E** boring

問題7

最初に示された語と最も近い意味を持つ語を、選択肢より選びなさい。

accurate

A exact　　**B** template　　**C** fancy　　**D** calm　　**E** aim

問題8

最初に示された語と最も近い意味を持つ語を、選択肢より選びなさい。

skeptical

A periodical　　**B** doubtful　　**C** ethical　　**D** annoying
E occasional

問題9

最初に示された語と最も近い意味を持つ語を、選択肢より選びなさい。

constructive

A cautious　　**B** faithful　　**C** positive　　**D** simple　　**E** negative

問題10

最初に示された語と最も近い意味を持つ語を、選択肢より選びなさい。

swift

A rapid　　**B** vague　　**C** slow　　**D** passive　　**E** refined

問題11

最初に示された語と最も近い意味を持つ語を、選択肢より選びなさい。

abrupt

A sudden　　**B** rigid　　**C** cosmic　　**D** evil　　**E** strict

問題12

最初に示された語と最も近い意味を持つ語を、選択肢より選びなさい。

sound

A cowardly　　**B** mute　　**C** common　　**D** active　　**E** healthy

問題13

最初に示された語と最も近い意味を持つ語を、選択肢より選びなさい。

profitable

A sore　　**B** quiet　　**C** lucrative　　**D** painful　　**E** timid

問題14

最初に示された語と最も近い意味を持つ語を、選択肢より選びなさい。

considerate

A spiteful　　**B** thoughtful　　**C** heartless　　**D** attractive
E moderate

問題15

最初に示された語と最も近い意味を持つ語を、選択肢より選びなさい。

adjacent

A delicate　　**B** absent　　**C** next　　**D** efficient　　**E** fragile

問題16

最初に示された語と最も近い意味を持つ語を、選択肢より選びなさい。

relative

A lucrative　　**B** rational　　**C** horizontal　　**D** vertical
E comparative

問題17

最初に示された語と最も近い意味を持つ語を、選択肢より選びなさい。

indispensable

A supreme　　**B** irrational　　**C** innumerable　　**D** dispensable
E essential

問題18

最初に示された語と最も近い意味を持つ語を、選択肢より選びなさい。

proper

A remarkable　　**B** reasonable　　**C** appropriate　　**D** inappropriate
E prime

問題19

最初に示された語と最も近い意味を持つ語を、選択肢より選びなさい。

modest

A inferior　　**B** desperate　　**C** arrogant　　**D** humble　　**E** superior

問題20

最初に示された語と最も近い意味を持つ語を、選択肢より選びなさい。

constant

A irregular   **B** gradual   **C** steady   **D** random   **E** radical

問題21

最初に示された語と最も近い意味を持つ語を、選択肢より選びなさい。

achieve

A acknowledge   **B** abandon   **C** retire   **D** admit   **E** attain

問題22

最初に示された語と最も近い意味を持つ語を、選択肢より選びなさい。

praise

A accuse   **B** admire   **C** interfere   **D** fear   **E** entertain

問題23

最初に示された語と最も近い意味を持つ語を、選択肢より選びなさい。

allow

A permit   **B** forbid   **C** obey   **D** oblige   **E** evaluate

問題24

最初に示された語と最も近い意味を持つ語を、選択肢より選びなさい。

diminish

A decrease   **B** increase   **C** punish   **D** digest   **E** leak

問題25

最初に示された語と最も近い意味を持つ語を、選択肢より選びなさい。

annoy

A humiliate   **B** despise   **C** boast   **D** bother   **E** tease

問題26

最初に示された語と最も近い意味を持つ語を、選択肢より選びなさい。

establish

A gather   **B** assemble   **C** found   **D** produce   **E** abolish

04 反意語

頻出度　■■□□□　　対応試験　SPIテストセンター／SPIペーパーテスト

最初に示された語とほぼ反対の意味の単語を選ぶ問題です。

習得のPOINT

- 普段から単語を
  反意語とセットで学習する
- 多義語は核となる意味を理解する
- わからない問題に時間をかけすぎない

例題　**こんな問題が出る！**

① 最初に示された反対の意味を持つ語を、選択肢より選びなさい。（解答目標時間20秒）

combine

A reserve　　**B** interrupt　　**C** join　　**D** separate　　**E** discover

② 最初に示された反対の意味を持つ語を、選択肢より選びなさい。（解答目標時間20秒）

artificial

A natural　　**B** creative　　**C** bright　　**D** regular　　**E** individual

とらのすけ先生のワンポイントアドバイス

同意語と同様に、頻出語句の意味を押さえるのが最も確実な対策方法です。
中学〜大学受験レベルの英単語を復習しましょう。また、同意語と同様に、
接頭辞がヒントとなることもあります。見当がつかない場合は、消去法で絞
り込んだ上で、あまり時間をかけ過ぎずに選択するようにしましょう。

例題の解答

❶ 就活アカデミーEdgey式の超高速解法!

comは接頭辞で「共に、一緒に」の意味。この反対の意味となる接頭辞は「離れた」を意味する。

．．

最初に示されたcombine【他動】は「結びつける、組み合わせる」の意味。また、選択肢として与えられた語の意味はそれぞれ以下の通り。

A：reserve【他動】＝予約する、留保する
B：interrupt【他動】＝遮る、中断する
C：join【他動】＝加わる、結合する
D：separate【他動】＝切り離す、分ける
E：discover【他動】＝発見する

→D **seperate**

---

❷ 就活アカデミーEdgey式の超高速解法!

Artificial Intelligence（AI）＝「人工知能」とよく用いられるように、**artificial**とは「人工の」の意味。「人工の」の対義語は「自然の」。

．．

最初に示されたartificial【形】は「人工の」の意味。また、選択肢として与えられた語の意味はそれぞれ以下の通り。

A：natural【形】＝自然の
B：creative【形】＝創造的な
C：bright【形】＝明るい
D：regular【形】＝正常の、規則的な
E：individual【形】＝個々の

→A **natural**

実践問題

解答集 ▶ P154～

問題1

最初に示された語と反対の意味を持つ語を、選択肢より選びなさい。

domestic

A senior　　**B** sophisticated　　**C** foreign　　**D** underlying　　**E** junior

問題2

最初に示された語と反対の意味を持つ語を、選択肢より選びなさい。

following

A alien　　**B** latter　　**C** previous　　**D** next　　**E** strange

問題3

最初に示された語と反対の意味を持つ語を、選択肢より選びなさい。

specific

A general　　**B** progressive　　**C** minor　　**D** conservative　　**E** lunar

問題4

最初に示された語と反対の意味を持つ語を、選択肢より選びなさい。

public

A federal　　**B** optimistic　　**C** private　　**D** linguistic　　**E** pessimistic

問題5

最初に示された語と反対の意味を持つ語を、選択肢より選びなさい。

physical

A clockwise　　**B** mental　　**C** racial　　**D** elaborate　　**E** uneasy

問題6

最初に示された語と反対の意味を持つ語を、選択肢より選びなさい。

casual

A fiscal　　**B** trivial　　**C** practical　　**D** formal　　**E** trifling

問題7

最初に示された語と反対の意味を持つ語を、選択肢より選びなさい。

guilty

A loyal **B** innocent **C** neutral **D** hostile **E** savage

問題8

最初に示された語と反対の意味を持つ語を、選択肢より選びなさい。

accidental

A acute **B** rough **C** intentional **D** chronic **E** smooth

問題9

最初に示された語と反対の意味を持つ語を、選択肢より選びなさい。

temporary

A permanent **B** spontaneous **C** barbarous **D** brief
E vulnerable

問題10

最初に示された語と反対の意味を持つ語を、選択肢より選びなさい。

abstract

A concrete **B** exploit **C** theoretical **D** comprehensive
E significant

問題11

最初に示された語と反対の意味を持つ語を、選択肢より選びなさい。

shallow

A broad **B** deep **C** small **D** large **E** narrow

問題12

最初に示された語と反対の意味を持つ語を、選択肢より選びなさい。

inherent

A innate **B** accustomed **C** acquired **D** inborn
E outstanding

問題13

最初に示された語と反対の意味を持つ語を、選択肢より選びなさい。

written

A wrecked **B** vocational **C** frozen **D** sufficient **E** oral

問題14

最初に示された語と反対の意味を持つ語を、選択肢より選びなさい。

masculine

A juvenile **B** male **C** manifest **D** slender **E** feminine

問題15

最初に示された語と反対の意味を持つ語を、選択肢より選びなさい。

busy

A idle **B** intent **C** dumb **D** weary **E** naive

問題16

最初に示された語と反対の意味を持つ語を、選択肢より選びなさい。

fertile

A illegal **B** local **C** barren **D** thick **E** thin

問題17

最初に示された語と反対の意味を持つ語を、選択肢より選びなさい。

dynamic

A awake **B** sharp **C** asleep **D** static **E** chemical

問題18

最初に示された語と反対の意味を持つ語を、選択肢より選びなさい。

abundant

A scanty **B** aware **C** enough **D** ample **E** conscious

問題19

最初に示された語と反対の意味を持つ語を、選択肢より選びなさい。

ideal

A primitive **B** considerable **C** typical **D** actual **E** potential

問題20

最初に示された語と反対の意味を持つ語を、選択肢より選びなさい。

subjective

A executive **B** entitled **C** objective **D** collective
E intensive

問題21

最初に示された語と反対の意味を持つ語を、選択肢より選びなさい。

borrow

A steal **B** invest **C** deprive **D** lend **E** undertake

問題22

最初に示された語と反対の意味を持つ語を、選択肢より選びなさい。

deny

A prohibit **B** affirm **C** pardon **D** envy **E** lease

問題23

最初に示された語と反対の意味を持つ語を、選択肢より選びなさい。

add

A extract **B** vanish **C** disappear **D** subtract **E** contract

問題24

最初に示された語と反対の意味を持つ語を、選択肢より選びなさい。

encourage

A embody **B** encounter **C** disturb **D** disrupt **E** discourage

問題25

最初に示された語と反対の意味を持つ語を、選択肢より選びなさい。

import

A export **B** support **C** transport **D** report **E** inspire

問題26

最初に示された語と反対の意味を持つ語を、選択肢より選びなさい。

forbid

A prohibit **B** cease **C** permit **D** disobey **E** force

問題27

最初に示された語と反対の意味を持つ語を、選択肢より選びなさい。

gain

A expand **B** lose **C** earn **D** heal **E** shrink

05 長文読解

| 頻出度 | ■■ ▧▧ ▧▧ | 対応試験 | SPIテストセンター／SPIペーパーテスト |

英語の長文を読んで、与えられた複数の設問に答える問題です。空欄補充問題や、長文の内容を問う問題がほとんどです。

習得のPOINT

- 先に設問を確認し、出題内容を理解する
- わからない単語は言い換え表現から意味を推測する
- 短時間で答えられる問題から回答する
- 接続詞や筆者の主張にはマークをつけておく

例題　こんな問題が出る！

次の文を読んで、あとの各問いに答えなさい。　　　　　　　　（解答目標時間7分）

Palestine consists of two areas separated by Israel which lies in between: the West Bank of the Jordan River, and the Gaza Strip that is adjacent to* the Sinai Peninsula of Egypt. ＿＿＿＿ the ongoing conflict between Israel and the Palestinian sides since 1948, the region has also been affected by internal rivalry between Palestinian factions since 2007. As a result, the Gaza Strip has suffered from an enclosed environment for more than ten years, and its humanitarian and economic conditions continue to deteriorate. Amidst the unstable situation with unemployment rate exceeding 40%, the situation surrounding the people of Gaza has become intolerable, especially with regard to the sense of hopelessness among youths in the region.

The international community, including Japan, has to address the crisis that is present "right there and now" through food assistance and other forms of support. At the same time, however, from the medium- to long-term perspective, Palestine faces the pressing challenge of creating a sound educational environment so that the youths who bear the future of Palestine on their shoulders do not lose their hope for the future and their dignity as individuals.

外務省「令和2年版外交青書」英語版

* adjacent to : 〜に接する

❶ Fill in the blank.

   A Because of   **B** In addition to   **C** In spite of   **D** Prior to
   E Instead of

❷ According to the author,

   A the humanitarian and economic conditions in the Gaza Strip have been gradually improving in recent years.

   B the unemployment rate in the Gaza Strip has been exceeding 40% for the last ten years.

   C many young people living in the Gaza Strip are suffering from distress due to the unstable situation of the society.

   D creating a better educational environment is a better way to support Palestine than addressing the present crisis through food assistance.

   E young Palestinians have the power to change the deteriorating conditions of the Gaza Strip on their own in the future.

とらのすけ先生のワンポイントアドバイス

英語能力検査を実施している企業は少ないですが、外資系企業や総合商社では毎年実施されています。これらの業界を志望している学生は、短時間で正確に解く練習を重ねましょう。

例題の解答

（全文和訳）

　パレスチナは、ヨルダン川西岸地区と、イスラエルを挟んでエジプトのシナイ半島に接するガザ地区の二つの地区から成り立ちます。1948年から続くイスラエルとパレスチナ間の紛争に加え、2007年から続くパレスチナ勢力間の争いの影響を受け、ガザ地区は10年以上も閉鎖的な環境が続き、その人道・経済状況は悪化を続けています。失業率が40％を超える不安定な状況の中で、ガザの人々を取り巻く状況は耐え難いものとなっており、特に地域の若者の間では絶望感が広がっています。

　日本を含む国際社会は、食料支援などを通じて「今そこにある」危機に対処しなければなりません。しかし同時に、中長期的な視点で、パレスチナの未来を担う若者が、将来への希望と、人としての尊厳を失わないように、健全な教育環境を醸成することも喫緊の課題です。

---

❶ 就活アカデミーEdgey式の超高速解法！

文中の「also（＝〜もまた）」という語に着目すると、これら2つの要素は並列的な関係であることがわかる。

．．

「イスラエルとパレスチナ間の紛争」と「パレスチナ勢力間の争い」という、カンマで繋がれた2つの要素の関係性を示す接続詞を選ぶ問題である。

　本文中では、これらの2つの紛争によってガザ地区が閉鎖的な環境に置かれていることが説明されており、2つの要素は並列的な関係であることがわかる。従って、答えは「〜に加えて」の意味を持つBである。

　A（〜のせいで）は因果関係を表す接続詞である。Cは「〜にもかかわらず」という逆説の意味を持つ接続詞である。Dは「〜より先に」の意味であるが、これは文中で示された時系列（1948年・2007年）と矛盾する。Eは「〜の代わりに」の意味である。

→B **In adition to**

❷　本文の内容と合致するものを選ぶ問題である。選択肢の内容は以下の通り。

　　A：ガザ地区における人道・経済状況は、近年徐々に改善している。
　　B：ガザ地区における失業率は、過去10年間にわたり40％を超えている。
　　C：ガザ地区に住む若者の多くは、社会の不安定な状況に悩み苦しんでいる。
　　D：より良い教育環境を作ることは、食糧援助によって現在の危機に対処するこ
　　　　とよりも、パレスチナへの支援方法として優れている。
　　E：若いパレスチナ人は、将来、ガザ地区の悪化し続ける状況を自分たちで変え
　　　　ていく力を持っている。

　Aは本文中に「its humanitarian and economic conditions continue to deteriorate」とある通り、誤りである。Bは40％を超える失業率が過去10年続くものであるかどうかは本文中に示されていないため、誤りである。Dについても、本文中で教育環境の整備が食糧支援よりも重要であるとの序列は示されておらず、「今そこにある」危機と同時に中長期的な視点で重要な課題であるとされているに過ぎないため、誤りである。Eは本文の内容とは矛盾しないが、ここまで突っ込んだ記載はないため誤りである。

→C

実践問題

解答集 ▶ P157〜

問題1

次の文を読んで、あとの各問いに答えなさい。

Digital transformations realized previously through digital infrastructure development and digital technology application have made industry more efficient and added higher value. In this process, they have also furthered the integration of cyber space and real space. There are indications that after the resolution of COVID-19 we will be headed for a society in which both spaces are in complete synchronization, and people's activities will likely shift from real spaces to cyber space. Key efforts in moving toward this post-COVID-19 society and economy are revising regulations and practices that are inhibiting this shift and removing as many of the borders between real and cyber as possible. The use of fifth-generation (5G) mobile communication systems and other digital infrastructure and digital technologies like AI, the IoT, and big data will become more central than ever.

総務省「令和2年版情報通信白書」英語版

❶ Which of the following has contributed the most to the integration of cyber space and real space?

A Digital transformation
B Improvement in industry efficiency
C The development of information technology
D The resolution of COVID-19
E The shift in people's activities

❷ Which of the following is true of the passage?

A Companies will further promote the integration of cyber space and real space.
B People are likely to move away from cyber space in the post-COVID-19 society.
C Removing borders between real and cyber is necessary for inhibiting the shift towards cyber space.
D The current regulations and practices of the society is outdated and unreasonable.
E Technologies such as 5G mobile communication systems will grow in importance.

MEMO

MEMO

Chapter 5

構造的把握力検査

01 非言語

頻出度 ■■ ■■ ■ 　対応試験　SPIテストセンター

問題の構造が似ているものを選ぶ問題です。

- ・選択肢から構造に共通性のある
  文の組み合わせを選ぶ問題
- ・選択肢を構造の共通する
  2つのグループに分ける問題

の2パターンが出題される。

【主な構造の例】

- ・四則演算の計算方法が同じ
- ・確率の計算方法が同じ
- ・割合の計算方法が同じ
- ・組み合わせのパターンが同じ

例題　**こんな問題が出る!**

❶　次のア～エのうち、問題の構造が似ているものの組み合わせを選びなさい。

（解答目標時間90秒）

ア　兄は妹より20cm背が高く、二人の身長を足すと235cmである。このとき、兄は何cmか。

イ　消しゴム2個とシャーペン5本を520円で購入した。消しゴムが1個60円だとするとシャーペン1本は何円か。

ウ　SPI対策本が先週と今週で合計500冊売れた。しかし、今週の売り上げ数は先週に比べると80冊少なかった。先週は何冊売れたか。

エ　部屋の中に人が合計82人いる。そのうち、男性は45人である。このとき、女性は何人いるか。

A アとイ　　**B** アとウ　　**C** アとエ　　**D** イとウ　　**E** イとエ　　**F** ウとエ

❷ 次のア〜エのうち、問題の構造が似ているものの組み合わせを選びなさい。

（解答目標時間90秒）

ア 本屋にある本の1割は参考書で、そのうちの5％がSPI対策本だった。SPI対策本は蔵書全体の何％か。

イ AとBはある会社の株をそれぞれ2：3の割合でもっており、2人の株が会社全体に占める割合は4割である。株数に応じて利益を分配するとすると、Aの取り分は利益の何％になるか。

ウ ある日、庭の草むしりをするのに、兄は3m四方、弟は2m四方の広さを担当し、兄は1時間、弟は2時間で草むしりを終えた。兄の仕事効率は弟の何倍か。

エ 大学生と高校生にバイト経験のアンケートを行ったところ、大学生の半分が「ある」と答え、「ある」と答えた人に占める割合は全体の40％であった。高校生のうち「ある」と答えたのが40％だったとすると、アンケート回答者の何割が高校生になるか。

A アとイ　　B アとウ　　C アとエ　　D イとウ　　E イとエ
F ウとエ

┌─ とらのすけ先生のワンポイントアドバイス ─

問題の構造を知るには、答えを出すまでの手順を立式するのが一番良い。
この際、必ずしも答えを導き出す必要はなく、解法の手順さえ分かればよい。

例題の解答

❶ 就活アカデミーＥｄｇｅｙ式の超高速解法！

この問題の答えはアとウの組み合わせである。
両者に共通する解き方は「数の合計に、差の数値を加えて2で割ることで答えを求める」である。

アの解法は、（235＋20）÷2＝127.5cm
イの解法は、（520－60×2）÷5＝80円
ウの解法は、（500＋80）÷2＝290冊
エの解法は、82－45＝37人

よって、アとウはともに「数の合計に、差の数値を加えて2で割る」という解法が一致している。

→B **アとウ**

❷ 就活アカデミーＥｄｇｅｙ式の超高速解法！

この問題の答えはアとイの組み合わせである。
両者に共通する解き方は「全体のなかである分類に属するものの割合に、さらにそのなかで部分集合が占める割合をかけることで答えを求める」である。

ア　0.1×0.05×100＝0.5％
イ　0.4×2／5×100＝16％
ウ　兄の作業効率は$3^2÷1＝9$、弟の作業効率は$2^2÷2＝2$。よって、兄と弟の作業効率の比は、9÷2＝4.5。
エ　アンケートに答えた大学生の数をx人とすると、「ある」と答えた大学生はx／2人。これは「ある」と答えた人の40％を占めており、残りの60％は高校生なので「ある」と答えた高校生は3x／4人になる。この人数は、アンケートに回答した高校生全体の40％にあたるので、アンケートをした高校生の数は15x／8人になる。したがって、アンケート回答者に占める高校生の割合は、15x／8÷（15x／8＋x）＝15／23

よって、アとイの文の構造が等しい。

→A **アとイ**

実践問題

解答集 ▶ P158〜

問題1

次のア〜エのうち、問題の構造が似ているものの組み合わせを選びなさい。

ア　定価で売ると1個につき300円の利益が出る商品がある。この商品を定価の2割引きで3個売ったときの利益は、定価の3割引きで7個売ったときの利益に等しい。この商品の定価はいくらか。

イ　定価の1割引きで売っても原価の2割の利益が出るように定価を設定している商品がある。定価が600円の品物の原価はいくらか。

ウ　Aさんはある商品を購入するときに、まず価格の3割を払い、その後残額を5回払いで3回払った。このとき、ローンはあといくらになるか。

エ　商品X、Yがある。Xの価格はYより150円高く、Xを5個売ったときと、Yを8個売ったときの売上が等しくなる。Xの価格はいくらか。

A アとイ　　**B** アとウ　　**C** アとエ　　**D** イとウ　　**E** イとエ　　**F** ウとエ

問題2

次のア〜エのうち、問題の構造が似ているものの組み合わせを選びなさい。

ア　生産量Yを製造するのにかかる費用CがC $= Y^3 - 12Y^2 + 51Y + 30$で与えられる製品がある。製品の価格を500とすると、何個製造したとき利益が最大となるか。

イ　商品AとBを製造する工場がある。それぞれの生産には材料X、Yが必要で、Aを1個生産するにはXが5kg、Yが3kg必要であり、Bを1個生産するにはX、Yが4kgずつ必要である。XとYがそれぞれ100kg、120kgあり、AとBの価格比が4：3のとき、生産額を最大化するにはAを何個作ればよいか。

ウ　ある製品Xを生産する。この生産量は材料A、Bの投入量に依存し、それぞれの投入量をa、bとすると、生産量yは、y $= ab$で表される。ここで、材料A、Bの一単位あたりの価格比を4：9とする。このとき、ある生産量yを最小のコストで生産しようとするときのAとBの投入量の比を求めよ。

エ　xy平面上に直線x $+ 2y = 10$、5x $+ 3y = 30$、x軸、y軸で囲まれた領域がある。この領域内の点でxとyの和が最大となる点はどこか。

A アとイ　　**B** アとウ　　**C** アとエ　　**D** イとウ　　**E** イとエ　　**F** ウとエ

問題3

次のア〜エのうち、問題の構造が似ているものの組み合わせを選びなさい。

ア　10人の中から3人選びたい。組み合わせは何通りあるか。

イ　ジョーカーを除く52枚のトランプから5枚のカードを選ぶとき、すべてハート柄である組み合わせは何通りあるか。

ウ　1〜9のうち5つの数字を並び替えて6桁の整数を作るとき、5の倍数になるような組み合わせは何通りあるか。

エ　1〜10の数字が書かれた10個のボールをAとBの箱に入れる。箱に均等にボールを入れたとき、入れ方の組み合わせは何通りあるか。

A アとイ　　**B** アとウ　　**C** アとエ　　**D** イとウ　　**E** イとエ　　**F** ウとエ

問題4

次のア〜エのうち、問題の構造が似ているものの組み合わせを選びなさい。

ア　赤玉4個と白玉5個が入った袋がある。ここから玉4個を取り出すとき、その内訳が赤玉2個白玉2個となる確率はいくらか。

イ　サイコロを3回振り、出た目の数を足していく。3回振った時点で、出た目の和が10以上になる確率はいくらか。

ウ　サイコロを6回振る。このうち、1回でも5以上の目が出る確率はいくらか。

エ　10人の人間をランダムに2つの部屋に分ける。空き部屋が出ない確率はいくらか。

A アとイ　　**B** アとウ　　**C** アとエ　　**D** イとウ　　**E** イとエ　　**F** ウとエ

問題5

次のア〜エのうち、問題の構造が他と異なるものを1つ選びなさい。

ア　1〜100までの整数の中で2、3、5のいずれの倍数でもないものは何個か。

イ　3桁の自然数のうち、3で割ると2余り、5で割ると4余り、7で割ると3余るようなものは何個あるか。

ウ　3桁の自然数のうち、21と互いに素なものは何個あるか。

エ　1000以下の素数は300個以下であるか。

A ア　　**B** イ　　**C** ウ　　**D** エ

問題6

次のア〜エのうち、問題の構造が似ているものの組み合わせを選びなさい。

ア　サイコロを3回投げて、出た目の和が12以上になる確率はいくらか。ただし、1回目は4が出たことが分かっている。

イ　子どもが二人いる。少なくとも一人は男で火曜日に生まれた。二人とも男である確率はいくらか。

ウ　2枚のコインを投げたとき、少なくとも一方は裏面が出ていた。2枚とも裏面が出ている確率はいくらになるか。

エ　赤玉3個と白玉2個が入った袋があり、赤玉にはそれぞれ1〜3までの数字が、白玉には1〜2までの数字が書かれている。この袋から無作為に3個玉を取り出すとき、書かれた数字が1〜3まで揃う確率はいくらになるか。

A アとイ　　B アとウ　　C アとエ　　D イとウ　　E イとエ　　F ウとエ

問題7

　ある雑貨店の利用者にアンケートをとった。その回答ア〜オは、文章の性質から2種類のグループに分けることができる。2つに分けたグループのうち、数が少ないほうのグループに分類される選択肢を全て選びなさい。

ア　もっと女物もそろえて欲しい。

イ　値段表示が分かりにくい。

ウ　駐車場がすぐ満杯になってしまう。

エ　ポイントカードを作るべきだ。

オ　駅から遠く、気軽に行きづらい。

A アとイ　　B アとウ　　C アとエ　　D アとオ　　E イとウ
F イとエ　　G イとオ　　H ウとエ　　I ウとオ　　J エとオ

問題8

次のア〜エのうち、問題の構造が似ているものの組み合わせを選びなさい。

ア　父、兄、弟の3人がいる。兄と弟の年齢の比は4：3であった。また、兄と弟の年齢を足すと、父の年齢の半分になった。3人の年齢の合計が63歳のとき、弟の年齢を求めよ。

イ　数学、英語、国語の3科目のテストを受けた。数学と英語の点数の比は11：9、英語と国語の点数の比は8：7であった。総合点が223点のとき、数学の点数を求めよ。

ウ　A、B、Cの三人がそれぞれお金を所持している。Aの所持金の7倍は、Bの所持金の10倍と等しく、Bの所持金の8倍は、Cの所持金の7倍と等しい。AとCの所持金の差額が620円のとき、Aの所持金を求めよ。

エ　整数 l、m、nがある。分数 l/m=3/4、分数 l/n=7/9であり、l、m、nの和は152であった。mに当てはまる整数を答えよ。

A アとイ　　B アとウ　　C アとエ　　D イとウ　　E イとエ　　F ウとエ

02 言語

| 頻出度 ■■■ | 対応試験 SPIテストセンター |

文章の構造が同じものを選ぶ問題です。

▶主要な構造パターンを覚えよう!

【頻出構造パターン】

①順接⇔逆接　　　④事実⇔仮定

②並列関係⇔因果関係　　⑤推測⇔断定

③主観⇔客観　　　⑥個人⇔集団

例題　こんな問題が出る!

❶　次のア〜オの会話において、Yさんの言っていることは論理的に間違いがある。その間違い方を選択肢アと同じ構造のグループと選択肢イと同じ構造のグループに分けるとき、後者に分類されるものを全て選びなさい。　（解答目標時間90秒）

ア　Xさん「Aさんは留学に行きたいらしい。」
　　Yさん「Aさんはきっと英語が上手に違いない。」

イ　Xさん「Bさんの通う塾は、東大合格者が多いらしい。」
　　Yさん「Bさんはきっと勉強ができるだろうね。」

ウ　Xさん「Cさんはサッカーが得意なようだ。」
　　Yさん「それならCさんはリフティング100回できるだろう。」

エ　Xさん「Dさんの家系は全員が病気で死んでいる。」
　　Yさん「Dさんもきっと病弱だろう。」

オ　Xさん「Eさんは卒業生に著名人が多い大学に通っている。」
　　Yさん「Eさんも将来有名になるだろう。」

A ア　　**B** イ　　**C** ウ　　**D** エ　　**E** オ

❷ 次のア〜エのうち、文章の構造が似ているものの組み合わせを選びなさい。

（解答目標時間90秒）

ア　今朝私は朝食をとることができなかったが、昼食はしっかりとることができた。

イ　先月に起きた地震でインフラが破壊され、被災地では今なお厳しい暮らしが続いている。

ウ　彼はバスケがしたかったようだが、私はバレーを提案した。

エ　彼はスポーツで好成績を残しながらも、勉学にも励んでいる。

A アとイ　　**B** アとウ　　**C** アとエ　　**D** イとウ　　**E** イとエ　　**F** ウとエ

とらのすけ先生のワンポイントアドバイス

構造的把握力検査の言語系は、構造の異なる文章を仕分ける問題が出題されます。

構造は文の前半と後半の関係で仕分けることができます。主な仕分け方には「肯定⇔否定」「意思⇔願望」「主観⇔客観」「因果⇔推測」などがあります。

文章の前後関係をもとに判断できるようにしてください。

問題を解く際には、どのパターンに該当するかを考えながら、効率的に解けるようにしましょう！

例題の解答

❶ 就活アカデミーEdgey式の超高速解法！

アは個人に関するある情報を拡大解釈して考えているために間違っており、イは集団の特性を個人に当てはめようとしているため間違っている。
よってイのグループに当てはまるのはエとオ。

....

ア 「Aは留学に行きたい」という情報を拡大解釈してAの英語力まで断定しているために、Yは論理的に間違っている。

イ Bの所属する塾全体の特性をB個人にも当てはまると考えているため、Yは論理的に間違っている。

ウ 「Cはサッカーが得意」という情報を拡大解釈して「Cはリフティング100回できる」と考えているために、Yは論理的に間違っている。

エ Dの家系全体の特性をD個人にも当てはまると考えているため、Yは論理的に間違っている。

オ Eの所属する大学全体の特性をE個人にも当てはまると考えているため、Yは論理的に間違っている。

よって、イのグループに当てはまるのはエとオ。

→D エ, E オ

---

❷ 就活アカデミーEdgey式の超高速解法！

アとエは文の前半と後半で2つの事象を並列している。一方、イでは文の前半と後半で因果関係が成立しており、ウも文の前半を受けて後半でそれに対する対応を示している。

....

ア 「朝食をとれなかった」と「昼食をとれた」という情報が並列されている。

イ 「地震でインフラが破壊された」ため、「被災地では厳しい暮らしが続いている」という因果関係のある文になっている。

ウ 「彼はバスケをしたかった」のに対し、「私はバレーを提案した」と文の前半を受けて後半でそれに対する対応を示している。

エ 「スポーツで好成績を残した」と「勉学に励んでいる」という情報が並列されている。

よって、アとエの文の構造が等しい。

→C アとエ

実践問題

解答集 ▶ P159〜

問題1

次のア〜エのうち、文章の性質が似ているものの組み合わせを選びなさい。

ア　イルカは哺乳類に属する。

イ　イルカは高い知能を有し、仲間内でのコミュニケーションが見られる。

ウ　イルカの祖先はおよそ6500万年前に誕生したと考えられている。

エ　イルカは脳の半分だけを眠らせる半球睡眠を行うことができる。

A アとイ　　**B** アとウ　　**C** アとエ　　**D** イとウ　　**E** イとエ　　**F** ウとエ

問題2

ア〜オの会話において、Yさんの返答は2種類のグループに分けることができる。2つに分けたグループのうち、当てはまる選択肢が少ない方のグループに分類される選択肢を全て選びなさい。

ア　X「私はA海水浴場に行きたい。自由にのびのび泳げるから。」
　　Y「じゃあ、広くて空いてるBプールにいくのはどうだろう。」

イ　X「私はC旅館に行ってみたい。新しくできたばかりだから。」
　　Y「じゃあ、歴史あるD旅館ではだめかしら。」

ウ　X「僕はEキャンプ場に行ったことがある。周りに人気がなくてのびのびできるよ。」
　　Y「じゃあ、市街地に近くてアクセスが良いFキャンプ場はどうだろう。」

エ　X「私はG海浜公園がいいな。毎年、ウミガメの産卵が見られるの。」
　　Y「じゃあ、ホタルがいるH林間公園ではだめかしら。」

オ　X「私はI山に行きたい。山頂から見える景色がとても綺麗だから。」
　　Y「じゃあ、景色を見渡せるJ高原ではだめかな。」

A ア　　**B** イ　　**C** ウ　　**D** エ　　**E** オ

問題3

文の前半と後半において、同じような関係を持つ組を選びなさい。

ア　天気予報は晴れだと言っていたが、私にはどうも雨が降るように思えた。

イ　私は彼から昼食に誘われたが、私は既に昼食をとっていた。

ウ　君がこの件に関して述べた見解について、私は全面的に同意する。

エ　彼はこのアイデアに対し厳しい意見を述べたが、その批判内容は素直に受け取るべきだ。

A アとイ　　**B** アとウ　　**C** アとエ　　**D** イとウ　　**E** イとエ　　**F** ウとエ

問題4

次のア〜オは、文章の構造から2種類のグループに分けることができる。2つに分けたグループのうち、数が少ないほうのグループに分類される選択肢の組み合わせを選びなさい。

ア　靴底が擦り切れてきた。そろそろ買い換えた方が良さそうだ。

イ　台風が東日本に上陸した。その影響で電車が運行中止している。

ウ　伝染病の影響で緊急事態宣言が発令された。ほとんどの人がマスクをしている。

エ　外に出ると虹がかかっていた。今朝雨が降ったに違いない。

オ　今年の8月も最高気温が35℃を超え、猛暑日となった。そのためか、街も人通りがまばらになっている。

A アとイ　　**B** アとウ　　**C** アとエ　　**D** アとオ　　**E** イとウ　　**F** イとエ
G イとオ　　**H** ウとエ　　**I** ウとオ　　**J** エとオ

問題5

次のア〜オは、文章の構造から2種類のグループに分けることができる。2つに分けたグループのうち、数が少ないほうのグループに分類される選択肢の組み合わせを選びなさい。

ア　私は英語の勉強をしているが、それは留学に行くためだ。

イ　私は海外に転勤する予定だったが、コロナウイルスの影響で来年に延期になった。

ウ　彼は一生懸命に勉強したため、国家試験にもきっと合格するだろう。

エ　私はピアノが得意なので、音楽関連の職に就くつもりだ。

オ　私は今20歳だが、来月で21歳になる予定だ。

A アとイ　　**B** アとウ　　**C** アとエ　　**D** アとオ　　**E** イとウ　　**F** イとエ
G イとオ　　**H** ウとエ　　**I** ウとオ　　**J** エとオ

問題6

次のア〜オは、文章の構造から2種類のグループに分けることができる。2つに分けたグループのうち、数が少ないほうのグループに分類される選択肢を全て選びなさい。

ア　明日は雨が降るため、外出は控えるべきだろう。

イ　彼は努力したが、表彰台には一歩届かなかった。

ウ　皆は彼のことを待ちわびていたのに、彼は結局姿を表さなかった。

エ　彼女は見た目に反し、とても活動的だ。

オ　そのナイフはとてもよく切れるため、取り扱いには注意すべきだ。

A ア　　**B** イ　　**C** ウ　　**D** エ　　**E** オ

問題7

　次のア〜オは、文章の構造から2種類のグループに分けることができる。2つに分けたグループのうち、数が少ないほうのグループに分類される選択肢の組み合わせを選びなさい。

　ア　私の当面の目標は部活で全国大会に出ることだ。
　イ　私は第一志望の会社の面接に、全力で臨むつもりだ。
　ウ　私は東京勤務を希望します。
　エ　私はコーヒーよりは紅茶が欲しい。
　オ　明日は早く起きなければいけないため、今日は早めに眠ろう。

A ア　　**B** イ　　**C** ウ　　**D** エ　　**E** オ

問題8

　次のア〜オは、文章の構造から2種類のグループに分けることができる。2つに分けたグループのうち、数が少ないほうのグループに分類される選択肢を全て選びなさい。

　ア　ロシアに対する警戒から、日英同盟が結ばれた。
　イ　バンツー農耕民はアフリカ全土に拡大したが、その背景には鉄器の使用がある。
　ウ　モンゴル帝国は西方にも遠征を行い、東欧まで到達した。
　エ　マゼランは世界一周の航海に出たが、彼は道半ばで命を落とした。
　オ　19世紀末以降ヨーロッパ諸国はアフリカに進出したが、それは産業革命による資源需要の高まりに起因した。

A ア　　**B** イ　　**C** ウ　　**D** エ　　**E** オ

問題9

　あるサービスを企画するにあたって、実現までのプロセスを考える。各プロセス段階は、その性質の違いから2つのグループに分けられる。2つに分けたグループのうち、数が少ないほうのグループに分類される選択肢の組み合わせを選びなさい。

　ア　ターゲットとする顧客層を決定する。
　イ　顧客にどんな価値を提供するか考える。
　ウ　類似サービスと比較したとき、自社のサービスの差別化ポイントを考える。
　エ　顧客にどんなニーズがあるかを探る。
　オ　自社のもつ資源を考える。

A アとイ　　**B** アとウ　　**C** アとエ　　**D** アとオ　　**E** イとウ　　**F** イとエ
G イとオ　　**H** ウとエ　　**I** ウとオ　　**J** エとオ

問題10

次のア〜オは、文章の性質から2種類のグループに分けることができる。2つに分けたグループのうち、数が少ないほうのグループに分類される選択肢の組み合わせを選びなさい。

ア　図書館の利用時間は午後8時までなので、それまでに本を借りておいた。
イ　財布を無くしたので、来た道を探した。
ウ　留学に行くつもりなので、半年前から英語の勉強をしている。
エ　今日は雨が降るらしいので、傘を持って行った。
オ　今日は早く寝たいので、早めに帰宅した。

A アとイ　　**B** アとウ　　**C** アとエ　　**D** アとオ　　**E** イとウ　　**F** イとエ
G イとオ　　**H** ウとエ　　**I** ウとオ　　**J** エとオ

問題11

次のア〜オは、文章の性質から2種類のグループに分けることができる。2つに分けたグループのうち、数が少ないほうのグループに分類される選択肢の組み合わせを選びなさい。

ア　このレストランでは、好みのワインを取り寄せることができます。
イ　このレストランは個室やテラス席を備え、様々なロケーションで食事を楽しめます。
ウ　最近のレストランには、ペットを同伴できるものもあるようです。
エ　昨日訪れたレストランは、手厚いサービスを信条としている。
オ　このレストランは内装に力を入れており、目も楽しませてくれます。

A アとイ　　**B** アとウ　　**C** アとエ　　**D** アとオ　　**E** イとウ　　**F** イとエ
G イとオ　　**H** ウとエ　　**I** ウとオ　　**J** エとオ

問題12

次のア〜オは、文章の性質から2種類のグループに分けることができる。2つに分けたグループのうち、数が少ないほうのグループに分類される選択肢の組み合わせを選びなさい。

ア　物理学者のリチャード・P・ファインマンは、打楽器の名手でもあった。
イ　教会の司祭であり、また植物学の研究者であったグレゴール・ヨハン・メンデルは、メンデルの法則を発見し遺伝学の礎を築いた。
ウ　マリ・キュリーは放射線の研究を行い、2度のノーベル賞を受賞した。
エ　細菌学者であったアレクサンダー・フレミングは、様々な水彩画も残した。
オ　理論物理学者のアルベルト・アインシュタインは、相対性理論を発表し世界に大きな衝撃を与えた。

A アとイ　　B アとウ　　C アとエ　　D アとオ　　E イとウ　　F イとエ
G イとオ　　H ウとエ　　I ウとオ　　J エとオ

問題13

　次のア〜オは、文章の性質から2種類のグループに分けることができる。2つに分けたグループのうち、数が少ないほうのグループに分類される選択肢の組み合わせを選びなさい。

　ア　前回の期末テストの成績が振るわなかったので、今回は念入りに勉強した。
　イ　夕方には雨になる予報が出ていたので、早めに洗濯物を取り込んだ。
　ウ　もしお金が充分にあったなら、僕は海外旅行をしていただろう。
　エ　今度のゴールデンウィークは9連休なので、きっと道は混雑しているだろう。
　オ　会議に遅刻してしまったので、きっと上司は怒っているだろう。

A アとイ　　B アとウ　　C アとエ　　D アとオ　　E イとウ　　F イとエ
G イとオ　　H ウとエ　　I ウとオ　　J エとオ

問題14

　次のア〜オは、文章の性質から2種類のグループに分けることができる。2つに分けたグループのうち、数が少ないほうのグループに分類される選択肢の組み合わせを選びなさい。

　ア　P「今度の3連休、君はどこに行くの。」
　　　Q「鎌倉へ観光に行くよ。」
　イ　P「品川へ行くにはどうすればよいのかな。」
　　　Q「普段君は電車をよく使うんだっけ。」
　ウ　P「ちょっとお願いしてもよいかな」
　　　Q「何をすればよいの。」
　エ　P「最後に受けた授業は何だったっけ。」
　　　Q「確か国語だったと思う」
　オ　P「あれ、リビングの電気消したかな。」
　　　Q「遠隔で確認できるんじゃないの。」

A アとイ　　B アとウ　　C アとエ　　D アとオ　　E イとウ　　F イとエ
G イとオ　　H ウとエ　　I ウとオ　　J エとオ

MEMO

Chapter **6**

性格検査

性格検査とは

　性格検査とは、日常における行動や考え方に関する質問をすることで、受検者の性格の特徴を測定する検査です。性格の特徴は、行動的側面・意欲的側面・情緒的側面・社会関係的側面の4つの側面からどのような人物かがわかります。企業側は、この4つの側面から「職務への適応性」「組織への適応性」を判断し、自社の求める人材像とのマッチ度を判断しています。

性格検査の対策

　性格検査において測定される4つの側面は、それぞれ以下の尺度から評価されます。太字で示された項目は、その性格傾向が強く出るとマイナス評価を受ける可能性がありますので、回答の際には十分注意しましょう。太字で示されていない項目については、それほど気にする必要はありません。

性格区分	尺度	測定内容（尺度が低い⇔尺度が高い）
行動的側面	社会的内向性	外交的で交際が広い⇔<u>内向的（人見知り）で交際が狭い</u>
	内省性	決断が早く、さばさばしている⇔物事を深く考える
	身体活動性	<u>腰が重く、あまり動かない</u>⇔活発的で気軽に行動する
	持続性	<u>柔軟だが、見切りが速い</u>⇔胆力があり、粘り強く頑張る
	慎重性	<u>迅速果断だが、軽率</u>⇔見通しを立てて計画的に行動する
意欲的側面	達成意欲	現実を許容し目下の事物を重視する⇔目標達成にこだわる
	活動意欲	<u>のんびりして意欲に欠ける</u>⇔決断力があり、機敏で意欲的
情緒的側面	敏感性	毅然としてあまり気にしない⇔<u>他人の反応に敏感で神経質</u>
	自責性	楽天的でくよくよしない⇔<u>自分に厳しく落ち込みやすい</u>
	気分性	冷静で感情の起伏が小さい⇔<u>感情が豊かでムラっ気がある</u>
	独自性	協調性があり周囲とあわせる⇔個性的で我が道を行く
	自信性	控え目で穏やか⇔物怖じせず強気。自分重視。
	高揚性	精神的に安定し、常に冷静⇔明るく自由、楽天的
社会関係的側面	従順性	自分の意見を大切にする⇔他人の意見を尊重する
	回避性	<u>他人と衝突しても構わない</u>⇔他人との対立を避ける
	批判性	自分と異なる意見も受容する⇔自分と異なる意見に批判的
	自己尊重性	他人の意見に従って動く⇔自分の考えに沿って行動する
	懐疑思考性	人と親密に付き合う⇔<u>人との間に距離を置こうとする</u>

適応性の対策

　SPI3の性格検査では、性格の4領域における回答結果から、受検者が特定の組織風土や職務内容にどの程度適しているかを評価しています（適応性）。これには、近年若手社員の退職率が上昇していることを受け、企業側が自社の求める人材像と受検者の適性とのミスマッチを防止したいという意図が込められています。適応性は、「職務適応性」「組織適応性」の2領域から判断されます。

適応性の測定内容

　職務適応性では14タイプの職務、組織適応性では4タイプの組織風土から、適応性が評価されます。これは、性格検査と能力検査の結果から総合的に判断されます。

適応性区分	タイプ	職務の特徴
職務適応性	関係構築	人に働きかけ、多くの人と接する仕事
	交渉・折衝	人と交渉・折衝することが多い仕事
	リーダーシップ	リーダーとして集団をまとめ率いる仕事
	チームワーク	周囲と協調、協力して進める仕事
	サポート	人に気を配ったり、サポートしたりする仕事
	フットワーク	考え込まずに、フットワークよく進める仕事
	スピード対応	素早く判断し、手際よく進める仕事
	変化対応	予定外のことへの対応が多い仕事
	自律的遂行	自分で考え、自律的に進める仕事
	プレッシャー耐性	課題や目標達成へのプレッシャーが大きい仕事
	着実遂行	粘り強く着実に進める仕事
	発想・チャレンジ	前例のない新たなことに取り組む仕事
	企画構想	新たな企画、アイデアを生み出す仕事
	問題分析	複雑な問題を検討、分析する仕事
組織適応性	創造重視	革新的な挑戦や創造に積極的な風土 積極的な議論や挑戦を受け入れる風土
	結果重視	成果、結果、自己責任を重視する風土 合理性を重んじ、各自の責任が明確な風土
	調和重視	チームプレー、協調を重視する風土 面倒見がよく、和を重視する風土
	秩序重視	規則、決まり事を重視する風土 計画的で、手堅く仕事を遂行する風土

性格検査の構成

　SPI3の性格検査は、テスト種別や方式によらず問題内容は共通です。ただし、問題数やテストの制限時間はテストセンター・WEBテスティング、ペーパーテストでそれぞれ異なりますので、きちんと自身の受けるテストがどの種類のものか、把握してから臨みましょう。

	テストセンター・WEBテスティング		ペーパーテスト	
	問題数	制限時間	問題数	制限時間
第1部	約90問	約12分	93問	
第2部	約130問	約13分	133問	約40分
第3部	約70問	約11分	74問	

第1部、第3部
第1部と第3部は、左右一対となる質問文に対し、自身の行動や考えに最もあてはまる回答を選びます。

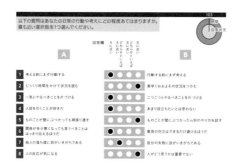

第2部
第2部は、1つの質問文に対し、自身の行動や考えがどの程度あてはまるかを選びます。

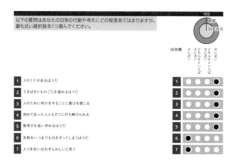

01 社会的内向性

性格区分
行動的側面

以下の質問はあなたの日常の行動や考えにどの程度あてはまるか。最も近い選択肢を選びなさい。

❶ A 初対面の人でも、気軽に話しかけることができる
  B どちらかと言うと初対面の人は苦手だ

❷ A グループで行動するのが好きだ
  B ひとりで行動するのが好きだ

❸ A まわりに干渉されたくない
  B まわりに心配をかけたくない

☐ **A**に近い   ☐ どちらかと言えば**A**に近い
☐ どちらかと言えば**B**に近い   ☐ **B**に近い

（どちらかと言えば）**A**に近いと回答 ➡ **社会的内向性が低い**

☑ 話し上手で自分の意見をはっきり言える

☑ 人を引き付ける発言ができ、リーダーシップがある

（どちらかと言えば）**B**に近いと回答 ➡ **社会的内向性が高い**

☑ 聞き上手で協調性がある

☑ 自己理解があり、誠実

┌ **とらのすけ先生のワンポイントアドバイス** ─────

どちらにも偏らない結果になった人は、両向的な性格の持ち主だよ。
社会的内向性は、極度に高い場合マイナス評価を受ける可能性があるので注意しよう。自分が志望する企業や職種に合うものを選んでね。

02 内省性

性格区分
行動的側面

以下の質問はあなたの日常の行動や考えにどの程度あてはまるか。最も近い選択肢を選びなさい。

❶ **A** 考える前にまず行動する
　　 B 行動する前にまず考える

❷ **A** こみいった問題を考えるのは苦手だ
　　 B こみいった問題を考えるのが好きだ

❸ **A** 判断に迷ったら思い切って決断するほうだ
　　 B 何ごともよく吟味するほうだ

☐ **A** に近い　　　　　　　☐ どちらかと言えば**A**に近い
☐ どちらかと言えば**B**に近い　☐ **B**に近い

（どちらかと言えば）**A**に近いと回答　➡　**内省性が低い**

☑ さばさばしており、スピーディで大胆に行動する

☑ ポジティブで打たれ強く、ストレス耐性が高い

（どちらかと言えば）**B**に近いと回答　➡　**内省性が高い**

☑ 仕事が丁寧で、緻密な思考や作業を得意とする

☑ 他者を気遣うことができ、自分の行動を慮ることができる

⌐ **とらのすけ先生のワンポイントアドバイス** ─────

内省性が低いタイプの人は、スピーディーで大胆な決断や行動が求められる
職場、内省性が高いタイプの人は、緻密さが要求される複雑な仕事をする職
場において評価されやすいよ。

03 身体活動性

以下の質問はあなたの日常の行動や考えにどの程度あてはまるか。最も近い選択肢を選びなさい。

❶ A 休みの日は家で時間を過ごすことが多い
B 休みの日は外で時間を過ごすことが多い

❷ A のんびりしているほうだ
B 活動的なほうだ

❸ A スポーツは苦手なほうだ
B スポーツは得意なほうだ

☐ **A**に近い
☐ どちらかと言えば**B**に近い
☐ どちらかと言えば**A**に近い
☐ **B**に近い

（どちらかと言えば）**A**に近いと回答 ➡ **身体活動性が低い**

✓ 思慮深く、想像力に優れる

✓ 何事にも慎重さや丁寧さを求める

（どちらかと言えば）**B**に近いと回答 ➡ **身体活動性が高い**

✓ 仕事が迅速で、何事にも積極的に取り組む

✓ 社交的で世話好き

とらのすけ先生のワンポイントアドバイス

過度に身体活動性が低いタイプの人は、マイナス評価を受ける可能性があるので注意しよう。
身体活動性が低いタイプの人は、細かな作業や長時間机に向かう必要がある職場、身体活動性が高いタイプの人は、チームで協働したり、スピーディーに行動したりすることが求められる職場で評価されやすいよ。

04 持続性

以下の質問はあなたの日常の行動や考えにどの程度あてはまるか。最も近い選択肢を選びなさい。

❶ **A** ものごとが壁にぶつかったら別のやり方を試す
　B ものごとが壁にぶつかっても頑張り通す

❷ **A** 適度に息抜きすることを大切にしている
　B 日々努力することを大切にしている

❸ **A** ここぞというときの瞬発力が持ち味だ
　B こつこつとものごとに取り組むのが持ち味だ

☐ **A**に近い　　　　　☐ どちらかと言えば**A**に近い
☐ どちらかと言えば**B**に近い　☐ **B**に近い

（どちらかと言えば）**A**に近いと回答　➡　**持続性が低い**

☑ 柔軟な発想で次々新しいことに挑戦する

☑ 決断力があり、創造性に優れる

（どちらかと言えば）**B**に近いと回答　➡　**持続性が高い**

☑ 堅実でコツコツ努力する

☑ 粘り強く長期・単調型の業務にも高い能力を発揮できる

― とらのすけ先生のワンポイントアドバイス ―

持続性が低いタイプの人は、企画開発や業務効率化など発想力が求められる職場、持続性が高いタイプの人は、定型業務や長期のプロジェクトが多い職場で評価されやすいよ。

05 慎重性

性格区分
行動的側面

以下の質問はあなたの日常の行動や考えにどの程度あてはまるか。最も近い選択肢を選びなさい。

❶ A 決断は思い切りよく行う
　 B 決断は慎重に行う

❷ A 多少粗くても迅速にものごとを進める
　 B ゆっくりでも確実にものごとを進める

❸ A まずは行動を起こしてみるほうだ
　 B よく考えてからでないと行動を起こせないほうだ

☐ **A**に近い　　　　　　　　☐ どちらかと言えば**A**に近い
☐ どちらかと言えば**B**に近い　☐ **B**に近い

（どちらかと言えば）**A**に近いと回答　➡　**慎重性が低い**

☑ 積極的で決断力がある

☑ 周囲をけん引するリーダーシップがある

（どちらかと言えば）**B**に近いと回答　➡　**慎重性が高い**

☑ 思慮深くリスク管理ができる

☑ あらかじめ綿密な計画を立てることができる

とらのすけ先生のワンポイントアドバイス

慎重性が低いタイプの人は、積極性が求められたり大人数をマネジメントしたりする職場、慎重性が高いタイプの人は、厳しい遵守意識やリスク管理能力が求められる職場で評価されやすいよ。

06 達成意欲

性格区分
意欲的側面

以下の質問はあなたの日常の行動や考えにどの程度あてはまるか。最も近い選択肢を選びなさい。

❶ A チームワークを第一に考える
B 成果を出すことを第一に考える

❷ A 人に喜んでもらえる仕事がしたい
B 自分の成長につながる仕事がしたい

❸ A むずかしい問題に直面したら別の方法を検討する
B むずかしい問題を検討するのが好きだ

☐ **A**に近い　　　　　　　☐ どちらかと言えば**A**に近い
☐ どちらかと言えば**B**に近い　☐ **B**に近い

（どちらかと言えば）**A**に近いと回答　➡　**達成意欲が低い**

✓ 堅実で現実的な行動をとる

✓ 何事もプロセスを重視し、真摯に取り組む

（どちらかと言えば）**B**に近いと回答　➡　**達成意欲が高い**

✓ モチベーションが高く、チャレンジ精神が旺盛

✓ 新しい価値やアイデアの創造に長けている

┌ **とらのすけ先生のワンポイントアドバイス** ─

達成意欲が低いタイプの人は、定型業務が多い職場や保守・管理業務が多い職場、達成意欲が高いタイプの人は、新規のプロジェクトや競争の激しい環境に置かれる職場で評価されやすいよ。

07 活動意欲

以下の質問はあなたの日常の行動や考えにどの程度あてはまるか。最も近い選択肢を選びなさい。

❶ **A** 行動範囲は狭いほうだ
B 行動範囲は広いほうだ

❷ **A** 人に促されて行動を起こすほうだ
B 自ら働きかけて周囲を巻きこんでいくほうだ

❸ **A** 守りに強い
B 攻めに強い

☐ **A**に近い ☐ どちらかと言えば**A**に近い
☐ どちらかと言えば**B**に近い ☐ **B**に近い

（どちらかと言えば）**A**に近いと回答 ➡ **活動意欲が低い**

☑ 思慮深く、安定志向で物事に取り組む

☑ 困難な課題や新しい取り組みに対するモチベーションは低め

（どちらかと言えば）**B**に近いと回答 ➡ **活動意欲が高い**

☑ フットワークが軽く、同時並行的に何事にもすぐに取り掛かる

☑ 社交的で世話好き

とらのすけ先生のワンポイントアドバイス

活動意欲が低いタイプの人は、保守・管理が多い職場、活動意欲が高いタイプの人は、機敏性やサービス精神が求められる職場で評価されやすいよ。

08 敏感性

性格区分
情緒的側面

以下の質問はあなたの日常の行動や考えにどの程度あてはまるか。最も近い選択肢を選びなさい。

❶ 人の反応が気になる

❷ ちょっとしたことが気になってしまうことがある

❸ 少しでもミスをすれば人は私を批判するだろう

❹ つまらないことでも気をもむことが多い

☐ あてはまらない　　　　　☐ どちらかといえばあてはまらない
☐ どちらかといえばあてはまる　☐ あてはまる

あてはまらない、どちらかといえばあてはまらないと回答 ➡ **敏感性が低い**

☑ 外部刺激にとらわれず、ストレスに強い

☑ 意思決定が速く自信をもって物事を進められる

あてはまる、どちらかといえばあてはまると回答 ➡ **敏感性が高い**

☑ 聞き上手で協調性がある

☑ 自己理解があり、誠実

┌─ **とらのすけ先生のワンポイントアドバイス** ─

過度に敏感性が高い人は、マイナス評価を受ける可能性があるので注意しよう。
敏感性が低いタイプの人は、意思決定の速さが求められる職場や競争的な職場、敏感性が高いタイプの人は、サービス精神が求められる職場で評価されやすいよ。

09 自責性

以下の質問はあなたの日常の行動や考えにどの程度あてはまるか。最も近い選択肢を選びなさい。

❶ 失敗があとあとまで気になるほうだ

❷ あまり周囲に対して助けを求めないほうだ

❸ よく後悔するほうだ

❹ 何ごともできるだけ人に頼らず自分の力でやりたい

❺ ひとつのことで何日も思い悩むことがある

□ あてはまらない　　　　　　　□ どちらかといえばあてはまらない
□ どちらかといえばあてはまる　□ あてはまる

あてはまらない、どちらかといえばあてはまらないと回答　➡　自責性が低い

✓ ポジティブでストレス耐性がある

✓ 楽天的で早合点やケアレスミスが多くなる

あてはまる、どちらかといえばあてはまると回答　➡　自責性が高い

✓ 当事者意識が強く、問題解決に積極的に取り組む

✓ 他人に寛大だが自分に厳しく、ストレスを抱えがちになる

とらのすけ先生のワンポイントアドバイス

過度に自責性が高い人は、マイナス評価を受ける可能性があるので注意しよう。
自責性が低いタイプの人は、プレッシャーの多い職場、自責性が高い人は、自己管理能力を問われる職場で評価されやすいよ。

10 気分性

性格区分
情緒的側面

以下の質問はあなたの日常の行動や考えにどの程度あてはまるか。最も近い選択肢を選びなさい。

❶　A 融通がきかないほうだ
　　B 行きあたりばったりなほうだ

❷　A 計画を着々と進めるのが好きだ
　　B さまざまな変化に対処するのが好きだ

❸　A ポーカーフェイスだと言われる
　　B 表情が豊かだと言われる

☐ **A**に近い　　　　　　　　☐ どちらかと言えば**A**に近い
☐ どちらかと言えば**B**に近い　☐ **B**に近い

（どちらかと言えば）**A**に近いと回答　➡　**気分性が低い**

✓ 外部刺激による気分の浮き沈みが少なく、自分に自信をもって
物事を進められる

✓ 「人間味を感じない」と思われるなど、周囲とのコミュニケーションに
問題が生まれることがある

（どちらかと言えば）**B**に近いと回答　➡　**気分性が高い**

✓ 意思決定が速く行動力がある

✓ 周囲の人から、特徴を掴むまでは扱いにくい印象を持たれがち

とらのすけ先生のワンポイントアドバイス

過度に気分性が高いタイプの人は、マイナス評価を受ける可能性があるので注意しよう。
気分性が低いタイプの人は、緻密な作業や広い視野での議論が求められる職場、気分性が高いタイプの人は、スピーディーな決断や行動が求められる職場で評価されやすいよ。

11 独自性

以下の質問はあなたの日常の行動や考えにどの程度あてはまるか。最も近い選択肢を選びなさい。

❶ **A** 常識的なほうだ
B 個性的なほうだ

❷ **A** 実現性の高いアイデアを出すほうだ
B 斬新なアイデアを出すほうだ

❸ **A** 型破りな考えは好きになれない
B 型にはまった考えは好きになれない

☐ **A**に近い　　　　　　　☐ どちらかと言えば**A**に近い
☐ どちらかと言えば**B**に近い　☐ **B**に近い

（どちらかと言えば）**A**に近いと回答　➡　**独自性が低い**

✓ 自分の考えや価値観に固執しない

✓ 自主性が低く周囲に振り回されやすい

（どちらかと言えば）**B**に近いと回答　➡　**独自性が高い**

✓ 特有の個性やこだわりがあり、こだわりに対して強いプライドを持っている

✓ 時に協調性が低く、融通がきかないことがある

とらのすけ先生のワンポイントアドバイス

独自性が低いタイプの人は、チームでの協働やサービス精神が求められる職場、独自性が高いタイプの人は、想像力や芸術性が求められる職場で評価されやすいよ。

12 自信性

性格区分
情緒的側面

以下の質問はあなたの日常の行動や考えにどの程度あてはまるか。最も近い選択肢を選びなさい。

❶ 自分は有能だと感じることが多い

❷ ものごとを気楽に考えるほうだ

❸ たいていの場合、自分の考えは正しいと思う

❹ 常に強気である

❺ 人前でもめったにあがることはない

☐ あてはまらない　　　　　　　☐ どちらかといえばあてはまらない
☐ どちらかといえばあてはまる　☐ あてはまる

あてはまらない、どちらかといえばあてはまらないと回答 ➡ **自信性が低い**

✓ 自分に対する自信がなく、弱気になりやすい傾向がある

✓ 周囲に振り回されやすい

あてはまる、どちらかといえばあてはまると回答 ➡ **自信性が高い**

✓ 自分に強い自信があり、時に強気な態度に出る傾向がある

✓ 時に人に意見されるのを嫌ったり、自分の意見を無理に押し通そうとする

とらのすけ先生のワンポイントアドバイス

自信性が低いタイプの人は、周囲と協力して業務を進める職場、自信性が高いタイプの人は、他者との折衝が求められる職場で評価されやすいよ。

13 高揚性

以下の質問はあなたの日常の行動や考えにどの程度あてはまるか。最も近い選択肢を選びなさい。

❶ いつも動き回っているほうだ

❷ ノリがよいほうだ

❸ 思いどおりにならないとすぐカッとなるほうだ

❹ 刺激の多い毎日を過ごしたい

❺ いつも場を盛り上げるほうだ

☐ あてはまらない　　　　　☐ どちらかといえばあてはまらない
☐ どちらかといえばあてはまる　☐ あてはまる

あてはまらない、どちらかといえばあてはまらないと回答　➡　高揚性が低い

✓ 冷静沈着で自分の考えに固執し、周囲に影響を受けない

✓ 言動や発想が地味で、面白みに欠けるところがある

あてはまる、どちらかといえばあてはまると回答　➡　高揚性が高い

✓ 活発で行動的な性格を持っており、常に周囲からの刺激を求める

✓ 興奮しやすく、調子に乗りやすい

とらのすけ先生のワンポイントアドバイス

高揚性が低いタイプの人は、緻密な業務やプレッシャーのかかる大きなプロジェクトが多い職場、高揚性が高いタイプの人は、積極性や対人交渉が求められる職場で評価されやすいよ。

14 従順性

性格区分
社会関係的側面

以下の質問はあなたの日常の行動や考えにどの程度あてはまるか。最も近い選択肢を選びなさい。

❶ **A** 我慢をするくらいなら自分が先頭に立って進めるほうだ
　 B 先頭に立つより多少我慢しても相手に従うほうだ

❷ **A** 自分がやりたいことを優先させることが多い
　 B 周囲のやりたいことを優先させることが多い

❸ **A** 自分の意見にこだわるほうだ
　 B 人の意見に合わせるほうだ

☐ **A**に近い　　　　　　　　　☐ どちらかと言えば**A**に近い
☐ どちらかと言えば**B**に近い　☐ **B**に近い

（どちらかと言えば）**A**に近いと回答　➡　**従順性が低い**

✔ 人に従うよりも自分が周囲を引っ張っていきたがる

✔ 強く命令されると反感を持ちやすい

（どちらかと言えば）**B**に近いと回答　➡　**従順性が高い**

✔ 人の意見や指示に素直に従う傾向がある

✔ 自分の軸をあまり持っておらず、人の意見に左右されやすい

とらのすけ先生のワンポイントアドバイス

従順性が低いタイプの人は、大人数をマネジメントする必要のある職場、従順性が高いタイプの人は、地道な努力が必要な業務や仕事手順が整っている職場で評価されやすいよ。

15 回避性

以下の質問はあなたの日常の行動や考えにどの程度あてはまるか。最も近い選択肢を選びなさい。

❶ A 関係が多少悪くなっても言うべきことははっきり伝えるほうだ
B 意見の対立はできるだけ避けるほうだ

❷ A 人の問題点を指摘してしまうほうだ
B 人の問題点に気付いても黙っているほうだ

❸ A 言い争いになっても自分の意見を通したい
B めんどうな議論はできれば避けたい

□ **A**に近い 　　　　□ どちらかと言えば**A**に近い
□ どちらかと言えば**B**に近い 　　□ **B**に近い

（どちらかと言えば）**A**に近いと回答　➡　**回避性が低い**

✓ チャレンジ精神が旺盛で、何事にも前向きに挑戦する

✓ 引いた方が得策な時であっても、無理に自分の意向や考えを通そうとする

（どちらかと言えば）**B**に近いと回答　➡　**回避性が高い**

✓ 仕事や人間関係におけるリスクに対して敏感で、堅実な選択肢を取りたがる

✓ 自身の能力を過小評価しがちである

とらのすけ先生のワンポイントアドバイス

過度に回避性が低いタイプの人は、マイナス評価を受ける可能性があるので注意しよう。
回避性が低いタイプの人は、環境の変化が多い職場、回避性が高いタイプの人は、単調な作業の多い職場で評価されやすいよ。

16 批判性

性格区分
社会関係的側面

以下の質問はあなたの日常の行動や考えにどの程度あてはまるか。最も近い選択肢を選びなさい。

❶ A 相手の行動が気になることがあっても黙っているほうだ
B 相手の行動が気になるときは直接伝えるほうだ

❷ A 和を大切にしたい
B 合理性を大切にしたい

❸ A 人の意見を受け入れる
B 自分の意見を主張する

☐ **A**に近い　　　　　　　☐ どちらかと言えば**A**に近い
☐ どちらかと言えば**B**に近い　☐ **B**に近い

（どちらかと言えば）**A**に近いと回答　➡　**批判性が低い**

✓ 調和重視で協調性が高く、他人の感情を読み取る共感力に長けている

✓ 明らかな間違いに対しても批判することを避け、事なかれ主義的な対応をしがち

（どちらかと言えば）**B**に近いと回答　➡　**批判性が高い**

✓ 論理的思考力が高く、多角的な視点から物事を考えることが得意である

✓ 仕事以外の周囲の人間にも論理的・批判的に接し、
相手に不快な思いをさせやすい

┌─ **とらのすけ先生のワンポイントアドバイス** ─────

批判性が低いタイプの人は、他人との関係構築が多く求められる職場、批判性が高いタイプの人は、問題発見やチームマネジメントが求められる職場で評価されやすいよ。

17 自己尊重性

以下の質問はあなたの日常の行動や考えにどの程度あてはまるか。最も近い選択肢を選びなさい。

❶ **A** 集団でものを決めるようなときは他人の意見を尊重するほうだ
B 集団でものを決めるようなときは自分の意見をはっきり出すほうだ

❷ **A** メンバーとしてチームに貢献する
B チームのリーダーを務める

❸ **A** 自己主張を我慢して後悔することが多い
B 自己主張が強すぎて後悔することが多い

☐ **A**に近い ☐ どちらかと言えば**A**に近い
☐ どちらかと言えば**B**に近い ☐ **B**に近い

（どちらかと言えば）**A**に近いと回答 　➡　 **自己尊重性が低い**

☑ 協調性が高く気配りが上手で、相手の考えや周囲の意見を尊重できる

☑ 自身の価値を過剰に低く見積もりすぎて、諦めが早い傾向がある

（どちらかと言えば）**B**に近いと回答 　➡　 **自己尊重性が高い**

☑ 自分の考えや価値観に強い自信があり、自己の意見や判断を主張する

☑ 一つの考えに固執しやすい

とらのすけ先生のワンポイントアドバイス

自己尊重性が低いタイプの人は、チームで協働する職場や繰返し作業が重要な職場、自己尊重性が高いタイプの人は、自ら陣頭指揮を執る職種で評価されやすいよ。

18 懐疑思考性

以下の質問はあなたの日常の行動や考えにどの程度あてはまるか。最も近い選択肢を選びなさい。

❶ A 人がどう思うかは重要でない
　 B 人の反応が気になる

❷ A 人のことに無関心なのはよくない
　 B 人のことに深入りするのはよくない

❸ A 人に隠しごとはしないほうがよい
　 B 人に本音は打ち明けないほうがよい

☐ Aに近い　　　　　　　　　　☐ どちらかと言えばAに近い
☐ どちらかと言えばBに近い　　☐ Bに近い

（どちらかと言えば）Aに近いと回答　➡　**懐疑思考性が低い**

☑ 素直で肯定的である

☑ うかつで騙されやすい

（どちらかと言えば）Bに近いと回答　➡　**懐疑思考性が高い**

☑ 慎重で論理的である

☑ 疑い深く決断が遅い

とらのすけ先生のワンポイントアドバイス

過度に懐疑思考性が高いタイプの人は、マイナス評価を受ける可能性があるので注意しよう。
懐疑思考性が低いタイプの人は、計画管理や中間管理が求められる職種、懐疑思考性が高いタイプの人は、分析業務や新規開発の多い職場で評価されやすいよ。

特別講義

Edgeyが提唱する
理想の就活の進め方

無料の就活サービスを選ぶにあたっての注意点とは？

メリット・デメリットを理解したうえで、取捨選択しよう

　世の中には、「選抜コミュニティ」とよばれる、能力によって選抜された学生を人数限定で指導する就活指導団体が多数あります。また、選抜はしないものの就活の練習ができる場として、各大学を拠点にしていたり、内定者の学生が運営している「無料就活サービス／コミュニティ」も多数存在しています。ただこれらのコミュニティは、人材紹介事業を営む企業が運営しているケースがあり、注意が必要です。

就活サービス・コミュニティの実態

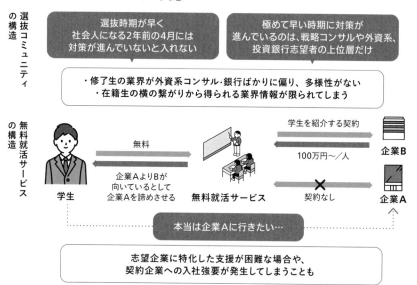

　それぞれのコミュニティとの契約企業が志望企業と一致すれば心強いサポートが受けられますし、グループディスカッションや面接対策のようなアウトプット練習の場としては、とても良い環境です。一方で、人材紹介系のコミュニティに浸かり過ぎてしまうと、「内定はあくまでも通過点」であることを忘れてしまい、コミュニティの中で「良いとされる内定先」に行くことが目的化してしまう問題もあります。**大事なのは、何を得るためにコミュニティに入るのか目標を立て、そのうえで、目標に沿って積極的に活用することです。**

就活って、場数を踏んで対策をすれば失敗しないの?

就活生が失敗する2つの理由

　就活生が失敗する理由は2つに大別されます。1つ目は当たり前の話なので簡単に説明しますが、「準備不足のまま就活を開始してしまった」ということです。対策を始めるのが遅かったと後悔している人は、第一関門である書類選考を通過できるようにエントリーシートや筆記試験の対策をすることが不可欠です。この本と総合対策サイト「CaReealize」を活用して、第一関門を突破する水準を達成できるように急いで対策をしましょう。

　そして、2つ目は、就活生が失敗する最大の理由であり盲点である「アウトプット練習ばかりしている」ということです。

場数を踏む効果は実は小さい

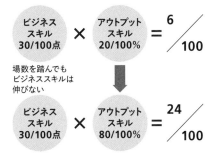

質の高いInputが効果的

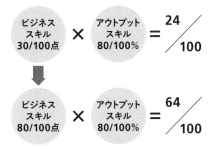

　特にグループディスカッションや面接は「場数を踏めば良い」という誤った認識が広がっており、無料の対策講座が数多く開催されています。しかし、これらの無料講義では、ビジネスパーソンとしてどのように問題を解決するかや、学生時代に力を入れたこと(ガクチカ)を企業に合わせてどのように作るかなどの応用的な部分には焦点が当てられていないのが実状です。

　表面的なアウトプットスキルだけを高めても効果は限定的です。ビジネスパーソンとして、本物の実力を身につけるには、インプットをしっかりと行いビジネススキルを習得することが大切です。そのためには、長期インターンに参加したり、就活アカデミーに参加したりと、様々な対策が考えられます。この本のコラムには先輩方の就活スケジュールが掲載されているので、そちらを参照して(P398)、自分のビジネススキルを示せる「ガクチカ」を作りましょう。

エントリーシートの段階で
面接の結果は決まっている!?

ES添削、中身のあるアドバイスをもらえてる?

　面接にたどりつくまでは、エントリーシートが就活生の魅力を把握できる唯一の
ツールであることは理解できるでしょう。しかし、エントリーシートを提出した時点
で「面接での話す内容」が決まってしまうことまでを理解している就活生は少ないの
ではないでしょうか。**面接の際に人事側が参照できる唯一の文書なので、面接で聞い
てほしいこと、伝えたいことはエントリーシートに盛り込まなくてはいけません。**

　エントリーシートの大事さを理解しているからこそ、ゼミや研究室、サークルや部
活の先輩にエントリーシートを見てもらったり、内定者がES添削をしてくれるサー
ビスを使う就活生も増えています。ここで気を付けたいのが「ここの部分、なんとな
く変」や「もっと……っぽくしよう」といった「質の低い添削」が行われているとい
うことです。

　**企業がエントリーシートで見るポイントは「自社で働くときにあなたの経験や長所
に再現性があるかどうか」です。**下記の添削例のように、その観点から一言一句しっ
かりと見てくれる人にES添削を頼まなくてはなりません。つまり、内定者より実際
にビジネス経験のある社会人に頼む方が望ましいでしょう。とはいっても「身近に添
削をしてくれる社会人なんていない」という人もいると思います。添削相手を探すと
いう明確な目的を持った上であれば、社会人との就活マッチングサービスや就活アカ
デミーを活用するのも選択肢の一つかもしれません。

学生の能力を向上させる添削例

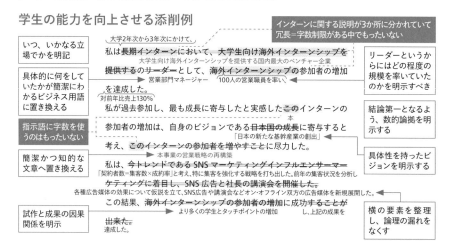

著者略歴

監修　内藤 寅之助

東京都目黒区生まれ。東京大学法学部卒。
2015～17年に株式会社旅武者の初代営業全国統括として、事業の4倍成長を実現。2015年に就活アカデミーEdgey2期に通い、大手外資系企業から内定をいただくも、新卒で財務省に入省。「国力は人材から」の信念のもと、仕事のかたわら一般社団法人Edgeyの代表講師として大学生の進路をサポートし（国家公務員法104条に基づく無償兼業）、難関企業に多数の内定者を輩出している。
著書に、就活・公務員試験対策のための時事対策本『現役官僚が書いた! 公務員試験 今年出る時事【平成30年度試験対応版】』（洋泉社）がある。

Edgey共同代表
黒澤 伶

早稲田大学卒。
DELLを経てビズリーチに入社し、累計200社以上の企業の採用戦略・実行をサポート。導入社数全国上位0.06％を維持。全社表彰2度・部門表彰8度獲得。その後、エグゼクティブ・コーチングファームにてCHRO（最高人事責任者）を歴任。SEMCO社のアライアンスパートナーの日本支社立ち上げを経て、現在、株式会社ITSUDATSU代表取締役。

Edgey共同代表
石毛 究

慶應義塾大学卒。
新事業創造/ブランディング/デジタル領域が専門。 某大手戦略コンサルティングファームにてトップ人材評価を連続で獲得。その後、国内最大級のIT企業に移り、経営戦略立案を担当。
本業のかたわら、プロボノとしてEdgeyで学生の指導を続ける。指導した学生は、コンサル、総合商社、広告代理店、金融機関、メーカー、メガベンチャーなど、主要難関企業に多数内定。

就活アカデミー
Edgeyとは？

コンセプトは、現役若手社会人が直接、
就活戦略＆ビジネススキルを教える！

　就活アカデミーEdgeyは、「人事・採用」と「ビジネス」のそれぞれの領域の2人のプロが共同代表として主宰し、30人の社会人が年間100人限定で指導する就活塾です。

　世の中には多数の就活サービスがありますが、Edgeyで講師を務める社会人たちも、かつては就活生としてそれらを活用していました。だからこそ、既存のサービスの課題を認識し、それを解決するべくEdgeyを始めました。

　就活サービスの多くは、①まだ企業で働いたことのない内定者が運営している、②既に企業から独立して何年も経ち最新の企業の情報が乏しい社会人が運営している、という課題を抱えていることが多いです。だからこそEdgeyでは、実際に企業で現役で働いている人が兼業し、社会人が就活生を直接指導することを大切にしています。

　Edgeyが大切にしている理念は、「内定はあくまでも通過点」という考えです。そのため、就活対策はもちろんのこと、入社後に活躍するためのビジネススキルまでを教えるのが特徴です。これは、講師陣が実際に現役で会社に所属して働くビジネスのプロだからこそできることでもあります。

　もちろん、就活生としては、まずは就活をうまく乗り切りたいという気持ちがあるのも重々わかっていますので、「就活指導を通じてビジネススキルまでを学べる」ようにしています。おかげさまで、2014年の創立以来、卒業生約1000名は、次に掲載された難関企業群を中心として多種多様な企業に入社しています。

　Edgeyの通年講義は、1年間で60時間の少人数式レクチャーと、1泊2日の夏合宿に加えて、社会人・内定者のメンターが24時間365日対応する

Messenger相談システムから構成されています。年間を通じて、密なコミュニケーションを学生のみなさんととっているからこそ、常にアップデートを行い、最新の就活対策を可能としています。

　本書のSPI対策はEdgeyのエッセンスのごく一部ではありますが、「痒い所に手が届く」SPI本を通じて、皆さんにEdgeyの価値を感じていただけたら幸いです。

内定実績（一部のみ抜粋）

■日系／外資系コンサルティングファーム
マッキンゼー・アンド・カンパニー／ボストン コンサルティング グループ／ベイン・アンド・カンパニー／A.T. カーニー／アクセンチュア／デロイト トーマツ グループ／PwC Japan／野村総合研究所
■広告／メディア
電通／博報堂／TBSテレビ／フジテレビ
■金融（銀行／証券／保険）
ゴールドマン・サックス／モルガン・スタンレー／UBSグループ／JPモルガン・チェース・アンド・カンパニー／東京海上日動火災保険／三井住友銀行／三菱UFJ銀行
■総合商社／デベロッパー
三菱商事／三井物産／住友商事／伊藤忠商事／丸紅／三井不動産／三菱地所
■人材／教育
リクルート／Visional（旧ビズリーチ）／リンクアンドモチベーション／ベネッセコーポレーション
■日系／外資メーカー
P&Gジャパン／日本ロレアル／資生堂／SONY／パナソニック／明治／サントリー／森永乳業／トヨタ自動車／JT（日本たばこ産業）／ファーストリテイリング
■IT／情報通信
Google／日本マイクロソフト／アマゾンジャパン／セールスフォース・ジャパン／NTT／LINE／メルカリ／ディー・エヌ・エー／ソフトバンク／サイバーエージェント／Sansan／レバレジーズ
■インフラ／官公庁系
財務省／地方公務員／東京ガス／JICA（国際協力機構）／JETRO（日本貿易振興機構）／JBIC（国際協力銀行）

1泊2日の夏合宿の様子
就活指導を通してビジネススキルを本気で学ぶ

30人の社会人が教える
全60時間の少人数式レクチャー

この書籍を通じて、Edgeyに興味を持たれた方は、QRコードからEdgeyの
公式ホームページにアクセスいただき、詳細をご確認ください。

就活に成功したEdgeyの先輩たちの就活スケジュール

カギは、計画的なガクチカづくり×質の高いInput & Output

このページでは、多種多様な就活スタイルのEdgey修了生の4人の就活スケジュールを公開します。みなさんも、参考にして、後悔のない積極的な学生生活を送ってください。

就活は、大学2年春スタート

[内定先]
アクセンチュア戦略部門
関東のとある中堅大学
同級生唯一の戦略部門内定

- 能力/人間性が高い人が集まるEdgeyに惹かれ参加
- ケースフェルミを初めて知る
- 「Voil」を通して見つけた小規模コンサルにて長期インターン開始
- Edgey鬼の夏合宿で苦戦するも何とか入賞
- 選抜コミュニティに挑戦するも落ちる
- SPI対策
- Edgeyにて論点設計の練習開始
- ES作成に苦戦するも、Edgeyの1on1で第一志望のESが通過
- 知り合いがいない環境で、自分の実力を試したいと思い、武者修行に参加
- GAFAや戦略コンサルのOBOGと面接演習し、自分の至らなさを痛感
- 50社程度、夏インターンに応募し40社落ちる

時期	上半期	夏休み	下半期	春休み	4月	5月	6月

社会人になる3年前（大学2年／4年）

時期	上半期	夏休み	下半期	春休み	4月	5月	6月

就活は、大学3年春スタート

[内定先]
マッキンゼー／P&Gマーケティング／三井物産
いわゆる「純ジャパ」
大学入学時TOEIC600点

- 先輩がマッキンゼーという戦略コンサルに内定したことで、会社に興味を持つ
- 外資なので英語をやるかと安直に発想
- 家庭教師のバイトにいそしむ
- フィリピンに2か月英語の語学留学に
- 選抜コミュニティの存在を知って挑戦するも落ちる
- 2週間でビジネス経験が積める!?武者修行プログラムに参加してみる
- SPI対策

就活は、大学3年秋スタート

[内定先]
東京海上日動／NTTデータ
バイトにいそしむ
普通の大学生

- カフェで週2回アルバイトを大学1年～3年まで継続
- 周りがサマーインターンに参加しだして焦る
- サークルで新歓を担当
- 免許合宿
- 国内長期旅行

時期	上半期	夏休み	下半期	春休み	上半期	夏休み

社会人になる3年前（大学2年／4年）

時期	上半期	夏休み	下半期	春休み	上半期	夏休み

就活は、大学4年春スタート

[内定先]
サントリー／花王／上場直前ベンチャー
大学ではゴルフ部に所属
関西のとある中堅大学

- 大学4年生になる年の2月いっぱいまで部活動にいそしむ
- 部活で新歓を担当
- 部活の執行代として前線に立つ
- ゴルフ場で週2回アルバイト。大学1年～3年まで継続して部費や生活費を稼ぐ

先輩のスケジュールに出てきたプログラム

様々なプログラムが世の中にはあるので、ぜひご自身でもいろいろ探してみましょう

武者修行プログラム
実店舗で企画立案から収益化までのリアルビジネスに挑戦。2週間集中・超実践型ビジネスプログラム。

長期インターン求人サービスVoil
学生のリアルな口コミから、本当にマッチした3ヶ月以上の中長期インターン先を探せるサービス。

同じ業界を志望する友人らとGDやケースを練習

Accenture 戦略コンサル職から内定をもらう

「Voil」を通して見つけた事業会社にてインターンし、学生ながらユニット長に抜擢

Accenture 戦略コンサル職のjobに参加 チームで1番評価しているとコメントを貰う

サマーインターンに複数参加し、小規模コンサルの内定を獲得

本命のサマーインターンに向けて、OBOG訪問

7月	8月	9月	10月	11月	12月	1月	2月	3月	4月	5月	6月	7月以降

社会人になる2年前（大学3年／M1）　　大学4年／M2

7月	8月	9月	10月	11月	12月	1月	2月	3月	4月	5月	6月	7月以降

インターン選考で落ちまくり、ガクチカ不足に気づく

何とか参加できたStrategy＆とP&Gのインターンで成果を残す

Edgeyの1on1で面接対策 P&Gの最終面接で内定

ボストンコンサルティンググループのSPI対策

ボストンコンサルティンググループのサクラインターンは辞退

「Voil」を通して自分にマッチする長期インターンを見つけた 売上3倍増をチームで達成というガクチカをゲット！

Edgeyの1on1でケース面接対策

マッキンゼーの春インターンに参加

三井物産に内定

マッキンゼーに内定

就活は何から始めればよいか分からず、とりあえずSPI本を買う

ガクチカが急ごしらえのために武者修行に年末年始に参加 周りのガクチカのレベルの高さに感化される

OB訪問アプリマッチャーを活用してOBOG訪問

会社説明会にひたすら参加

日系大手に複数内定

ウインターインターンに出願するも、ESが通らず焦る

Edgey通信講座で学んだESの書き方を実践してES通過

バイトの経験に加えてビジネス経験を伝えて面接通過

冬インターンの集団面接で撃沈

Edgey通信講座をCaReealizeで見つける

ひたすらSPI対策

ベンチャー内定

10月	11月	12月	1月	2月	3月	4月	5月	6月	7月以降

社会人になる2年前（大学3年／M1）　　大学4年／M2

10月	11月	12月	1月	2月	3月	4月	5月	6月	7月以降

2月で一旦部活を引退

Edgey通信講座

部活の先輩にOBOG訪問

Edgeyで学んだES対策を実践してES通過

日系大手に複数内定

CaReealizeでSPI対策

会社説明会にひたすら参加

Edgeyで学んだGD対策でGD通過

内定先に納得できず就活続行

OfferBox等の人材紹介業を用いてベンチャー・中小の内定をもらう

SPI対策本を購入

ガクチカを急ごしらえるによいと噂の武者修行に2月に参加

部活の経験に加えてビジネス経験を伝えて面接通過

2025年度 驚異の内定率96%の就活塾が教える Edgey式SPI3 対策決定版

2023年2月9日　初版発行

著　者 ——— 就活アカデミーEdgey
監　修 ——— 内藤寅之助
発行者 ——— 山下　直久
発　行 ——— 株式会社KADOKAWA
　　　　　　〒102-8177 東京都千代田区富士見2-13-3
　　　　　　電話 0570-002-301 （ナビダイヤル）
印刷所 ——— 図書印刷株式会社

ブックデザイン —— Isshiki
イラストレーション —— 鈴木智子
DTP ——— Isshiki

お問い合わせ

https://www.kadokawa.co.jp/ （「お問い合わせ」へお進みください）
※内容によっては、お答えできない場合があります。
※サポートは日本国内のみとさせていただきます。
※Japanese text only
定価はカバーに表示してあります。

驚異の内定率 96% の就活塾が教える

エッジー
Edgey式 **SPI3**

2025年度 **対策決定版**

別冊
実践問題
解答&解説

KADOKAWA

01　集合算❶（ベン図）▸本冊P20〜P21　　　　　　　　学習日　／

問題1

❶【正解】C

　マスカラを使用している人数−マスカラ・ネイルの両方使用している人数で求められるから、178
− 124 ＝ 54人。

❷【正解】A

　3つの化粧品を使用している人数の合計は 178 ＋ 194 ＋ 156
＝ 528人。

　このとき、化粧品を1つ使用している人が1回、2つ使用し
ている人が2回、3つ使用している人が3回数えられている。
よって、1つ使用している人と、3つとも使用している人を引
くと528 −（300 − 3）− 96 ＝ 135人。

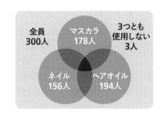

全員 300人　マスカラ 178人　3つとも 使用しない 3人　ネイル 156人　ヘアオイル 194人

問題2

❶【正解】A

　両方利用する人をXとおくと、どちらも利用しない人は（1／3）Xと表すことができる。全体の人数
は（58 ＋ 78−X）＋（1／3）X ＝ 100となる。これを解くとX ＝ 54。よって、54人。

❷【正解】B

　自転車のみ利用する人数＝自転車を利用する人数−両方利用する人数で求められる。よって、58
− 54 ＝ 4人。

❸【正解】B

　電車のみ利用する人数は78 − 54 ＝ 24人。したがって、24÷4 ＝ 6倍。

問題3

❶【正解】A

　両方利用している人をXとおくと、両方利用していない人は100÷10 ＝ 10人より、
57 ＋ 35 − X ＋ 10 ＝ 100。これを解くとX ＝ 2であるから、2人。

❷【正解】A

　電車だけを利用している人数＝電車を利用している人数−両方利用している人数で求められるから、57
− 2 ＝ 55人。

問題4

❶【正解】A

　猫だけ好きな人数＝猫が好きな人数−犬、猫両方が好きな人数なので、34 − 14 ＝ 20人。

❷【正解】D

　犬だけ好きな人は❶同様に29 − 14 ＝ 15人。よって、20 ＋ 15 ＝ 35人。

❸【正解】B

　犬、猫の両方が好きではない人は、全体−（犬、猫両方が好きな人数＋犬、猫のどちらか一方だけ

好きな人）で求められる。よって、60−（14＋35）＝60−49＝11人。

問題5
❶【正解】C
　空手と柔道だけで考える。求めるのは空手も柔道もやったことがない人数であるから、全体−（空手、柔道の両方をやったことがある人数＋空手だけやったことがある人数＋柔道だけやったことがある人数）を求めれば良い。片方のみやったことがある人数＝片方をやったことがある人全体−両方やったことがある人で求められるから、350−｛139＋（246−139）＋（158−139）｝＝85人。

❷【正解】B
　柔道と合気道だけで考える。柔道も合気道もやったことがある人をXとおくと、柔道をやったことはないが合気道はやったことがある人はX−72と表すことができる。合気道をやったことがある人は全部で142人であるから、X＋（X−72）＝142。したがってX＝107。以上より、柔

柔道をやったことがある
158人

合気道を
やったことが
ある
X

柔道をやったことがない
192人

合気道を
やったことが
ある
X-72

求める
部分

道をやったことがないが、合気道はやったことがある人は107−72＝35人。求める人数は192−35＝157人。

❸【正解】A
　剣道をやったことがある人数は全部で107人。ここから剣道はやったことがあるが合気道をやったことがない人数を引くと、107−82＝25人。

❹【正解】D
　合気道と剣道のみで考える。　合気道のみやったことがある人数＝合気道をやったことがある人数−合気道、剣道両方やったことがある人数。よって、142−25＝117人。

問題6
❶【正解】B
　回答した人は全部で190人。馬だけで考えると、求める数字は「馬を見たことがある人」、「馬を見たことがなく、馬が好きな人」の余事象であるから、190−（138＋9＋40）＝3人。

❷【正解】B
　馬も牛も好きではない人は、全体190人−（馬も牛も好きな人＋どちらか一方が好きな人）である。馬が好きな人は138＋40＝178人。牛が好きな人は133＋29＝162人。両方好きな人は158人。以上より、190−｛158＋（178−158）＋（162−158）｝＝190−182＝8人。

02 集合算 ❷ （表・線分図）　▶本冊P24〜P25　　学習日　／

問題1　【正解】C
　ベン図をもとに整理すると、図のようになる。スマートフォンだけを持っている人は、全校生徒−（タブレットを持っている人＋どちらも持っていない人）で求めることができるから、500−（170＋50）＝280人。

全校生徒 500人

タブレット
170人

スマホ
350人

どちらも持っていない 50人

問題2 【正解】D

英語と数学が両方得意な生徒をなるべく多くなるよう考慮して線分図にすると、以下のようになる。

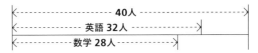

このとき、両方の教科が得意な生徒は28人。

次に、両方の教科が得意な生徒をなるべく少なくなるよう考慮して線分図にすると、以下のようになる。

このとき、両方の教科が得意な人は全体－（英語が不得意な人＋数学が不得意な人）で求められるから、$40-(8+12)=20$人。

以上より、20人以上28人以下が正解。

問題3

❶【正解】B

男子生徒数－英語が不正解だった男子生徒数＝$46-5=41$人。

❷【正解】B

問題文より、英語が不正解だった人数と、数学が不正解だった人数は、あわせて81人。英語が不正解だった人は$25+5=30$人。よって、数学が不正解だった人は$81-30=51$人。

❸【正解】D

求める数をXとおくと、数学が正解だった男子生徒はX－7人。数学が正解だった人の数は$140-51=89$人より、$X+(X-7)=89$。これを解いて$X=48$人。

❹【正解】B

(単位：人)

	正解	不正解	計
女子生徒	X		94
男子生徒	X-7		46
計	89	51	

表のX－7が$48-7=41$人であり、男子生徒数－男子の数学の正解者数であるから、$46-41=5$人。

問題4

❶【正解】B

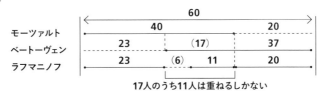

17人のうち11人は重ねるしかない

②【正解】B

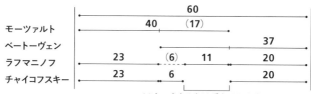

11人のうち9人は重ねるしかない

問題5【正解】D

　ハムとベーコンが好きな人の最少人数は34＋31－40＝25人。ハム・ベーコンと ソーセージが好きな人の最小人数は25＋28－40＝13人。4つとも好きな人の最小人数は13＋26－40で求められる。ここで13と26の和は40以下であるから、全て好きな人はいない可能性がある。

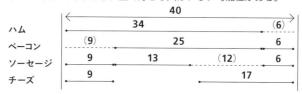

問題6

❶【正解】A

　両方購入しなかった人が35人であるから、余事象より少なくとも片方の商品を購入した人は400－35＝365人。メガネとマスクを購入した人の和は254＋186＝440人となる。ここで、440は両方購入した人を2回数えた数字なのでその分を求めると、440－365＝75人。2回数えられていた人が75人より、両方購入した人は75人。

❷【正解】B

　A社でメガネのみ購入した人数＝A社でメガネを購入した人数－A社でメガネとマスクを購入した人数であるから、254－75＝179人。

❸【正解】A

　「どちらか一方だけのマスクを買った」とは、どちらかもう一方のマスクを買わなかったことであるから、A社のマスクだけ、B社のマスクだけ購入しなかった人数を求めればよい。

　A社のマスクだけ購入しなかった人＝214－42＝172人

　B社のマスクだけ購入しなかった人＝58－42＝16人

　よって、どちらか一方だけのマスクを買わなかった人は172＋16＝188人。

03　比と割合❶（基本公式）▶本冊P28〜P31　　　　　　学習日　　／

問題1　【正解】C

　P中学校出身者から全校生徒数を求め、そこからQ小学校の人数を求めればよい。

　全校生徒数＝600人÷40％＝1500人

　Q小学校出身者数＝1500人×20％＝300人

　よって、正解はCの300人となる。

問題2 【正解】E

P地区出身者から全生徒数を求め、そこからQ地区出身者数を求めればよい。

全生徒数：40人÷20％＝200人

Q地区出身者数：200人×15％＝30人

よって、正解はEの30人となる。

問題3 【正解】D

全社員数を1とすると、出身が関東地区でない社員は1－2／5＝3／5である。

関西地区出身者：（3／5）×（1／3）＝1／5

大阪出身者：（1／5）×（1／4）＝1／20

1／20は5％であるから、Dが正解。

問題4 【正解】A

全旅行者を1とすると、行き先が海外でない旅行者は1－3／8＝5／8である。

残りの旅行者数：（5／8）×（1－1／3）＝5／12

沖縄の旅行者数：（5／12）×（1／4）＝5／48

5／48は10.4％であるから、Aが正解。

問題5 【正解】D

まず各々の薬品に含まれるPの割合は、

X：1／5　Y：5／11

である。これを同量混ぜるということは濃度を平均すればよいので、（1／5＋5／11）÷2＝18／55となる。

18／55は32.7％であるから、最も近いDが正解。

問題6 【正解】E

まず各々の飲料に含まれるQの割合は、

X：3／5　Y：4／7

である。これを同量混ぜるということは濃度を平均すればよいので、（3／5＋4／7）÷2＝41／70

41／70は58.6％であるから、最も近いEが正解。

問題7 【正解】E

売上額＝入場者数×入場料金であるので、売上額＝0.8×1.15＝0.92

これは以前の92％の売上額、すなわち8％の減額を意味するため、Eが正解。

問題8 【正解】C

全体での回答者数－新宿での回答者数＝渋谷での回答者数となるので、まずは全体と新宿での回答者数を求めればよい。

全体での回答者数：（650＋720）×0.7＝959人

新宿での回答者数：650×0.6＝390人

よって、渋谷での回答者数＝959－390＝569人となる。

渋谷での年齢・性別回答割合＝渋谷での年齢・性別回答者数／渋谷での回答者数であるから、569／720≒0.79

以上よりCが正解。

問題9 【正解】A

会員総数と一般会員数をそれぞれ算出し、割合を最後に計算すればよい。

今月の会員総数＝200＋30＝230人

今月の一般会員数＝200×0.3＋30＝90人

よって、今月の一般会員の割合は、90／230≒0.39
39％となるので、Aが正解。

問題10 【正解】B
従業員数と契約・派遣社員数をそれぞれ算出し、割合を最後に計算すればよい。
従業員数＝1200＋80＝1280人　契約・派遣社員数＝1200×0.2＋80＝320人
よって、契約・派遣社員の割合は、320／1280＝0.25
25％となるので、Bが正解。

問題11 【正解】C
まず男性・女性それぞれの総数を求め、それを元に会員数を求める。
男性総数：400×3／5＝240人　女性総数：400×2／5＝160人
よって、それぞれの会員数は、男性会員：240×0.6＝144人、女性会員：160×0.5＝80人。以上より会員数は144＋80＝224人となるので、割合は224／400＝0.56
すなわち56％であるので、Cが正解。

問題12
❶【正解】A
まず、車を借りた人数を算出する。貸出台数の平均は1.5台であるから、540÷1.5＝360人が車を借りた人数となる。逆に借りなかった人は全体から360人を引けばよいので、1350−360＝990人である。
よって、その割合は990／1350≒73.3％となり、Aが正解。

❷【正解】B
1週間の貸出台数は540×1.25＝675台、❶の式に貸出台数と車を借りた人数を代入すると、
675台÷（1台以上借りた人の平均貸出台数）＝270人
これを変形して、（1台以上借りた人の平均貸出台数）＝675÷270≒2.5台
よって、これを先週と比較すると2.5÷1.5≒1.67なので、Bの67％増加が正解。

問題13
❶【正解】D
まず本を借りた人数を求める。平均貸出冊数は1.8冊であるから、本を借りた人数は882÷1.8＝490人である。これを全体から引くと、1冊も本を借りなかった人の数は 2250−490＝1760人
よって、求める割合は、1760／2250＝0.782…
これを四捨五入すると、Dが正解。

❷【正解】A
次の週の1週間の貸出冊数は882×0.8≒706冊。先と同様の式に当てはめてみると、706÷（1冊以上本を借りた人の平均貸出冊数）＝620人。
すなわち、（1冊以上本を借りた人の平均貸出冊数）＝706÷620≒1.14冊で、これを先週と比較すればよいので、
1.14／1.8≒0.63
よって、37％減少している。

問題14 【正解】C
初回の支払い後の残高は、1−（1／4）＝3／4。このうち1／3を納品時に支払ったのだから、納品時の支払額は3／4×1／3＝1／4。
よって、納品後の残額は購入後残高−納品時の支払額より、3／4−1／4＝1／2。

問題15 【正解】A

ローン支払い前までの残額を計算する。前金支払い後の残額は1−1／20＝19／20、引き渡し時の支払い額は19／20×1／19＝1／20より、ローン支払い前の残額は19／20−1／20＝18／20＝9／10。これを分割20回払いするのだから、1回あたりの支払い額は9／10×1／20＝9／200となる。

問題16 【正解】B

頭金支払い後の残額は1−1／5＝4／5、手数料を加える前の分割払い1回あたりの支払い額は、4／5×1／7＝4／35となる。これに手数料1／10が加わるのだから、分割払い1回あたりの支払い額は。4／35×11／10＝22／175。

問題17

❶【正解】D

今月入れ替える書籍の数は、32200×0.05＝1610冊。このうち20％が求める実用書の冊数なので、1610×0.2＝322冊。

❷【正解】B

❶より、入れ替える書籍の数は1610冊。このうち100冊以上が雑誌であればよいので、その割合は100÷1610≒0.062。

問題18

❶【正解】D

Aさんは当初120枚折り紙を持っており、Bさんからさらに8枚を受け取るので、現在の枚数は128枚。AさんとBさんの持っている折り紙の枚数の比は4:3より、Bさんの持っている現在の折り紙の枚数は128×3／4＝96枚。よって、Bさんの当初持っていた折り紙の枚数は、96＋8＝104枚。

❷【正解】A

❶より、当初Aさんは120枚、Bさんは104枚の折り紙を持っており、その合計は120＋104＝224枚。よって、Cさんが当初持っていた折り紙の枚数は、350−224＝126枚。

問題19

❶【正解】C

先月の18歳以下の女性の来場者数＝総来場者数×女性比率×18歳以下の比率で求められる。
よって、15000×0.4×0.15＝900人。

❷【正解】B

先月の女性の来場者数は15000×0.4＝6000人。今月の女性の来場者数は1000人増えて7000人である。今月の総来場者数も1000人増えて16000人であるので、総来場者数に占める女性の割合は7000÷16000≒0.44。

問題20 【正解】A

パイとクラッカーを詰める時点での残りの面積を考えると、（1−0.2）×（1−0.3）＝0.56。このうち5／9をパイで詰めるのだから、求める割合は0.56×5／9≒0.31。

04 比と割合❷（方程式）▶本冊P33〜P37　　　　　　　学習日　　／

問題1 【正解】C

既婚者と未婚者、男性と女性について式を書く。
まず男性について、既婚者と未婚者の比が3：12なので、既婚者を3x、未婚者を12x、既婚者の女性を150人とする。さらに、既婚者の総人数と未婚者の総人数の比が1：3なので、既婚者をy人、未

婚者を3y人と表すと、条件より、未婚者の女性の人数はy＋60人と表せる。

そうすると、既婚者と未婚者のそれぞれについて、男性＋女性＝総人数で、次のような方程式が成り立つ。

$3x＋150＝y$ …①　$12x＋y＋60＝3y$ …②

②より、$12x－2y＝－60$

①を代入して、$12x－2(3x＋150)＝－60$　$x＝40$　$x＝40$を①に代入して、$3×40＋150＝y＝270$

求めるこの職場の総人数は、$y＋3y＝4y$なので、これに$y＝270$を代入して、$4×270＝1080$と分かり、答えはCとなる。

問題2 【正解】B

A～C社の10年前の売上高をそれぞれa～cとすると、この10年間の増加金額は同じであるので、次のような式が成り立つ。

$5a／100＝12b／100＝15c／100$

それぞれに100をかけて、$5a＝12b＝15c$

$5a＝15c$より、$a＝3c$。$12b＝15c$より、$b＝(5／4)c$。

これにより、10年前の3社の売上高の合計について、次のような方程式が立つ。

$3c＋5c／4＋c＝6825$

両辺を4をかけて、$12c＋5c＋4c＝27300$　$c＝1300$

よって、C社の10年前の売上高は1300百万円で、現在は15％増加して、$1300×1.15＝1495$百万円となり、答えはBとなる。

問題3 【正解】C

昨年の総従業員数をxとおくと、昨年の男性従業員数は$0.7x$人、今年の男性従業員数は$(0.7x＋30)$人となる。今年の全従業員数は$30＋30＝60$人増えたので$(x＋60)$人。今年の男性従業員数の割合は10％下がった60％なので、

$0.7x＋30＝0.6(x＋60)$　$x＝60$

聞かれているのは今年の総従業員数なので、$60＋60＝120$人。

問題4 【正解】B

先週日曜の来場者数をx人とおくと、先週土日の合計来場者数が500人なので、先週土曜の来場者数は$(500－x)$人。

先週土曜の10％減である今週土曜は$0.9×(500－x)$人、先週日曜の20％増である今週日曜は$1.2x$人、この合計が500人より8％増の540人なので、

$0.9×(500－x)＋1.2x＝540$　$x＝300$

今週日曜は、$300×1.2＝360$人

問題5 【正解】C

金曜日に2／5、土曜日は残った3／5のうちの8／15、つまり$(3／5)×(8／15)＝8／25$を読んだ。金土の2日間では、全体の$2／5＋8／25＝18／25$を読んでいるので、残りは7／25。全体のページ数をxとすると、$50＋90＝(7／25)x$　$x＝500$

残りのページは90ページなので、$90÷500＝0.18＝18％$

問題6 【正解】A

合併後の劇団Rの人数をxとする。40％だった男性の人数が10人減ったために38％になったことから、

$0.4x－10＝0.38(x－10)$

$x＝310$

劇団Rの人数310人はPの2倍の人数なので、Pは$310÷2＝155$人

問題7

❶【正解】C

今年の従業員400人は昨年の80％にあたるので、昨年の従業員数は、400÷0.8＝500人。

❷【正解】B

昨年の女性の人数をx人とすると、10％減った今年の女性は0.9x人。昨年の男性は（500−x）人で、30％減った今年の男性は0.7（500−x）人。

女性＋男性＝従業員数なので、0.9x＋0.7（500−x）＝400　　x＝250

よって、今年の女性従業員数は250×0.9＝225人

問題8 【正解】C

具体的な数字が与えられていないので、箱Pの果物の総数を100個とおいて計算する。箱Qに入っている果物の数を箱Pのx倍とすれば、箱Qに入っている果物の数は100x個。箱Pに移した後のりんごの数は、（50＋40x）個。いちごの数は、（10＋30x）個。

りんごといちごの比が3：2だから、（50＋40x）：（10＋30x）＝3：2

内項の積と外項の積が等しいので、3（10＋30x）＝2（50＋40x）　　x＝7

よって、7倍となる。

問題9 【正解】C

昨年の男性部員数をx、女性部員数をyと表すと、昨年の部員数について

x＋y＝150 …①

となり、今年の部員数は、1.2x＋0.9y＝156 …②

となる。①の式を変形すると、y＝150−xとなり、これを②の式に代入する。

1.2x＋0.9（150−x）＝156　　x＝70

昨年の男子部員数は70人となり、今年は20％増なので、70人×1.2＝84人となる。

問題10 【正解】D

女子部員が増える前の全部員数をxとする。男子部員は15％なので、0.15x、女子部員は0.85xとなる。女子部員が20人増え、男子部員は10％となるので、全部員数はx＋20、男子部員は0.1（x＋20）、女子部員は0.85x＋20となる。

また、全部員＝男子部員＋女子部員が成り立つので、

x＋20＝0.1（x＋20）＋（0.85x＋20）　　x＝40

よって、男子部員の人数＝0.15x＝0.15×40＝6人となる。

問題11 【正解】D

部活動に所属している生徒としていない生徒、男子生徒と女子生徒について式を書く。

まず、男子生徒について、所属している生徒としていない生徒の比が3：7なので、所属している男子生徒を3x、していない男子生徒を7xとする。さらに、所属している生徒の総人数としていない生徒の総人数の比が1：3なので、所属している生徒をy人、していない生徒を3y人と表すと、条件より、所属していない女子生徒の人数はy＋5人と表せる。

そうすると、所属している生徒としていない生徒のそれぞれについて、男子生徒＋女子生徒＝総人数で、次のような方程式が成り立つ。

3x＋15＝y …①　　7x＋y＋5＝3y …②

②より、7x−2y＝−5　①を代入して、7x−2（3x＋15）＝−5　　x＝25

x＝25を①に代入して、3×25＋15＝y　　y＝90

求めるこの学校の総人数は y＋3y＝4yなので、これにy＝90を代入して、4×90＝360と分かり、選択肢はDとなる。

問題12 【正解】C

A～C国の10年前のGDPをそれぞれa～cとすると、この10年間の増加金額は同じであるので、次のような式が成り立つ。$9a/100 = 18b/100 = 12c/100$

　それぞれに100をかけて、$9a = 18b = 12c$　$9a = 12c$より、$a = 4c/3$

　$18b = 12c$より、$b = 2c/3$

　これにより、10年前の3国のGDPの合計について、次のような方程式が立つ。$4c/3 + 2c/3 + c = 5850$

　両辺に3をかけて、$4c + 2c + 3c = 17550$　$c = 1950$

　よって、C国の10年前のGDPは1950兆円で、現在は12％増加して、$1950 \times 1.12 = 2184$兆円となり、選択肢はCとなる。

問題13　【正解】C

　昨年の生徒数をxとおくと、昨年の男子は$0.75x$人、今年の男子の人数は$(0.75x + 27)$人となる。今年の全生徒数は$27 + 23 = 50$人増えたので$(x + 50)$人。今年の男子の全生徒数に対する割合は3％下がった72％なので、$0.75x + 27 = 0.72(x + 50)$　$x = 300$

　きかれているのは今年の生徒数なので、$300 + 50 = 350$人。

問題14　【正解】D

　先週日曜の来場者数をx人とおくと、先週土日の合計来場者数が600人なので先週土曜の来場者数は$(600 - x)$人。

　先週土曜の5％減である今週土曜は$0.95(600 - x)$人、先週日曜の25％増である今週日曜は$1.25x$人、この合計が600人より7％増の642人なので、

　$0.95(600 - x) + 1.25x = 642$　$x = 240$　今週日曜は、$240 \times 1.25 = 300$人。

問題15　【正解】B

　金曜日に$4/15$、土曜日は残った$11/15$のうちの$2/9$、つまり$(11/15) \times (2/9) = 22/135$を終わらせた。金土の2日間では、全体の$4/15 + 22/135 = 58/135$を終わらせているので、残りは$77/135$。全体の問題数を$x$とすると、$73 + 81 = 77/135 \times x$　$x = 270$

　残りの問題数は81問なので、$81 \div 270 = 0.3 = 3$割

問題16　【正解】C

　合併後の会社Cの人数をxとする。42％だった男性の人数が5人減ったために40％になったことから方程式を立てる。

　$0.42x - 5 = 0.4(x - 5)$　$x = 150$

　会社Cの人数150人は会社Aの3倍の人数なので、会社Aの人数は$150 \div 3 = 50$人

問題17　【正解】B

　昨年の男女合計人数は$344 \div 0.86 = 400$人

　昨年の男子生徒をx人とおくと、昨年の女子生徒は$(400 - x)$人となる。

　$0.9x + 0.8(400 - x) = 344$　$x = 240$

　となり、$240 \times 0.9 = 216$人。

問題18　【正解】C

　1日目を1とおくと、2日目は2.5となる。これを比にすると、$1 : 2.5 = x : 40$　$x = 16$％

　よって、$100 - 16 - 40 = 44$％となる。

問題19　【正解】C

　Aの勤続年数をx年、Bの勤続年数をy年、Cの勤続年数をz年として方程式を立てる。

　$x + y + z = 80$ …①

　$x + y = 4z$ …②という式が成立する。

②を①に代入すると、4z + z = 80　z = 16 となる。
よって、Cの勤続年数は16年と分かる。

問題20　【正解】D

全男子学生の人数をx人とすると、全女子学生の人数は$(320 - x)$人である。
朝ごはんを食べない男子学生は全男子学生の5%、つまり$0.05x$となり、朝ごはんを食べない女子学生は全女子学生の10%、つまり$0.1(320 - x)$人となる。
朝ごはんを食べない男子学生 + 朝ごはんを食べない女子学生 = 23
なので、$0.05x + 0.1(320 - x) = 23x$　$x = 180$
よって、全男子学生は180人となる。

問題21　【正解】D

昨年の全生徒をx人とおくと、昨年の大学へ進学した生徒は$0.6x$人、今年の大学へ進学した生徒は$(0.6x + 15)$人となる。今年の全生徒数は15 + 25 = 40人増えたので、
$(x + 40)$人。今年の大学へ進学した生徒の全生徒に対する割合は5%下がった55%
なので、$0.6x + 15 = 0.55(x + 40)$　$x = 140$
今年の全生徒数は140 + 40 = 180人となる。

問題22　【正解】D

本問では、具体的な米の量が一切与えられていないので、昨年の収穫量を100と仮定してみることで、それぞれの量を表してみる。
まず、昨年の収穫量が100だと、今年は20%減少して80と表せる。また、求めるのは自家消費用の割合だが、販売用の情報の方が多いので、販売用の割合をXとすると、昨年の販売用は100Xで、売れ残ったのは100X×0.1 = 10Xと表せる。さらに、今年の販売用は80Xなので、今年販売した合計量は、10X + 80X = 90Xで、その20%が今年収穫した80の4.5%と等しいので、次のような方程式が立つ。90X×0.2 = 80×0.045
これより$x = 0.2$が求められ、販売用の割合は、0.2 = 20%なので、自家消費用は80%とわかる。

問題23　【正解】B

昨年度のA、Bそれぞれの総人口をA万人、B万人として、今年度の人口を考える。
まず、Aの人口の変動を確認すると、①により5万人減った。これによって、総人口が90%になったので、昨年度の人口の10%が5万人に当たることになり、0.1A = 5が成り立つ。
よって、Aの昨年度の総人口は50万人で、今年度は、50 − 5 = 45万人と分かる。次に、Bの人口の変動について、まず、総人口は、①でAから5万人、②でその他の都市から45万人が転居してきたので、合計で50万人増えたことになり、今年度の総人口は、B+50万人となる。また、B出身者の人数は、昨年度はB万人のうちの65%なので、0.65B万人だったが、①により5万人増えて、今年度は、0.65B + 5万人となる。すると、今年度のBの総人口の60%がB出身者であることから、0.6(B + 50) = 0.65B + 5が成り立つ。
よって、Bの昨年度の総人口は500万人で、今年度は、500 + 50 = 550万人と分かる。以上より、今年度のAとBの総人口の差は、550 − 45 = 505万人となり、選択肢はBとなる。

05　濃度　▸本冊P40〜P43　　　　　　　　　　　　学習日　　／

問題1　【正解】A

食塩水の濃度は食塩の量÷食塩水の量×100で求められるので、60g÷(60 + 240)g×100 = 20%となる。

問題2　【正解】C

食塩の量は食塩水の濃度÷100×食塩水の量で求められるので、450×4%÷100 = 18gとなる。

問題3 【正解】B

食塩水の量をxとおき、立式すると$x \times 9 \div 100 = 27$となり、これを解くと$x = 300$となる。
食塩水の量は食塩の量÷濃度×100で求められるので27g÷9%×100 = 300gとなる。

問題4 【正解】B

8%の食塩水300gに含まれている食塩の量は、$300 \times 8 \div 100 = 24$g。
3%の食塩水200gに含まれている食塩の量は、$200 \times 3 \div 100 = 6$g。
合計$24 + 6 = 30$gの食塩が$300 + 200 = 500$gの食塩水に溶けているので、濃度は$30 \div 500 \times 100 = 6\%$

問題5 【正解】A

8%の食塩水200gに含まれる食塩の量は、$200 \times 0.08 = 16$g、2%の食塩水100gに含まれる食塩の量は、$100 \times 0.02 = 2$gである。
投入した食塩水の量は$200 - 100 = 100$gで、これに$16 - 2 = 14$gの食塩が含まれていることになるので、食塩水の濃度は$14 \div 100 \times 100 = 14\%$。

問題6 【正解】C

12%の食塩水700gに含まれる食塩の量は、$700 \times 0.12 = 84$g、18%の食塩水400gに含まれる食塩の量は、$400 \times 0.18 = 72$gである。
投入した食塩水の量は$700 - 400 = 300$gで、これに$84 - 72 = 12$gの食塩が含まれていることになるので、食塩水の濃度は$12 \div 300 \times 100 = 4\%$。

問題7 【正解】D

水の場合濃度は0%として考え、食塩の量に注目して立式する。
混ぜ合わせた水の量をxgとおき、左辺を混ぜる前、右辺を混ぜた後とすると$13\% \times 300g + 0\% \times xg = 6\% \times (300 + x)g$
となり、これを解くと$x = 350$となる。

問題8 【正解】B

水の場合濃度は0%とし、元の食塩水から蒸発した水分を引く。食塩の量に注目して立式する。
蒸発させた水の量をxgとおき、左辺を蒸発させる前、右辺を蒸発後とすると
$16\% \times 360g - 0\% \times xg = 24\% \times (360 - x)g$
となり、これを解くと$x = 120$となる。

問題9 【正解】A

BからAに移す食塩水は、15%濃度の食塩水100gであるから含まれる食塩の量は、15g。
ここで、Aの食塩水300gに含まれる食塩の量は、$300 \times 0.7 = 21$g。混ぜ合わせた食塩水は$300 + 100 = 400$g、含まれる食塩の量は、$21 + 15 = 36$gなので、その濃度は$36 \div 400 \times 100 = 9\%$。
次に、9%濃度の食塩水50gをB(15%濃度100gの食塩水)に加えるので、溶液の量は$100 + 50 = 150$g、含まれる食塩の量は、$50 \times 0.09 + 15 = 19.5$g。よって、その濃度は$19.5 \div 150 \times 100 = 13\%$。

問題10 【正解】C

(1)食塩水60gを抜き、120gの水を加える
(2)60gの食塩水を抜き、120gの水を加える
それぞれの作業が完了した時点での食塩水の濃度を明らかにする。
(1)食塩水240gから60g抜き、120g水を入れるので食塩水の量は$240 - 60 + 120 = 300$g。このとき食塩の量は、180gの食塩水に対し15%濃度であるので$180 \times 0.15 = 27$g。したがって、濃度は$27 \div 300 \times 100 = 9\%$。
(2)9%濃度の食塩水300gから60g抜き、120g水を入れるので食塩水の量は$300 - 60 + 120 =$

360g。このとき食塩の量は、240gの食塩水に対し9％濃度であるので240×0.09＝21.6g。したがって、濃度は21.6÷360＝6％となる。

問題11 【正解】C

最初の容器AとBの食塩水の濃度を、それぞれa％、b％とする。

Aから200g移した後のBの濃度をb′％とする。

食塩水を混ぜる動作をまとめると、以下のように立式できる。

①（a％ 200g）＋（b％ 600g）＝（b′％ 800g）

②（a％ 100g）＋（b′％ 350g）＝（14％ 450g）

③（14％ 450g）＋（b′％ 450g）＝（15％ 900g）

ここで、③よりA：Bの食塩水の量は1：1であるから、濃度b′＝15×2−14＝16％とわかる。

次に、②より（b′％ 350g）の食塩水に含まれる食塩の量は、350×0.16＝56g、（14％ 450g）の食塩水に含まれる食塩の量は、450×0.14＝63gであるから、a＝（63−56）÷100×100＝7％。

以上より、①にa＝7、b′＝16を代入しbを求める。

（a％ 200g）の食塩水に含まれる食塩の量は、200×0.07＝14g、（b′％ 800g）の食塩水に含まれる食塩の量は、800×0.16＝128gであるから、b＝（128−14）÷600×100＝19％。

問題12 【正解】A

濃度15％の食塩水と濃度2％の食塩水を1200gを混ぜて、濃度7％の食塩水ができたときのてんびんを図1に示す。濃度15％の食塩水の量をxgとおくとき、1200：x＝8：5と表すことができ、x＝750となる。次に、濃度25％の食塩水と水を混ぜて、濃度15％の食塩水ができたときのてんびんを図2に示す。このとき、（750−y）：y＝2：3と表すことができ、y＝450となる。

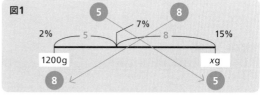

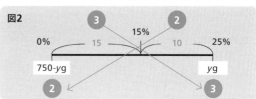

問題13 【正解】C

　最初の食塩水の濃度をx%とする。このときのてんびん図を図1に示す。求めたいのはxなので、選択肢を代入し、AとBの食塩水の量が3：2になれば成立する。選択肢C（12%）をxに代入してみると、

　Aの量の比は1：3となり、Bの量の比は1：2となり、Aには300g、Bには200gの食塩水が入っており、AとBの体積の比は3：2となる（図2）。よって、12%となる。

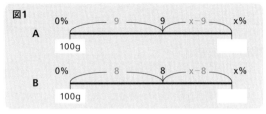

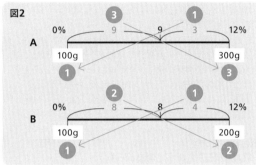

問題14 【正解】D

　それぞれの混合液の成分Aの濃度を求める。S：1g／(1＋4)g×100＝20%、T：2g／(2＋3)g×100＝40%、U：1g／(1＋3)g×100＝25%

　これを利用し、てんびん図を書く（図1）。これより、SとTの量の比は3：1となる。

　Sが500gしかないので、Uの最大量はS（500g）とT（約166g）を使用して、約666gと分かる。

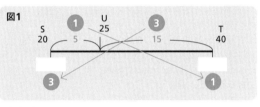

問題15 【正解】B

　最初に加えた8%の食塩水の量をxgとする。このときのてんびん図を図1に示す。これにより、x：500＝1：2と立式でき、これを解くとx＝250gとわかる。次に、2番目に加えた600gの食塩水の濃度をy%とする。このときのてんびん図を図2に示す。これにより、(10−y)：2＝5：4と立式でき、これを解くとy＝7.5とわかる。

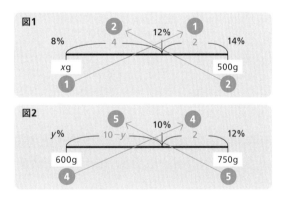

問題16 【正解】D

　16%の食塩水をxg、20%の食塩水を(450−x)gとおく。食塩の量に注目して立式する。15%×50g＋16%×xg＋20%×(450−x)g＝18%×500gとなり、これを解くとx＝187.5となる。また、20%の食塩水の量は450g−187.5g＝262.5gとなる。

問題17 【正解】A

25%の食塩水と水の量をxgとおく。食塩の量に注目して立式する。
20%×250g＋25%×xg＋0%×xg＝15%×（250＋2x）gとなり、これを解くとx＝250となる。

問題18 【正解】 B
最初に、16%の食塩水と水を混ぜたときの濃度をx%とおく。食塩の量に注目して立式する。
16%×300g＋0%×100g＝x%×400gとなり、これを解くとx＝12となる。
次に、12%の食塩水350gから水150gを蒸発させたときの濃度をy%とおく。
12%×350g－0%×150g＝y%×200gとなり、これを解くとy＝21となる。

問題19 【正解】 C
最初に27%の食塩水と水を混ぜたときの濃度をx%とおく。
食塩の量に注目して立式する。27%×250g＋0%×200g＝x%×450gとなり、これを解くと、x＝15となる。
次に、15%の食塩水300gに水60gを加えたときの濃度をy%とおく。15%×300g＋0%×60g＝y%×360g
となり、これを解くとy＝12.5となる。

問題20 【正解】 B
2つの食塩水を混ぜたときの濃度をx%とおく。食塩の量に注目して立式する。
23.4%×5g＋13.8%×3g＝x%×8となり、これを解くとx＝19.8になる。

問題21 【正解】 D
A、B、Cのそれぞれの食塩水の量をA、B、Cとする。
問題文から立式すると、0%×A＋12%×B＝10%×（A＋B）　12%×B＋20%×C＝15%×（B＋C）
となり、A＝B／5、C＝3B／5と分かる。
ABC全てを混ぜたときの濃度をx%とおくと、0%×A＋12%×B＋20%×C＝x%×（A＋B＋C）
と立式でき、これを解くとx＝13.33…≒13.3となる。

問題22 【正解】 A
食塩水AとBの濃度をそれぞれA、Bとおく。食塩の量に注目して立式すると、A×1＋B×3＝11×4
A×7＋B×3＝9.2×10
となり、これを解くとA＝8、B＝12となる。

問題23 【正解】 A
25%の食塩水と水の量をXgとおく。食塩の量に注目して立式する。
20%×250g＋25%×Xg＋0%×Xg＝15%×（250＋2X）gとなり、これを解くとX＝250となる。

問題24 【正解】 D
水200gに食塩40gを溶かしたときの食塩水の濃度は、40/（200＋40）×100＝100/6（%）。この食塩水xgに含まれる食塩の量は、x×（100／6）×（1／100）＝x／6g。よって、残った食塩は40－（x／6）（g）。ここにygを加えて20%の食塩水200gに含まれる食塩の量（40g）にするのだから、
40－（x／6）＋y＝40…①
また、食塩水の量の変化は、
240－x＋y＝200…②
これらを連立すると、x＝48、y＝8となる。

問題25 【正解】 D
水500gに食塩50gを溶かしたときの濃度は50／（500＋50）×100＝100／11%。この食塩水xgに含まれる食塩の量は、x×100／11×1／100＝x／11g。残っている食塩の量は50－x／11で、こ

れにyg加えると10％の食塩水500gに含まれる食塩の量に一致するので、$50-x／11+y=50…$①
また食塩水の量の変化に着目すると、$550-x+y=500…$②
　①と②より、$x=55$、$y=5$。

06 仕事算 ▶本冊P46〜P49

問題1 【正解】B
　全体の仕事量を30個（10と6の最小公倍数）とおく。このとき、PとQの1時間あたりの仕事量は、
　P：30÷10時間＝3個／時間
　Q：30÷6時間＝5個／時間
となる。このことから、2人で一緒に作業したときの仕事量は P（3個／時間）＋Q（5個／時間）＝8個／時間となる。
　よって、30個の仕事量を2人で終わらせるには 30個÷8個／時間＝15／4時間＝3と3／4時間
　かかる。3／4時間＝45分なので答えは3時間45分となる。

問題2 【正解】A
　全体の仕事量を6個（2と3と6の最小公倍数）とおく。このとき、それぞれの1時間あたりの仕事量は、
　P：6÷2時間＝3個／時間
　Q：6÷3時間＝2個／時間
　R：6÷6時間＝1個／時間
となる。このことから、PとQが作業したときの仕事量は、
3×1＋2×0.5＝4個となる。するとRがすべき残りの仕事量は6−4＝2個となる。
　よって、2個の仕事量をR1人で終わらせるには2個÷（1個／時間）＝2時間00分となる。

問題3 【正解】A
　全体の仕事量を72個（18と24の最小公倍数）とおく。このとき、それぞれの1時間あたりの仕事量は、
　P：72÷18時間＝4個／時間
　Q：72÷24時間＝3個／時間
となる。このとき、Pの作業時間をxとおき、Qの作業時間を$20-x$とする。以上より立式すると、
$4x+3(20-x)=72$
$4x+60-3x=72$　　$x=12$
　したがって、Pの作業時間は12時間となる。またQは20−12＝8時間。よって、Qの作業時間は8時間となる。

問題4 【正解】C
　全体の仕事量を24個（8と12と6の最小公倍数）とおく。
　このとき、Pの1時間あたりの仕事量をX、Qの1時間あたりの仕事量をYとする。
$8x+8y=24$
$12x+6y=24$
　これを解くと、$x=1$、$y=2$となる。Qは1時間で2個の仕事量を行えるため、Qが1人で仕事をすると、24÷2＝12時間となる。

問題5
❶【正解】A
　全体の仕事量を30個（6×9−6×4）とおく。
　このとき、Pの1時間あたりの仕事量をx、Qの1時間あたりの仕事量をyとする。
$6x+6y=30$

$4x + 9y = 30$

これを解くと、$x = 3$, $y = 2$ となる。Pは1時間で3個の仕事量を行える。よって、Pが30個の仕事量を1人ですると、$30 ÷ 3 = 10$ 時間かかる。

❷【正解】C

❶よりQは1時間で2個の仕事を行える。よって、Qが30個の仕事量を1人ですると、$30 ÷ 2 = 15$ 時間かかる。

問題6
❶【正解】B

仕事量を120個（24と40の最小公倍数）とおく。このとき、PとQの1日あたりの仕事量は、

P：$120 ÷ 24$日 $= 5$個／日

Q：$120 ÷ 40$日 $= 3$個／日

となる。このことから、2人で一緒に作業したときの仕事量は P（5個／日）＋ Q（3個／日）＝ 8個／日となる。

よって、120個の仕事量を2人で終わらせるには 120個 $÷ （8$個／日）$= 15$日かかる。

❷【正解】B

❶より、それぞれの1日あたりの仕事量は、

P：5個／日

Q：3個／日

PとQ：8個／日

と分かっている。Pが8日休む間はQだけが仕事をしているので、進む仕事量は 8日×3個／日 $= 24$個となる。

残りの120個－24個 ＝ 96個の仕事はPとQ一緒に行うので、96個 $÷ （8$個／日）$= 12$日かかる。

よって、この仕事を終わらせるには 8日 $+ 12$日 $= 20$日かかる。

問題7 【正解】D

それぞれの1日あたり仕事量を、P：2個／日　Q：3個／日　R：5個／日とおく。また、3人合わせた1日あたりの仕事量はPとQとR：$2 + 3 + 5 = 10$個／日となる。3人の休むことで発生する作業の遅延は

P：2個／日×4日 ＝ 8個

Q：3個／日×4日 ＝ 12個

R：5個／日×2日 ＝ 10個

となり、その合計は $8 + 12 + 10 = 30$個となる。この遅延した仕事量を補うには 30個 $÷ （10$個／日）$= 3$日かかる。よって、合わせて $20 + 3 = 23$日かかる。

問題8 【正解】B

最初の40日間について、PとQの1日あたりの仕事量はP：3個／日　Q：2個／日となる。これより、PとQを合わせた1日あたりの仕事量は PとQ：$3 + 2 = 5$個／日となる。

よって、50日で行う仕事量は 50日×5個／日 $= 250$個となり、最初の40日で 40日×5個／日 $= 200$個の仕事量を終えていることになる。このことから、残りの仕事量は $250 - 200 = 50$個となる。41日目以降はPの作業効率が$2／3$の2個／日となり、Qは20%増で仕事を行うので2.4個／日となる。よって、PとQの1日あたりの仕事量は $2 + 2.4 = 4.4$個／日となる。

したがってこのことから、残りの仕事日数は 50個 $÷ （4.4$個／日）$= 125／11$日となる。よって、全体の仕事日数は$40 + 125／11 = 565／11 = 51$と$4／11$日となり、予定の50日より2日後に仕事が終わる。

問題9 【正解】D

最初の22日間について、PとQの1日あたりの仕事量はP：5個／日　Q：4個／日となる。

これより、PとQを合わせた1日あたりの仕事量はPとQ：5＋4＝9個／日となる。

よって、30日で行う仕事量は30日×9個／日＝270個となり、最初の22で22日×9個／日＝198個の仕事量を終えていることになる。このことから、残りの仕事量は270－198＝72個となる。

23日目以降はPの作業効率が3／5の3個／日となり、仕事日数は31－22＝9日となる。72個の作業を9日で終えるには、1日に8個作業する必要がある。Pが1日に3個仕事をするため、Qの1日あたりの仕事量は8－3＝5個／日となる。これはもとのQの作業量より5÷4＝1.25、すなわち25％増となっている。

問題10 【正解】A

まず、全体の仕事量を図1に示す。

PとQの2人で作業した際にかかる日数をxとしたとき、x日でPはアを担当し、Qはイの部分を担当した。Pだけで仕事をすると、2人で作業したときより2日多くかかるというのはPがQの担当分のイの部分も行うことになる。

同様にQだけで仕事をすると、2人で作業したときより8日多くかかるというのはQがPの担当分のアの部分も行うことになる。図2より、アとイの仕事量の比を

Pがかかる日数　x：2

Qがかかる日数　8：x

と示すことができる。このことから、

x：2＝8：x　$x^2＝16$　$x＝4$

と解くことができる。設問はPのみで仕事をしたときにかかる日数を聞いているので4＋2＝6日となる。

問題11 【正解】A

2回目の支払い額は 1／3×2／5＝2／15となる。

よって、残金は1－（1／3＋2／15）＝8／15となる。

問題12

❶【正解】B

2回目の支払い額は 1／5×1／4＝1／20となる。

よって、残金は1－（1／5＋1／20）＝3／4となる。

❷【正解】A

3回目の支払い額は1－（1／5＋1／2）＝3／10となる。

よって、3回目の支払い額は1回目の支払額の3／10÷（1／5）＝3／2にあたる。

問題13 【正解】D

総額を1と考えたとき、頭金を抜いた残金は1－3／17＝14／17となる。また、手数料は14／17×1／5＝14／85となる。よって、分割払いの総額は 14／17＋14／85＝84／85となる。

8等分して支払うので84／85÷8＝21／170となる。

問題14

❶【正解】D

地方自治体の負担額は総建設費の2／5となる。

このうち、4／25がP県の負担額となるので、Q県とR県の負担額は2／5−4／25＝6／25となる。

❷【正解】B

Q県の負担額は2／5×1／3＝2／15となる。(1)よりQ県とR県の負担額は6／25なので、R県の負担額は6／25−2／15＝8／75となる。

問題15 【正解】A

水槽の容積を126L(14と18の最小公倍数)とおく。このとき、PとQのそれぞれの1時間あたりの仕事量は

P：126÷14＝9L／時間

Q：126÷18＝7L／時間

となる。このことから、P管2本とQ管1本の合計3本で作業したときの仕事量はP(9L／時間)×2本＋Q(7L／時間)＝25L／時間となる。よって、126Lの仕事量をP管2本とQ管1本の合計3本で行うと126L÷25L／時間＝126／25時間　すなわち、5と1／25時間かかる。

よって、約5時間経てば満水になることになる。

問題16 【正解】D

水槽の容積を32L(8×5−2×4)とおく。

このとき、P管の1時間あたりの注水量をx、Q管の1時間あたりの注水量をyとする。

$8x + 2y = 32$

$4x + 5y = 32$

これを解くと、$x = 3$、$y = 4$となる。

P管は1時間で3L、Q管は1時間で4Lの注水を行える。これより、P管2本とQ管1本を同時に使用したときの1時間あたりの仕事量は3L×2本＋4L＝10L／時間

となる。したがって、32Lの水槽いっぱいまでP管2本とQ管1本で注水すると

32L÷10L／時間＝16／5時間　すなわち、3と1／5時間かかる。1／5時間＝12分なので、3時間12分で満水になる。

問題17

❶【正解】B

P管で1時間水を入れると1／4水槽に水が溜まる。よって、満水になるにはあと3／4水を入れなければならない。P管とQ管の1時間あたりの注水量は

P：1／4

Q：1／3

となる。よって、PとQ両方の管を使用した1時間あたりの注水量は1／4＋1／3＝7／12となる。このことから、満水にするには3／4÷(7／12)＝9／7　すなわち、1と2／7時間かかる。

2／7時間は約17分なので、約1時間17分あれば満水になる。

❷【正解】A

水槽に入る全体の量を1とする。P管とQ管を使用した1時間あたりの注水量は1／4＋1／3＝7／12となる。R管とS管を使用した1時間あたりの排水量は1／5＋1／6＝11／30となる。よって、P・Q・R・Sの全ての管を使用した1時間あたりの注水量は7／12−11／30＝13／60となる。

このことから、満水にするには1÷(13／60)＝60／13すなわち4と8／13時間かかる。

8／13時間＝約37分となるので4時間37分あれば満水となる。

問題18 【正解】B

満水の水槽の水量を168(8と14と12の最小公倍数)とする。P・Q・R管の1分あたりの排水量をそれぞれp・q・rとおく。P・Q・R3つの管を使用して排水するとき、P管とQ管では1分あたり168／

14＝12、P管とR管では1分あたり168／12＝14排水される。このことから、以下の式が立式できる。
　p＋q＋r＝21
　p＋q＝12
　p＋r＝14
　これを解くとq＝7、r＝9となる。よって、q＋r＝7＋9＝16となる。QとRの管を使用すると1分あたりに16排水する。このことから168全て排水するには168÷16＝10.5分＝10分30秒となる。

問題19 【正解】D
　水槽の容積を60(15と12と10の最小公倍数)とする。P・Q・R管の1分あたりの注水量をそれぞれp・q・rとおく。このとき、P管とQ管では1分あたり60／15＝4、Q管とR管では1分あたり60／12＝5、P管とR管では1分あたり60／10＝6注水される。このことから、以下の式が立式できる。
　p＋q＝4
　q＋r＝5
　p＋r＝6
　P・Q・R管をそれぞれ2本ずつ使用したときの1分あたりの注水量は4＋5＋6＝15となる。
　このことより、P・Q・R管を1本ずつ使用したときの1分あたりの注水量は15÷2＝7.5となる。
　よって、60全て注水するには60÷7.5＝8分となる。

07 ニュートン算　▶本冊P51〜P53　　　　　　　　　　　　学習日　　／

問題1
❶【正解】D
　バケツの容量をX(L)、穴から漏れている水の量を毎分Y(L)とすると、以下の2式が立つ。
　X÷(10−Y)＝12…❶
　X÷(13−Y)＝8…❷
　これらを連立すると、X＝72、Y＝4が得られる。

❷【正解】D
　水を入れる量を毎分Z(L)とする。❶の立式方法から、ちょうど6分でいっぱいになるには
　72÷(Z−4)＝6
　を解けばよい。Z＝16(L)が正解。

問題2
❶【正解】A
　最初にいたアリの数をx匹、1分間あたりに入り口から入ってくるアリをy匹とする。出口が4つのとき、出て行ったアリの数は4×20＝80。これをx、yを用いて表すと❶x＋20y＝80。出口が5つのときも同様に❷x＋15y＝75
　❶、❷を連立して、x＝60、y＝1となる。

❷【正解】B
　❶より当初のアリの数は60、1分あたりの流入数が1匹である。よって、10分で60＋1×10＝70の仕事を行うように出口を設置すればよいので、7つが正解。
　（別解）
　10分で空にするために必要な出口の数をzとする。10分間に出ていくアリの数は10zであるから、前の問題と同様に60＋1×10＝10z。z＝7。

問題3
❶【正解】A
　通常窓口の1分間に売れるチケットの枚数をx、臨時窓口の1分間に売れるチケットの枚数をyとお

くと、$20(x + 5y) = 40(x + 2y)$と表せ、これを整理すると$x = y$となる。つまり通常窓口と臨時窓口とで1分間に売れるチケットの枚数に差異はない。よって、$x = y = 1$。

❷【正解】C
　最初にあったチケットの量は、$20(x + 5y) = 40(x + 2y)$に$x = y = 1$を代入して120枚と分かる。臨時窓口から1分間に売れるチケットの枚数は1枚であるから、$120 ÷ 1 = 120$分。

問題4　【正解】B
　牛1頭が1日に食べる牧草の量をx、牧場に元から生えていた草の量をa、1日に新たに生えてくる草の量をbとおくと、
　①$15x × 8 = a + 8b$
　②$20x × 4 = a + 4b$
　となり、①−②より$10x = b$となる。これを①に代入すると、$a = 40x$、$b = 10x$となる。30頭の場合の式を、日数をkとして立てると、$30x × k = 40x + 10x × k$　$k = 2$
　よって、30頭の牛が牧草を食べきるのにかかる日数は2日である。

問題5　【正解】D
　ポンプ1台の1分あたりの排水量をx、貯水池に溜まっていた水の量をa、1分あたりに湧き出す水の量をbとすると、
　①$4x × 30 = a + 30b$
　②$5x × 20 = a + 20b$
　となり、①−②より$x = (1/2)b$となる。これを①に代入すると、$a = 30b$となるから、10分後には$a + 10 × (1/30)a = (4/3)a$存在することになる。ポンプ1台の10分間の排水量は$(1/2)b × 10 = 5b = (1/6)a$であるから、$(4/3)a ÷ (1/6)a = 8$台のポンプが必要である。

問題6　【正解】B
　ポンプ1台の1分あたり排水量をx、タンクに既にある水の量をa、水の1分あたり注水量をbとすると、
　①$3x × 30 = a + 30b$
　②$5x × 10 = a + 10b$
　となり、①−②より$x = (1/2)b$となる。これを①に代入すると、$a = 15b$となる。またポンプ1台の1分あたり排水量は$x = (1/2)b$を①に代入すると求められ、$x = (1/30)a$である。
　以上より、2台のポンプの1分あたりの排水量は、$2 × (1/30)a = (1/15)a$、すなわち15分かかる。

問題7　【正解】B
　窓口の1分あたりの発売量を求める。15分で行列人数の合計は$600 + 20 × 15 = 900$人であるから、$900 ÷ 15 = 60$人／分である。窓口7つでは420人／分になるので、x分で行列がなくなるとすると、$600 + 20x = 420x$が成り立つので、これを解くと、$x = 1.5$。

問題8　【正解】E
　最初のタンクの水量をaとする。1分あたりの流入する地下水をb、ポンプ1台の排水量をcとする。3台の場合は$a + 30b = 90c$、4台の場合は$a + 20b = 80c$となる。
　①$a + 30b = 90c$
　②$a + 20b = 80c$
　①、②より、$a = 60c$、$b = c$。6分で空にするときに必要なポンプの台数をxとすると　$60c + 6c = 6cx$。すなわち、$x = 11$。

問題9　【正解】A
　最初から並んでいた人数をa、1つの発売口が1分間で販売する入場券数をbとする。発売口が1つの場合は$a + 400 = 40 × b$、発売口が2つの場合は$a + 150 = 15 × 2 × b$となる。2式を連立すると、$b =$

25とわかる。aは25×30−150＝600と判明するので、600÷10＝60分前。

問題10 【正解】D

水槽の水全体の量を1とおく。ポンプA1台でかかる時間をx分、ポンプB1台でかかる時間をy分とおくと、以下の2式が成り立つ。

$2／x＋1／y＝1／30$…①

$1／x＋2／y＝1／20$…②

①×2−②より、$x＝180$分。

08 平均算（推論） ▶本冊P56〜P59   学習日　　／

問題1 【正解】C

合格基準点をX（点）とすると、合格者の平均点はX＋13（点）、不合格者の平均点はX−17（点）と表せる。また、受験者数をY（人）とすると、合格者は0.1Y（人）、不合格者は0.9Y（人）と表せる。これより、$0.1Y(X＋13)＋0.9Y(X−17)＝64Y$と立式でき、X＝78（点）と分かる。よって、合格者の平均点は78＋13＝91（点）となる

問題2 【正解】D

条件を整理すると、

Ⅰ　$(P＋Q)／2＝2800$

Ⅱ　$(P＋Q＋R)／3＝3500$

Ⅲ　$(P＋R)／2＝3650$

となる。ⅠとⅡより、R＝4900と分かる。またⅢより、P＝2400と分かる。よって、ⅠよりQ＝3200円。

問題3 【正解】A

条件を整理すると、

Ⅰ　$P＋Q＝5600＝2800×2$

Ⅱ　$P＋Q＋R＝10500＝3500×3$

Ⅲ　$P＋R＝8100＝4050×2$

となる。ⅠとⅡよりR＝4900、ⅢよりP＝3200と分かる。よって、ⅠよりQ＝2400と分かる。

問題4 【正解】A

合格者の人数をx人とし、不合格者の人数をy人とすると、$72x＋56y＝60(x＋y)$と立式でき、$y＝3x$となる。これより、$x：y＝1：3$と分かり、合格者：不合格者：受験者全体＝1：3：4となる。よって、合格率は1／4＝25％となる。

問題5 【正解】A

合格者80名のうち、45％が女性なので、女性合格者は80×0.45＝36名である。よって、男性合格者は80−36＝44名となる。男性の合格率者は40％なので、男性受験者は44÷0.4＝110名と分かる。

このことから、女性受験者は300−110＝190名となる。受験者全体の合計点＝男性受験者の合計点＋女性受験者の合計点であるから、女性受験者の平均点をx点として、57×300＝38×110＋x×190である。これを解いて$x＝68$。

問題6

❶【正解】A,E

ⅢよりR＋S＝341である。R＝163より、S＝178と分かる。

Ⅰより、P＞Sの場合P＝184となり、P＜Sの場合P＝172となる。Ⅱより、P＝184の場合Q＝146

となり、P＝172の場合Q＝158となる。

❷【正解】B,D,F,G

P＝178cmの場合、Q＝（165×2）−178＝152（Ⅱより）、S＝178−6＝172（Ⅰより）、R＝（170.5×2）−172＝169（Ⅲより）。

Q＝178cmの場合、P＝（165×2）−178＝152（Ⅱより）、S＝146、158（Ⅰより）、R＝195、183となり当てはまらない。

R＝178cmの場合、S＝（170.5×2）−178＝163（Ⅲより）、P＝157、169（Ⅰより）、Q＝173、161（Ⅱより）。

S＝178cmの場合、R＝（170.5×2）−178＝163（Ⅲより）、P＝172（Ⅰより）、Q＝158（Ⅱより）。

よって、Pとして考えられるのは178cm、157cm、169cm、172cmとなる。

問題7 【正解】B

Tの点数をxとおくと、49＋64＋97＋52＋x＝5×68と立式でき、これを解くとx＝78と分かる。

問題8 【正解】B

条件を整理すると、
Ⅰ　P＝Q＋8
Ⅱ　Q＝R−3
Ⅲ　S＝P−12
Ⅳ　T＝S＋10
となる。P、Q、R、TをSで表すと、P＝S＋12、Q＝S＋4、R＝S＋7、T＝S＋10となり、Sよりも高い部分の平均値を考えると、（12＋4＋7＋10）÷5＝6.6となる。

問題9

❶【正解】D

条件を整理すると
Ⅰ　P＞S
Ⅱ　R＞S
Ⅲ　P＞S＞Q、Q＞S＞P
であるが、ⅠよりP＞S＞Qに絞られる。Ⅱ、ⅢよりR＞S＞Qが言えるから、確実に正しいといえるのはアとイのみである。

❷【正解】A,B

条件を整理すると、Ⅳ　P＞R＞Q＞S、R＞P＞Q＞Sとなる。よって、Pの数学の点数の順位として考えられるのは1位か2位である。

問題10 【正解】D

全生徒数を10x人としたとき、条件を整理したものを表に示す。

完走時間の分布	人数（人）	平均完走時間（分）
～15分	x	14
15分～30分	40	21
30分～50分	$7x-40$	48
50分～	$2x$	65
全生徒の合計	$10x$	42

30分以上50分未満の生徒は、$10x-(x+40+2x)＝(7x-40)$人と示すことができる。総完走時間に注目して立式すると、$14x+21×40+48(7x-40)+65×2x＝42×10x$となり、$x＝18$となる。

よって、完走時間が15分以上50分未満の生徒数は40＋7×18−40＝126人となる。

問題11 【正解】B

A国とB国両方へ渡航した人数をx人、両方の国へ渡航した人のA国での平均消費額をy万円とすると、VよりB国での平均消費額を$(10-y)$万円と表すことができる。A国の消費額について、表に整理したものを表1に示す。

表1　A国での消費額

渡航先	A国への渡航者数（人）	平均消費額（万円）
A国とB国	x	y
A国のみ	$5000-x$	8
A国	5000	5

表より、①$xy+8(5000-x)＝5×5000$と表すことができる。次にB国の消費額について、表に整理したものを表2に示す。

表2　B国での消費額

渡航先	B国への渡航者数（人）	平均消費額（万円）
A国とB国	x	$10-y$
B国のみ	$8000-x$	15
B国	8000	12

表より、②$x(10-y)+15(8000-x)＝12×8000$と表すことができる。①と②を解くと、$x＝3000$、$y＝3$と分かる。

問題12 【正解】A

基準との差について平均値を求めると$(1.5-2.5-1.0+3.5-7.0)÷5＝-1.1$となる。平均値は基準の25cmより−1.1cm低いので$25-1.1＝23.9$cmと分かる。

問題13 【正解】D

7月と10月の最高気温と最低気温の差を求めると、
7月：$32-17.2＝14.8$
10月：$26.5-7.9＝18.6$
となる。よって、$(14.8+18.6)÷2＝16.7$となる。

問題14 【正解】D

まず、国語の点数よりクラスの人数を求める。Aさんを除くクラスの人数＝（クラスの平均点とAさん点数との差）／（クラスの平均点とAさん以外の平均点との差）で求められる。よって、$(61.5-48)／(62-61.5)＝27$人。Aさんを加えたクラスの総人数は28人。Aさんの数学の点数は（クラスの総得点）−（Aさん以外の総得点）で求められるので、$58×28-57×27＝1624-1539＝85$点。

09 年齢算　▶本冊P62〜P63　　　　　　　　学習日　／

問題1

❶【正解】C

父は50歳で、両親の年齢の和は96歳である。よって、3姉妹の年齢の和をx歳とすると$3x＝96$　$x＝32$

❷【正解】C

次女は10歳で、三女は5歳である。よって、$32-(10+5)＝17$

問題2

❶【正解】E
　現在の3兄弟の年齢の和をx歳、両親の年齢の和を$3x$歳とすると、5年後の両親は＋10歳、3兄弟は＋15歳である。よって、$3x + 10 = 2(x + 15)$　$x = 20$

❷【正解】A
　現在の5人の年齢の和は、3兄弟の和が20と両親の和が3倍の60だから、$20 + 60 = 80$歳。
　したがって6年前は、5人が6年ずつ若いので、$80 - 6 \times 5 = 50$歳。

❸【正解】A
　6年前の父と次男グループと母、長男、三男グループそれぞれ1つのグループの年齢の和は、$50 \div 2 = 25$歳である。したがって、現在の父、次男の年齢の和は、$25 + 6 \times 2 = 37$歳。

問題3　【正解】E
　BさんがAさんの3倍の年齢だったのがx年前だったとすると、求める値をxとすると、
　$3(29 - x) = 35 - x$　$x = 26$

問題4　【正解】B
　6年後の父の年齢は、$38 + 6 = 44$歳
　6年後の子どもの年齢は、$44 \div 4 = 11$歳
　現在の子どもの年齢は、$11 - 6 = 5$歳

問題5　【正解】B
　11倍だったのがx年前だとすると、x年前の父の年齢は$38 - x$歳、母の年齢は$32 - x$歳、子どもの年齢は$8 - x$歳。
　$(38 - x) + (32 - x) = 11(8 - x)$　　$x = 2$

問題6　【正解】C
　現在の子どもの年齢をx歳とすると、父の年齢は$x + 27$歳、祖父の年齢は$x + 27 + 21 = x + 48$歳となる。
　9年後なのでそれぞれ＋9すればよい。したがって、$(x + 9) + (x + 27 + 9) = x + 48 + 9$　$x = 12$

問題7　【正解】D
　現在の子どもの年齢をx歳とすると、現在の父の年齢は$3x$歳である。
　$3x + 12 = 2(x + 12)$　$x = 12$

問題8　【正解】B
　x年後の子どもの年齢は$x + 3$歳、父の年齢は$x + 35$歳。$3(3 + x) = 35 + x$　$x = 13$

問題9　【正解】A
　母の年齢が兄弟の年齢の和の2倍になるのをx年後とすると、x年後の母の年齢は$39 + x$歳、兄弟の年齢の和は$12 + 2x$歳。
　$39 + x = 2(12 + 2x)$　　$x = 5$

問題10　【正解】D
　父の年齢が子どもの年齢の2倍になるのをx年後とすると、x年後の父の年齢は$41 + x$歳、子どもの年齢は$7 + x$歳。
　$41 + x = 2(7 + x)$　$x = 27$

問題11 【正解】C

姉の年齢が妹の年齢の2倍になるのをx年後とすると、x年後の姉の年齢は$16+x$歳、妹の年齢は$3+x$歳。

$16+x=2(3+x)$　$x=10$

10 暦算 ▶本冊P66〜P67

問題1 【正解】F

まず、2020年の5月4日の曜日を求めるため、5月4日が3月31日の何日後かを考える。4月は30日であるため、$30+4=34$日後。$34÷7=4$あまり6。5月4日は火曜日から6つ先の月曜日である。通常の1年は$365÷7=52$あまり1である。1年後の5月4日は1つ先の曜日であるため、火曜日。4年後は、4つ先の曜日になるが、2024年はうるう年であるため、さらに1つズレる。月曜日から5つ先の曜日になるため、土曜日が正解。

問題2 【正解】G

まず、2020年の8月25日が何曜日か求めるため、8月24日が2月29日の何日後か考える。$31+30+31+30+31+25=178$、$178÷7=25$あまり3。8月25日は土曜日から3つ先の曜日である火曜日。1年間で曜日は1つずつズレるため、4年間で4つ先の土曜日にズレる。うるう年を含むため、さらにもう1つ先の曜日になる。よって、火曜日から5つ先の曜日である日曜日が正解。

問題3 【正解】D

4月29日は$29-7=22$日後。$22÷7=3$あまり1。水曜日の1つ先の曜日は木曜日。

問題4 【正解】C

10月13日は$31+30+13=74$日後。$74÷7=10$あまり4
土曜日の4つ先の曜日は水曜日。

問題5

❶【正解】E

$100÷7=14$あまり2。よって、水曜日の2つ先の曜日である金曜日。

❷【正解】B

3月は31日まであるため、求める日にちは3月31日から97日後である。4月、5月、6月の日数を足すと、$30+31+30=91$　$97-91=6$　よって、7月6日。

問題6

❶【正解】C

「〜日」の計算は、端の日も数えるので2020年7月25日から12月31日までは$7+31+30+31+30+31=160$で、160日。2021年1月1日から2023年12月31日までは$365×3=1095$で、1095日。2024年1月1日から3月1日までは$31+29$（2024年はうるう年）$+1=61$で、61日。$160+1095+61=1316$なので、1316日後。

❷【正解】E

$1316÷7=188$（あまりなし）、よって金曜日。

問題7

❶【正解】G

2001年から2010年までは通常の年が8回、うるう年が2回ある。よって、$8+2×2=12$
火曜日の12先の曜日は日曜日。

※1年前の曜日は通常1つ前、うるう年の2月29日をはさむ場合は2つ前になる。

❷【正解】C
　1991年から2000年までは通常の年が7回、うるう年が3回ある。よって、7＋2×3＝13
火曜日の13前の曜日は水曜日。

問題8 【正解】C
　西暦が4で割り切れる年はうるう年、そうでない場合は平年だが、例外として西暦が100で割り切れて400で割り切れない年は平年になることに注意する。4の倍数は2100までに、2100÷4＝525個ある。4の倍数は1999までに、1999÷4＝499個(あまり3)ある。よって、2000から2100までの4の倍数は、525－499＝26個ある。2000から2100までの100の倍数は2個ある。このうち、400の倍数は1個である。よって、26－2＋1＝25。

問題9 【正解】D
　西暦が4で割り切れる年はうるう年、そうでない場合は平年だが、例外として西暦が100で割り切れて400で割り切れない年は平年になることに注意する。4の倍数は3000までに、3000÷4＝750個ある。4の倍数は2019までに、2019÷4＝504個(あまり3)ある。2020から3000までの4の倍数は、750－504＝246個ある。2020から3000までの100の倍数は、30－20＝10個ある。このうち、400の倍数は2400、2800の2個である。よって、246－10＋2＝238。

問題10 【正解】D
　令和2年を西暦に直すと、2018＋2＝2020。平成14年を西暦に直すと、1988＋14＝2002。2002年11月30日から数えて12月31日は、31後。2003年1月1日から2019年12月31日までは、365×17＋4(うるう年は4回ある)＝6209日。2020年1月1日から4月1日は、31＋29＋31＋1＝92日(2020年はうるう年)。よって、31＋6209＋92＝6332日後。

問題11
❶【正解】B
　30と5の最小公倍数は30であるため、30÷5＝6日で1周する。最初の5人が次に担当するのは、6日後。よって、4月14日。

❷【正解】B
　4月8日の木曜日から、木金月火水木の6日で1周するので、最初の5人が次に担当するのは次の週の金曜日(次の木曜日の次の日)である。8＋7＋1＝16より、4月16日。

11 速さ❶（基本公式）▶本冊P70〜P73　　　　　　　学習日　　／

問題1 【正解】C
　基本公式より、時間＝距離÷速さなので42÷6＝7時間となる。

問題2 【正解】C
　8時間20分＝8＋1／3時間、つまり25／3時間となる。基本公式より、距離＝速さ×時間なので54×25／3＝450kmとなる。

問題3 【正解】D
　4.25kmは4250m。基本公式より、速さ＝距離÷時間なので4250m÷125分＝34m／分。

問題4 【正解】D
　SさんとTさんが進む距離の和は2500mとなる。また、1分間にSさんとTさんが進む距離の合計は

60＋65＝125mとなる。よって、2500÷125＝20分後となる。

問題5 【正解】 B
　AさんとBさんの距離の差は450mである。また、1分間にAさんとBさんが進む距離の差は85－70＝15mとなる。よって、450÷15＝30分後となる。

問題6
❶【正解】 B
　X地点とY地点間の距離は、距離＝速さ×時間より、4.2×24／60＝1.68kmとなる。また、1時間にAさんとBさんが進む距離の合計は4.2＋3.8＝8kmとなる。よって、1.68÷8＝0.21時間＝12.6分≒13分後となる。

❷【正解】 A
　AさんとBさんの速度の差は4.2－3.8＝0.4km／時間となる。Bさんは3分進んでおり、その距離は3.8×3／60＝0.19kmである。この差を0.4km／時の速度で埋めることから、0.19÷0.4＝0.475時間＝28.5分≒29分後となる。

問題7 【正解】 C
　AさんとBさんの速さ速度を分速に直すと
　A：2.4km／時＝40m／分、B：6km／時＝100m／分となる。Aさんが出発してから15分間に進んだ距離は40×15＝600mとなる。また、BさんがAさんに1分間に追いつく距離は100－60＝60mである。よって、Bさんが追いつくのにかかる時間は600÷60＝10分となる。
　Aさんが先に歩いていた時間とBさんが追いつくのにかかった時間を合わせると15＋10＝25分となり、追いつくのは9時25分となる。

問題8
❶【正解】 A
　2人が出会うまでに歩く距離の合計は2.2km。また、2人が1時間に近づく距離は 4.8＋1.8＝6.6kmである。よって、2.2÷6.6＝1／3時間＝20分となる。

❷【正解】 C
　AさんとBさんの速度を分速に直すと
　A：4.8km／時＝80m／分、B：1.8km／時＝30m／分
　となる。これより、AさんがBさんに1分間に追いつく距離は80－30＝50mとなる。Aさんが出発してから6分間に進んだ距離は80×6＝480mとなり、Bさんに追いつくには2200－480＝1720mの距離の差を縮めることになる。
　よって、Aさんが追いつくのにかかる時間は1720÷50＝34.4分＝34分24秒となる。Aさんが先に歩いていた時間とBさんに追いつくのにかかった時間を合わせると 6＋34.4＝40分24秒となる。

問題9
❶【正解】 A
　AさんとBさんの速度を分速に直すと
　A：4.2km／時＝70m／分、B：2.7km／時＝45m／分となる。
　池の周囲は（70＋45）×12＝1380mとなる。2回目に出会うのにかかる時間は出発してから12×2＝24分後となる。よって、2回目に出会うまでにAさんが歩いた距離は70×24＝1680mとなり、X地点からの距離は1680－1380＝300mとなる。

❷【正解】 D
　❶より池の周囲は1380mである。また、AさんがBさんに1分間に追いつく距離は70－45＝25m

である。よって、Aさんが追いつくのにかかる時間は1380÷25＝55.2分＝55分12秒となる。

問題10 【正解】A
　時速40kmで走った距離を$x$km、時速70kmで走った距離を$y$kmとする。まず、時間に注目して立式すると$x／40＋y／70＝6$となる。次に、ガソリンに注目して立式すると$x／8＋y／7＝45$となる。この2式を解くと、$x＝120$、$y＝210$となる。よって、AB間の距離は120＋210＝330kmとなる。

問題11 【正解】C
　Aさんの速度を秒速xmとすると、Bさんの速度は秒速$(x＋2)$mと表せる。トンネルを抜けるのにかかった時間はBさんの方が5秒短いことより、$60／x＝5＋60／(x＋2)$と立式でき、$x＝－6$、4となる。$x＞0$より$x＝4$と分かる。よって、Bさんの速度は4＋2＝6m／秒とわかる。

問題12
❶【正解】A
　第3区の距離は6.5kmである。また、かかった時間は24分＝0.4時間である。これより、速度は6.5÷0.4＝16.25km／時≒16.3km／時となる。

❷【正解】D
　第4区の5kmを12.5km／時で走ったときの時間は5÷12.5＝0.4時間＝24分となる。第3区までに51分かかっているので、駅伝全体でかかった時間は51＋24＝75分＝1.25時間となる。また、駅伝の全長は21kmなので、21÷1.25＝16.8km／時となる。

問題13
❶【正解】A
　第4区の距離は6kmである。また、第4区走者がかかった時間は22分＝11／30時間である。
　よって、速さは6÷(11／30)＝16.36…≒16.4km／時となる。

❷【正解】B
　往路の総距離は4＋5＋5＋6＝20kmである。また、往路にかかった総時間は75分＝1.25時間である。よって、20÷1.25＝16km／時となる。

❸【正解】C
　第8区の距離は4kmであり、平均時速は15km／時なので、4÷15＝4／15時間＝16分となる。よって、第8区の走者が走り終わった時刻は12：50となる。
　この駅伝の総距離は40kmである。また、走るのにかかった時間は2時間35分＝31／12時間である。よって、チーム全体の平均時速は40÷(31／12)＝15.48…≒15.5km／時となる。

問題14 【正解】D
　電車AがPRの中間地点であるQ駅に到達するには36kmを24km／時で走行するため、36÷24＝1.5時間＝1時間30分かかる。電車Aは13:45に出発したので、Q駅に到達する時間は15:15となる。14:30に出発した電車Bは36kmを45分＝0.75時間で走行したため、36÷0.75＝48km／時と分かる。

問題15 【正解】C
　79.2km／時＝22m／秒である。電車が隠れている距離はトンネルの長さから電車の長さを引いた690－250＝440mとなる。よって、440÷22＝20秒となる。

問題16
❶【正解】B

船が川を上る時の速度は24÷4＝6km／時である。また、船が川を下る時の速度は 24÷3＝8km／時である。静水時の速度は、川を上るときと下るときの速度の平均であるので(6＋8)÷2＝7km／時となる。

❷【正解】A
　流速は上りまたは下りの速度と静水時の速度の差であるので、7－6＝8－7＝1km／時とわかる。

問題17　【正解】A
　4.5km／時＝75m／分、5.4km／時＝90m／分。普段通学にかかる時間をx分とおくと、ある日の通学時間は$(x-5)$分と表すことが出来る。距離に注目して立式すると75×x＝90$(x-5)$となり、x＝30分とわかる。

問題18　【正解】B
　往路にかかった時間をx時間、復路にかかった時間をy時間とおく。距離に注目して立式すると3.6x＝18yと表せる。時間に注目して立式すると$x+y$＝0.6時間と表せる。これらの2式を解くと、x＝0.5　y＝0.1とわかる。よって、家から駅までの距離は3.6×0.5＝1.8kmとなる。

12 速さ ❷（比）▶本冊P76～P79　　　　　　学習日　　／

問題1　【正解】A
　XさんとYさんの速さの比はX：Y＝45：65＝9：13となる。距離が一定のとき、時間と速さの比は逆比になるので、XさんとYさんの時間の比はX：Y＝13：9。

問題2　【正解】A
　家から本屋までの距離と本屋から駅までの距離の比は、2.7km：6.3km＝3：7となる。速さが一定のとき、時間と距離の比は等しくなるので、家から本屋までにかかる時間と本屋から駅までにかかる時間の比は3：7となる。よって、3：7＝15分：35分となるので、家から駅までにかかる時間は15＋35＝50分とわかる。

問題3　【正解】D
　2人はサイクリングコース1周分の48kmを走る際、互いに近づいていくため、距離は毎時24km＋36km＝60kmずつ縮まる。よって出会う時間は、時間＝距離÷速さ＝48÷60　n＝4／5（時間後）＝48（分後）

問題4
❶【正解】D
　速さの比は40：60＝2：3となる。また、距離の比は3：1となる。よって、時間の比は時間＝距離÷速さより3／2：1／3＝9：2となる。つまり、9＋2の11のうち、9の時間を分速40mで歩いたことになる。自宅から駅まで22分かかったので22×9／11＝18分となる。

❷【正解】C
　❶より、分速40mで歩いた時間は18分、分速60mで歩いた時間は4分とわかった。よって、距離＝速さ×時間より、40×18＋60×4＝960m＝0.96kmとなる。

問題5
❶【正解】C
　Xさんがゴールした時の2人の距離の比はX：Y＝50：48＝25：24となる。時間が一定のとき、速さの比と距離の比は等しくなるので、速さの比もX：Y＝25：24となる。

❷【正解】C

　距離が一定のとき、速さの比と時間の比は逆比になることから、2人の時間の比はX：Y＝㉔：㉕となる。また、2人の時間差は0.4秒であったことから、㉕－㉔＝①＝0.4秒であるので、Xさんのタイムは㉔＝24×0.4＝9.6秒とわかる。

問題6　【正解】B

　同じ距離を進むときに（Xさんがかかる時間）：（Yさんがかかる時間）の比は20分：30分＝2：3となる。距離が一定のとき、速さの比と時間の比は逆比になるので、XさんとYさんの速さの比は3：2とわかる。

問題7
❶【正解】C

　往路と復路の速さの比は往路：復路＝時速48km：時速52km＝12：13となる。走行した距離が等しい場合、速さの比と時間の比は逆比となるので、往路と復路の時間の比は往路：復路＝13：12となる。

　よって、1時間15分＝1.25時間であり、13＋12＝25のうち13の時間が往路なので、1.25×13／25＝0.65時間＝39分となる。

❷【正解】C

　❶より、往路は時速48kmで39分かかったことがわかっていることから、48×0.65＝31.2kmと分かる。

問題8　【正解】D

　家からコンビニまでにかかった時間とコンビニから遊園地までにかかった時間の比は25分：15分＝5：3となる。速さが一定のとき、時間と距離の比は等しくなるので、家からコンビニまでの距離とコンビニから遊園地までの距離の比は5：3となる。よって、コンビニから遊園地までの距離は12×3／8＝4.5kmとなる。

問題9
❶【正解】A

　XさんがRQ間を歩くのにかかった時間とYさんがRQ間を歩くのにかかった時間の比は8分：10分＝4：5となる。距離が一定のとき、速さと時間の比は逆比となるので、XさんとYさんの速さの比は5：4となる。

❷【正解】D

　XさんとYさんの時間の比は4：5となる。また、XさんはPR間に10分かかったことから4：5＝10分：12.5分と分かる。よって、QP間にかかった時間は10＋12.5＝22.5分となる。

問題10　【正解】B

　PR間とRQ間の距離の比が1：4なので、PR間の距離＝1、RQ間の距離＝4とする。このとき、各々の区間でかかった時間は、PR間にかかった時間＝1／80、RQ間にかかった時間＝4÷120＝1／30となる。よって、PR間にかかった時間とRQ間にかかった時間の比は1／80：1／30＝3／240：8／240＝3：8となる。

　このことより、PR間にかかった時間＝33×3／11＝9分、RQ間にかかる時間＝33×8／11＝24分と分かる。以上のことより、PQ間の距離は80×9＋120×24＝3600m＝3.6kmとなる。

問題11　【正解】A

　X、Y、Z3人の時間の比はX：Y：Z＝42分：21分：35分＝6：3：5となる。距離が一定のとき、時間と速さの比は逆比になるので、X、Y、Z3人の速さの比は

X：Y：Z＝1/6：1/3：1/5＝5/30：10/30：6/30＝5：10：6となる。

問題12

❶【正解】D

まず、AさんとCさんとの関係について考える。

CさんはAさんより45分遅れて出発し、その後15分でAさんを追い越していることから、Aさんが出発して1時間かけて歩いた距離をCさんは15分で進んだことになる。よって、AさんとCさんの時間の比は60分：15分＝4：1となる。また、同じ距離を進んでいるので、時間の比と速さの比は逆比となることから、AさんとCさんの速さの比は1：4となる。

次に、BさんとCさんとの関係について考える。CさんはBさんより25分遅れて出発し、その後20分でBさんを追い越していることから、Bさんが出発して45分かけて歩いた距離をCさんは20分で進んだことになるよって、BさんとCさんの時間の比は45分：20分＝9：4となる。また、同じ距離を進んでいるので、時間の比と速さの比は逆比となることから、BさんとCさんの速さの比は4：9となる。よって、A、B、C3人の速さに比はA：Cを9倍、B：Cを4倍にして揃えるとA：B：C＝9：16：36とわかる。

❷【正解】B

CさんがAさんを追い越した地点をP、Bさんを追い越した地点をQ、CさんがQ地点にいたときのAさんの位置をRとする。AさんがPR間を進んだ時間とCさんがPQ間を進んだ時間は等しい。よって、時間が等しい場合、速さと距離の比は等しくなるので、PR間の距離とPQ間の距離の比は9：36＝1：4となる。

このことから、PR間の距離とRQ間の距離の比は1：3となる。条件より、RQ＝1kmなので、PR＝1/3kmとなる。よって、Aさんは5分で1/3kmを歩いたことになり、時速4kmで歩いていることが分かる。AさんとBさんの速さの比は9：16と分かっているので、Bさんの速さは4×16/9≒7.11km／時とわかる。

問題13　**【正解】D**

池の周囲を1とすると、Xの速さ＋Yの速さ＝1／20、Yの速さ−Xの速さ＝1／45となる。これを解くと、Xの速さ＝5／360、Yの速さ＝13／360となる。よって、XさんとYさんの速さの比はX：Y＝5：13となる。

問題14　**【正解】A**

YさんとZさんの時間の比は3：7となる。距離が一定のとき、速さと時間の比は逆比になるので、YさんとZさんの速さの比は7：3となる。

YさんとZさんは反対方向に向かって歩き、5分ごとに会うことから、池の周囲は(7＋3)×5＝50と示すことができる。Xさんは50の距離を25分でYさんに追いつくことから、（Xさんの速さ−Yさんの速さ）＝50÷25、（Xさんの速さ−7）＝50÷25　Xさんの速さ＝9と分かる。よって、XさんとZさんの速さの比は9：3＝3：1とわかる。

問題15

❶【正解】C

出発してから2人が初めて出会ったのは、X地点から240m離れた場所であり、速く歩くPさんはY地点を折り返して、X地点から260m地点にいることになる。同じ時間 でPさんは260m進み、Qさんは240m進んでいたことから、2人の距離の比はP：Q＝13：12となる。時間が等しい場合、速さの比と距離の比は等しいので、PさんとQさんの速さの比はP：Q＝13：12とわかる。

❷【正解】A

PさんとQさんが初めて会うまでに進んだ距離は、2人合わせて往復分の500mとなる。よって、3回目に会うまでに進んだ距離は2人合わせて500×3＝1500mとなる。❶より2人の距離の比はP：Q＝

13：12とわかっているので、1500mのうち、Pさんが進んだ距離は1500×13／25＝780mとなる。以上より、780mを進むのに15分かかっているので780÷15＝52m／分となる。

問題16　【正解】A

　AさんとBさんの同じ距離を歩くのにかかる時間の比はAさんの時間：Bさんの時間＝9分：15分＝3：5となる。距離が一定のとき、時間の比と速さの比は逆比になるので、AさんとBさんの速さの比はAの速さ：Bの速さ＝5：3となる。

　このとき、XY間の距離は9分×5＝45　9分×5＝㊺と示すことができる。Aさんが先に出発して進んだ距離は1分×5＝⑤と示すことができ、このとき、AさんとBさんの距離は㊺－⑤＝㊵と表せる。この後、2人が出会うのにかかる時間は㊵÷（3＋5）＝5分と分かる。よって、AさんはBさんに出会うまでに1＋5＝6分かかることになる。Aさんの進んだ距離は6分×5＝㉚となる。㉚＝1200mとなるので、①＝40mとなる。以上より、PQ間の距離は㊺＝40m×45＝1800m＝1.8kmとわかる。

問題17　【正解】B

　Xさんが3歩で歩く距離をYさんは5歩で歩くことから、同じ1という距離を進むとき、Xの1歩＝1／3、Yの1歩＝1／5となる。よって、XさんとYさんの歩幅の比は1／3：1／5＝5：3となる。XさんとYさんの同じ時間あたりの歩数の比は3：4となる。速さ＝（歩幅）×（同じ時間あたりの歩数）なので、XさんとYさんの速さの比は5×3：3×4＝5：4となる。

問題18

❶【正解】B

　Xさんが8歩で歩く距離をYさんは6歩で歩くことから、XさんとYさんの歩幅の比は逆比の6：8＝3：4となる。

　XさんとYさんの同じ時間あたりの歩数の比は7：3である。速さ＝（歩幅）×（同じ時間あたりの歩数）なので、XさんとYさんの速さの比は3×7：4×3＝7：4となる。

❷【正解】A

　❶より、XさんとYさんの速さの比はX：Y＝⑦：④とわかった。

　Xさんが5分で歩く距離は⑦×5分＝㉟と示せる。Yさんが㉟の距離を歩くのにかかる時間は㉟÷④＝8.75分＝8分45秒とわかる。

問題19　【正解】B

　全体の距離をL、自転車の速さをxとおく。オートバイはL／5の距離を5xで走っているので、かかる時間は距離÷速さ＝（L／5）／5x＝L／25x。残り4L／5をx／3で歩いているので、（4L／5）／（x／3）＝12L／5x。したがって、全体でかかった時間はL／25x＋12L／5x＝61L／25x。全ての距離を自転車で走行したときにかかる時間はL／xなので、61／25倍。

13　旅人算　▶本冊P82〜P85　　　　　　　　　学習日　　／

問題1　【正解】C

　Aさんが歩き始める時のBさんの地点を初めに調べる。

　Bさんが50分で歩く距離は、距離＝速さ×時間＝9km／時間×（50／60）時間＝7.5km

　よって、Bさんはスタート地点の4.5km手前にいることになる。Aさんが歩き始めた後、時速9kmのBさんが、時速6kmのAさんを追う形となる。4.5kmの差は毎時3km（9km−6km）ずつ縮まる。

　したがって、Bさんが最初にAさんに追いつくのは、時間＝距離÷速さ＝4.5km÷（3km／時間）＝1.5時間＝1時間30分後

問題2　【正解】C

　2人は互いに近づいていくため、距離は毎時12km（4km＋8km）ずつ縮まる。よって、出会う時間

は、時間＝距離÷速さ＝10km÷（12km／時間）＝5／6（時間後）＝50（分後）

問題3　【正解】D
　AさんがBさんより20分先に家を出ていることから、Bさんが追いかけ始める前に、AさんとBさんは4000m離れていることになる。Aさんは分速200m、Bさんは分速600mで進んでいるため2人の距離は1分間で400m縮まる。追いつくまでにかかる時間は、時間＝距離÷速さ＝4000m÷（400m／分）＝10分、Bさんは分速600mで進むので、家からの距離を求めると、距離＝速さ×時間＝（600m／分）×10分＝6000m（＝6km）

問題4　【正解】F
　Aさんが4分間で歩く距離は、距離＝速さ×時間より（34m／分）×4分＝136mとなる。残りの438m－136m＝302mをBさんが4分で歩くには、速さ＝距離÷時間より302m÷4分＝75.5m／分

問題5　【正解】B
　時速6km＝分速100m、時速18km＝分速300m、Aさんが16分で進んだ距離は（100m／分）×16分＝1600m。Bさんが出発してからAさんと出会うまでに2人が進んだ距離の和は、Aさんが折り返した2000m地点の往復分から、Bさんが出発するまでに進んだ1600mを引いたものだから、2000m×2－1600m＝2400m。2人は互いに近づいていくため、距離は毎分400mずつ縮まる2400mを2人の速さの和で進むのにかかる時間は、時間＝距離÷速さより、2400m÷400m／分＝6分

問題6　【正解】B
　Aさんの速度をa（m／分）、Bさんの速度をb（m／分）と置く。反対方向に歩いた場合、2人の歩いた距離の合計は池1周分の長さのため、距離＝時間×速さより40分×a（m／分）＋40分×b（m／分）＝40a＋40b＝5200m …①
　同じ方向に走った場合は、2人の走った距離の差は池1周分であるので260分×a（m／分）－260分×b（m／分）＝260a－260b＝5200m …②
　①と②の連立方程式を解くとa＝75m／分

問題7　【正解】E
　2人が再び出会うのはスタートしてからx分後とすると112x＋128x＝6960　240x＝6960　x＝29

問題8　【正解】C
　湖の周りを1周するのにAさんは60分、Bさんは90分かかるため、60と90の最小公倍数を湖の周りの長さと仮定する。1周を180mとすると、Aさんは分速3m、Bさんは分速2mとなる。時間＝距離÷速さより180m÷（3m／分＋2m／分）＝36分

問題9　【正解】C
　Bさんの速さは、速さ＝距離÷時間より2700m÷18分＝150m／分。2人は反対方向に進み、10分後にすれ違うため、Bさんは1500m進んでおり、Aさんから見れば2700－500＝1200m地点ですれ違った。1200÷10＝120m／分

問題10　【正解】B
　2人は反対方向に進むため、1分間に225m（90＋135）の距離が縮まる。時間＝距離÷速さより2700m÷225（m／分）＝12分後

問題11　【正解】C
　2人の移動する速さの合計は80m／分＋120m／分＝200m／分、つまり2人合わせて毎分200m

ずつ進む。2人が出会うまでの時間は、時間＝距離÷速さより、2400m÷（200m／分）＝12分

問題12 【正解】A
2人の距離は毎分40mずつ縮んでいく。2人の距離は1200m離れているため、求める時間は時間＝距離÷速さより1200m÷（40m／分）＝30分

問題13 【正解】B
Aさんが折り返してかBさんとすれ違うまでに30m進んでいたことから、AさんはBさんよりも、30m×2＝60m多く進んでいる。AさんはBさんよりも1分間で120m－72m＝48mだけ多く進む。そのため、60m多く進むためには、60m÷（48m／分）＝1.25分＝1分15秒

問題14 【正解】E
同じ距離をAさんは3歩、Bさんは5歩で歩くため、2人の1歩あたりの歩幅の比は、逆比となり5：3である。また、同じ1秒間でAさんは3歩、Bさんは4歩歩くため、2人が1秒間で進む距離の比は、Aさんの速さ：Bさんの速さ＝（5×3）：（3×4）＝5：4。
Aさんの速さを秒速5m、Bさんの速さを秒速4mとすると、Bさんが6秒で歩いた距離は4m／秒×6秒＝24mとなる。1秒間に2人の距離は1mずつ縮んでいくため、追いつくまでの時間は、時間＝距離÷速さより、24m÷1（m／秒）＝24秒

問題15 【正解】C
2人の距離は、1分間に60m＋75m＝135mずつ縮んでいく。時間＝距離÷速さより、27km÷（135m／分）＝27000m÷135（m／分）＝200分＝3時間20分後

問題16 【正解】A
2人はx分後に出会うとする。
x分の間に、Aさんは300x（m）、Bさんは200x（m）動くため300x（m）＋200x（m）＝1500m
x＝3
よって、正解は3分後となる。

問題17 【正解】B
2人はx分後に出会うとする。AさんがBさんを追いかける状況で、3000m離れている。AさんはBさんよりも3000m多く移動しないと追いつけないため、600x＝400x＋3000 x＝15
よって、15分後が正解となる。

問題18 【正解】E
時速7.2km＝分速120m、時速8.4km＝分速140m、2人の距離は1分間に260mずつ離れていく。距離＝速さ×時間より、260m／分×15分＝3900m

問題19 【正解】D
2人の距離は1分間に40mずつ離れていく。距離＝速さ×時間より、40m／分×20分＝800m

問題20 【正解】E
BさんはAさんがスタートしてから10分後に歩き始め、Aさんがスタートしてから30分後に出会っている。つまり、Bさんが20分歩いたときに2人は出会ったことになる。Aさんの速さを分速x（m）とする。はじめの10分はAさんのみが歩き、残りの20分はAさんとBさんが同時に歩く。
Aさんのみが歩いた10x（m）とAさんとBさんが同時に歩いた20（x＋130）mを足すと5000mになる。
10x＋20（x＋130）＝5000 30X＝2400 x＝80
Aさんは分速80mのため、時間＝距離÷速さより、5000m÷80（m／分）＝62.5分＝62分30秒

問題21

❶【正解】D

Aさんの所要時間は5時10分－3時40分＝1時間30分。距離＝速さ×時間より、6km／時×1.5時間＝9km。

❷【正解】C

出会うまでにかかる時間をx時間とおくと、Aさんの進んだ距離は$6x$、Bさんの進んだ距離は$15(x-1/3)$とあらわせる。AさんとBさんが出会うとき、それぞれの進んだ距離の合計がPQ間の距離に等しくなるので、$6x+15(x-1/3)=9$　$21x=14$　$x=2/3$。すなわち、40分後。

14 通過算 ▶本冊P87〜P91　　　　　　　　　　　　　　学習日　　／

問題1　【正解】B

列車Aが列車Bの最後部から完全に抜き終えるには、300m＋400m＝700m進む必要がある。列車Aが列車Bを追い抜く速さは、

54km／時－36km／時＝18km／時＝18000m／時

これを秒速に変換すると、18000m÷3600秒＝5m／秒。追い抜き終えるまでにかかる時間は、時間＝距離÷速さより、

700m÷（5m／秒）＝140秒＝2分20秒

問題2　【正解】F

トンネルに完全に隠れている間に列車は、900m－300m＝600m進む。

時速36km（時速36000m）を秒速に直すと、36000m÷3600秒＝10m／秒。よって、完全に隠れている時間は、時間＝距離÷速さより、

600m÷（10m／秒）＝60秒

問題3　【正解】A

2つの列車の長さを合わせると700mとなる。すれ違う速さは、各列車の速さの和になるため、秒速70mとなる。よって、かかる時間は、時間＝距離÷速さより、700m÷（70m／秒）＝10秒

問題4　【正解】A

特急列車の前面が橋を渡り始めてから列車の最後尾が橋を渡り終えるまでの距離は、橋の長さ＋特急列車の長さ＝3600mである。よって、時速120kmの列車が3600m移動するのにかかる時間を求めればよい。

時速120kmは分速2km＝分速2000mであり、時間＝距離÷速さで求められるから、3600m÷（2000m／分）＝1.8分。1.8分は1分48秒であるから、Aが正解。

問題5　【正解】C

特急列車の最前部が急行列車の最後部に追いついてから、特急列車の最後部が急行列車の最前部を追い越すまでには特急列車の長さ＋急行列車の長さ＝550m分だけ、特急列車が急行列車の先に進む必要がある。時間＝距離÷速さであり、この場合の速さは特急列車の速さ－急行列車の速さであるから、

550m÷{（100（km／時間）－70（km／時間））×1時間／60分}＝1.1分。1.1分はすなわち1分6秒であるから、Cが正解。

問題6　【正解】B

両列車がすれ違い終えるまでの距離は、列車Pの長さ＋列車Qの長さ＝250m、すれ違う速さは、各列車の速さの和になるため、72＋48＝時速120kmである。時間＝距離÷速さより、

250m÷（120（km／時間）×1時間／60分×1分／60秒）＝7.5秒。よって、Bが正解。

問題7 【正解】A

まず、時速を秒速に変換する。144（km／時）→144（1000m／3600秒）→144（1m／3.6秒）となるので、144×1／3.6＝40（m／秒）。次に、橋を渡り始めてから完全に渡り終えるまでに、特急列車は橋の距離と列車自体の長さを足し合わせた400＋2400＝2800m進む。

よって、時間＝距離÷速さより、2800m÷40（m／秒）＝70秒となり、答えはAとわかる。

問題8 【正解】B

まず、列車が1秒間に進む距離を求めると、126÷3.6＝35（m／秒）。よって、列車が40秒間に進む距離は、距離＝速さ×時間より35×40＝1400（m）。列車の長さは200mであるため、トンネルの長さは1400－200＝1200m。よって、答えはB。

問題9 【正解】C

特急列車は、急行列車と比べて列車2台の長さを合わせた200＋150＝350m先に進む必要がある。特急列車が急行列車を追い抜く速さは、72－36＝36（km／時間）。これを秒速に変換すると、36÷3.6＝10（m／秒）。よって、追い抜き終えるまでにかかる時間は、時間＝距離÷速さより350÷10＝35秒。よって、Cが正解。

問題10 【正解】D

トンネルに完全に隠れている間、新幹線はトンネルの長さから列車自身の長さを引いた1700－200＝1500m進む。秒数を求める問題なので、時速を秒速に変換すると、216÷3.6＝60（m／秒）。よって、完全に隠れている時間は、時間＝距離÷速さより1500÷60＝25秒。よって、Dが正解。

問題11 【正解】A

列車Aと列車Bがすれ違い始めてからすれ違い終えるまでには、列車は合わせて630m走行する必要がある。「列車の先端が、ピタリと揃っている状態から630m離れている状態になる」と考えると分かりやすい。

すれ違う速さは、各列車の速さの和になるので、35＋28＝63（m／秒）。よって、かかる時間は、時間＝距離÷速さより 630÷63＝10秒。よって、Aが正解。

問題12 【正解】B

速さの公式は距離＝速さ×時間である。このことから、各車両における速さ・時間・距離（長さ）をまずは整理する。電車Pの速さを秒速Pm、車両数をXとすると、

（1）電車P
速さ：秒速Pm、時間：Qを追いつくのに54秒、Rとすれ違うのに12秒、長さ：20Xm
（2）電車Q
速さ：時速50km、時間：Pに追い抜かれるのに54秒、長さ：20×15＝300m
（3）列車R
速さ：時速58km、時間：Pとすれ違うのに12秒、長さ：20×12＝240m
所要時間が秒表記であるため、速さを秒速表記に直すと
Q：時速50km＝50000m／3600秒＝秒速125／9m
R：時速58km＝58000m／3600秒＝秒速145／9m
電車Pが電車Qを追い抜くときに電車Pが電車Qよりも多く進んだ距離は、（電車Pが進んだ距離）－（電車Qが進んだ距離）であるが、これは電車Pと電車Qの長さの和に等しい（∵電車Pの前面が、電車Qの最後尾から前面まで進み、さらに電車Pの長さ分Qよりも前へ進むため）。よって、
①20X＋300＝54（P－125／9）
次にPとRの関係であるが、両車両が出会ってから完全にすれ違うまでに移動した距離は、両車両の長さの和に等しい。このことから、
②20X＋240＝12（P＋145／9）、①を整理して、10X－27P＝－525
②を整理して、5X＝3P－35／3

これらを連立すると、（X,P）=（12,215／9）。よって、求める答えは12両。

問題13 【正解】E

速さの公式は距離＝速さ×時間である。このことから、各車両における速さ・時間・距離（長さ）をまずは整理する。電車Pの速さを秒速Pm、車両数をX両とすると、

（1）電車P

速さ：秒速Pm、時間：Qを追い抜くのに36秒、Rとすれ違うのに15秒、長さ：20Xm

（2）電車Q

速さ：時速32km、時間：Pに追い抜かれるのに36秒、長さ：20×9＝180m

（3）列車R

速さ：時速56km、時間：Pとすれ違うのに15秒、長さ：20×11＝220m

所要時間が秒表記であるため、速さを秒表記に直すと

Q：時速32km＝32000m／3600秒＝秒速80／9m

R：時速56km＝56000m／3600秒＝秒速140／9m

電車Pが電車Qを追い抜くときに電車Pが電車Qよりも多く進んだ距離は、（電車Pが進んだ距離）−（電車Qが進んだ距離）であるが、これは電車Pと電車Qの長さの和に等しい（∵電車Pの前面が電車Qの最後尾から前面まで進み、さらに電車Pの長さ分Qよりも前へ進むため）。よって、

①20X＋180＝36（P−80／9）

次にPとRの関係であるが、両車両が出会ってから完全にすれ違うまでに移動した距離は、両車両の長さの和に等しい。このことから、

②20X＋220＝15（P＋140／9）

①を整理して、5X−9P＝−125

②を整理して、4X−3P＝8／3

これらを連立すると、（X,P）=（19,220／9）。よって、求める答えは19両。

問題14 【正解】A

速さの公式は距離＝速さ×時間である。このことから、各車両における速さ・時間・距離（長さ）をまずは整理する。電車Pの速さを秒速Pm、車両数をXとすると、

（1）電車P

速さ：秒速Pm、時間：Qを追い抜くのに45秒、Rとすれ違うのに10秒、長さ：20Xm

（2）電車Q

速さ：時速52km、時間：Pに追い抜かれるまで45秒、長さ：20×10＝200m

（3）列車R

速さ：時速76km、時間：Pとすれ違うのに10秒、長さ：20×13＝260m

所要時間が秒表記であるため、速さを秒表記に直すと

Q：時速52km＝52000m／3600秒＝秒速130／9m

R：時速76km＝76000m／3600秒＝秒速190／9m

電車Pが電車Qを追い抜くときに電車Pが電車Qよりも多く進んだ距離は、（電車Pが進んだ距離）−（電車Qが進んだ距離）であるが、これは電車Pと電車Qの長さの和に等しい（∵電車Pの前面が電車Qの最後尾から前面まで進み、さらに電車Pの長さ分Qよりも前へ進むため）。よって、

①20X＋200＝45（P−130／9）

次にPとRの関係であるが、両車両が出会ってから完全にすれ違うまでに移動した距離は、両車両の長さの和に等しい。このことから、

②20X＋260＝10（P＋190／9）

①を整理して、4X−9P＝−170

②を整理して、2X−P＝−44／9

これらを連立すると、（X,P）=（9,206／9）。よって、求める答えは9両。

問題15 【正解】D

オートバイがトラックを追い抜くときにオートバイがトラックよりも多く進んだ距離は、（オートバイが進んだ距離）−（トラックが進んだ距離）であるが、これはオートバイとトラックの長さの和に等しい。よって、自動車の速さを秒速Xmとすると、

①2 + 12 = 2(1.3X−Y)
②4.5 + 12 = 7.5(X−Y)

（X,Y）=（16,13.8）。自動車の速さは秒速16mなので、オートバイの速さは16×1.3 = 20.8（m／秒）。20.8（m／秒）×60（秒／分）×60（分／時間）= 74.88（km／時間）で、答えは時速75km。

問題16 【正解】 C

オートバイがトラックを追い抜くときにオートバイがトラックよりも多く進んだ距離は、（オートバイが進んだ距離）−（トラックが進んだ距離）であるが、これはオートバイとトラックの長さの和に等しい。よって、自動車の速さを秒速Xmとすると、

①1.5 + 10 = 2.5(1.4X−Y)
②4 + 10 = 14(X−Y)

この連立方程式を解くと、X = 9。オートバイの速度は自動車の1.4倍なので、オートバイの速さは9×1.4 = 12.6（m／秒）。これを時速に直すと、12.6（m／秒）×60（秒／分）×60（分／時間）= 45360（m／時間）≒45（km／時間）で、答えは時速45km。

問題17 【正解】 D

オートバイがトラックを追い抜くときにオートバイがトラックよりも多く進んだ距離は、（オートバイが進んだ距離）−（トラックが進んだ距離）であるが、これはオートバイとトラックの長さの和に等しい。よって、自動車の速さを秒速Xmとすると、

①2.2 + 14 = 1(1.5X−Y)
②4.3 + 14 = 3(X−Y)

この連立方程式を解くと、X = 20.2となる。
オートバイの速さは自動車の1.5倍なので、オートバイの速さは20.2×1.5 = 30.3（m／秒）。これを時速に直すと、30.3（m／秒）×60（秒／分）×60（分／時間）= 109080（m／時間）≒109kmで、答えは時速109km。

問題18 【正解】 D

オートバイがトラックを追い抜くときにオートバイがトラックよりも多く進んだ距離は、（オートバイが進んだ距離）−（トラックが進んだ距離）であるが、これはオートバイとトラックの長さの和に等しい。よって、自動車の速さを秒速Xmとすると、

①2 + 8 = 2.5(0.4X−Y)
②4.5 + 8 = 0.5(X−Y)

この連立方程式を解くと、X = 35となる。オートバイの速さは自動車の0.4倍なので、オートバイの速さは35×0.4 = 14（m／秒）。これを時速に直すと、14（m／秒）×60（秒／分）×60（分／時間）= 50400（m／時間）≒50（km／時間）で、答えは時速50km。

問題19 【正解】 D

準急列車が普通列車に追いついてから追い越すまでに要する距離は、（普通列車の長さ）＋（準急列車の長さ）= 120 + 180 = 300m。この距離を30秒間で進んだのだから、その秒速は300÷30 = 10m。ここで、各列車の速さの比が普通列車：特急列車 = 3：5より、速さの比は次のように置き換えられる。普通列車：特急列車 = ［Xm／秒：Ym／秒］= 3：5⇒3×◯：5×◯。2つの列車の速さの差（X−Y）m／秒 = 10より、5×◯−3×◯ = 10　2×◯ = 10　◯ = 5。以上より、準急列車の速さは5×5 = 秒速25mとわかる。

問題20 【正解】 B

貨物列車が普通列車に追いついてから追い越すまでに要する距離は、（貨物列車の長さ）＋（普通列

車の長さ）＝216＋126＝342m。この距離を57秒間で進んだのだから、その秒速は342÷57＝6m。

また、貨物列車が普通列車に出会ってから離れるまでに要する距離も同様に342mで、その時間は9秒であるから秒速は342÷9＝38m。

ところで、貨物列車の秒速をXm、普通列車の秒速をYmとおくと、秒速6m、秒速38mについて以下の式が立てられる。

X－Y＝6…❶（追いついてから追い越すまで）

X＋Y＝38…❷（出会ってから離れるまで）

これを解くとX＝22、Y＝16となるため、貨物列車の分速は22（m／秒）×60（秒）＝1320m。

問題21 【正解】A

Aが40分かかって移動する距離をCは10分で移動できるので、Cの速さはAの4倍。またBが40分かかって移動する距離をCは20分で移動できるので、Cの速さはBの2倍。すると、Bの速さはAの2倍であることがわかる。したがって、BがAに追いつくのは、Bが出発してから10分後。

15 流水算　▶本冊P94〜P95　　　　　　　　　　　　　　学習日　　／

問題1 【正解】E

求める風の速さをX（km／h）とする。行きは風に乗る形になるので、120＋X（km／h）と表せ、帰りは120－X（km／h）と表せる。これを距離を求める式で求めると（行きの距離）＝（帰りの距離）であるから、

2（120＋X）＝3（120－X）　5X＝120　X＝24

よって、24km／hとわかり、Eとなる。

問題2 【正解】A

まず下りと上りそれぞれの船の速さを求めてみる。下りは、（速さ）＝（道のり）÷（時間）より、10km÷（30÷60）h＝20km／hとなる。上りは同じく、10km÷1h＝10km／hである。これで、下りと上りの速さを求めることができた。次に、川の流れの速さを求める。

下りと上りそれぞれの船の速さの構成要素は、（船本来の速さ、川の流れの速さ）である。船本来の速さをX（km／h）、川の流れの速さをY（km／h）として、以下の連立方程式を解く。

①X＋Y＝20　②X－Y＝10

①と②を解くと、X＝15km／h、Y＝5km／hとなる。よって、川の流れの速さは5km／hとわかる。

問題3 【正解】C

2地点間の距離は、20kmである。下りはエンジン停止時間があったが、上りは問題なく進んで2時間かかったため、上りの速さは10km／hと求められる。この時、川の流れの速さをx（km／h）とする。そして、速度はそれぞれ、以下のように表せる。

上り：10km／h＝静水時の速さ－x（km／h）

静水時：静水時の速さ＝10km／h＋x（km／h）

下り：静水時の速さ＋x＝（10＋x）＋x＝10＋2x（km／h）

下りでエンジンが止まった時：x km／h

下りについて、エンジンの止まった時間30分（1／2h）と普通に運行した1.5時間（90／60＝3／2h）の合計で20km進んだため、以下のような式が成り立つ。

（エンジンが止まって進んだ距離）＋（普通に運行して進んだ距離）＝20km

0.5x＋1.5（10＋2x）＝20

x＋3（10＋2x）＝40　7x＝10　x＝10／7＝1.42…

となるので答えはC。

問題4 【正解】C

　求める川の流れの速さをx（km／h）とする。

　行きは、川下りになるので$40+x$（km／h）と表せ、帰りは上りになるので$40-x$（km／h）と表せる。AからBの距離はわかっていないため、道のりを求める式で川の流れの速さを求める。

　（行きの距離）＝（帰りの距離）

　（行きの時間×行きの速さ）＝（帰りの時間×帰りの速さ）を立式すると、

　$20／60×(40+x)=30／60×(40-x)$

　$1／3×(40+x)=1／2×(40-x)$　両辺を6をかけて$2(40+x)=3(40-x)$

　$80+2x=120-3x$　$5x=40$　$x=8$

　よって、川の流れの速さは8km／hとなり、Cが答えとなる。

問題5 【正解】B

　静水面のAの速さを時速$x$kmとする。このとき、Bの速さは時速$1.25x$（km）となる。mn間に、Aは下りの速さで1時間、Bは上りの速さで2時間かかるため、距離について次の方程式が成り立つ。

　$1×(x+5)=2×(1.25x-5)$　$x+5=2.5x-10$　$1.5x=15$　$x=10$

　これより、静水面でのAの速さは時速10km、Bの速さは時速12.5kmとなり、mn間の距離は15kmとなる。出発して24分、つまり$2／5$時間でAとBが進んだ距離はそれぞれ次のようになる。

　A：$(10+5)×2／5=6$（km）

　B：$(12.5-5)×2／5=3$（km）

　つまり、Bのエンジンが止まった時点でのAとBの間の距離は、$15-6-3=6$kmである。この状態からAがBに追いつくまでの時間をt時間とおくと、Bが川の流れの速さでn地点に向かって流れていることから、5km／時で流されるBを、15km／時でAが追いかけるから、

　$6=(10+5-5)t$　$6=10t$　$t=0.6$

　となり、AがBに追いつくまでの時間は36分となる。

問題6 【正解】C

　船の上りの速さは$60／4=15$（km／h）、静水時の速さは時速30kmなので、川の流れの速さは$30-15=15$（km／h）。よって、Cが正解。

問題7 【正解】C

　［上りの船の速さ］＝［静水時の船の速さ］－［川の流れの速さ］より、船の上りの速さは$20-10=10$（km／s）。よって、上りにかかる時間は$40／10=4$（h）。一方、［下りの船の速さ］＝［静水時の船の速さ］＋［川の流れの速さ］より、船の下りの速さは$20+10=30$（km／h）。よって、下りにかかる時間は、$40／30=80／60$（h）＝80分＝1h20mかかることがわかる。したがって、往復にかかる時間は4h＋1h20m＝5時間20分となる。よって、Cが正解。

問題8 【正解】D

　船の下りの時速は$40／2=20$（km／h）、川の流れの速さが5km／時なのだから、この船の静水時の速さは$20-5=15$（km／h）。よって、川を上るときの速さは$15-5=10$（km／h）。

　したがって、$40／10=4$（h）より、Dが正解。

問題9 【正解】B

　船の上りの時速は$50／4=12.5$（km／h）、川の流れの速さが2（km／時）なのだから、この船の静水時の速さは$12.5+2=14.5$（km／h）。よって、川を下るときの速さは$14.5+2=16.5$（km／h）。

　したがって、$50÷16.5=3.03…$（h）より、Bが正解。

問題10 【正解】E

　1時間30分は、1.5時間と表せるので、行きと帰りのかかった時間の比は2：1.5＝4：3

　［距離］＝［速さ］×［時間］より、［距離］が一定であるとき、［時間］と［速さ］は反比例の関係になる。

[A町とB町の距離]は行きも帰りも一定であり、行きと帰りの[かかった時間]の比は、[4]:[3]なのだから、[船の速さ]の比は、[3]:[4]になる。

　行きと帰りの速さの和は静水時の速さの2倍である。また、この速さを[3]+[4]に分割して、そのうちの[3]が行きの速さとなるため　56×2×3/(3+4)=48(km/時)。行きにかかった時間は、2時間なのだから、A町とB町の距離は48×2=96(km)。よって、Eが正解。

16 時計算　▶本冊P98〜P99　　　　　　　　　　　　

問題1 【正解】D

　長針と短針が再度重なるのは、長針が短針よりも360°多く回転したときである。

　長針は1分あたり6°、短針は1分あたり0.5°進むので、その差は6−0.5=5.5°。これが1分間に長針が短針より進む角度になる。

　したがって、360°÷5.5=65 5/11分後に再度長針と短針は重なる。

問題2 【正解】B

　長針と短針が一直線になるのは、この場合長針が短針よりも180°多く回転したときである。

　1分間に長針は短針よりも5.5°多く進むので、

　180°÷5.5=32 8/11分後に長針と短針は一直線になる。

問題3 【正解】A

　長針と短針が直角になるのは、長針が短針に90°差をつけたときである。

　3時00分の時点において、長針と短針は90°差がついているため、再度90°の差がつくのは長針が短針より180°多く回転したときである。

　1分間に長針は短針よりも5.5°多く進むので、

　180°÷5.5=32 8/11分後に長針と短針は直角になる。

問題4 【正解】C

　時計の0を基準として、長針と短針が3時18分時点で進んだ角度の差を求めればよい。

　3時00分時点において、長針は0°、短針は360°×(3/12)=90°進んでいる。長針は1分あたり6°、短針は1分あたり0.5°進むので、3時18分において長針は18×6°=108°、短針は90°+(18×0.5°)=99°進んでいる。

　したがって、角度の差は108°−99°=9°。

問題5 【正解】D

　時計の0を基準として、長針と短針が6時24分時点で進んだ角度の差を求めればよい。

　6時00分時点において、長針は0°、短針は360°×6/12=180°進んでいる。長針は1分あたり6°、短針は1分あたり0.5°進むので、6時24分において長針は24×6°=144°、短針は180°+(24×0.5°)=192°進んでいる。

　したがって、角度の差は192°−144°=48°。

問題6 【正解】A

　時計の0を基準として、長針と短針が8時40分時点で進んだ角度の差を求めればよい。

8時00分時点において、長針は0°、短針は360°×(8/12)=240°進んでいる。長針は1分あたり6°、短針は1分あたり0.5°進むので、8時40分時点において長針は6°×40=240°、短針は240°+(40×0.5)=260°進んでいる。したがって、角度の差は260°−240°=20°。

問題7 【正解】D

　求める時刻は1時台であるから1時X分とおく。長針の方が短針より速い、すなわち短針との角度が小さくなってくるので、1時00分時点で両針が作り出す角度と1分間あたりに発生する両針の角度

差から求める。
　　1時00分：このとき両針が作る角度は360×1／12＝30°
　　1分間あたりの角度差は長針：6°／1分、短針：0.5°／1分より6−0.5＝5.5°となる。以上より、
　　5.5x＝30
　　11x＝60
　　x＝60／11＝5 5／11
　　したがって、Dが正解。

問題8　【正解】D

　　求める時刻は6時台であるから6時X分とおく。長針の方が短針より速い、すなわち短針との角度が小さくなってくるので、6時00分時点で両針が作り出す角度と、両針が1分間あたりに進む角度の差から求める。
　　6時00分：このとき両針が作る角度は360×6／12＝180°

　　1分間あたりの角度差は長針：6°／1分、短針：0.5°／1分より6−0.5＝5.5°となる。以上より、
　　5.5x＝180
　　11x＝360
　　x＝360／11＝32 8／11
　　したがって、Dが正解。

問題9　【正解】C

　　求める時刻は10時台であるから10時X分とおく。長針の方が短針より速い、すなわち短針との距離が小さくなってくるので、10時00分時点で両針が作り出す角度と1分間あたりに発生する両針の角度差から求める。
　　10時00分：このとき両針が作る角度は360×10／12＝300°
　　1分間あたりの角度差は長針：6°／1分、短針：0.5°／1分より6−0.5＝5.5°となる。以上より、
　　5.5x＝300
　　11x＝600
　　x＝600／11＝54 6／11
　　したがって、Cが正解。

問題10　【正解】E

　　それぞれの時刻における長針と短針の位置を確認する。
　　まず5時X分の短針の位置は時計の5〜6時の間になるため、10時Y分には長針が5〜6時の間に来る。
　　次に、10時Y分の短針の位置は時計の10〜11時の間になるため、5時X分には長針が10〜11時の間に来る。
　　このとき、各時刻における長針と短針の位置を、12時の位置から測った角度で表すと、
　　（ⅰ）5時X分のとき、
　　短針：短針は1時間に30°進むので、5時ちょうどの位置は30×5＝150°。そこから1分あたり0.5°進むので、5時ちょうどの位置から150＋0.5X
　　長針：1分あたり6°進むので、6X

　　（ⅱ）10時Y分のとき、
　　短針：上記同様に、300＋0.5Y
　　長針：上記同様に、6Y

　　5時X分の長針の角度＝10時Y分の短針の角度であるから、
　　①6X＝300＋0.5Y
　　5時X分の短針の角度＝10時Y分の長針の角度であるから、

②150 + 0.5X = 6Y
①②式を連立して方程式を解くと、X = 7500／143

問題11 【正解】D

それぞれの時刻における長針と短針の位置を確認する。

まず3時X分の短針の位置は時計の3～4時の間になるため、9時Y分には長針が3～4時の間に来る。

次に、9時Y分の短針の位置は時計の9～10時の間になるため、3時X分には長針が9～10時の間に来る。

このとき、各時刻における長針と短針の位置を、12時の位置から測った角度で表すと、

（ⅰ）3時X分のとき、

短針：短針は1時間に30°進むので、3時ちょうどの位置は30×3 = 90°。そこから1分あたり0.5°進むので、90 + 0.5X

長針：1分あたり6°進むので、6X

（ⅱ）9時Y分のとき、

短針：上記同様に、270 + 0.5Y

長針：上記同様に、6Y

3時X分の長針の角度 = 9時Y分の短針の角度であるから、
①6X = 270 + 0.5Y
3時X分の短針の角度 = 9時Y分の長針の角度であるから、
②90 + 0.5X = 6Y
①②式を連立して方程式を解くと、X = 6660／143

問題12 【正解】E

それぞれの時刻における長針と短針の位置を確認する。まず1時X分の短針の位置は時計の1～2時の間になるため、7時Y分には長針が1～2時の間に来る。次に、7時Y分の短針の位置は時計の7～8時の間になるため、1時X分には長針が7～8時の間に来る。このとき、各時刻における長針と短針の位置を角度で表すと、

（ⅰ）1時X分のとき、

短針：短針は1時間に30°進むので、1時ちょうどの位置は30×1 = 30°。そこから1分あたり0.5°進むので、1時ちょうどの位置から30 + 0.5X

長針：1分あたり6°進むので、6X

（ⅱ）7時Y分のとき、

短針：上記同様に、210 + 0.5Y

長針：上記同様に、6Y

1時X分の長針の角度 = 7時Y分の短針の角度であるから、
①6x = 210 + 0.5Y
1時X分の短針の角度 = 7時Y分の長針の角度であるから、
②30 + 0.5X = 6Y
①②式を連立して方程式を解くと、Y = 1140／143

17 利益算 ▶本冊P102～P103

学習日　　／

問題1 【正解】D

オーソドックスな解き方としては、原価をxとし、定価の2割引価格で売れた個数をYとして代入する方法がある。これらを用いて、売上 = 販売価格×販売個数に基づいて売上を立式すると、

$1.5x×60 + (1.5x×0.8)×y + (1.5x×0.8×0.5)×(60−y) = x×120×1.25$

整理して、$0.6xy = 24x$。

xを消去して、$0.6y = 24$。よって、$y = 40$。

　そのため2割引きで売れた個数は40個になる。しかし、この問題はxが最後に消えることからもわかるように、xに適当な数を入れても成り立つ。

　そのため、実際には計算しやすい数、例えば100などをxに入れて計算すると問題を解くのが楽になる。

問題2　【正解】C

　今回の問題は300円という金額が出ているため、価格に適当な数を当てはめることはできない。そのため、定価をxとおいて利益を求める式を定価＝原価×（1＋上乗せした利益率）に基づいて立式すると、

　原価は$x - 300$となるから、

　$\{x \times 0.8 - (x - 300)\} \times 3 = \{x \times 0.7 - (x - 300)\} \times 7$

　整理して、$1.5x = 1200$。よって、$x = 800$。定価は800円になる。

問題3　【正解】D

　今回の問題には具体的な金額が出てこないため、原価に適当な数を入れても問題は成り立つ。ここでは、原価を100円と置く。仕入れ量をx個とし、売上について売上＝販売価格×販売個数に基づいて立式すると、

　$150 \times (1／3)x + 120 \times 60 + 90\{(2／3)x - 60\} = 100 \times x \times 1.22$

　整理すると、$12x = 1800$。よって、$x = 150$。仕入れた商品は150個になる。

問題4　【正解】C

　原価をx円として、売上を売上＝販売価格×販売個数を基に立式すると、

　$1.5x \times 40 + 1.2x \times 30 + 0.8x \times 30 = x \times 100 + 20000$

　xについて解くと、$x = 1000$。よって、原価は1000円。

問題5　【正解】B

　原価をx円として、売上を売上＝販売価格×販売個数に基づいて立式すると、

　$1.5x \times 60 + 1.2x \times 40 + (1.2x - 150) \times 20 = x \times 120 \times 1.3$。

　xについて解くと、$x = 500$。よって、答えは500円。

問題6　【正解】D

　$11750 \div (250 \times 200) = 0.235$

　定価で売ったのを全体のx％とおき、売上を売上＝販売価格×販売個数に基づいて立式すると、

　$\{1.3 \times x／100 + 1.04 \times (1 - x／100)\} \times 250 \times 200 = 1.235 \times 250 \times 200$

　xについて解き、$x = 75$。よって、定価で売ったのは、$200 \times 0.75 = 150$個。

問題7　【正解】D

　原価をx円として、売上を売上＝販売価格×販売個数に基づいて立式すると、

　$1.8x \times 75 + 1.2x \times 50 + (1.2x - 200) \times 25 - 150x = 40000$

　xについて解くと、$x = 600$。よって、答えは600円。

問題8　【正解】A

　まず20個ずつ買ったときの金額を価格×（1－割引率）＝売価を利用して求める。

　1〜20個目を買ったときの金額は、$600 \times 20 = 12000$円。

　21〜40個目を買ったときの金額は、$600 \times 20 \times 0.9 = 10800$円。

　41〜60個目を買ったときの金額は、$600 \times 20 \times 0.8 = 9600$円。

　61〜80個目を買ったときの金額は、$600 \times 20 \times 0.7 = 8400$円。

　これらを足しても、$12000 + 10800 + 9600 + 8400 = 40800$円となり、まだ予算に4200円の余

裕があることになる。81個目以上は1個当たり360円となるため、4200÷360 = 11（あまり240）のため、11個購入することができる。よって、80 + 11 = 91（個）になる。

問題9

❶ 【正解】A
　仕入れ値をAとすると、定価は1.3Aと表せる。商品Xの販売値は1.3A×（1−0.2）= 1.04Aであるから仕入れ値の4%の利益が見込める。

❷ 【正解】D
　上乗せする利益をBとすると、（1 + B）×（1−0.2）> 1−0.04となればよい。これを解くと、B > 0.2。したがって、最低20%の利益を上乗せすればよい。

18 剰余系　▶本冊P106〜P109　　　　　　　　　　　学習日　　／

問題1 【正解】C
　3と4の最小公倍数は12。これにあまりの2を足せばよい。

問題2 【正解】B
　3と7の最小公倍数は21であり、21×n + 2が、3で割っても、7で割っても2あまる自然数である。この場合は21×n + 2 < 100であるため、86が正解となる。

問題3 【正解】B
　3と11の最小公倍数は33であるから、3で割っても、11で割っても2あまる自然数は33n + 2で表せる。この場合はn = 3を代入したときにはじめて3桁の数値になるから、101が正解。

問題4 【正解】D
　2、3、4の最小公倍数は12。これにあまり1を加える。

問題5 【正解】D
　3、4、5の最小公倍数は60であるから、求める自然数は60n + 2と表せる。n = 1のときは2桁、n = 2のときは3桁になるから、n = 2を代入した122が正解。

問題6 【正解】E
　5、7、9の最小公倍数は315。これにあまり4を加える。

問題7 【正解】C
　6、8、12の最小公倍数は24。これにあまり3を加える。

問題8 【正解】B
　2、3、4の最小公倍数は12。ここから1を引く。

問題9 【正解】D
　3、4、5の最小公倍数は60。ここから2を引く。

問題10 【正解】B
　5、7、9の最小公倍数は315。ここから4を引く。

問題11 【正解】B
　6、8、12の最小公倍数は24。ここから3を引く。

問題12 【正解】 D

　求める自然数は12n＋1となる。さらに2桁の範囲で不等式を求めると10≦12n＋1≦99になる。この場合nに当てはまるのは1〜8の8つになる。

問題13 【正解】 C

　求める自然数は60n＋1となる。さらに3桁の範囲で不等式を求めると100≦60n＋1≦999になる。この場合nに当てはまるのは、2〜16の15個になる。

問題14 【正解】 E

　求める自然数は315n＋4となる。さらに5桁の範囲で不等式を求めると10000≦ 315n＋4≦99999になる。この場合nに当てはまるのは、32〜317までなので286個になる。

問題15 【正解】 C

　求める自然数は24n＋2となる。さらに3桁の範囲で不等式を求めると100≦24n＋2≦999になる。この場合nに当てはまるのは、5〜41の37個になる。

問題16 【正解】 C

　13、14、15をそれぞれ4で割るとあまりが1、2、3となる。このあまりを掛け合わせ、4で割ると2があまるため、正解はC。

問題17 【正解】 A

　13、14、15をそれぞれ5で割るとあまりが3、4、0となる。このあまりを掛け合わせ、5で割ると0があまるため正解はA。または、15が5で割り切れることをはじめに確認し、あまりが0になると導いてもよい。

問題18 【正解】 D

　19、29、33をそれぞれ6で割るとあまりが1、5、3となる。このあまりを掛け合わせ、6で割ると3があまるため正解はD。

問題19 【正解】 C

　35、48、69をそれぞれ11で割るとあまりが2、4、3となる。このあまりを掛け合わせ、11で割ると2があまるため、正解はC。

問題20 【正解】 D

　13、35、49、62をそれぞれ12で割るとあまりが1、11、1、2となる。このあまりを掛け合わせ、12で割ると10があまるため、正解はD。

問題21 【正解】 E

　3の1乗の一の位は3、3の2乗の一の位は9、3の3乗の一の位は7、3の4乗の一の位は1、3の5乗の一の位は3であるから、「3、9、7、1」が循環していることがわかる。このことから、6÷4＝1あまり2であるため、4つの数の循環を1回した2番目の数字が正解になる。よって、Eが正解となる。

問題22 【正解】 B

　9の1乗の一の位は9、9の2乗の一の位は1、9の3乗の一の位は9であるから、「9、1」が循環していることがわかる。このことから、20を2で割ると0あまるので、答えはBとなる。

問題23 【正解】 E

　8の1乗の一の位は8、8の2乗の一の位は4、8の3乗の一の位は2、8の4乗の一の位は6、8の5乗の一の位は8であるから「8、4、2、6」が循環していることがわかる。このことから、17÷4＝4あ

まり1であるため、4つの数の循環を4回した1番目の数字である8が正解になる。

問題24 【正解】B
3の累乗の一の位は「3、9、7、1」の4つの数を循環する。6÷4 = 1あまり2であることから、3の6乗は一の位に9がくる。
4の累乗の一の位は「4、6」の2つの数を循環する。7÷2 = 3あまり1であることから、4の7乗は一の位に4がくる。
以上のことから、4と9を掛け合わせ正解は6となる。

問題25 【正解】A
6の累乗の一の位は「6」の1数を繰り返す。よって、6の13乗は一の位に6がくる。
5の累乗の一の位は「5」の1数を繰り返す。よって、5の11乗は一の位に5がくる。以上のことから6から5を引き、正解は1となる。

問題26 【正解】C
7の累乗の一の位は「7、9、3、1」の4つの数を循環する。32÷4 = 8（あまり0）であることから、7の32乗は一の位に1がくる。
8の累乗の一の位は「8、4、2、6」の4つの数を循環する。15÷4 = 3あまり3であることから、8の15乗は一の位に2がくる。
以上のことから、1と2を足し合わせ正解は3となる。

問題27 【正解】C
3と5の最小公倍数が15であることから、不等式「1 ≦ 15n + 1 ≦ 100」のときに成り立つのがわかる。これに当てはまるnは、0から6であるため正解は7個となる。

問題28【正解】E
4と5と12の最小公倍数が60であることから、不等式「1 ≦ 60n + 3 ≦ 600」のときに成り立つのがわかる。nに当てはまるのは0から9であるため、正解は10個となる。

問題29 【正解】E
4と5の最小公倍数が20であることと、どちらも2が不足分となるから、不等式「1 ≦ 20n − 2 ≦ 100」のときに成り立つのがわかる。nに当てはまるのは1から5であるため、正解は5個となる。

問題30 【正解】A
6と9と15の最小公倍数が90であることと、どれも3が不足分となるから、不等式「1 ≦ 90n − 3 ≦ 1000」のときに成り立つのがわかる。nに当てはまるのは1から11であるため、正解は11個となる。

問題31 【正解】B
2^1 = 2、2^2 = 4、2^3 = 8、2^4 = 16、2^5 = 32、2^6 = 64...と調べていくと、2の一の位は「2, 4, 8, 6」が循環していることがわかる。2022÷4 = 505あまり2であるから、4つの数の循環を505回した2番目の数字である4が正解になる。

問題32 【正解】B
2^1 = 2、2^2 = 4、2^3 = 8、2^4 = 16、2^5 = 32、2^6 = 64...と調べていくと、2の一の位は「2, 4, 8, 6」が循環していることがわかる。2022÷4 = 505あまり2であるから、4つの数の循環を505回した2番目の数字である4が正解になる。

問題33 【正解】D
一の位に着目する。X、Yの取り得る一の位はそれぞれ1、2のどちらかである。

- X＝1、Y＝1のとき、X＋Y＝2
- X＝1、Y＝2のとき、X＋Y＝3（あまりなし）
- X＝2、Y＝1のとき、X＋Y＝3（あまりなし）
- X＝2、Y＝2のとき、X＋Y＝4（あまり1）

以上より、あまりとして現れないものはない。

問題34 【正解】C

100から200までの整数を5で割ったときのあまりを考えると、0、1、2、3、4の5つしかない。よって、100から200までの2つの整数の和は、5で割ったときのあまりが0〜4の5グループに分けることができる。（※整数をこのようなグループに分けることを、剰余類分割という）

19 規則性 ▶本冊P112〜P113

問題1 【正解】B

数字の並びをみると1から始まり4ずつ増える等差数列であることがわかる。求めるn番目の数値を式にあらわすと$1＋4×(n-1)$となる。以上のことから$2021＝1＋4×(n-1)$を計算し、506番目が正解となる。

問題2 【正解】D

数字の並びをみると13から始まり7ずつ増える等差数列であることがわかる。求めるn番目の数値を式にあらわすと$13＋7×(n-1)$となる。ここにn＝51を代入すると363が求められる。

問題3 【正解】E

分子に注目すると1、1、3、1、3、5と並んでいることがわかる。
分母に注目すると1、2、2、3、3、3と並んでいることがわかる。
よって、1番目｜2番目・3番目｜4番目・5番目・6番目｜…とかたまりとして区切れる。このことから
①分母(n)＝かたまりの中に含まれる数字の数(n個)＝n番目のかたまり
例：分母が3の時、分母が3になる数字は3個あり、3番目のかたまりである。
②n番目のかたまりの終わりは$1＋2＋\cdots＋n$番目
例：3番目のかたまりの終わりは全体の数字の$1＋2＋3＝6$番目。
ということがわかる。このとき、1／18は18番目のかたまりの先頭に位置する。
17番目のかたまりの最後の分数ははじめから数えて$1／2×17×(1＋17)$番目であるから、17番目のかたまりの最後の分数ははじめから数えて153番目であり、その次の154番目が求める答えとなる。

問題4 【正解】E

分子に注目すると1、1、3、1、3、5と並んでいることがわかる。
分母に注目すると1、2、2、3、3、3と並んでいることがわかる。
よって、1番目｜2番目・3番目｜4番目・5番目・6番目｜……とかたまりとして区切れる。このことから
n番目のかたまりの和＝n
n番目までのかたまりの和＝$1＋2＋\cdots＋n$
例：3番目までのかたまりの和＝6($1／1＋1／2＋3／2＋1／3＋3／3＋5／3$)
ということがわかる。このとき、19／10は10番目のかたまりの一番最後の分数であるから、求める和は$1＋2＋3＋\cdots＋10$となり、55が正解となる。

問題5 【正解】B

分子に注目すると1、1、3、1、3、5と並んでいることがわかる。
分母に注目すると1、2、2、3、3、3と並んでいることがわかる。

よって、1番目｜2番目・3番目｜4番目・5番目・6番目｜……とかたまりとして区切れる。
このことから
n番目のかたまりの和＝n
n番目までのかたまりの和＝1＋2＋…＋n
例：3番目までのかたまりの和＝6（1／1＋1／2＋3／2＋1／3＋3／3＋5／3）
ということがわかる。11／6は6番目のかたまりの一番最後の分数であるから、求める和は1＋2＋3＋…＋6となり、21が正解となる。

問題6 【正解】B

数列を見ると3から始まり1つずつ増える等差数列が、（1個・2個・3個）・（1個・2個・3個）・（1個・2個・3個）…と区切られているのがわかる。この区切りを大きくとらえると6個（1個＋2個＋3個）のかたまりになる。ここで、今回の数列は3から始まっているため、簡単にするために数列を2減らして考えると、
｜1｜2, 3｜4, 5, 6｜7｜8, 9｜10, 11, 12｜13｜…になる。
（38－2）÷6＝6（あまりなし）となることから、38は6番目の大きなかたまりの最後に位置することがわかる。1つの大きなかたまりを構成するのに区切りは3つ必要だから、答えは6×3＝18番目となる。

問題7 【正解】A

数列を見ると3から始まり1つずつ増える等差数列が、（1個・2個・3個）・（1個・2個・3個）・（1個・2個・3個）…と区切られているのがわかる。この区切りを大きくとらえると6個（1個＋2個＋3個）のかたまりになる。ここで、今回の数列は3から始まっているため、簡単にするために数列を2減らして考えると、
｜1｜2, 3｜4, 5, 6｜7｜8, 9｜10, 11, 12｜13｜…になる。

ところで、1つの区切りの中にある数の和が93になる組み合わせは｜93｜・｜46, 47｜・｜30, 31, 32｜の3通りである。この中ではじめにくる数は30である。

（32－2）÷6＝5（あまりなし）となるので、32が5番目の大きなかたまりの最後に位置することから｜30、31、32｜この組み合わせが成立することがわかる。1つの大きなかたまりを構成するのに区切りは3つ必要だから、答えは5×3＝15番目となる。

問題8 【正解】C

数列をみると、2番目以降の数はひとつ前の数に×6・÷2・×6・÷2したものが配列されている。□のひとつ前である27は54÷2で求められたものだから、□＝27×6＝162が正解。

問題9 【正解】E

Aは5分で1サイクル、Bは4分で1サイクルであるから、最小公倍数の20分でA、Bともに最初の状態に戻ることがわかる。○を点灯、×を消灯とすると20分間の点灯／消灯サイクルは以下のようになる。
A：○○×××○○×××○○×××○○×××
B：×○○○×○○○×○○○×○○○×○○○
20分間の中で5分目・9分目・13分目の計3分間同時に消灯していることから、（80÷20）×3＝12分。

問題10 【正解】C

Aは5分で1サイクル、Bは4分で1サイクルであるから、最小公倍数の20分でA、Bともに最初の状態に戻ることがわかる。○を点灯、×を消灯とすると20分間の点灯／消灯サイクルは以下のようになる。

A： ○○××××○○××××○○××××○○××××
B： ×○○○×○○○×○○○×○○○×○○○

20分間の中で5分目・9分目・13分目の計3分間同時に消灯していることから

最初の40分間で(40÷20)×3＝6分、残りの10分で2分同時に消灯しているので、正解は8分となる。

20 約数と倍数 ▶本冊P116～P117　　　　　　　　　学習日　　／

問題1【正解】B
　ア、イよりX－Z＝2、Z＝X－2。ここでXは2の倍数なのでZが偶数。Zは5の倍数でもあるのでZ＝10とわかる。したがって、イよりY＝9がわかるので、アよりX＝21－9＝12。

問題2【正解】A
　各数をAで割った商をそれぞれP、Q、Rとし、あまりは共通なのでBとする。このとき、以下のように表せる。
　①AP＋B＝147
　②AQ＋B＝199
　③AR＋B＝264
　②－①より、A(Q－P)＝52
　③－②より、A(R－Q)＝65。したがって、Aは52と65の公約数とわかる。
　52＝2×2×13、65＝5×13より52と65の最大公約数は13で、公約数は1、13のみである。
　したがって、条件より、Aは2桁の整数であるのでA＝13　これより、求める値は1＋3＝4。

問題3【正解】B
　最大公約数が3であるので、整数A＝3m(mは自然数と置ける) 60＝2^2×3×5であるので、最小公倍数が420より、2^2×3×5×m＝420　よって、m＝7であるので、求める整数A＝3×7＝21。

問題4【正解】B
　12、20、25の最小公倍数は300であるので、加えた数は300－200＝100。

問題5【正解】D
　3つの数それぞれに1を足すと割り切れる数になるので、3、5、10の公倍数から1を引いた数になる。3、5、10の最小公倍数は30で、1を引いたときに3桁になるもので最小のものは120。
　よって、求める数は120－1＝119。

問題6【正解】E
　5の倍数かつ6の倍数であるのは30の倍数であるので、求める整数は(5の倍数の個数)から(30の倍数の個数)を引けばよい。200÷5＝40　100÷5＝20より5の倍数の個数は、40－20＋1＝21個。200÷30＝6余り20、100÷30＝3余り10より、30の倍数の個数は、6－3＝3個。
　よって、100から200までの整数の中で(5の倍数)だが(6の倍数でない)整数は、21－3＝18個。
　→E

問題7【正解】D
　最大公約数が34であるので、整数A＝34m(mは自然数)。102＝2×3×17であるので、最小公倍数204より、2×3×17×m＝204。
　よって、m＝2であるので、求める整数A＝34×2＝68。
　→D

問題8【正解】B

2桁の整数の中で8の倍数は、99÷8＝12余り3　1桁の8を除いて11個。8と20の最小公倍数は40で、2桁の中で99÷40＝2余り19で2個。よって、2桁の整数のうち、8で割り切れて、20で割り切れないものは11－2＝9個。

問題9 【正解】B

3つの数それぞれに3を足すと割り切れる数になるので、4、6、8の公倍数から3を引いた数になる。4、6、8の最小公倍数は24で、3を引いたときに2桁になるもので最大のものは96。

よって、求める数は96－3＝93。

問題10 【正解】D

41、110、156の3つの整数の各差は、小さい順に46、69、115である。この3つの数字の公約数は1と23。1のときは余りが0になるので、生徒の人数は23人。

問題11 【正解】A

52と36の最大公約数は4。

縦に52÷4－1＝12本、横に36÷4－1＝8本。よって、12＋8＝20本。

問題12 【正解】C

68と85の最大公約数は17。縦に68÷17－1＝3本、横に85÷17－1＝4本。よって、3＋4＝7本。

問題13 【正解】A

a＜bとする。最大公約数が9であるから、a＝9a'、b＝9b'と表せる。したがって、ab＝9a'×9b'＝9×54　a'b'＝6。

a'とb'は互いに素で、a'＜b'であるから、(a',b')＝(1,6)、(2,3)。このうちa'＋b'が最小であるのは、(a',b')＝(2,3)。

以上より、a＋b＝9a'＋9b'＝9×2＋9×3＝45。

21 整数解 ▶本冊P120〜P123　　　　　　　　学習日　　／

問題1 【正解】D

花だんの縦の長さをxとする。このとき、イより花だんの横の長さは、$3x-2$と表せる。

アより、次の不等式が成り立つ。$2x＜3x-2$　つまり、$2＜x$…①　また、ウより次の式が成り立つ。$(3x-2)x＝40$…②

②より、$x＝3、4、5$と順に代入し、②を満たすxを見つける。すると、$x＝4$のとき②を満たすため、答えは4mとなる。

問題2 【正解】C

りんごをx個、ぶどうをy個、みかんをz個購入するとする。すると合計20個購入するので、$x+y+z＝20$ …①が成り立つ。

また、合計金額が5750円であるので、$250x+400y+100z＝5750$ …②

①、②より整理すると、$x+2y＝25$ …③

ここで、みかんの数を最大にするには、$x+y$を最小にすればよい。③より、yが大きいほど$x+y$は小さくなるので、$x＝1$、$y＝12$。よって、みかんの数は$20-(1+12)＝7$個。

問題3 【正解】A

サンドイッチの売れた数をx、Q弁当の売れた数をyとする。

P弁当の売れた数は、$2×(x+4)$となる。金額で立式をすると以下のようになる。$1050×2×(x+4)+1300y+400x＝99900$　※ただし、$2×(x+4)＞y＞x$

この式を簡略化すると、

$2100x + 8400 + 1300y + 400x = 99900$

$1300y + 2500x = 91500$

$25x + 13y = 915$

未知数が2つだが式が1つしかないため、解は1通りには定まらない。よって、あてはまる整数解を探す。$25x$も915も5の倍数であるから$13y$も5の倍数になるため、yは5の倍数である。$y = 5$のときのxを計算して、$x = 34$。

一通り解が見つかれば、あとは最小公倍数ずつずらすことで、他の解が決まる。

x	y	
34	5	
↓ −13	↓ +25	
21	30	→このとき、$2 \times (x+4) > y > x$を満たすので
↓ −13	↓ +25	
8	55	

答えは21個。

問題4 【正解】D

サンドイッチの個数をx、カレーの皿数をyとおくと、おにぎりの個数は$20 - x - y$となる。おにぎり1個あたりの値段は$200／3$円とおけるから、

$500x + 700y + 200／3 \times (20 - x - y) = 10000$ …①

①式を整理すると $13x + 19y = 260$ となる。これをyについて整理すると、

$y = (260 - 13x)／19$

$y = 13(20 - x)／19$ …②

求める個数は必ず整数解となるため分母の19は消えるはずだが、13と19は互いに素であるため、$20 - x$は必ず19の倍数となる。そのようなxは$x = 1$しかない。よって、$x = 1$を②式に代入すると、$y = 13$となる。よって、Dが正解。

問題5 【正解】D

オレンジジュースの本数をx、炭酸水の本数をyとおくと、麦茶の本数は$15 - x - y$となる。麦茶1本あたりの値段は$400／3$円とおけるから、

$150x + 100y + 400／3 \times (15 - x - y) = 2000$ …①

①式を整理すると $50x - 100y = 0$

となる。これをyについて解くと、

$y = 1／2\, x$ …②

求める個数は必ず整数解となるため、xは必ず2の倍数となる。麦茶の本数を最大にするには、x、yを最小にすればよい。どれも1本は買うので、$x = 2$、$y = 1$となり、麦茶は$15 - 2 - 1 = 12$本となる。よって、Dが正解。

問題6 【正解】C

雑誌の冊数をx、小説の冊数をyとおくと、漫画の冊数は$15 - x - y$となる。漫画1冊あたりの値段は$1300／3$円とおけるから、

$1000x + 700y + 1300／3 \times (15 - x - y) = 9500$ …①

①式を整理すると、

$17x + 8y = 90$

となる。これをyについて解くと、

$y = (90 - 17x)／8$ …②

求める冊数は必ず整数解となるため、分母の8は消えるはずであるから、分子の$90 - 17x$は必ず8の倍数となる。そのような中で最小のxは$x = 2$である。よって、$x = 2$を②式に代入すると、$y = 7$となる。よって、Cが正解。

問題7 【正解】A

キーホルダーの個数をx、スマホカバーの個数をyとおくと、マグネットの購入個数は$20-x-y$となる。マグネット1個当たりの購入金額は$200/3$円と表せるから、

$200x+500y+200/3×(20-x-y)=6000$ …①

①式を整理すると $4x+13y=140$

となる。これをyについて解くと、

$y=2(70-2x)/13$…②

求める個数は必ず整数解となるため分母の13は消えるはずであるから、分子の$70-2x$は必ず13の倍数となる。ところで、x、y、zの合計が20個であるから、$y≦18$の制約がある。このような中でyが最大になるのはxが最小であるときだから、そのようなxは$x=9$。よって、$x=9$を②式に代入すると、$y=8$となる。よって、Aが正解。

問題8 【正解】C

簡単のために襟付きシャツの枚数をx、パーカーの枚数をyとおくと、Tシャツの購入枚数は$40-x-y$となる。Tシャツ1枚当たりの購入金額は$1500/4$円と表せるから、

①$3000x+2000y+1500/4×(40-x-y)=50000$

①式を整理すると $21x+13y=280$

となる。これをyについて解くと、

$y=7(40-3x)/13$ …②

求める枚数は必ず整数解となるため分母の13は消えるはずであるから、分子の$40-3x$は必ず13の倍数となる。このような中でxが最大になるのはyが最小であるときだから、そのようなxは$x=9$。よって、Cが正解。

問題9 【正解】C

ビールの本数をx、日本酒の本数をyとおくと、レモンサワーの購入本数は$20-x-y$となる。レモンサワー1つ当たりの購入金額は$1000/3$円と表せるから、

①$600x+800y+1000/3×(20-x-y)=10000$

①式を整理すると$4x+7y=50$

となる。これをxについて解くと、

$x=(50-7y)/4$ …②

求める本数は必ず整数解となるため分母の4は消えるはずであるから、分子の$50-7y$は必ず4の倍数となる。このような中でxが最大になるのはyが最小であるときだから、そのようなyは$y=2$。よって$y=2$を②式に代入すると、$x=9$となる。よって、Cが正解。

問題10 【正解】B

サインペンの個数をx、ハサミの個数をyとおくと、ボールペンの購入個数は$20-x-y$となる。ボールペン1つ当たりの購入金額は$200/4$円と表せるから、

$100x+500y+200/4×(20-x-y)=5000$ …①

①式を整理すると

$x+9y=80$

となる。これをyについて解くと、

$y=(80-x)/9$ …②

求める個数は必ず整数解となるため分母の9は消えるはずであるから、分子の$80-x$は必ず9の倍数となる。このような中でyが最大になるのはxが最小であるときだから、そのようなxは$x=8$。よって、$x=8$を②式に代入すると、$y=8$となる。よって、Bが正解。

問題11 【正解】D

ケーキの個数をx、プリンの個数をyとおくと、チョコの購入個数は$20-x-y$となる。チョコ1個当たりの購入金額は$700/3$円と表せるから、

$500x + 800y + 700／3×(20−x−y) = 10000$ …①

①式を整理すると $8x + 17y = 160$

となる。これをyについて解くと、

$y = 8(20−x)／17$ …②

求める個数は必ず整数解となるため分母の17は消えるはずであるから、分子の$20−x$は17の倍数となる。このような中でyが1以上になるxは$x = 3$。これを②式に代入すると、$y = 8$。よって、Dが正解。

問題12 【正解】E

金魚の匹数をx、グッピーの匹数をyとおくと、メダカの購入匹数は$20−x−y$となる。メダカ1匹当たりの購入金額は$500／3$円と表せるから、

$700x + 300y + 500／3×(20−x−y) = 6000$ …①

①式を整理すると $4x + y = 20$

となる。これをyについて解くと、

$y = 4×(5−x)$ …②

yが最大になるのはxが最小であるときだから、そのようなxは$x = 1$。これを②式に代入すると、$y = 16$。よって、Eが正解。

問題13 【正解】C

シャトルの個数をx、フリスビーの個数をyとおくと、ゴムボールの購入個数は$20−x−y$となる。ゴムボール1つ当たりの購入金額は$400／3$円と表せるから、

$500x + 100y + 400／3×(20−x−y) = 3000$ …①

①式を整理すると$11x−y = 10$

となる。これをyについて解くと、

$y = 11x−10$ …②

yが最大になるのは $11x−10$が18以下で最大であるときだから、そのようなxは$x = 2$。これを②式に代入すると、$y = 12$。よって、Cが正解。

問題14 【正解】E

オレンジジュースの本数をx、炭酸水の本数をyとおくと、麦茶の購入本数は$200−x−y$となる。売上総額について方程式を立式すると、

$250x + 200y + 400×(200−x−y) = 53500$

これを整理して、$3x + 4y = 530$

よって、x、yは$x = 70$、$y = 80$のとき$3×70 + 4×80 = 530$となるので

$x = 70 + 4k$、$y = 80−3k$（kは整数）と表せる。

炭酸水は売上の3割未満なので、

$y < 53500×0.3÷200 = 80.25$、$y$は整数だから、$0 ≦ y ≦ 80$

$y = 80−3k$を代入すると、$0 ≦ k ≦ 26$で、それぞれの本数と金額は

オレンジジュース：$70 + 4k$本（$17500 + 1000k$円）

炭酸水：　　　　　$80−3k$本（$16000−600k$円）

麦茶：　　　　　　$50−k$本（$20000−400k$円）

計：　　　　　　　200本（53500円）

となるから、オレンジジュースは1000円刻みで17500〜43500円の可能性がある。選択肢でこれに当てはまるのは17500円。

問題15 【正解】D

雑誌の冊数をx、小説の冊数をyとおくと、海外書籍の販売冊数は$100−x−y$と表せる。これを元に売上総額について方程式を立てると、

$1000x + 700y + 1300×(100−x−y) = 109000$

これを整理すると、

$x+2y=70$ となる。よって、x、yは

$x=10+2k$、$y=30-k$（kは整数）と表せる。小説は30冊未満なので$0\leqq y<30$であるから、$0\leqq 30-k<30$、kは整数であるから、$1\leqq k\leqq 30$ …①

海外書籍の売上が全体の6割未満なので、

$100-(x+y)<109000\times 0.6\div 1300\fallingdotseq 50.3$

x、yは整数なので、$x+y\geqq 50$であるから、$(10+2k)+(30-y)\geqq 50$。よって、$k\geqq 10$ …②

①、②より、$10\leqq k\leqq 30$であり、それぞれの冊数と金額は、

雑誌： 　10＋2k冊（10000＋2000k円）

小説： 　30－k冊（21000－700k円）

海外書籍：60－k冊（78000－1300k円）

計： 　　100冊（109000円）

となるから、雑誌の売上は2000円刻みで、30000〜70000円の可能性がある。選択肢でこれに当てはまるのは30000円。

問題16　【正解】A

キーホルダーの個数をx、スマホカバーの個数をyとおくと、マグネットの販売個数は$150-x-y$と表せる。これを元に売上総額について方程式を立てると、

$250x+550y+500\times(150-x-y)=62000$

これを整理すると、$5x-y=260$となる。よって、x、yは$x=58+k$、$y=30+5k$（kは整数）と表せる。

スマホカバーは30個以上なので、$30\leqq y$ であるから$0\leqq k$ …①

マグネットの売上が全体の4割を超えるので、$150-(x+y)>62000\times 0.4\div 500=49.6$

x、yは整数なので、$x+y\leqq 100$であるから$(58+k)+(30+5k)\leqq 100$　よって、$k\leqq 2$ …②

①、②より、$0\leqq k\leqq 2$であり、それぞれの個数と金額は、

キーホルダー：　58＋k個（14500＋250k円）

スマホカバー：30＋5k個（16500＋2750k円）

マグネット：　 62－6k個（31000－3000k円）

計： 　　　　150個（62000円）

となるから、キーホルダーの売上は14500円、14750円、15000円の可能性がある。選択肢でこれに当てはまるのは15000円。

問題17　【正解】A

襟付きシャツの枚数をx、パーカーの枚数をyとおくと、Tシャツの販売枚数は$100-x-y$と表せる。これを元に売上総額について方程式を立てると、

$3000x+2000y+1500\times(100-x-y)=233000$

整理すると、$3x+y=166$となる。よって、x、yは$x=49-k$、$y=19+3k$（kは整数）と表せる。

このとき、Tシャツの枚数は$100-(49-k)-(19+3k)=32-2k$、$32-2k\geqq 0$より$k\leqq 16$ …①

パーカーは20枚以上なので、$20\leqq y$であるから$1\leqq k$ …②

襟付きシャツの売上が全体の6割未満なので、$x<233000\times 0.6\div 3000=46.6$、$x$は整数なので、$x\leqq 46$であるから、$49-k\leqq 46$　$3\leqq k$ …③

①、②、③より、$3\leqq k\leqq 16$であり、それぞれの枚数と金額は、

襟付きシャツ：　49－k枚（147000－3000k円）

パーカー： 　　19＋3k枚（38000＋6000k円）

Tシャツ： 　　32－2k枚（48000－3000k円）

計： 　　　　 100枚（233000円）

となるから、Tシャツの売上は3000円刻みで0〜39000円の可能性がある。選択肢でこれに当てはまるのは39000円。

問題18 【正解】 C

xとyの積が255であることから、まず255を素因数分解していく。すると、255 = 3×5×17となる。この中で、$x + y$が32になる組み合わせは、15と17である。よって、$x > y$より$x = 17$となる。

問題19 【正解】 E

これは条件に沿って、立式を行う。まず「xはyより29大きく」より、$x = y + 29$ …①、「yの5倍に9を足した値に等しい」より、$5y + 9 = x$ …②となる。

ここで、①と②を連立方程式として解く。

①$x = y + 29$

②$5y + 9 = x$

ここで、式を整えると

①$x - y = 29$

②$x - 5y = 9$

となり、これを解くと、$x = 34$、$y = 5$であり、答えはEとなる。

問題20 【正解】 C

りんごをxセット、ぶどうをy個、みかんをzセット購入するとする。合計100個購入するので、$2x + y + 4z = 100$…① が成り立つ。また、合計金額が24000円であるので、$500x + 300y + 400z = 24000$ …② ①、②を整理すると、$3x + 2y = 140$…③

ここで、2個セットなので③式に選択肢の数の1／2を当てはめると、13個のとき$x = 6.5$で不適。34個のとき、$x = 17$より$y = 89／2$となり不適。40個のとき、$x = 20$より$y = 40$で適する。66個のとき、$x = 33$より$y = 41／2$となり不適。よって、yが整数となるのは40個購入のときのみであるので、求めるりんごの購入数は40個。

22 不等式 ▶本冊P126〜P129

問題1 【正解】 C

子どもの人数をxとする。

あめの数は、$3x + 13$（個）である。1人5個ずつ配ると、最後の子どもは3個より少なくなる。そのため、$(x - 1)$人には5個ずつ配ることができ、$5(x - 1)$（個）と表せる。残った飴が最後の子どもの分になり、これが3個より少なくなる。

不等式で表すと、

$0 \leq 3x + 13 - 5(x - 1) < 3$

$0 \leq -2x + 18 < 3$

各辺から18を引いて

$-18 \leq -2x < -15$

各辺を-2で割って

$15／2 < x \leq 9$

xは子どもの人数で自然数であるから、$x = 8$、9

$x = 8$のとき、飴は、37個

$x = 9$のとき、飴は、40個

選択肢に、子ども9人飴40個がないため、正解は、子ども8人飴37個。

問題2 【正解】 A

最初に歩いた距離をXmとすると、走った距離は、$(2200 - X)$mである。

毎分60mでXm歩く時、要する時間は、$X／60$（分）

毎分120mで走る時、要する時間は、$(2200 - X)／120$（分）

したがって、家を出発して20分以内に駅に着くには、

X／60＋(2200−X)／120≦20

両辺に120を掛けて、

2X＋2200−X≦2400　X≦200

つまり、最初に歩く距離を200m以内にすればよい。

問題3 【正解】A

本棚の数をX台として、本の数を表す。

Pより、本の数は、50X冊置くと180冊分スペースが余るので(50X−180)冊である。

さらにQより、本の数は30X冊置けて200冊より多くあまるので(30X＋200)冊より多いことが分かる。

ここまでで、次のような不等式が立つ。

30X＋200＜50X−180　380＜20X　19＜X …①

Qについて、本の数は50×1／2X＋30×1／2X＝25X＋15X＝40X(冊)が本棚に置け、30冊未満だけあまる。したがって、40X＋30(冊)より少ない。これより、次のような不等式が立つ。

40X＜50X−180＜40X＋30

180＜10X＜210　18＜X＜21 …②

①、②より、19＜X＜21

Xは整数なので、20台が正解である。

問題4

❶【正解】C

まず、Pが正しいかどうか確認する。

(ペン、ハサミ、鉛筆)＝(2、4、3)

総数は、9本であるため、ハサミは4本。4＞3で鉛筆の本数はハサミより少ない。よって、条件Ⅱを満たす。Ⅰも問題ない。

ここで、反例がないか(他のパターンが成り立たないかどうか)確認する。

Pはペンが2本の時に、鉛筆が3本以外の場合でも成立すれば、反例である。

(ペン、ハサミ、鉛筆)＝(2、5、2)、(2、6、1)

ペンが2本でも、鉛筆が3本とは限らない。そのため、Pは必ず正しいとは言えない。

次に、Qが正しいかどうか確認する。

ペンが4本のときのハサミと鉛筆の組み合わせを考える。ハサミと鉛筆の合計は5本である。また、ハサミ＞鉛筆で、最低1本は買うとする。組合せは、

(ペン、ハサミ、鉛筆)＝(4、3、2)、(4、4、1)

Qにも反例が存在するため、Qは必ず正しいとは言えない。

最後に、Rが正しいかどうか確認する。

(ペン、ハサミ、鉛筆)＝(5、3、1)

Rには反例がないため、「必ず正しい」といえる。

❷【正解】F

前問と同様に、反例を探す。

まず、Sの反例を探す。

(ペン、ハサミ、鉛筆)＝(2、5、2)、(1、7、1)

以上より、Sは必ず正しいとはいえない。

次にTの反例を探す。

(ペン、ハサミ、鉛筆)＝(4、4、1)のみである。そのため、Tは必ず正しいといえる。

最後にUの反例を探す。

(ペン、ハサミ、鉛筆)＝(6、2、1)、(5、3、1)の2つが成立する。

2つとも、鉛筆は1本である。また、鉛筆を2本にすると、総数が10本以上ないと条件を満たさない。そのため、Uは必ず正しいといえる。

問題5 【正解】B

X、Yは小数第1位で四捨五入すると5、7になる数である。これを表すと、

4.5 ≦ X < 5.5 …①

6.5 ≦ Y < 7.5 …②

①の両辺に3をかけて、

13.5 ≦ 3X < 16.5 …③

②の両辺に5をかけて、

32.5 ≦ 5Y < 37.5 …④

③と④の各辺を加えて、

46 ≦ 3X + 5Y < 54

となる。よって、3X + 5Yの値の範囲のうち、最小のものは46。

問題6 【正解】D

8%の食塩水をX(g)混ぜるとする。

4%の食塩水300gに含まれる食塩の量は、300×0.04 = 12(g)

8%の食塩水Xgに含まれる食塩の量は、0.08X(g)

4%の食塩水300gに8%の食塩水X(g)を混ぜると、食塩水の量は、(300 + X)gとなり、その濃度が、6.5%以上7%以下になる条件は、

6.5 ≦ (12 + 0.08X)／(300 + X)×100 ≦ 7

各辺に300 + Xをかけて

6.5×(300 + X) ≦ 1200 + 8X ≦ 7×(300 + X)

1950 + 6.5X ≦ 1200 + 8X ≦ 2100 + 7X

1950 + 6.5X ≦ 1200 + 8Xより、X ≧ 500

1200 + 8X ≦ 2100 + 7Xより、X ≦ 900

以上より、500 ≦ X ≦ 900。8%の食塩水を500g以上900g以下混ぜればよい。

問題7

❶【正解】C,D

Ⅰより身長は、ア>エである。

Ⅱより年齢は、エ>ウ>イである。

アがウより年上なので、年齢は、年齢：エ、ア>ウ>イ

イが最年少で最も身長が高くなる。

身長：イ>ア>エ

身長が最も低い可能性があるのは、ウとエである。

❷【正解】A,C

身長はア>エなので、アは身長が最も低い最年長ではない。年齢は、エ>ウ>イなので、エが最年長で身長が最も低い。身長について、これ以外は確定できない。

したがって、2番目に身長が低い可能性があるのは、ア、ウである。

問題8 【正解】A

式を展開すると、

2／3 X + 2／3 < 3／2 X−1

両辺に6をかける。

4X + 4 < 9X−6

−5X < −10　X > 2

問題9 【正解】E

袋の数をXとして、玉ねぎの数を表す。

まず、1袋に4個ずつ詰めると10個あまることから、玉ねぎの数は4X＋10（個）と表せる。

また、7個ずつ詰めた場合のことを考えると、使わない袋が7袋で6個未満が1袋であるから、7個ずつ詰められているのはX−8（袋）となる。すなわち、X−8（袋）に7個ずつと、あと1袋に1個以上6個未満の玉ねぎがあることがわかり、玉ねぎの個数は次のような不等式が成り立つ。

7×（X−8）＋1≦4X＋10＜7×（X−8）＋6

両辺から7×（X−8）を引いて、

1≦4X＋10−7×（X−8）＜6

1≦−3X＋66＜6

両辺から66を引いて、

−65≦−3X＜−60

両辺を−3で割ると、

20＜X≦21.66…

よって、袋の数は21袋である。

これを4X＋10に代入して、玉ねぎの個数は、94個。

問題10 【正解】 B

畑の列の数をXとして、種の数を表す。

条件アより、種の数は、60Xに160個足りないので、60X−160（個）と表せる。

条件イより、種の数は40X個蒔いて420個より多くあまるので、40X＋420（個）より多いことがわかる。

これらより、次のような不等式が成り立つ。

60X−160＞40X＋420

X＞29 …①

条件ウについて、種の数は、40X÷2＋60X÷2＝50X個蒔いてあまり、あまりが150個未満なので、50X＋150（個）より少ないことがわかる。

これより、次のような不等式が成り立つ。

60X−160＜50X＋150

X＜31 …②

①、②より29＜X＜31　X＝30とわかる。これを60X−160に代入して、種の個数は、1640個。

問題11 【正解】 A

子どもの人数をXとする。

条件アより、おにぎりの数は5Xに16個足りないので、5X−16（個）と表せる。

条件イより、おにぎりの数は3Xに10個より多くあまるので、3X＋10（個）より多いことがわかる。

ここまでで、次のような不等式が成り立つ。

5X−16＞3X＋10

X＞13 …①

条件ウについて、おにぎりの数は、2X÷2＋4X÷2＝3Xより、14個未満だけあまるので、3X＋14（個）より少ないことがわかる。よって、次のような不等式が成り立つ。

5X−16＜3X＋14

X＜15 …②

①、②より、13＜X＜15とわかり、子どもの数であるXは14。これを5X−16に代入して、おにぎりの数は54個である。

問題12 【正解】 B

クラスの生徒の人数をX人とする。1人3ずつ配ると8個あまることから、配ったチョコの数は3X＋8（個）と表せる。次に、1人5個ずつ配った場合を考えると、3人の生徒に配ることができず、1人が4個未満であるから、5個のチョコを貰ったのはX−4（人）である。つまり、1人はチョコを1個以上4個未満もらっているため次の不等式が成り立つ。

$5 \times (X-4) + 1 \leqq 3X + 8 < 5 \times (X-4) + 4$

$5 \times (X-4) + 1 \leqq 3X + 8$より、$5X - 19 \leqq 3X + 8$

さらに変形すると、$2X \leqq 27$となるから、$X \leqq 13.5$ …①

$3X + 8 < 5 \times (X-4) + 4$より、$3X + 8 < 5X - 16$

さらに変形すると、$-2X < -24$となるから、$X > 12$ …②

①、②より$12 < X \leqq 13.5$。よって、この範囲にある整数は13のみなので、$X = 13$。

問題13 【正解】C

長椅子の数をX脚とする。長椅子1脚に4人ずつ座ると4人が座れなくなることから、クラスの人数は$4X + 4$（人）と表せる。次に、1脚に6人ずつ座る場合を考えると、2脚長椅子が使われなくなり、1脚は3人未満になるから、6人座っているのは$X - 3$（脚）である。つまり、1脚は1人以上3人未満で座っているため次の不等式が成り立つ。

$6 \times (X-3) + 1 \leqq 4X + 4 < 6 \times (X-3) + 3$

$6 \times (X-3) + 1 \leqq 4X + 4$より、$6X - 17 \leqq 4X + 4$

さらに変形すると、$2X \leqq 21$となるから、$X \leqq 10.5$ …①

$4X + 4 < 6 \times (X-3) + 3$より$4X + 4 < 6X - 15$

さらに変形すると、$-2X < -19$となるから、$X > 9.5$ …②

①、②より$9.5 < X \leqq 10.5$。よって、この範囲にある整数は10のみなので、$X = 10$。これをクラスの人数$4X + 4$に代入して、答えは44人。

問題14 【正解】B

ジョギングコースの1周をX（km）とする。このとき、始めの2kmを時速4kmで歩き、残りを時速10kmで走ると1周に2時間より多くの時間がかかることから、

$2／4 + (X-2)／10 > 2$　つまり、$1／2 + (X-2)／10 > 2$が成り立つ。

両辺に10をかけて変形すると、

$5 + X - 2 > 20$つまり、$X > 17$ …①

次に、始めの2kmを時速4kmで歩き、残りを時速3kmで歩くと1周6時間未満となるから、

$2／4 + (X-2)／3 < 6$つまり、$1／2 + (X-2)／3 < 6$が成り立つ。

両辺に6をかけて変形すると、

$3 + 2 \times (X-2) < 36$つまり、$X < 18.5$ …②

したがって、①と②より、$17 < X < 18.5$となり、これを満たす選択肢は18kmである。

問題15 【正解】D

生徒の数をX人とする。

イより、1人に45枚ずつ配ると210枚足りないことから、折り紙の枚数は$45X - 210$（枚）となる。

アより、1人に35枚ずつ配ると20枚より多くあまることから、折り紙の枚数は$35X + 20$（枚）より多いことがわかる。よって、次の不等式が成り立つ。

$35X + 20 < 45X - 210$

これを変形すると$230 < 10X$、つまり$23 < X$ …①

次に、ウより、半数の生徒に35枚、残りの生徒には45枚配ると85枚より多く足りないことから、折り紙の枚数は$X／2 \times 35 + X／2 \times 45 - 85$（枚）より少ないとわかる。よって、次の不等式が成り立つ。

$45X - 210 < X／2 \times 35 + X／2 \times 45 - 85$

これを変形すると$10X < 250$、つまり$X < 25$ …②

①、②より$23 < X < 25$。よって、この範囲にある整数は24のみなので、$X = 24$。したがって、折り紙の数は870枚となる。

問題16 【正解】E

消しゴムの個数をX個とする。

鉛筆と消しゴムを合わせて20個購入していることから、鉛筆の購入本数は$20 - X$（本）となる。

このとき、合計金額についての方程式は次のようになる。

100X＋80×（20－X）＝20X＋1600

よって、合計金額は、20X＋1600（円）。

合計金額が1780円以上、1880円未満になる条件は、

1780≦20X＋1600＜1880

1780≦20X＋1600より、

180≦20X　9≦X …①

20X＋1600＜1880より、20X＜280　X＜14 …②

①、②より、9≦X＜14が成り立つが、購入した鉛筆の本数が消しゴムの個数よりも多いことからX＜10が成り立つので、9≦X＜10となる。これを満たす整数は9であるため、X＝9。

以上より、解答は、9個。

問題17 【正解】D

長椅子の数をXとする。1脚に10人ずつ座ると、5人が座れなくなる。そのため、観客の人数は、（10X＋5）人と表せる。これより、13人ずつ座った場合について考える。長椅子は使わないのが2脚で、12人未満の長椅子が1脚なので、13人ずつ座っているのは（X－3）脚である。つまり、（X－3）脚に13人ずつと、あと1脚に1人以上12人未満が座っていることが分かり、観客の人数から次のような不等式が立つ。

13（X－3）＋1≦10X＋5＜13（X－3）＋12

13（X－3）＋1≦10X＋5より、X≦14.3… …①

10X＋5＜13（X－3）＋12より、X＞10.6… …②

①、②より、10.6…＜X≦14.3…　X＝11、12、13、14

X＝11のとき、観客の数は、10×11＋5＝115

　＝12のとき、観客の数は、10×12＋5＝125

X＝13のとき、観客の数は、10×13＋5＝135

X＝14のとき、観客の数は、10×14＋5＝145

観客の数は問題文より、120人以下である。したがって、観客の数は115人。

23 最適値　▶本冊P132～P133　　　　　　　　　　学習日　　／

問題1 【正解】B

値下げ率をXとすると、増加率は5Xと表せる。

よって、（1－X）（1＋5X）＝1.6と表せる。

→$5X^2－4X＋0.6＝0$　（5X－1）（5X－3）＝0

したがって、X＝0.2, 0.6で、最小の値下げ率は0.2より20％。

問題2 【正解】D

500円のセットをaセット、300円のセットをbセット販売するとする。

このとき、X、Yの販売量は

X：3a＋5b＝165 …①

Y：4a＋2b＝150 …②

が成り立つ。①、②を連立させて解くと、（a, b）＝（30, 15）

したがって、売り上げが最大となるときは500×30＋300×15＝19500円。

問題3 【正解】C

りんごをx個、ぶどうをy房購入するとし、みかんは2個セットなので、zセット購入するとする。合計50個購入するので、$x＋y＋2z＝50$ …①が成り立つ。

また、合計金額が11600円であるので、$300x＋200y＋100z＝11600$ …②

②÷50－①より、$5x＋3y＝182$ …③

ここで、③式に選択肢の数を当てはめると、$x=26$のとき$y=52／3$、$x=27$のとき$y=47／3$、$x=28$のとき$y=14$、$x=29$のとき$y=37／3$

よって、yが整数となるのは$x=28$のときのみであるので、Cが適当。

問題4 【正解】C

2個入り、3個入り、5個入りの箱の個数をそれぞれx、y、zとすると、

$x+y+z=20$ …①

$2x+3y+5z=58$ …②

が成り立つ。

①×5−②より、$3x+2y=42$　これを変形すると、$x=-2／3y+14$

したがって、xが整数となるためにはyは3の倍数でなければならない。yが3の倍数となる選択肢は6のときのみであるので、3個入りの箱の個数は6個。

問題5 【正解】A

A、B、Cそれぞれの部屋数をx、y、zとする。

部屋数：$x+y+z=22$ …①

定員：$3(6x+3y+2z)=6x+6y+10z$ → $12x+3y-4z=0$ …②

①×4＋②より、$16x+7y=88$

この式のxに選択肢を当てはめていくと、$x=2$のときのみyが整数となり成り立つ。

したがって、Aの部屋数は2。

問題6 【正解】B

最初にできるのは先行作業のないAである。

Aを終えるとB、Cができ、B、Cを終えるとDができる。

ここで、Bを終えるには$3+4=7$日かかり、Cを終えるには$3+2=5$日かかる。つまり、作業を終える最短の日数は、遅い方のBが終わるのを待ってからDの作業をするときなので、$7+4=11$日である。

また、A、B、Dは日数が1日でも多くなれば全体の作業に影響があるが、CはBが終わるまでの、$7-5=2$日間の猶予がある。

これらを踏まえて、各選択肢を検証する。

Ａ：Aが2日間多くかかると全体の作業が＋2日になるので、$11+2=13$日。よって、不適。

Ｂ：A、Bが1日間多くかかると全体の作業がそれぞれ＋1日になるので、$11+1+1=13$日。よって、適する。

Ｃ：作業Cの＋1日は影響しないので、11日。よって、不適。

Ｄ：Dが1日間多くかかると全体の作業が＋1日になるので、$11+1=12$日。よって、不適。

問題7 【正解】B

値下げ率をXとすると、増加率は3Xと表せる。

よって、$(1-X)(1+3X)=5／4$と表せる。

→$3X^2-2X+1／4=0$

$(6X-1)(2X-1)=0$

したがって、$X=1／6, 1／2$で、最小の値下げ率は16.7％。

問題8 【正解】C

200円のセットをaセット、400円のセットをbセット販売するとする。

このとき、X、Yの販売量は

X：$2a+2b=100$ …①

Y：$3a+5b=250$ …②

が成り立つ。②×2−①×3より、$(a, b)=(0, 50)$

これより、売り上げが最大となるとき、200×0 + 400×50 = 20000円。

問題9 【正解】A

40円のセットをaセット、100円のセットをbセット販売するとする。

このとき、X、Yの販売量は

X：a + 3b = 15 …①

Y：a + 2b = 12 …②

が成り立つ。①−②より、(a, b) = (6, 3)

このとき売上総額は40×6 + 100×3 = 540円。

次に、どちらか一方のみを販売する場合を考える。

(a,b) = (12,0)のとき、40×12 + 100×0 = 480円

(a,b) = (0,5)のとき、40×0 + 100×5 = 500円

これより、売り上げが最大となるのは540円。

問題10 【正解】B

3個入り、4個入り、7個入りの箱の個数をそれぞれ x、y、zとすると、

$x + y + z = 30$ …①

$3x + 4y + 7z = 110$ …②

が成り立つ。

②−①×3より、$z = 5 - y / 4$

したがって、zが整数となるためにはyは4の倍数でなければならない。yが4の倍数となる選択肢は8個のときのみであるので、4個入りの箱の個数は8個。

24 魔方陣 ▶本冊P136〜P137   学習日 ／

問題1 【正解】D

魔方陣はすべての列の和が等しいので、1列あたりの数の和はマス内すべての数の合計値を列数で割れば求められる。

この場合、マス内の合計値は1〜9を足し合わせて、(1 + 9)×9×1／2 = 45。

列数は3なので、1列当たりの数の和は、45÷3 = 15。

したがって、横列の下から1列目の数の和を考えると、2 + A + 6 = 15。

よって、A = 7。

問題2 【正解】D

この問題では4×4の魔方陣の性質を使うと楽に解ける。どんな4×4の魔方陣でも、必ず四隅と中央の4マスの和がそれぞれ34になるため(補足参照)、この法則を使って解く。中央の4マスに注目すると左上から7、11、A、10と数字が並んでおり、この和が34になるので、A＝6が求められる。

【補足】

図から、色の塗られた魔方陣のマス目をパズルのように足し引きすると、V−W−X＋Y＝Zが成り立つことが分かる。ここで、魔方陣は縦、横問わずどの列の和も等しいため、VとW＋Xの色を塗った部分の和は等しく なる。そのため、V−W−X＝0。したがって、V−W−X＋Y＝ZからY＝Zとなる。

ここでYとZの色の塗られた部分を足すと、これは2本の斜めの列を足し合わせたものと同じものになる。斜めの列の数字の和も他の列と同じく34になるので、YとZを合わせた部分の数字の和は斜めの列2本分で68だと分かる。

ここで、Y＝Zより、Y、Z部分の数字の和はそれぞれ34になることが証明されたため、4×4の魔方陣では必ず四隅と中央の4マスの和がそれぞれ34になることがわかる。

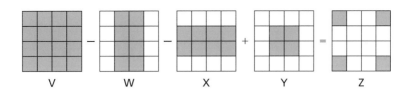

V   −   W   −   X   +   Y   =   Z

問題3 【正解】B

　まず1列当たりの数を求めてみよう。やり方は3×3の魔方陣と同じで、1〜16を足し合わして4で割れば求められる。すると、1列当たりの数の和は34だとわかる。

　次に、魔方陣のマス目に整数C〜Jを当てはめてみる。このとき、1列のうち3か所に数字が入っていれば、残る1箇所は34からその3つを引いて求められる。そのため、まずはそのような列を探すと、Cが埋まることがわかる。13＋C＋8＋1＝34 より、C＝12。

　この他に3か所に数字が入っている列は見つからないので、2か所に数字が入っている列について、式を立ててみよう。

13	C	8	1
D	B	E	F
2	7	G	H
I	J	A	4

　　13＋D＋2＋I＝34
　　12＋B＋7＋J＝34
　　1＋F＋H＋4＝34
　　2＋7＋G＋H＝34
　　13＋B＋G＋4＝34
　　I＋7＋E＋1＝34
　　記号について整理して、
　　D＋I＝19 …①
　　B＋J＝15 …②
　　F＋H＝29 …③
　　G＋H＝25 …④
　　B＋G＝17 …⑤
　　I＋E＝26 …⑥

　まだ使われてない数字を書き出すと、3.5.6.9.10.11.14.15.16。ここで、F＋H＝29に注目してみると、これを満たすのは(14,15)の組み合わせしかないことが分かる。

　同様に、G＋H＝25の組み合わせは、(9,16)(10,15)(11,14)のいずれかとなり、B＋G＝17の組み合わせも(3,14)(6,11)のいずれかだと分かる。以上の組み合わせを満たすものは、B＝6、G＝11、H＝14、F＝15しか存在しない。

　また、B＝6を式②に代入すると、J＝9が求まる。再度2か所に数字が入っている列について式を立てると、

　　D＋6＋E＋15＝34
　　I＋9＋A＋4＝34
　　13＋D＋2＋I＝34
　　8＋E＋11＋A＝34

　変数が4つに対して式が4つなので、後は連立方程式で解ける。A＝5、D＝3、E＝10、I＝16
　よって、A＝5、B＝6。

問題4 【正解】C

　まず空いているマスに入る数字をc〜pの記号でおく。ここで、3×3の魔方陣に注目すると、A、Bは対角にあるため両者の和は10になる。よって、A＋B＝10より、p＝34−13−A−B＝11。

　また、n＝34−14−2−p＝7、k＝34−8−2−15＝9。左斜めの列について考えると、12＋9＋7＋

A	c	d
e	5	f
g	h	B

12	i	14	j
8	k	2	15
l	m	n	o
13	B	p	A

A＝34となっている。したがって、A＝6、B＝4であり、答えはC。

問題5 【正解】D
　まず空いているマスに入る数字をc〜uとおく。
　ここで、dとnに注目すると、ともにA、B、11と同じ列にある。つまり、両者は等しくなる。
　c＋d＋15＋16＝34より、c＋d＝3。よって、c＝1、d＝2またはc＝2、d＝1。しかし、右の魔方陣に目を向けると左下に1が存在しているので、n＝2。よって、c＝1、d＝2。
　A、Bを含む列について、d＋A＋B＋11＝34だから、A＋B＝21。したがって、答えは21。

c	d	15	16
e	A	f	g
h	B	i	j
6	11	k	l

13	m	16	n
o	p	q	11
1	r	s	A
12	t	u	B

問題6 【正解】D
　まず空いているマスに入る数字をc〜jとおく。hについて見てみると、hは横の列、斜めの列において3カ所数値が分かっている。これを立式して、
　A＋7＋h＋B＝34
　（A＋1）＋11＋h＋4＝34
　また、左端の縦列より、A＋1＋（A＋1）＋（B－1）＝34　これを解いて、A＝12、B＝9。

A	c	d	e
1	7	f	g
A+1	11	h	4
B−1	i	j	B

問題7 【正解】C
　1つの○は、それぞれ2つの列に属している。よって、全ての○の合計を2倍したものを列の数で割れば、1列当たりの数字の和が導ける。列は全部で5列なので、全ての○の合計は5の倍数になる。1〜12の和は78。ここから2個の数字を引くと5の倍数となるから、引いた数字の合計としてあり得るのは、3、8、13、18、23のいずれか。このとき、引いた2個の数字の比は1：3となるから、数字の合計は4の倍数となる。したがって、引いた数字の合計は8になる。よって、全ての○の合計は70になり、1列当たりの数字の和は、70×2÷5＝28。

問題8 【正解】C
　まず空欄の○に入る数字を、それぞれB〜Fでおく。B、Dに注目すると、一列の数字の和は28より、B＋D＝22が分かる。これを満たす組み合わせは（10,12）しか存在しないため、B、Dはこのいずれかになる。
　同様に、D＝10または12より、（D,F）＝（10,11）または（12,9）になる。
　さらに、C、Eについても同じように（7,12）または（8,11）のいずれかであることが分かる。しかし、12となるのはB、Dのいずれかより、C、Eはそれぞれ8、11のどちらかであることがわかる。以上を踏まえ実際に値を入れてみると以下のようになる。
　①B＝10の場合
　D＝12、F＝9、C・E＝8or11
　②B＝12の場合
　D＝10、F＝11、C・E＝8or11
　よって、②は不適。
　①のとき、C＝8を代入するとA＝7となり、1列の和が28となるため、適当。

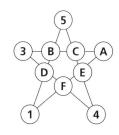

25 n進法 ▶本冊P140〜P141

問題1 【正解】B
　$3654_{(7)}$を10進数に直すと、$3654_{(7)} = 7^0×4 + 7^1×5 + 7^2×6 + 7^3×3 = 1362$。

問題2 【正解】B
　$212_{(3)}$を10進数に直すと、$212_{(3)} = 3^0×2 + 3^1×1 + 3^2×2 = 23$。

問題3 【正解】A
　図を参照。

```
7 ) 8108    余り
 7 ) 1158 …… 2
   7 ) 165 …… 3
     7 ) 23 …… 4
         3 …… 2
```

問題4 【正解】C
　$1021_{(3)}$を10進法で表すと、$1021_{(3)} = 3^0×1 + 3^1×2 + 3^2×0 + 3^3×1 = 34$。$1101_{(2)}$も同様に、$1101_{(2)} = 2^0×1 + 2^1×0 + 2^2×1 + 2^3×1 = 13$。よって$34 + 13 = 47$。

問題5 【正解】A
　$65_{(7)}$を10進法で表すと$65_{(7)} = 7^0×5 + 7^1×6 = 47$。$52_{(6)}$も同様に、$52_{(6)} = 6^0×2 + 6^1×5 = 32$。よって$47 + 32 = 79$。

問題6 【正解】A
　$752_{(8)}$を10進法で表すと490。$1100_{(2)}$を10進法で表すと12。足すと502。$502 = 4^4×1 + 4^3×3 + 4^2×3 + 4^1×1 + 4^0×2$より、これを4進法で表すと$13312_{(4)}$。

問題7 【正解】B
　$1534_{(6)}$を10進法で表すと418。418を12202で表す表記法をx進法とおくと、1番左は5桁目よりx^4が418に近い自然数を探す。3^4は81、4^4は256、5^4は625である。よって、$x = 4$と推測できる。

問題8 【正解】A
　$111011_{(2)}$を10進法で表すと59。59を2012で表す表記法をx進法とおくと、1番左は4桁目であるからx^3が59に近い自然数を探す。$2^3 = 8$、$3^3 = 27$、$4^3 = 64$。よって、$x = 3$と推測される。

問題9 【正解】A
　5進法のまま筆算で計算する。1番右の位の$3 + 1$を計算する。$3 + 1 = 4$。右から2番目の位は$4 + 3 = 7$だから1繰り上がって$7 - 5 = 2$。よって、答えは$124_{(5)}$。

問題10 【正解】B
　7進法のまま筆算で計算する。1番右の位の$3 + 4$を計算する。$3 + 4 = 7$より繰り上がって0である。右から2番目は$1 + 6 + 5 = 12$。1繰り上がって$12 - 7 = 5$。よって、$150_{(7)}$。

問題11 【正解】C
　6進法のまま筆算で計算する。1番右の位の$3 + 1$を計算する。$3 + 1 = 4$。右から2番目の位は$4 + 5 = 9$。$9 - 6 = 3$より$134_{(6)}$。

問題12 【正解】C
　10進法の筆算と同様に、まず$122×1$を計算し、次に$122×1$を1桁ずらして計算して足せば答えが出る。$122×1 = 122$。1番右の位から順に足していく。1番右は2。右から2番目は$2 + 2 = 4$であるか

ら1繰り上がって4−3＝1。右から3番目は繰り上がった1を足して1＋1＋2＝4。1繰り上がって4−3＝1。右から4番目は繰り上がった1を足して1＋1＝2。よって、2112$_{(3)}$。

問題13

❶【正解】C

これは「50を4進法で表した数」を聞いているのと同じである。したがって、302$_{(4)}$。

❷【正解】A

これは「3210$_{(4)}$を10進法で表した数」を聞いているのと同じである。したがって、3210$_{(4)}$＝4^3×3＋4^2×2＋4^1×1＋4^0×0＝228。

問題14

❶【正解】D

101010$_{(2)}$を10進法で表すと、101010$_{(2)}$＝2^0×0＋2^1×1＋2^2×0＋2^3×1＋2^4×0＋2^5×1＝42。

❷【正解】A

20＝2^4＋2^2であるから、2進法で表すと、10100$_{(2)}$。

問題15

❶【正解】C

これは「128を7進法で表した数」を聞いているのと同じである。したがって、242$_{(7)}$。

❷【正解】A

これは「65123$_{(7)}$」を10進法で表した数」を聞いているのと同じである。したがって、65123$_{(7)}$＝7^4×6＋7^3×5＋7^2×1＋7^1×2＋7^0×3＝16187。

26 数列 ▶本冊P143〜P145　　　　　　　　　　　　　学習日　　／

問題1 【正解】D

a、b、cは等比数列の連続した項であるので、公比をrとすると、ar＝b、br＝cが成り立ち、ar^2＝cであるので、a×b×c＝$a^3 r^3$＝1000である。

ここで1000＝2^3×5^3であるので、(a,r)＝(2,5)(5,2)である。

a＝2のとき、(a,b,c)＝(2,10,50)となり和が62となるので不適である。

a＝5のとき、(a,b,c)＝(5,10,20)となり和が35となるので、求めるaは、a＝5である。

問題2 【正解】D

等差数列{a_n}の初項をa、公差をdとおくと、一般項はa_n＝a＋(n−1)dと表せる。a_{27}、a_{50}の場合をそれぞれ代入すると、a_{27}＝a＋26d＝93、a_{50}＝a＋49d＝185である。この2式を連立させて解くと、a＝−11、d＝4である。よって、一般項はa_n＝−11＋(n−1)×4＝4n−15とわかる。

したがって、393を第x項とおくと、

393＝4x−15　　4x＝408　　x＝102

問題3 【正解】D

初項をa、公比をdとすると条件より、

ad^2＝12、ad^5＝−96

この2式を連立させて解くと、a＝3、d＝−2

よって、この数列の一般項a_nは、a_n＝3×$(−2)^{n-1}$

a_8＝3×$(−2)^{8-1}$＝−384。

問題4 【正解】D

数列 $\{a_n\}$ の階差数列を $\{b_n\}$ とすると

$a_n = 1, 4, 11, 22, 37, 56,$

$b_n = 3, 7, 11, 15, 19,$

数列 $\{b_n\}$ は、初項3、公差4の等差数列であるから、$b_n = 4n - 1$。

以上より、数列 $\{a_n\}$ の第8項は

$a_8 = 2 \times 64 - 3 \times 8 + 2 = 106$ である。

問題5 【正解】C

100から300までで3で割って2余る数は、

$3 \times 33 + 2, 3 \times 34 + 2, 3 \times 35 + 2, \cdots, 3 \times 99 + 2$ である。

これは初項101、公差3の等差数列である。よって、求める和をSとすると、

$S = 1 / 2 \times (101 + 299) \times (99 - 33 + 1) = 13400$ である。

問題6 【正解】C

100から300までで7で割って3余る数は、

$7 \times 14 + 3, 7 \times 15 + 3, 7 \times 16 + 3 \cdots, 7 \times 42 + 3$ である。

これは初項101、公差7の等差数列である。よって、求める和をSとすると、

$S = 1 / 2 \times (101 + 297) \times (42 - 14 + 1) = 5771$ である。

問題7 【正解】C

数列 $\{b_n\}$ の階差数列は、初項が1、公差が2の等差数列になるので、$\{b_n\}$ の一般項は

$b_n = 4 + \sum_{k=1}^{n-1} (2k - 1) = 4 + n(n - 1) - (n - 1) = n^2 - 2n + 5$ である。

数列 $\{a_n\}$ の第30項は、$a_{30} = 4 \times 30 + 5 = 125$

よって、$125 = n^2 - 2n + 5$　$n = 12$ である。

問題8 【正解】B

a, b, cは等比数列の連続した項であるので、公比をrとすると、

$ar = b, br = c$ が成り立ち、$ar^2 = c$ であるので、$a \times b \times c = a^3 r^3 = 1728$ が成り立つ。

ここで $728 = 3^3 \times 4^3$ であるので、$(a, r) = (3, 4)(4, 3)$ である。

$a = 3$ のとき、$(a, b, c) = (3, 12, 48)$ となり和が63となるので適する。

$a = 4$ のとき、$(a, b, c) = (4, 12, 36)$ となり和が52となるので、不適。よって、$a = 3$ である。

問題9 【正解】B

a, b, cは等差数列の連続した項であるので、公差をdとすると、

$b - d = a, b + d = c$ が成り立つので、$a + b + c = 3b$　$3b = 54$　$b = 18$ である。

また、$a \times b \times c = (b - d)b(b + d) = 4950$　$b = 18$ を代入して、$d = 7$

よって、$a = 18 - 7 = 11$ である。

問題10 【正解】B

等差数列 $\{a_n\}$ の初項を a、公差を d とおくと、一般項は $a_n = a + (n - 1)d$ と表せる。a_{14}, a_{35} の場合をそれぞれ代入すると、$a_{14} = a + 13d = 71$　$a_{35} = a + 34d = 218$　この2式を連立させて解くと、$a = -20, d = 7$ である。よって、一般項は $a_n = -20 + (n - 1) \times 7 = 7n - 27$ とわかる。

したがって、449を第 x 項とおくと、

$449 = 7x - 27$

$7x = 476$

$x = 68$

問題11 【正解】D

等差数列{a_n}の一般項は、$a_n = 19 + (n-1) \times 3 = 3n + 16$である。
よって第23項は$a_{23} = 3 \times 23 + 16 = 85$
したがって、和は$1／2 \times (19 + 85) \times 23 = 1196$である。

問題12　【正解】A

$n \geqq 2$のとき$a_n = S_n - S_{n-1} = (4n^2 - 21n) - \{4(n-1)^2 - 21(n-1)\} = 8n - 25$である。
よって、$a_{35} = 8 \times 35 - 25 = 255$。

問題13　【正解】A

等比数列の和の公式より、$2 \times (3^6 - 1)／(3 - 1) = 729 - 1 = 728$。

問題14　【正解】B

初項をa、公比をr、初項から第n項までの和をS_nとする。
$r = 1$とすると、$S_5 = 5a$となり、$5a = 4$
このとき、$S_{10} = 10a = 8 \neq 32$なので、条件を満たさない。よって、$r \neq 1$
$S_5 = 4, S_{10} = 32$であるから
$a(r^5 - 1)／(r - 1) = 4 \cdots ①$　$a(r^{10} - 1)／(r - 1) = 32 \cdots ②$
②÷①から　$a(r^{10} - 1)／(r - 1) \times (r - 1)／a(r^5 - 1) = r^5 + 1 = 8$、すなわち$r^5 = 7 \cdots ③$
$S_{15} = a(r^{15} - 1)／(r - 1) = a(r^5 - 1)／(r - 1) \times \{(r^5)^2 + r^5 + 1\}$
①、③を代入し、$S_{15} = 4 \times (7^2 + 7 + 1) = 228$

問題15　【正解】B

数列{a_n}の第40項は、$a_{44} = 1 + 2(40 - 1) = 79$である。数列Aの階差数列は初項1、公差1の等差数列となるので、$79 = 1 + (1／2 \times (n-1) \times (1 + n - 1))$である。よって、$n = 13, -12$なので第13項目。

問題16　【正解】D

分母に着目する。分母が同じものの数は1,2,3,4…と増えていく。分母が2〜11である項の数は、$1 + 2 + 3 + \ldots + 10 = (1 + 10) \times 10 \times 1／2 = 55$である。したがって、5／12は分母が12である項の5番目の数であるので、$55 + 5 = 60$番目である。

問題17　【正解】A

数列の和から一般項を導出する際は、$S_n - S_{n-1}$を計算すればよい。初項$a_1 = 2 \times 1^2 - 1 = 1$。$n \geqq 2$のとき、$S_n - S_{n-1} = 2n^2 - 2n - \{2(n-1)^2 - (n-1)\} = 4n - 3$。$a_1 = 1$より、この式は$n = 1$のときにも成り立つ。

27 整数の文章題　▶本冊P148〜P151　　　　　　　　　学習日　　／

問題1

❶【正解】C

4回目の結果より、4回目の競争前にはYは81枚所持しており、XとZもそれぞれ81枚持っていたことがわかる。よって、$81 \times 3 = 243$。

❷【正解】A

求めるチップの数をaとする。2回目の競争終了後、YとZから自分が持っているチップと同じ数のチップをもらうから、チップの所持数は$a + a + a = 3a$である。3回目の競争終了後も同様に$3a + 3a + 3a = 9a$である。1問目より、4回目の競争前、Xは81枚所持していたから$9a = 81$である。よって、$a = 9$である。

問題2

❶【正解】A,B

　1から6の和は1＋2＋3＋4＋5＋6＝21。右から1枚目と2枚目の数字の合計は7、左から1枚目から3枚目までの数字の合計は12より、21−7−12＝2。よって、右から3枚目は2である。右から1枚目と2枚目の数字の合計は7であり、2、6は含まれないから、右から1枚目・2枚目は(3,4)または(4,3)である。

❷【正解】B

　右から1枚目と2枚目の数字の合計が7で2、3は含まれないので、右端と右から2枚目は(1,6)。

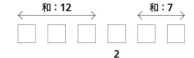

問題3
❶【正解】A

　和が14になるカードの組み合わせは(8,5,1)、(8,4,2)、(7,6,1)、(7,5,2)、(7,4,3)、(6,5,3)である。Yに7が配られているから、7を含む組み合わせは除外する。また、Zのカードの積は15で、1～8の組み合わせで積が15になるのは(1,3,5)だけである。よって、残った組み合わせは(8,4,2)である。

❷【正解】D

　1問目より、XとZのカードを除外すると残ったのは6である。

問題4
❶【正解】D

　Rが勝ち、Sが6を引いたことから、Rは7か8である。偶数なのはPとSより、Rは奇数であるから、Rは7を引いたことがわかる。

❷【正解】C

　TはRより2小さいからT＝5。QはTより小さい奇数で、Pより大きいからQは1ではない。よって、Q＝3。

問題5
❶【正解】A

　Rと同じ枚数を持っている人がいること、Sと同じ枚数を持っている人がいること、Pが5枚であることから、Pと同じ枚数を持っている人はおらず、RとSが同じ枚数を持っていることがわかる。Q、R、Sのカードの枚数は(2,1,1)である。

❷【正解】B

　カードの合計は9枚であることから、同じ枚数を持っている人が2人ずついることは不可能である。したがって、P、R、Sの持っている枚数が等しい。このとき、P、Q、R、Sの枚数は(1,6,1,1)、(2,3,2,2)の2通りである。よって、3枚か6枚で、選択肢にある方の3枚が答えである。

問題6　【正解】A

　X、Y、Zのカード枚数をそれぞれa、b、cとする。問題文より、
　a＋b＋c＝40 …①
　(a＋b)÷3＝c …②
　a−c＝8 …③
　①～③を解くとa＝18。

問題7

❶【正解】B

　左端から2番目と左端から4番目の入札額の差は300円より、どちらかが500円でもう一方が800円である。また、左端と左端から2番目のそれぞれの合計入札額の積が350000円であることを合わせると、左端から2番目が500円、左端が700円である。右端と右端から3番目の合計入札額が1500円より、右端が700円、右端から3番目が800円である。したがって、Pが入札した商品の位置は左端から2番目である。

❷【正解】B

　1問目より左端は700円、左端から2番目は500円、左端から4番目は800円で左端から6番目は700円であることがわかっている。したがって、左端から3番目は600円であるからQかRである。

問題8
❶【正解】C

　P−Q＝−3より、（−2）−Q＝−3。Q＝1。

❷【正解】A

　RはSより1大きいから、RはSと隣り合っている。P＝−2、Q＝1であるから、R＝0、S＝−1である。

問題9
❶【正解】D

　2台目に7人乗車しているから、3台目にも7人乗車している。よって、残りの人数は29−7−7＝15。1台目は4台目より多いから（1台目,4台目）は（9,6）（8,7）のどちらかである。1台目の乗車人数が奇数であるから、1台目には9人乗車している。

❷【正解】B

　どのタクシーも最低6人は乗っているから、1番少ない乗車人数は合計24人である。全部で25人乗車しているから、25−24＝1でどれかのタクシーで1人多い。1台目は4台目より乗車人数が多いから、1台目に7人乗車している。このとき、残りのタクシーにはそれぞれ6人乗車している。

問題10
❶【正解】A,D

　犬と猫の飼育数が同じであることから、合計飼育数は偶数である。Qが6匹で1番多く、Rが1番少ないから(P,Q,R,S)は(5,6,4,5)(4,6,3,4)(3,6,2,3)(2,6,1,2)のどれかである。合計が偶数となるのは(5,6,4,5)(3,6,2,3)である。

❷【正解】B,C,D,E,F,G,H

　(P,Q,R,S)が(5,6,4,5)のとき、計20匹より猫は10匹である。Pの飼育しているペットが全て猫であるから、猫は残り5匹である。したがって、Qの飼育している猫の数は5、4、3、2、1、0のいずれかである。(P,Q,R,S)が(3,6,2,3)の場合も同様に考えるとQの飼育している猫の数は6、5、4、3、2、1、0のいずれかである。

問題11　**【正解】D**

　Tシャツをx着、その他の服をy着売れたとすると、総売上は以下の式で求められる。

$990x + 5760y = 3650(x + y)$

左辺を9でくくると、

$9(110x + 640y) = 3650(x + y)$

ここで、9と3650は互いに素だから、$x + y$は9の倍数。選択肢の中で9の倍数は27着のみ。

問題12　**【正解】B**

最も小さい数字をxとおくと、$x + (x+2) + (x+4) = 48$　$3x = 42$　$x = 14$。

問題13　【正解】C

小さい方から3番目の数字をxとおくと、$(x-3) + (x-1) + x + (x+1) + (x+3) = 125$　$5x = 125$
$x = 25$

問題14　【正解】B

もとの3桁の自然数について、一の位の数をxとおく。すると、もとの自然数は$(2x-1) \times 100 + 40$
$+ x$と表せる。また、百の位の数字と一の位の数字を入れ替えた数は、$100x + 40 + (2x-1)$と表せる。
この数がもとの数より99小さいので、次の等式が成り立つ。

$\{(2x-1) \times 100 + 40 + x\} - \{100x + 40 + (2x-1)\} = 99 \, (1 \leqq x \leqq 5)$　これを解いて、$x = 2$。した
がって、もとの3桁の自然数は$(2 \times 2 - 1) \times 100 + 40 + 2 = 342$。

問題15　【正解】B

もとの自然数の百の位の数字をxとおく、すると、もとの自然数は$100x + 50 + (3x-1)$と表せる。
また、百の位の数字と十の位の数字を入れ替えた数は、$500 + 10x + (3x-1)$と表せる。この和が
784となるので、次の等式が成りたつ。

$\{100x + 50 + (3x-1)\} + \{500 + 10x + (3x-1)\} = 784$　$x = 2$。したがって、もとの3桁の自然数
は$100 \times 2 + 50 + (3 \times 2 - 1) = 255$。

問題16　【正解】D

牛乳をx本、卵をyパック購入したとすると、$120(10-x-y) + 80y + 110x = 1000$と表せる。この
式を整理すると、$x + 4y = 20$となる。(x, y)の組み合わせのうち、$x + y < 10$を満たすものは、(x, y)
$= (4, 4)$しかない。したがって、牛乳の購入本数は4本。

28 場合の数❶ （数え上げ）　▶本冊P154～P157

問題1

❶【正解】C

あいこになるのは①全員がグーを出したとき②A、B、Cでグー、チョキ、パーを出したときの2パ
ターンしかない。①は1通り、②は(B, C) = (チョキ, パー)(パー, チョキ)の2通り存在する。以上よ
り、3通り。

❷【正解】A

1人だけが負ける出し方は、(グー, パー, パー)(チョキ, グー, グー)(パー, チョキ, チョキ)の3パ
ターン。

また、それぞれのパターンについてA、B、Cの誰が負けるかが考慮される。以上より、3×3 = 9通り。

問題2　【正解】D

1文字目はA～Dの4通り、2文字目は1文字目で使用した文字を除いた3通り、3文字目はさらに2文
字目で使用した文字を除いた2通りから選ぶことになる。よって、4×3×2 = 24通り。

問題3　【正解】D

起こりうる場合を全て数え上げるのが一番早く、正確な方法である。

アルファベット順に並べると、一番初めに現れる文字列はaabbbである。次はababbである。こ
のように並べていくと、

aabbb, ababb, abbab, abbba, baabb, babab, babba, bbaab, bbaba, bbbaa

となり、したがって、求める場合の数は全部で10通りであることがわかる。

問題4 【正解】C

　小は1〜6、大は4〜9の目なので、和が5の倍数になるのは5、10、15の場合がある。以下、小さい方のサイコロの目の数、大きい方の目の数を（小・大）と表すと次のようになる。
　　和が5のとき、（1・4）
　　和が10のとき、（1・9）、（2・8）、（3・7）、（4・6）、（5・5）、（6・4）
　　和が15のとき、（6・9）
　　よって、全部で8通りである。

問題5 【正解】B

　みかんが2個のとき
　（み、み、り、り、り、い）
　（み、み、り、り、い、い）
　（み、み、り、い、い、い）
　（み、み、い、い、い、い）
　みかんが1個のとき
　（み、り、り、り、い、い）
　（み、り、り、い、い、い）
　（み、り、い、い、い、い）
　みかんが0個のとき
　（り、り、り、い、い、い）
　（り、り、い、い、い、い）
　よって、全部で9通りである。

問題6 【正解】B

　2人組を決めてしまえば必然的に5人組は決まるため、2人組についてだけ考えれば良い。
　AとBは必ず同じ組になるのでA、Bが2人組になるときかA、B以外の2人が2人組になるときかのどちらかである。
　A・Bが2人組になるとき（A,B）の1通りのみ。
　A B以外が2人組になるとき
　（C,D）、（C,E）、（C,F）、（C,G）、（D,E）、（D,F）、（D,G）、（E,F）、（E,G）、（F,G）
　の10通りである。よって、A Bが同じ組になるのは1＋10で11通りである。

問題7 【正解】C

　100円を何枚使うかで場合を分けて考えるとよい。以下、100円の枚数A、50円の枚数B、10円の枚数Cを（A,B,C）と置く。
　100円を2枚使うとき（2,0,0）
　100円を1枚使うとき（1,2,0）、（1,1,5）、（1,0,10）
　100円を1枚も使わないとき（0,4,0）、（0,3,5）、（0,2,10）、（0,1,15）、（0,0,20）
　よって、求める場合の数は1＋3＋5で9通りである。

問題8

❶【正解】E

　「いずれの位にも2が入っていない数」という言い方をしているが、要するに「1、7、9の3つの数字を組み合わせて3桁の数を作るということである。
　百の位になることができる数は1、7、9の3通り
　十の位になることができる数も1、7、9の3通り
　一の位になることのできる数も1、7、9の3通りあるので、求める3桁の数の個数は　3通り×3通り×3通りで27通りである。

❷【正解】A

1、7、9の中からひとつずつ数字を使っていけばよい。

百の位になることのできる数は1、7、9の3通り

十の位になることのできる数は、百の位で使われなかった数の2通り

一の位になることができる数は、百の位、十の位で使われなかった数の1通り

よって、求める3桁の数の個数は3通り×2通り×1通りで6通りである。

❸【正解】D

場合ごとに分けて考えてゆくと考えやすい。

770より大きい数になるのは次の場合である。

（ⅰ）百の位が9の数

（ⅱ）百の位が7、十の位が9の数

（ⅲ）百の位が7、十の位が7の数

（ⅰ）十の位になることができる数は、1、2、7、9の4通り、一の位になることができる数は1、2、7、9の4通りなので、4通り×4通りで16通りである。

（ⅱ）一の位になることのできる数は1、2、7、9の4通り

（ⅲ）一の位になることのできる数は1、2、7、9の4通り

よって、求める3桁の数の個数は16通り＋4通り＋4通りで24通りである。

問題9 【正解】B

10g、50g、100gのおもりではかれる重さは

（ⅰ）10gのおもり2つ … 0g、10g、20gの3通り

（ⅱ）50gのおもり1つ … 0g、50gの2通り

（ⅲ）100gのおもり2つ … 0g、100g、200gの3通り

これらのおもりの組み合わせで重さの組み合わせがあるので、その組み合わせは3通り×2通り×3通りで18通りである。だが、これには1つもおもりを含まない0g の場合も含まれてしまっているのでこの1通りを引く。

18通り－1通りで答えは17通りである。

問題10 【正解】D

出た目の積が3の倍数になるのはAかBが3か6の目のとき。

Aが3：Bが1～6の6通り

Aが6：Bが1～6の6通り

Bが3：Aが1～6の6通りから、重複して数えているAが3、6の場合を除いて4通り

Bが6：Aが1～6の6通りから、重複して数えているAが3、6の場合を除いて4通り

よって、6通り＋6通り＋4通り＋4通りで20通りである。

問題11

❶【正解】A

3種類がそれぞれ2色ずつあるので、2×2×2で8通りである。

❷【正解】D

A、B、Cのそれぞれについて色の選び方は赤赤、赤青、青青の3通りなので、3×3×3で27通りである。

問題12 【正解】D

1度に2個運ぶときと1個運ぶとき組み合わせで考えられるのは、

（ⅰ）（2個、2個、2個、1個）

（ⅱ)（2個、2個、1個、1個、1個）
（ⅲ)（2個、1個、1個、1個、1個、1個）
（ⅳ)（1個、1個、1個、1個、1個、1個、1個）
の4つである。さらにこれに対して何回目に何個運んだかを考えていく。
（ⅰ)について運び方は、
（2個、2個、2個、1個）
（2個、2個、1個、2個）
（2個、1個、2個、2個）
（1個、2個、2個、2個）
の4通りがある。同様に(ⅱ)、(ⅲ)についても書き出して考えると、(ⅱ)は10通り、(ⅲ)は6通りあり、(ⅳ)は1通りであるから、答えは4通り＋10通り＋6通り＋1通りで21通りである。

問題13 【正解】C

Pの値を決めて、それに対するQ、Rの値を考えていくようにすると考えやすい。
P＝1個のとき、(Q,R)は(2,9)、(3,8)、(4,7)、(5,6)の4通り
P＝2個のとき、(Q,R)は(3,7)、(4,6)の2通り
P＝3個のとき、(Q,R)は(4,5)の1通り
P＝4個以上のときはP＜Q＜Rが成り立たなくなってしまうので考えなくて良い。
よって、4通り＋2通り＋1通りで7通りが答えである。

問題14 【正解】B

すでに決定しているAの3セット取得、Bの1セット取得をAAAB(順不同)と表す。
5セット目以降について考えると、
AAABA(Aが4セット取得になり決着)
AAABBA(Aが4セット取得となり決着)
AAABBBA(Aが4セット取得となり決着)
AAABBBB(Bが4セット連取して決着)
よって、答えは4通りである。

問題15 【正解】D

まず、Dを考える。
Dが1〜3までのとき、A＜B＜C＜Dの条件を満たさない。
D＝4のとき、A＜B＜C＜4を満たすには、A＝1、B＝2、C＝3と決定する。ところが、4＞E＞Fを満たすには、E、Fが1〜3の数となり、A〜Cの数と2つ重複してしまうので、条件を満たさない。
D＝5のとき、A＜B＜C＜5、5＞E＞Fとなる。
このとき、(A,B,C)＝(1,2,3)、(1,2,4)、(1,3,4)、(2,3,4)の4通りが考えられる。
順にこれらに対応するE、Fを考えていく。
・(A,B,C)＝(1,2,3)のとき
　E、Fのどちらかは4なので、(E,F)＝(4,3)、(4,2)、(4,1)
・(A,B,C)＝(1,2,4)のとき
　E、Fのどちらかは3なので、(E,F)＝(4,3)、(3,2)、(3,1)
・(A,B,C)＝(1,3,4)のとき
　E、Fのどちらかは2なので、(E,F)＝(4,2)、(3,2)、(2,1)
・(A,B,C)＝(2,3,4)のとき
　E、Fのどちらかは1なので、(E,F)＝(4,1)、(3,1)、(2,1)
よって、条件を満たすものは、4×3で12通りである。

問題16 【正解】D

（A＋B)－(C＋D)＝16となる組み合わせを探していく。このとき、C＋Dを引いて16にするので、

A+Bは16以上の場合のみを考えれば良い。AとBが共に9の場合から書き出していくと、以下の表のようになる。

よって、答えは10通りである。

	A+B	A	B	C	D	（A+B）－（C+D）
①	18	9	9	0	2	18－2
②	18	9	9	1	1	18－2
③	18	9	9	2	0	18－2
④	17	8	9	0	1	17－1
⑤	17	8	9	1	0	17－1
⑥	17	9	8	0	1	17－1
⑦	17	9	8	1	0	17－1
⑧	16	7	9	0	0	16－0
⑨	16	8	8	0	0	16－0
⑩	16	9	7	0	0	16－0

問題17 【正解】D

樹形図を書いて考える。4人の走者の名前をそれぞれA、B、C、Dとすると、以下の図のようになる。

これはAが第1走者になる場合であり、これの他にも第1走者がB、C、Dの場合も同様に考えられるので、答えは6×4＝24通りである。

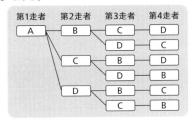

問題18 【正解】E

このような数え上げは樹形図を用いて考えるのが良い。

樹形図は以下のようになるので、答えは4＋2＋1＝7通りである。

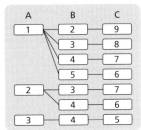

問題19 【正解】D

3人をそれぞれP、Q、Rとおく。座る順番を考えていくと、
PQR、PRQ、QPR、… となっていくので、答えは6通りである。

問題20 【正解】E

引き分けについても考えなければいけないので、書き出していくのは非常に手間である。なので、

樹形図を書いて考えるのが良い。

Aの勝つ場合、負ける場合、引き分けをそれぞれ○、×、△とおいて樹形図を書くと以下のようになる。

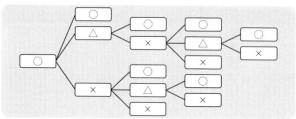

よって、答えは10通りである。

問題21　【正解】 B

最初の一回で1cm動くときと、2cm動くときで分けて樹形図を書いて考えると良い。

樹形図は以下のようになり、星のついているのが原点に戻ってきた場合である。

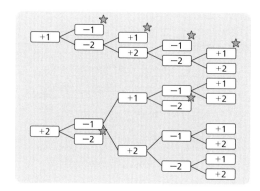

よって、答えは4 + 2 = 6通りである。

問題22　【正解】 B

まず、AがBにバトンを渡した場合について考える。

BはAから受け取ったので条件により、CかDに渡すこととなる。受け取ったCかDはB以外の2人に渡すこととなる。

これを1つずつ書き出しても良いが、樹形図を書いて考えていくのが最も確実でわかりやすい方法である。

Aがはじめにバトンを渡す場合の樹形図は次のページのようになる。

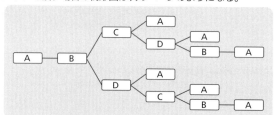

これと同様にAがはじめにCに渡す場合とDに渡す場合も考えられるので、答えは6×3 = 18通りで

ある。

29 場合の数 ❷（公式）▶本冊P160～P163
学習日　／

問題1

❶【正解】B
6人から4人を選んで並べる順列を求める。
$_5P_4 = 5×4×3×2 = 120$
よって、答えは120通りである。

❷【正解】C
大人と子供を分けて考える。
大人2人から2人を選ぶ組み合わせは1通りである。子供3人から2人を選ぶ組み合わせの数は、
$_3C_2 = (3×2)÷(2×1) = 3$通りである。
選んだ4人の並べ方は、4! = 4×3×2×1 = 24通りである。
これらを掛け合わせたものが答えであり、1×3×24 = 72通りである。

問題2

❶【正解】E
7人から1人部屋の1人を選ぶのは、$_7C_1 = 7$通りである。
残った6人から2人部屋の2人を選ぶのは、$_6C_2 = 15$通りである。
残った4人は4人部屋に決まるので、1通りである。
これらを掛け合わせて7×15×1 = 105通りである。

❷【正解】E
2人部屋をそれぞれA室、B室とする。7人からA室2人を選ぶのは、$_7C_2 = 21$通りである。
残り5人からB室2人を選ぶのは、$_5C_2 = 10$通りである。
残り3人から3人部屋を選ぶのは1通りである。
よって、21×10×1 = 210通りである。ところが、本来はA・Bの部屋の区別がないので、これを2!
で割って
210÷2! = 105通りである。

問題3 【正解】B
まず、ボールを16個全て横に並べる。これを4つに区切って左から順に、A、B、C、Dの袋に入れ
ていくと考える。つまり、並べたボールどうしの15ヶ所のすき間から3ヶ所を選んで仕切りをおいて
いけば答えが求められる。

よって、15ヶ所から3ヶ所を選ぶ方法なので、次のようになる。
$_{15}C_3 = (15×14×13)÷(3×2×1) = 455$通りである。

問題4 【正解】C
ネコ3匹を並べて、その間にイヌ3匹を並べていくと考えると良い。
考えられる並び方
ネコ　イヌ　ネコ　イヌ　ネコ　イヌ …①
ネコ　イヌ　ネコ　イヌ　イヌ　ネコ …②
ネコ　イヌ　イヌ　ネコ　イヌ　ネコ …③
の3通りである。
①の場合、ネコの並び方は3匹から3匹選んで1列に並べる並べ方なので、$_3P_3 = 6$通りである。

イヌの並び方も同様に6通りである。したがって、ネコの並び方1通りに対してイヌの並び方が6通りずつあるので6×6で36通りである。

これが②、③の場合にも同様にあるので、全ての場合は、36＋36＋36＝108通りである。

問題5

❶【正解】B

7人から2人を選ぶが、このとき順番は考慮しなくてよいので、「組み合わせ」で考える。
$_7C_2 = 21$通りである。

❷【正解】D

シングルスに出場する1人の選び方は7人から1人選ぶので、$_7C_1 = 7$通りである。
ダブルスに出場する2人の選手の選び方は7人から2人選ぶので、$_7C_2 = 21$通りである。
よって、求める選び方は7×21＝147通りである。

❸【正解】C

すべての選手の選び方から、A以外の6人の選手から選ぶ選び方を引けばよい。
問2の答えより、全ての選手の選び方は147通りである。A以外の6人からシングルスとダブルスの選手を選ぶやり方は、$_6C_1 × _6C_2 = 6×15 = 90$通りである。
よってAが少なくとも1回は出場する選び方は、147－90＝57通りである。

問題6

❶【正解】B

チョコとバニラの2種類の場合を考える。このとき、チョコの取り得る値は1～9個の9通りである。これが同様にチョコといちご、バニラといちごの場合でも考えられるので、求める数は3×9＝27通り。

❷【正解】B

3種類からそれぞれ少なくとも2個ずつを買うので、チョコ2個、バニラ2個、いちご2個の計6個は決まっている。なので、3種類から残り4個を選ぶ組み合わせを考えれば良い。（※重複組み合わせの公式）
$_{3+4-1}C_4 = _6C_4 = 15$通りである。

> ※重複組み合わせの公式
> n種類のものから重複を許してr個選ぶとき、その場合の数は$_{n+r-1}C_r$通り

❸【正解】E

チョコ3個買うことは確定しているので、残り7個の選び方を考える。
3種類の中から7個を選ぶ重複組合せなので、公式$_{n+r-1}C_r$より
$_{3+7-1}C_7 = _9C_7 = 36$通りである。

問題7 【正解】E

縦2本と横2本の線の交わりで平行四辺形ができる。よって、それぞれから2本を選ぶ組み合わせの数を求めれば良い。
6本の横の平行線から2本選ぶ組み合わせは$_6C_2 = 15$通りである。
8本の縦の平行線から2本選ぶ組み合わせは$_8C_2 = 28$通りである。
この2つの場合は同時に起こるので、答えは15×28＝420通りである。

問題8

❶【正解】D

三角形を作るためには3つの頂点が必要になるので、正九角形の9個の頂点から3つを選ぶ組み合わせを考えればよい。よって、$_9C_3 = 84$通りである。

❷【正解】B

　対角線を作るためには2つの頂点が必要になるので、正九角形の9個の頂点から2つを選ぶ組み合わせを考える。よって、$_9C_2 = 36$通りである。
　ただし、これには正九角形の9本の辺も含まれているので、$36 - 9 = 27$本である。

問題9
❶【正解】B

　整数8つを「○」8つとし、x、y、zの3つに分けることを考える。その仕切りを「｜」2つとする。これらの仕切りによって区切られた「○」を以下の図のように左からX、Y、Zと考えると、これは「○」8つと「｜」2つの合計10個の同じものを含む順列として考えられるので、
　$10! \div (8!2!) = 45$通りである。

❷【正解】C

　自然数なので、x、y、zはそれぞれ1以上である。
　1問目と同じように考えると、x、y、zには初めからそれぞれ「○」が一つずつ割り当てられていると

考えることができるので、残りの5つの「○」と2つの「｜」の合計7つの同じものを含む順列について考えれば良い。$7! \div (5!2!) = 21$通りである。

問題10
❶【正解】E

　スイミングスクールは月、木、金の内に1回行くので、$_3C_1 = 3$通りである。
　プログラミングスクールは火、水、木、金の内に2回いくので、$_4C_2 = 6$通りである。
　よって、答えは$3 \times 6 = 18$通りである。

❷【正解】B

　スイミングスクールの曜日で場合分けをして考える。
　①スイミングスクールが月曜日の場合
　プログラミングは火水木金の内2回なので$_4C_2 = 6$通りである。
　②スイミングスクールが木曜日の場合
　プログラミングは火水金の内2回なので$_3C_2 = 3$通りである。
　③スイミングスクールが金曜日の場合
　プログラミングは火水木の内2回なので$_3C_2 = 3$通りである。
　よって、答えは$6 + 3 + 3 = 12$通りである。

問題11　【正解】D

　4色なので1色だけ2ヶ所に塗る必要がある。隣り合う部分は異なる色でなければならないので、AとEが同じ、BとCが同じ、CとEが同じ色の3通りが考えられる。
　AとEが同じ色のときを考えると、AとEの色の選び方は4通りである。
　B、C、Dの色は$3! = 6$通りである。よって、このときは$4 \times 6 = 24$通りである。
　これがBとCが同じ色、CとEが同じ色の場合も考えられるので、$24 \times 3 = 72$通りが答えである。

問題12　【正解】C

　上面の色をはじめに固定して考えると、その対面にある色は5通りに決まる。側面は円順列の考えを用いれば良いので、$(4 - 1)! = 6$通りである。
　よって、$5 \times 6 = 30$通りが答えである。

問題13

❶【正解】B

出番の順序を考慮せずとも良いので、単純な組み合わせの公式で解くことができる。$_{15}C_5 = 3003$ 通り。

❷【正解】A

順番を考慮するので、順列の公式で解くことができる。$_5P_5 = 5! = 120$通り。

問題14

❶【正解】C

部屋の中で順番を考慮されないため、組み合わせの公式で解くことができる。
2人部屋の部屋について、5人から2人を選ぶので、$_5C_2 = 10$通り。

❷【正解】D

・AとBが2人部屋に泊まった場合、
　残り5人は3人部屋に泊まることになるため、1通り
・AとBが3人部屋に泊まった場合、
　残り3人から、3人部屋に泊まる1人を選ぶので、3通り
　以上より、求める場合の数は1＋3＝4通り

問題15　【正解】C

どの箱にも1個以上ボールを入れるため、7－3＝4個のボールの振り分け方のみ考えればよい。ボールを〇、箱の区別を｜で表すとすると、例えば以下のようなボールの振り分け方が存在する。
　〇｜〇〇｜〇
このような並べ方は、〇と｜あわせて6個のものを並べ、そのうち｜の箇所を2か所選ぶことになるため、$_6C_2 = 15$通り。

問題16　【正解】A

立方体は回転させると同じ文字の割り当て（＝重複）が発生するため、1面を固定して考えるとよい。底面にAを割り当てて考えると、対面は5通りの割り当て方が存在する。4つの側面はそれぞれが隣り合っているため、円順列の公式より（4－1）！＝6通りの割り当て方が考えられる。以上より、6×5＝30通り。

問題17　【正解】D

1〜3のどの数字も、少なくとも1回以上用い、和が10となるような組み合わせは、（1,1,2,3,3）、（1,2,2,2,3）、（1,1,1,2,2,3）、（1,1,1,1,1,2,3）の4パターン。
　①（1,1,2,3,3）の場合、5桁の自然数となるので、その組み合わせは5！／（2!1!2!）＝30通り。
　②（1,2,2,2,3）の場合、5桁の自然数となるので、その組み合わせは5！／（1!3!1!）＝20通り。
　③（1,1,1,2,2,3）の場合、6桁の自然数となるので、その組み合わせは6！／（3!2!1!）＝60通り。
　④（1,1,1,1,1,2,3）の場合、7桁の自然数となるので、その組み合わせは7！／（5!1!1!）＝42通り。
　以上より、30＋20＋60＋42＝152通り。

問題18　【正解】C

1、2の数字を用いて5を作ればよい。和が5となる組み合わせは(1,2,2)(1,1,1,2)(1,1,1,1,1)の3パターン。
　①(1,2,2)の場合、昇り方は3！／（1!2!)＝3通り。
　②(1,1,1,2)の場合、昇り方は4！／（3!1!)＝4通り。
　③(1,1,1,1,1)の場合、昇り方は1通り。
　以上より、3＋4＋1＝8通り。

問題19 【正解】C

5の倍数となるのは、4桁の自然数の下1桁目が0または5のとき。

（1）下1桁が0のとき

1〜9から異なる3つの数字を選んで並べるので、$_9P_3 = 9 \times 8 \times 7 = 504$通り。

（2）下1桁が5のとき

最上位桁に0は使えないため最上位桁は1〜4、6〜9の8通り。2、3桁目は残りの8通りを並べるので、$_8P_2 = 56$通り。

よって、$8 \times 56 = 448$通り。

以上より、$504 + 448 = 952$個。

問題20 【正解】D

順序を考慮しない同じ文字を探すと、n、e、tの3文字がそれぞれ2つずつある。

よって、$8! / (2!2!2!) = 5040$通り。

30 最短経路 ▶本冊P166〜P167　　　　　　　　　　　　　　学習日　／

問題1

❶【正解】B

途中である点を通らないといけない問題の場合は、まずはそこまで行くための経路を求め、その後で目的地に行くまでの経路を求めるように考えると良い。

今回の場合はAからCまで行く最短経路とCからBまで行く最短経路を求めてから組み合わせて答えを出す。

（ⅰ）AからCに行く最短経路について

右に4つ、上に2つ（順番は考慮しない）なので、$6! \div (2!4!) = 15$通り

（ⅱ）CからBに行く最短経路について

右に2つ、上に2つなので、$4! \div (2!2!) = 6$通り

求める行き方はこれの組み合わせなので、$15 \times 6 = 90$通りである。

❷【正解】C

1問目と同じようにAからDまでとDからBまでを個別に考えてから組み合わせて求める。

（ⅰ）AからDに行く最短経路について$3! \div (1!2!) = 3$通り

（ⅱ）DからBに行く最短経路について$7! \div (3!4!) = 35$通り

よって、求める経路の数は$3 \times 35 = 105$通り。

❸【正解】C

AからBに向けて右上に最短経路で進んでいくので、通る順番はA、D、C、Bである。

AからDまで、DからCまで、CからBまでの3区間に分けて考えた後に組み合わせて求めると良い。

（ⅰ）AからDにいく最短経路について$3! \div 2! = 3$通り

（ⅱ）DからCに行く最短経路について$3! \div 2! = 3$通り

（ⅲ）CからBに行く最短経路について$4! \div (2!2!) = 6$通り

よって、求める経路の数は$3 \times 3 \times 6 = 54$通りである。

問題2

❶【正解】D

ある場所を通らない経路の数を求める場合は、直接数えていくのではなく全体から通る経路を引いて求めるのが良い。

Cを通るためにはCのすぐ左の交差点とCのすぐ右の交差点の2箇所を通る必要がある。

Cのすぐ左の交差点へ行く経路は1通り。

Cのすぐ右の交差点からBへ行く経路は右に3つ、上に2つなので$5! \div (2!3!) = 10$通りである。

これより、Cを通りながらAからBまで行く最短経路は1×10＝10通りである。

これをAからBへ行くすべての最短経路である、7!÷(4!3!)＝35通りから引けば求まるので求める数は35−10＝25通りである。

❷【正解】B

1問目と同様に考えて、AからBへ行くすべての最短経路から、Dを通ってAからBへ行く経路を引けば良い。

AからDを通ってBへ行く経路は、AからDまでとDからBまでを個別に考えた後に組み合わせて考えて、{5!÷(3!2!)}×2!＝20通り

よって、求める数は 35−20＝15通りである。

❸【正解】A

CもDも通らない経路の数を求めるためには、すべての場合からCまたはDを通る場合を引いて求める。

Cを通る場合は❶より10通り、Dを通る場合は❷より20通りである。しかし、この2つはCもDも通る場合が重複して数えられているので、その場合を除外して考える必要がある。

AからCとDを通ってBに行く場合の数は1×3×2＝6通りなので、CまたはDを通る場合はCを通る場合とDを通る場合の和からこれを引いて10＋20−6＝24通り。

さらにこれをAからBへ行くすべての経路から引いて求める答えは35−24＝11通りである。

問題3

❶【正解】D

縦に5つ、横に6つ移動する必要があるので、
11!÷(5!6!)＝11×10×9×8×7／(5×4×3×2)＝462通り。

❷【正解】E

AからCまで行き、CからBまで行く。
（ⅰ）AからCへ行く最短経路は4!÷(2!2!)＝6通り
（ⅱ）CからBへ行く最短経路は7!÷(3!4!)＝35通り
よって、求める数は6×35＝210通り。

❸【正解】C

Cと×のついている所の両方を通る最短経路を、Cを通る最短経路から引けば良い。
Cと×の両方を通る行き方は
{4!÷(2!2!)}×1×1×{5!÷(2!3!)}＝60通り
これを❷で求めた数から引けば良いので、
210−60＝150通りが答えである。

問題4

❶【正解】B

上へ5つと右へ6つの同じものを含む順列なので、11!÷(6!5!)＝462通りが正解。

❷【正解】B

AからPとPからBを個別に考えた後に組み合わせる。
（ⅰ）AからPについて5!÷(2!3!)＝10通り
（ⅱ）PからBについて6!÷(2!4!)＝15通り
よって、求める数は10×15＝150通りである。

❸【正解】E

「AからPへ行く」、「PからQへ行く」、「QからBへ行く」の3つを個別に考えて組み合わせる。
（ⅰ）AからPについて5!÷(2!3!)＝10通り
（ⅱ）PからQについて3!÷2!＝3通り
（ⅲ）QからBについて3!÷2!＝3通り
よって、求める数は10×3×3＝90通りである。

❹【正解】C
AからBへ行く最短経路の総数からP、Qを通る経路の数を引いて求める。
（ⅰ）Pを通る経路の数は❷より、150通り
（ⅱ）Qを通る経路の数は❷のようにAからQまでとQからBまでを分けて考えて組み合わせると、
{8!÷(4!4!)}×{3!÷2!}＝210通り
これらの和をAからBへ向かう総数から引けば良いが、この中にはPもQも通る経路が重複してしまっているのでその分を引かなければならない。
PもQも通る経路の数は{5!÷(2!3!)}×{3!÷2!}×{3!÷2!}＝90通り
よって、求める数は462－(150＋210－90)＝192通り。

31 確率（場合の数）▶本冊P170～P173　　　　　　　　　　　学習日　　／

問題1　【正解】C
8の倍数となるのは、1～9のうち3つの数の和が8、16、24(9＋8＋7より)のいずれかになる場合である。それぞれの8の倍数となる3つの数の組み合わせは、
8：(1,2,5)、(1,3,4)
16：(1,6,9)、(2,5,9)、(3,4,9)、(1,7,8)、(2,6,8)、(3,5,8)、(3,6,7)、(4,5,7)
24：(7,8,9)
の11通りである。ここで、9つのボールから3つ取り出す方法は、$_9C_3$＝84通り。したがって、求める確率は、11／84。

問題2　【正解】C
12個のぬいぐるみから5個を選ぶ方法は、$_{12}C_5$＝792通り。
次に、うさぎのぬいぐるみ2個、きりんのぬいぐるみ2個、ぞうのぬいぐるみ1個を取り出す方法を考える。
うさぎのぬいぐるみは4個あるので2個選ぶ方法は、$_4C_2$＝6通り。同様に、きりんのぬいぐるみ2個を取り出す方法は$_6C_2$＝15通り。ぞうのぬいぐるみ1個を選ぶ方法は$_2C_1$＝2通り。したがって、求める確率は、$_4C_2$×$_6C_2$×$_2C_1$／$_{12}C_5$＝6×15×2／792＝5／22。

問題3
❶【正解】B
片方の目だけが5になる場合を〇、それ以外を×として図に表すと以下のようになる。

	1	2	3	4	5	6
1	×	×	×	×	〇	×
2	×	×	×	×	〇	×
3	×	×	×	×	〇	×
4	×	×	×	×	〇	×
5	〇	〇	〇	〇	×	〇
6	×	×	×	×	〇	×

よって、10／36＝5／18。

❷【正解】A

少なくとも1つのサイコロの目が5になるのは、「5と5以外」、「5以外と5」、「5と5」の3つの場合である。これらの場合を〇、それ以外を×として図に表すと次のようになる。

	1	2	3	4	5	6
1	×	×	×	×	○	×
2	×	×	×	×	○	×
3	×	×	×	×	○	×
4	×	×	×	×	○	×
5	○	○	○	○	○	○
6	×	×	×	×	○	×

したがって、求める確率は、11／36。

問題4 【正解】C

4回投げて表が1回、裏が3回出るすべての並び方は$_4C_1 = 4$通りある。

表が出る確率は2／3で1回、裏が出る確率は1／3で3回なので、$(2／3)^1 \times (1／3)^3 = 2／81$。

コインの出方は全部で4通りあるので、4×2／81＝8／81。

問題5

❶【正解】C

くじ引きの問題では、誰でも当たる確率は等しく与えられている。これを「くじ引きの公平性」という。2番目の人という問題だが、1番目の人でも同じ確率になる。8本の中で当たりが2本なので、2／8＝1／4。

（別解）

1番目の人が当たりを引く確率は2／8、そのとき、2番目の人が当たりを引く確率は1／7。ともに起こる確率は、2／8×1／7＝2／56。

1番目の人が当たりを引かない確率は6／8、そのとき2番目の人が当たりを引く確率は2／7。ともに起こる確率は、6／8×2／7＝12／56。

これらを足し合わせて、2／56 + 12／56 = 14／56 = 1／4。

❷【正解】E

「くじ引きの公平性」より、2／8×1／7 = 1／28。

問題6

❶【正解】C

12個の中から、4個選ぶ組み合わせの数は$_{12}C_4 = 495$通り。

ドーナツ6個から4個を選ぶ組み合わせは、$_6C_4 = 15$通り。

したがって、求める確率は、15／495 = 1／33。

（別解）

12個中、4個が連続してドーナツなので、

6／12×5／11×4／10×3／9 = 1／33。

❷【正解】D

ドーナツなら箱に戻し、ケーキなら戻さないので、6／12×6／11×5／11 = 15／121。

問題7 【正解】C

8人から2人を選ぶ組み合わせの数は、$_8C_2 = 28$通りある。

リーダーが男女1人ずつになるのは、男性5人から1人と女性3人から1人を選ぶ方法なので、$_5C_1 \times _3C_1 = 15$通り。したがって、求める確率は、15／28。

問題8 【正解】D

　2つのサイコロの出目は6×6＝36通り。

　和が7になる場合は(1,6)、(6,1)、(2,5)、(5,2)、(3,4)、(4,3)の6通り。

　したがって、求める確率は、6／36＝1／6。

問題9

❶【正解】B

　Qが右端になる確率は1／4。同時にRが左端になる確率は1／3。QとRが左右入れ替わる場合もあるので、QとRが両端になる確率は2倍して、1／4×1／3×2＝1／6。

❷【正解】A

　「余事象」を使う。

　PとTの間に1つも空きがない場合の確率を、「すべての確率1」から引く。

　PとTが隣同士のとき、1つも空きがないので、PTをワンセットとしたときの並び方は全部で3!＝6通り。PTの並び方はPT、TPの2通りあるので、6×2＝12通り。

　4枚のカードの全ての並び方は、4!＝24通りなので、求める確率は、1−12／24＝1／2。

　（別解）

　PとTの間が2つ空く並び方は次の2通り。

　POOT／TOOP

　PとTの間が1つ空く並び方は次の4通り。

　POTO／TOPO／OPOT／OTOP

　よって、PとTの間が1つ以上空く並び方は全部で6通り。

　2つの〇に入るQとRの並び方は2通りずつあるため、6×2＝12通り。

　4枚のカードの全ての並び方は4!＝24通りなので、求める確率は、12／24＝1／2。

問題10 【正解】D

　2回振るので、サイコロの目の出方は全部で6×6＝36通り。2回で4つ目の位置へとコマが進む目の出方は、(3→4)、(2→2)の2通り。

　したがって、求める確率は、2／36＝1／18。

問題11 【正解】D

　2回振るので、サイコロの目の出方は全部で6×6＝36通り。2回で6つ目の位置へとコマが進む目の出方は、(1→5)、(5→1)、(2→4)、(4→2)、(3→6)の5通り。

　したがって、求める確率は、5／36。

問題12 【正解】C

　菓子2個の組み合わせは、PX、PY、QX、QYの4通り。PもXも入っていない袋はQYのみ。

　Qの入っている確率は、30／100＝3／10。

　Yの入っている確率は、80／100＝4／5。

　QYをもらう確率は、3／10×4／5＝12／50＝6／25。

問題13 【正解】C

　12個から3個を取り出すので、${}_{12}C_3 = 220$通り。

　黄玉4個から3個なので、${}_4C_3 = 4$通り。

　したがって、求める確率は、4／220＝1／55。

問題14 【正解】A

　12本から3本を引くすべての組み合わせの数は${}_{12}C_3 = 220$通り。

　5人用テント(5本)から3本を引く組み合わせは${}_5C_3 = 10$通り。

したがって、求める確率は、10／220＝1／22。

問題15 【正解】D
2枚で10,000円になるのは、五千円札を2枚取り出したときのみ。
最初に五千円札を取り出す確率は2／6、そのとき2回目で五千円札を取り出す確率は1／5。
これらを掛け合わせて、2／6×1／5＝1／15。

問題16 【正解】C
3枚で600円になる硬貨の組み合わせは、五百円玉が1枚、五十円玉が2枚出たときである。
8枚の硬貨から3枚を取り出すすべての組み合わせは、$_8C_3＝56$通り。
五百円玉を1枚取り出す方法は、$_2C_1＝2$通り。五十円玉を2枚取り出す方法は$_2C_2＝1$通り。
したがって、求める確率は、2／56＝1／28。

問題17
❶【正解】E
3つの数のうち、すべてが奇数である場合に出た目の積は奇数になる。
したがって、求める確率は、1／2×1／2×1／2＝1／8。

❷【正解】A
出た目の和が偶数になるのは、
（ⅰ）偶数＋偶数＋偶数の場合
（ⅱ）偶数＋奇数＋奇数の場合
がある。3つの数がすべて偶数になる確率は、1／2×1／2×1／2＝1／8。
偶数＋奇数＋奇数となるのは、偶数になるのが大、中、小の3通りの場合があるので、1／2×1／2×1／2×3＝3／8。
したがって、求める確率は1／8＋3／8＝1／2。

問題18
❶【正解】D
1〜4の4枚のうちで3が2番目になる確率は1／4、残り3枚から4が3番目になる確率は1／3。
したがって、求める確率は、1／4×1／3＝1／12。

❷【正解】C
1〜4の数字で作ることができる4桁の数は、数字を4つ並べる順列なので$_4P_4＝4×3×2×1＝24$通り。
したがって、同じ順番になる確率は、1／24。

問題19
❶【正解】D
5枚から2枚を引く組み合わせの数は、$_5C_2＝10$通り。
このうち、1と2の組み合わせを引く方法は1通りなので求める確率は、1／10。

❷【正解】C
1枚目（十の位）が4になる確率も、2枚目（一の位）が4になる確率も同じなので、1枚目が4になる確率を考えて、1／5。

❸【正解】D
1枚目が奇数である確率は3／5、奇数のときは袋に戻さないので4枚が残る。2枚目が偶数である確率は2／4。
したがって、求める確率は、3／5×2／4＝3／10。

問題1 【正解】E

「Pだけが当たる」場合と「Qだけが当たる」場合の2通りある。ここではくじを引く順番が決まっているため、そこを考慮しながらそれぞれについて確率を出し、足し合わせると解答が導ける。

「Pだけが当たる」確率は$2／6×4／5＝8／30＝4／15$

「Qだけが当たる」確率は$4／6×2／5＝8／30＝4／15$

求める確率は、$4／15＋4／15＝8／15$。

問題2 【正解】D

玉は全部で16個、色の種類は3つある。A,Bが同じ色の玉を取り出す確率をそれぞれ求め、足し合わせると解答が導ける。

（ⅰ）「A,Bが赤色のボールを取り出す」確率は$8／16×7／15＝56／240$

（ⅱ）「A,Bが青色のボールを取り出す」確率は$5／16×4／15＝20／240$

（ⅲ）「A,Bが白色のボールを取り出す」確率は$3／16×2／15＝6／240$

よって、求める確率は、$56／240＋20／240＋6／240＝82／240＝41／120$。

問題3 【正解】E

2回以上連続で勝つ方法は、「3試合全部」「1試合目と2試合目のみ」「2試合目と3試合目のみ」の3通り。AがB、Cに勝つ確率はそれぞれ2／3、1／3なので、最初にどちらと対戦するかで場合分けをすると、次のようになる。

（ⅰ）BCB…○○○　$2／3×1／3×2／3＝4／27$

（ⅱ）BCB…○○×　$2／3×1／3×1／3＝2／27$

（ⅲ）BCB…×○○　$1／3×1／3×2／3＝2／27$

Bと最初に対戦した場合、Aが2回以上連続で勝つ確率は$4／27＋2／27＋2／27＝8／27$。

同様にCと最初に対戦した場合も考えると、

（ⅳ）CBC…○○○　$1／3×2／3×1／3＝2／27$

（ⅴ）CBC…○○×　$1／3×2／3×2／3＝4／27$

（ⅵ）CBC…×○○　$2／3×2／3×1／3＝4／27$

Cと最初に対戦した場合、Aが2回以上連続で勝つ確率は$2／27＋4／27＋4／27＝10／27$。

よって、最初にCと対戦した方が勝つ確率は高く、その確率は10／27となる。

問題4 【正解】C

2回以上連続で勝つ方法は、「3試合全部」「1試合目と2試合目のみ」「2試合目と3試合目のみ」の3通り。AがB、Cに勝つ確率はそれぞれ2／7、3／7なので、最初にどちらと対戦するかで場合分けをすると、次のようになる。

（ⅰ）BCB…○○○　$2／7×3／7×2／7＝12／343$

（ⅱ）BCB…○○×　$2／7×3／7×5／7＝30／343$

（ⅲ）BCB…×○○　$5／7×3／7×2／7＝30／343$

Bと最初に対戦した場合、Aが2回以上連続で勝つ確率は$12／343＋30／343＋30／343＝72／343$。

同様にCと最初に対戦した場合も考えると、

（ⅳ）CBC…○○○　$3／7×2／7×3／7＝18／343$

（ⅴ）CBC…○○×　$3／7×2／7×4／7＝24／343$

（ⅵ）CBC…×○○　$4／7×2／7×3／7＝24／343$

Cと最初に対戦した場合、Aが2回以上連続で勝つ確率は$18／343＋24／343＋24／343＝66／343$。

よって、最初にBと対戦した方が勝つ確率は高く、その確率は72／343となる。

問題5 【正解】E

12人から3人を選ぶ組み合わせの数は$_{12}C_3 = 220$通りある。

選んだ3人のうち、女性が2人以上になるのは「①男性1人、女性2人」または「②女性3人」のいずれかである。これら2つの場合の確率の和を求める。

①男性3人から1人を、女性9人から2人を選ぶ組み合わせの数は、$_3C_1 \times _9C_2 = 108$通り。

②女性9人から3人を選ぶ組み合わせの数は、$_9C_3 = 84$通り。

①＋②をすると、$108 + 84 = 192$。したがって、求める確率は$192／220 = 48／55$。

問題6

①【正解】C

1〜6のサイコロの目で偶数が出る確率は、$3／6 = 1／2$、奇数が出る確率も$3／6 = 1／2$。

求める確率の事象は、サイコロの目が「偶数で箱Xから赤玉が出る」か「奇数で箱Yから赤玉が出る」のいずれかである。この2つの場合の確率の和を求める。

$1／2 × 4／8 + 1／2 × 5／8 = 4／16 + 5／16 = 9／16$。

②【正解】D

サイコロを2回振って、少なくとも1回は白玉が出る確率は、「すべての確率1」から2回とも赤玉が出る確率を引いたもの。1回振って赤玉が出る確率は、❶より$9／16$。2回目に赤玉が出る確率も同じく$9／16$。2回とも赤玉が出る確率は、$9／16 × 9／16 = 81／256$。

したがって、サイコロを2回振って少なくとも1回は白玉が出る確率は$1 - 81／256 = 175／256$。

問題7

①【正解】D

QとSが当たりを引くということは、他に当たりを引いた人がいないという事である。

したがって、「くじの公平性」より、求める確率は$2／8 × 1／7 = 2／56 = 1／28$。

②【正解】D

くじを引く5人の確率は同じ。

1人が当たりを引き、1人がはずれを引く確率は$2／8 × 6／7 = 12／56 = 3／14$。

Pが当たりの場合と、Rが当たりの場合を足して$3／14 + 3／14 = 3／7$。

問題8

①【正解】A

表が出る確率は、Pが0.30、Qが0.40。

したがって、求める確率は、$0.30 × 0.40 = 0.12$。

②【正解】A

1回だけ表が出るのは、投げた順に「表・裏」または「裏・表」のいずれかである。

この2つの場合の確率の和を求める。$0.40 × 0.60 + 0.60 × 0.40 = 0.48$。

問題9 【正解】C

求める確率は、白玉が「少なくとも1個」含まれている確率なので、「すべての確率1」から「白玉が0個の確率」を引くことで素早く求められる。白玉が0個のとき、取り出した3個の玉はすべて赤玉であり、その確率は$2／5 × 2／5 × 2／5 = 8／125$。

すべての確率1からこれを引くと、求める確率は$1 - 8／125 = 117／125$。

問題10

①【正解】D

サッカーボールの確率は$3／4$でそのうちの10％が当たりなので、求める確率は$3／4 × 1／10 =$

3／40。

❷【正解】C
　1個目が当たるのは、「サッカーボールもしくは野球ボールが当たり」のとき。
　3／4×1／10＋1／4×2／10＝3／40＋2／40＝5／40＝1／8。
　2個目も当たるのは、1／8×1／8＝1／64。

問題11 【正解】C
　求める確率は、白玉が「少なくとも2個」含まれている確率なので、「白玉が3個の確率」と「白玉が2個の確率」の和で求められる。
　白玉が3個の確率は、1／3×1／3×1／3＝1／27。
　白玉が2個のとき、黒玉は1個で、黒玉が出る袋は3通りあるので、1／3×1／3×2／3×3＝6／27。
　以上より、求める確率は1／27＋6／27＝7／27。

問題12 【正解】A
　25本から2本を選ぶ組み合わせの数は、$_{25}C_2$＝300通り。
　当たりくじが1本のみ含まれているとき、当たりくじとはずれくじを1本ずつ引くので$_4C_1×_{21}C_1$＝84通り。
　したがって、求める確率は84／300＝7／25。

問題13
❶【正解】E
　何番目に取り出しても、白玉が出る確率は同じなので3／5×2／4×1／3＝1／10。
　（別解）
　5個を順番に取り出すとき、3個の白玉を取り出す順番3か所を決めれば、残り2か所は赤玉に決まる。
　したがって、すべての順番のパターンは、$_5C_3$＝10通り。1番目と3番目と5番目が白玉になるパターンは、そのうち1通りだけなので、1／10。

❷【正解】E
　最初から「赤白赤白」となるのは、すべての順番のパターン10通りのうち1通りなので、1／10。

❸【正解】C
　白玉が3個連続するのは、「白白白赤赤」「赤白白白赤」「赤赤白白白」の3パターン。
　すべての順番のパターンは10通りなので、求める確率は3／10。

問題14
❶【正解】C
　白玉の確率は5／9でそのうちの20％が当たりなので、5／9×2／10＝10／90。
　黒玉の確率は4／9でそのうちの50％が当たりなので、4／9×5／10＝20／90。
　当たりの玉のうち、白玉：黒玉の比率は10：20＝1：2。

❷【正解】B
　白：黒＝5：4なので、白5個：当たり1、はずれ4、黒4個：当たり2、はずれ2と仮定する。全部で9個のうち、はずれは6個なので、6／9＝2／3の確率で出る。
　3回連続してはずれを引く確率は2／3×2／3×2／3＝8／27。

❸【正解】D
　2回のうち、少なくとも1回白玉の当たりが出る確率は、「すべての確率1」から「2回とも『白玉

の当たり』でない」確率を引けばよい。

「白玉の当たり」が出る確率は❶より1／9。よって「白玉の当たり」でない確率は、1−1／9＝8／9。

以上より、求める確率は1−（8／9×8／9）＝1−64／81＝17／81。

問題15

❶【正解】B

白玉の確率は5／7でそのうちの40％が当たりなので、5／7×4／10＝20／70＝2／7。

❷【正解】C

前問より、白玉で当たりである確率は2／7。

黒玉の確率は2／7でそのうちの50％が当たりなので、2／7×1／2＝1／7。

求める確率は2／7＋1／7＝3／7。

❸【正解】D

1個目の玉を取り出したときと2個目の玉を取り出したときとで、白玉と黒玉の比率はほぼ変わらない（無視できるほど小さな変化である）といっているので、この問題は「1個目に取り出した玉を箱に戻し、その後2個目の玉を取り出す」問題と同義である。

「玉を1個取り出し、それがはずれである確率」は問2の余事象であるから、

1−3／7＝4／7

これを2回行うので、

4／7×4／7＝16／49

問題16　【正解】A

10個の商品の並べ方は10!通りある。2個ある不良品の1個が6番目にあるケースは2通り。7〜10番目にはもう一方の不良品が入らないことに着目すると、7〜10番目には良品8個から4個を選んで並べることになる。残った商品を1〜5番目に並べればよいので、求める確率は（2×$_8P_4$×5!）／10!＝1／9。

33　独立試行　▶本冊P182〜P185

学習日　　　／

問題1　【正解】C

以下のように、起こる事象をそれぞれA、B、Cとする。

A 正の向きへ1動く

B 負の向きへ1動く

C 動かない

このとき、A、B、Cが起こる確率はそれぞれ1／3である。サイコロを3回投げたとき、点Pが原点で止まるのは、

①A、B、Cが各1回ずつ

②3回ともC

となる2通りの場合である。

①となるのは、3!／3^3＝2／9

②となるのは、1／3^3＝1／27

したがって、求める確率は2／9＋1／27＝7／27。

問題2　【正解】D

5人目で終了となるので、4人目までで2人当たって2人はずれ、5人目が当たる確率である。

4人目までで2人当たって2人はずれ、5人目が当たるのは、$_4C_2$＝6通りあり、このそれぞれに対して、3×2×1×7×6／（10×9×8×7×6）＝1／120の確率がある。

したがって、求める確率は1／120×6＝1／20。

問題3 【正解】B

以下のように、起こる事象をそれぞれA、B、Cとする。

A 正の向きへ1動く

B 負の向きへ1動く

C 動かない

このとき、A、B、Cが起こる確率はそれぞれ1／3である。

サイコロを3回投げたとき、点Pが−1の点で止まるのは、

①Aが1回、Bが2回

②Bが1回、Cが2回

となる2通りの場合である。

①となるのは、$_3C_1 \times 1/3 \times (1/3)^2 = 1/9$

②となるのは、$_3C_1 \times 1/3 \times (1/3)^2 = 1/9$

したがって、求める確率は1／9＋1／9＝2／9。

問題4 【正解】B

Pが大吉、Qが小吉を引く確率は1／10×1／6＝1／60

逆の確率も同じになるので、1／60

したがって、求める確率は1／60＋1／60＝1／30。

問題5 【正解】A

Pが3を出して勝つときQは1または2を出すので、その確率は1／6×2／6＝2／36（ここではあえて約分しない）。

Pが4を出して勝つとき、同様に考えて、1／6×3／6＝3／36

Pが5を出して勝つとき、同様に考えて、1／6×4／6＝4／36

Pが6を出して勝つとき、同様に考えて、1／6×5／6＝5／36

したがって、求める確率は2／36＋3／36＋4／36＋5／36＝14／36＝7／18。

問題6 【正解】D

A、B、Cの3人が的に当てない確率はそれぞれ9／10,10／11,11／12である。

よって、3人とも的にボールが当たらない確率は9／10×10／11×11／12＝3／4

少なくとも1人が的に当てる確率はこの事象の余事象なので、求める確率は1−3／4＝1／4。

問題7 【正解】C

じゃんけんであいこになる確率は1／3で、あいこにならない確率は2／3である。

4回目のじゃんけんでゲームが終わるので、1〜3回で1回あいこになり、4回目で2回目のあいこになる確率を求めれば良い。

1〜3回で1回あいこになる確率は、あいこの事象をX、それ以外の事象をYとして（1回目,2回目,3回目）を表すと

（X,Y,Y）、（Y,X,Y）、（Y,Y,X）の3通りである。<$_3C_1 = 3$>

これらそれぞれに対する確率は1／3×2／3×2／3＝4／27であるので4／27×3＝4／9。

したがって、求める確率は4／9×1／3＝4／27。

問題8 【正解】A

サイコロを5回投げた時に点Pが1にいるのは正の向きに4進み、負の向きに3進んだときである。

よって、サイコロを5回投げ、奇数が2回、偶数が3回出る確率を求めれば良い。

奇数と偶数の出方は

(奇,奇,偶,偶,偶)(奇,偶,奇,偶,偶)(奇,偶,偶,奇,偶)(奇,偶,偶,偶,奇)(偶,奇,奇,偶,偶)

(偶,奇,偶,奇,偶)(偶,奇,偶,偶,奇)(偶,偶,奇,奇,偶)(偶,偶,奇,偶,奇)(偶,偶,偶,奇,奇)

の10通り。<$_5C_2 = 10$>

奇数が出る確率と偶数が出る確率はともに1／2なので、ある1通りの出方が起こる確率は1／2×1／2×1／2×1／2×1／2＝1／32

したがって、求める確率は1／32×10＝5／16。

問題9 【正解】C

袋Aから赤玉2個、袋Bから赤玉を1個取り出す確率は$_4C_2／_6C_2×5／8＝1／4$

袋Aから青玉2個、袋Bから青玉を1個取り出す確率は$1／_6C_2×3／8＝1／40$

したがって、求める確率は1／4＋1／40＝11／40。

問題10 【正解】B

6人目で終了となるので、5人目までで3人当たって2人はずれ、6人目が当たる確率である。

5人目までで3人当たって2人はずれ、6人目が当たるのは、$_5C_3＝10$通りあり、このそれぞれに対して、4×3×2×7×6／（11×10×9×8×7×6）＝1／330の確率がある。

したがって、求める確率は1／330×10＝1／33。

問題11 【正解】A

以下のように、起こる事象をそれぞれA、Bとする。

A：正の向きへ1動く

B：負の向きへ2動く

このとき、1～6の数字のうち素数は2、3、5であるから、A、Bが起こる確率はそれぞれ1／2である。

サイコロを3回投げたとき、点Pが原点で止まるのは、

（A,A,B）、（A,B,A）、（B,A,A）の3通り。

したがって、求める確率は1／2×1／2×1／2×3＝3／8。

問題12 【正解】B

Aが大吉、Bが小吉を引く確率は1／11×1／8＝1／88

逆の確率も同じになるので、求める確率は1／88＋1／88＝1／44。

問題13 【正解】B

A、B、Cの3人の大吉、中吉、小吉の引き方は、（A、B、C）の順で、

（大、中、小）、（大、小、中）、（中、大、小）、（中、小、大）、（小、大、中）、（小、中、大）の6通り。

したがって、求める確率は1／12×1／10×1／7×6＝1／140。

問題14 【正解】B

Pが3以上の差で勝つ場合は、（P,Q）＝(6,1),(6,2),(6,3),(5,1),(5,2),(4,1)の6通り。

全事象は6×6＝36なので、求める確率は6／36＝1／6。

問題15

❶【正解】B

A、Cが的に当てない確率はそれぞれ2／5、3／8であるので、求める確率は3／7×2／5×3／8＝9／140。

❷【正解】C

AとBの2人だけが的に当てる確率は3／5×3／7×3／8＝27／280

BとCの2人だけが的に当てる確率は2／5×3／7×5／8＝30／280

したがって、27／280＋30／280＝57／280。

問題16 【正解】D

袋Aから赤玉2個、袋Bから赤玉を1個取り出す確率は$_5C_2／_9C_2×2／8＝5／72$

袋Aから青玉2個、袋Bから青玉を1個取り出す確率は$_4C_2／_9C_2×6／8＝1／8$

したがって、求める確率は$5／72＋1／8＝7／36$。

問題17 【正解】A

袋Aから赤玉3個、袋Bから赤玉2個取り出す確率は$_7C_3／_{10}C_3×_6C_2／_{10}C_2＝7／72$

袋Aから青玉3個、袋Bから青玉2個取り出す確率は$_3C_3／_{10}C_3×_4C_2／_{10}C_2＝1／900$

したがって、求める確率は$7／72＋1／900＝59／600$。

問題18 【正解】D

4回シュートをするとき、2回以上ゴールが決まるという事象は、0回または1回だけゴールが決まるという事象の余事象である。

0回決まる確率は$(2／5)^4＝16／625$

1回決まる確率は$_4C_1×(2／5)^3×3／5＝96／625$

したがって、求める確率は$1－16／625－96／625＝513／625$。

問題19 【正解】B

4回シュートをするとき、3回ゴールを決める確率は$_4C_1×(1／4)^3×3／4＝3／64$

4回シュートをするとき、4回ゴールを決める確率は$(1／4)^4＝1／256$

したがって、求める確率は$3／64＋1／256＝13／256$。

問題20

❶【正解】B

カードを1枚取り出すとき、番号が6以上である確率は$3／8$。

したがって、求める確率は$(3／8)^4＝81／4096$。

❷【正解】D

最小値が6であるという事象は、言い換えればすべて6以上という事象から、すべて7以上という事象を除いたものである。カードを1枚取り出すとき番号が7以上である確率は$2／8$。

したがって、求める確率は$81／4096－(2／8)^4＝(81－16)／4096＝65／4096$。

問題21 【正解】D

キーパーが止めることができる確率は$1／3$、ゴールされる確率は$2／3$である。2回キーパーが止めることができる組み合わせは$_5C_2＝10$通りであるから、求める確率は$10×(1／3)^2×(2／3)^3＝80／243$。

問題22 【正解】C

少なくとも一対が揃うに対する余事象である、一対も揃わない確率を1から引けばよい。全体の場合の数は10足から4足を選ぶから$_{10}C_4＝210$通り。一対も揃わない場合の数は、A～Eの5種類から4種類、左右どちらかのそれぞれ2種類あるから$_5C_4×2^4＝80$通り。$1－80／210＝13／21$

問題23 【正解】B

求める確率は、「陽性と判定」かつ「実際に陽性」である確率である。このような確率を条件付き確率といい、（陽性と判定される確率かつ実際に陽性である確率）／（陽性と判定される確率）で求めることができる。陽性と判定される確率が①真陽性＋②偽陽性で表されるので、

①真陽性

かかっている確率×陽性判定率＝$(5／100)×(90／100)＝9／200$

②偽陽性

かかっていない確率×陽性判定率＝（95／100）×（2／100）＝38／2000
①＋②より、陽性と判定される確率＝9／200＋38／2000＝8／125。

以上より、求める確率＝真陽性率／陽性判定率＝（9／200）／（8／125）＝45／64。

01　順序関係❶（順番）　▶本冊P188～P189　　　　　　　　　学習日　　／

問題1　【正解】B

順番を固定できる組み合わせから考えていく。

ア：VはYの次であることから、YV（固定）

イ：XはWの次の次だが最後ではないため、W○X○（固定）

アとイを組み合わせると、W○XYVのみ条件を満たす。したがって、Zは2番目。

問題2　【正解】B

左から1位→5位の順番でメモをする。

Ⅰ：Pは5人中3位なので、○○P○○

Ⅱ：QがSとTの平均なので、QはSとTの間になる。○QP○○または○○PQ○

Ⅲ：SはQよりも早くゴールしたので、Ⅱと合わせるとS→Q→Tの順番が確定する。また、Sは1位
　　ではないので○SPQT

残った1位にはRが当てはまり、RSPQTが答えとなる。

問題3　【正解】A,C

順番を固定できる組み合わせから考えていく。

Ⅰ：PはSの次にスピーチをすることから、SP（固定）

Ⅲ：RはQよりあとにスピーチをするので、Q→R

Ⅱ：QとSは続けてスピーチをしないことから、QSPRではない

以上より、QRSPまたはSPQRとなりQのスピーチは1番目か3番目である。

問題4　【正解】B,C,E

左から1位→5位の順番でメモをする。

Ⅰ：Tは1位なので、T○○○○。

Ⅱ：QがPとSの平均なので、QはPとSの間になる。T○Q○○またはT○○Q○

Ⅲ：RはQよりも早くゴールしたので、R→Q。TRQPSとTRQSPの場合、Ⅱの条件を満たさない。

以上より、TPRQSまたはTSRQPまたはTRSQPまたはTRPQSとなる。Pの順位は2番目と3番目と5
番目。

問題5　【正解】B

時計塔の時刻を基準に、正しい到着時刻と各人の時計のズレを整理する。

B：4時2分に到着しており、時計は5分進んでいる。

C：3時56分に到着しており、時計は4分進んでいる。

A：Cの時計で4時5分に到着しており、正しい到着時刻は4時1分。時計は6分遅れている。

D：4時ちょうどに到着している。時計は3分遅れている。

以上を踏まえると、確実に言えるのはB。

問題6　【正解】C

ア、イの条件を整理する。アより、AとBの模擬店の関係はA○○BまたはB○○A。イより、校庭
側から見てE＞A＞Cと並ぶはずなので、この時点でEA○○Bが確定する。残る条件で、CとDの関係
が確定すればよい。ここで選択肢を確認する。

A：既に判明している。不適。

B：既に判明している。不適。

C：これより、校庭側から見てEACDBの順であることが確定する。
D：既に判明している。不適。
以上より、Cが正解。

02 順序関係 ❷（差）▶本冊P192～P195

学習日　　／

問題1【正解】E
左から年齢が高い→低い順にメモする。
Ⅰ　AとBは3歳差…A○○B、B○○Aの2通り
Ⅱ　BはCより2歳上…条件Ⅰと合わせると、①A○○B○C、②B○CAの2通り
Ⅲ　CとDは1歳差…Cと1歳差の位置にDを記入するが、AとBやBとCの年齢差、同じ歳の人がい
　　ないことを考慮すると、考えられるDの位置は3通りあるので、D_1～D_3と記入する。①A○○
　　BD_1CD_2、②BD_3CA
Ⅳ　DはAと2歳差…上記①②のうち、DとAの年齢差が2歳であるのはD＝D_3のときで
　　4人の年齢順はBDCA。
したがって、Aは21歳なので、Cはその1歳上の22歳である。

問題2【正解】C
Ⅰ　X社の売上はZ社より多い…X＞Z
Ⅱ　3社の中で売上が最も少ないのはY社ではない…Yは1位か2位のどちらか
条件ⅠとⅡより、考えられる3社の売り上げの順位はYXZまたはXYZのいずれかである。
したがって、選択肢Cが正解である。

問題3【正解】B,C
Ⅰ　X動物園の1日あたりの来場者数はY動物園の半分より多い…X＞Y／2（＝2X＞Y）
Ⅱ　Z動物園の1日あたりの来場者数は最も少なくない…Zは1番目か2番目に多い
Ⅲ　Y動物園の1日あたりの来場者数はZ動物園よりも多い…Y＞Z
条件により、Zは3番目にはならないためYが1番でZが2番であることがわかる。必然的にXは3番
目になる。Y＞Z＞X。
選択肢をみていくと、BとCが正解である。

問題4【正解】C
左から靴のサイズが大きい→小さい順にメモをする。
Ⅰ　PとRは2cm差…P○R、R○P
Ⅱ　PとSは2cm差…P○S、S○P
5人の靴のサイズは異なることから、条件ⅠとⅡより考えられる順番はS○P○RまたはR○P○Sの
いずれかである。
Ⅲ　QはRよりも大きい…Q＞R
これを満たす順番は、S○P○Rである。
Pは24cmでRはPより2cm小さいので、Rの靴のサイズは22cmである。

問題5【正解】C,D
はじめに、Rがゴールした時刻を特定する。
Ⅲより、S＝P＋10分　→Pは14:30
Ⅰより、P＝Q－8分　→Qは14:38
Ⅱより、Q＝R＋12分　→Rは14:26
以上より、14:26より早い時刻（14:25以前）が正解。

問題6【正解】C

I 最も体重が重いYと最も体重が軽い者とは14kg差…Y＞W、X、Z

II XとYは7kg差である…条件 I より、Y＞X

III WとXは7kg差である…YとX、XとWの体重の差はそれぞれ7kg。WはYと14kg差で最も体重が軽いと推測できる。よって、Y＞X＞W

IV ZはXより3kg重い…Z＞X

XはZより3kg軽く、Wより7kg重たいので、Y＞Z＞X＞W

同じ体重の人がいないとき、Zは体重が軽い方から数えて3番目である。

問題7 【正解】C,D

左から1位→4位の順にメモをする。

I Xは最も早くゴールした…Xは1位

II WはYよりも遅くゴールした…Y＞W

III YはZよりも早くゴールした…Y＞ZとW

あり得る順位は、XYWZ、XYZWの2通りである。

よって、Wの順位は3位か4位であるとわかる。

問題8 【正解】A,B,D

左から冊数が多い→少ない順にメモをする。

I WとXは3冊差…W○○X、X○○W

II XはYより1冊少ない…YX

条件 I と合わせると、W○YXとYX○○Wの2通りである。

III Yと4冊以上の差がある人はいない…YX○○Wは不適である。

あり得る並びは、ZW○YX、WZYX、W○YXZの3通りである。

問題9 【正解】D

左から住んでいる階が高い→低い順にメモをする。

I PはQの1階下・・・QP

II QはRより2階上・・・条件 I と合わせると、QPR

III Sは5人の中で最上階に住んでいる・・・S＞QPR

IV TはSの1階下・・・ST

条件IIIとIVを合わせると、STQPRとなる。

同じ階に住んでいる人がいないとき、Pの住む階は5人の中で高い方から数えて4番目である。

問題10 【正解】A

数量差を含み、平均が与えられているので数直線を利用する。

平均点を0とし、＋10点を＋1、－10点を－1と表記する。全点数を加算したとき0となる性質を利用する。このとき、Aは＋3、Eは－5である。IIより、BはEより20点以上高いからB≧－3、またIとIVよりB＜D＜CでAは＋3だから、Bは＋1以下。

BとCは30点差だが、仮にC＝B－3とすると、Cは－2以下で5人の総和が0にならない。したがってCはBより30点高い（C＝B＋3）。

ここまででBは－3～1までの可能性があり、A＋E＝－2から、B＋C＋D＝2（合計で0となる）。以上より、B＝－3～1までを順に代入し、B、C、Dの値を求める。

・B＝－3のとき、C＝0、D＝5

・B＝－2のとき、C＝1、D＝3

・B＝−1のとき、C＝2、D＝1
　B＝−1のとき、条件B＜D＜Aを満たしているので、値が確定。このとき、A＝3、E＝−5より、A
が正解。

問題11 【正解】C

　2番目に高い身長の人は184cmである、2番目の人とAとの身長差は16cmあるため、2番目に高い
人はB、D、Fのいずれでもない。したがってE。
　平均を0とおき、ここまでの相対値を計算すると、A、C、Eの3人で（−6）＋（＋10）＋（＋16）＝＋
20。よって残ったB、D、Fの3人で−20を作ればよい。Aが−6なので、取れる値ははB：（−8、−4）、
D：（−11、−1）、F（−7、−5）。これらで−20となるのはB＝−4、D＝−11、F＝−5のとき。
　以上より、（A, B, C, D, E, F）＝（168, 170, 190, 163, 184, 169）と判明する。

問題12 【正解】D

　条件を整理すると、以下のようになる。
　①A＋4.5＝最下位
　②|C−D|＝|C−E|＝1
　③A＋3＝B
　④|B−D|＝1.5
　これより、以下の2パターンが考えられる。
　（1）A→（2.5秒）→E→（0.5秒）→B→（0.5秒）→C→（1秒）→D
　（2）A→（3秒）→B→（0.5秒）→C→（1秒）→D・E
　したがって、このどちらか一方と断定できる条件を探せばよい。
　A：いずれのパターンにも合致しない。不適。
　B：どちらのパターンにも合致するため、断定できない。不適。
　C：どちらのパターンにも合致するため、断定できない。不適。
　D：パターン（2）に合致する条件である。
　以上より、Dが正解。

問題13 【正解】B

　ⅡとⅢの条件より、203号室にはCが住んでいることが確定する。するとアの条件より、Bが201
号室に住んでいることが確定する。

03 その他の順序関係 ▶本冊P199〜P201　　　　　　　　　学習日　　／

問題1 【正解】A,E

　A〜Cの発言を、正確な時刻を基準にしながら一つずつ整理していく。
　Aは、自分の時計が3分遅れていて9時57分に着いたと思ったとある。このことから、Aが着いた
ときのAの時計は、9時54分を示していたことになる。
　Bは、レストランの正確な時計で2分遅刻だったとある。このことから、Bは10時02分に到着した
ことがわかる。このとき、Aの時計は10時ちょうどを示していたとあるため、Aの時計は実際には2
分遅れていたとわかる。
　Cは、Bの6分前に到着したので、Cは9時56分に到着したことがわかる。このとき、Cの時計は10
時7分を示していたとあるため、Cの時計は実際には11分進んでいたとわかる。

A　まずAの到着時刻を考える。Aが到着したとき、2分遅れているAの時計で9時54分だったため、Aは9時56分に到着したとわかる。一方Cの時計は11分進んでいるため、AはCの時計で10時07分に到着した。…○

B　Bの到着時刻は10時02分。一方Cの時計は11分進んでいるため、BはCの時計で10時13分に到着した。…×

C　Cの到着時刻は9時56分。一方Aの時計は2分遅れているため、CはAの時計で9時54分に到着した。…×

D　Aは9時56分、Bは10時02分、Cは9時56分に到着した。したがって、3人の中ではBが最も遅く到着した。…×

E　Cの時計は11分進んでいる。…○

問題2 【正解】A,B

W〜Zの発言を、正確な時刻を基準にしながら一つずつ整理していく。

Wは、自分の時計が4分遅れていて10時23分に着いたと思ったとある。このことから、Wが着いたときのAの時計は、10時19分を示していたことになる。

Xは、会議室の正確な時計で2分早く到着したとある。このことから、Xは10時28分に到着したことが分かる。このとき、Wの時計は10時30分を示していたとあるため、Wの時計は実際には2分進んでいたとわかる。

Yは、会議室の正確な時計で3分早く到着したとある。このことから、Yは10時27分に到着したことが分かる。このとき、Xの時計は10時32分を示していたとあるため、Xの時計は5分進んでいたとわかる。

Zは、Yの7分前に到着したので、Zは10時20分に到着したことがわかる。このとき、Zの時計は10時28分を示していたとあるため、Zの時計は実際には8分進んでいたとわかる。

A　まずWの到着時刻を考える。Wが到着したとき、2分進んでいるWの時計で10時19分だったため、Wは10時17分に到着したとわかる。一方Xの時計は5分進んでいるため、WはXの時計で10時22分に到着した。…○

B　Xの到着時刻は10時28分。一方Zの時計は8分進んでいるため、XはZの時計で10時36分に到着した。…○

C　Wは10時17分、Xは10時28分、Yは10時27分、Zは10時20分に到着した。したがって、Yは4人の中で3番目に到着した。…×

D　Yの時計について、この問題文からは読み取れない …×

問題3 【正解】A,C

Rは空港の時計で6：04に到着したと言っており、Pは自身の到着から3分後にRが到着したと言っているため、Pが到着したのは6：04の3分前である6：01である。

Qが着いた時はQの時計は5：50を示しており、Qの時計は実際には4分遅れていたので、Qの到着時刻は5：54である。

問題4 【正解】B

駅の時計は正しい時刻を刻んでいるので、駅の時計の時刻を基に3人の到着時刻を特定する。

P：Qより5分早く到着したことがわかるので、10：58

Q：自身の発言からRより3分早く到着したと分かるので、11：03

R：自身の発言から11：06

よって、Bが正しい。

問題5 【正解】B

駅の時計は正しい時刻を刻んでいるので、駅の時計の時刻を基に4人の到着時刻を特定する。

P：Sの発言から、自身の時計が指す時刻より2分遅く到着しているので、10：02

Q：自身の発言からSより7分早く到着しているので、9：57
R：自身の発言から、9：59
S：自身の発言から、10：04
よって、Bが正しい。

問題6 【正解】C
空港の時計は正しい時刻を刻んでいるので、空港の時計の時刻を基に3人の到着時刻を特定する。
P：Qの発言から、自身の時計が指す時刻より20分遅く到着しているので、15：35
Q：自身の発言から、15：05
R：最も遅く到着したPの時刻から、14：50
よって、Cが正しい。

問題7 【正解】E
水族館の時計は正しい時刻を刻んでいるので、水族館の時計の時刻を基に3人の到着時刻を特定する。
P：自身の発言から、Qより2分早く到着しているので、10：33
Q：自身の発言から、10：35
R：自身の発言から、Pより8分早く到着しているので、10：25
よって、Eが正しい。

問題8 【正解】C
動物園の時計は正しい時刻を刻んでいるので、動物園の時計の時刻を基に5人の到着時刻を特定する。
P：QとRの発言から、自身の時計が指す時刻が2分遅れているので、11：02
Q：Rの発言から、自身の時計が指す時刻が4分遅れているので、11：03
R：自身の発言から、10：58
S：Pの時計は動物園の時計より2分遅れているので、11：05
T：自身の発言から、Rの8分前に到着しているので、10：50
よって、Cが正しい。

04 試合 ▶本冊P204～P207 　　　　　　　　　　　学習日　　／

問題1 【正解】B
試合をするたびに、1チームが負けとなる。また、一度も負けないチームは、優勝する1チームだけに限られる。すると、全部の試合の数だけ負けチームができるため、試合数は「参加チーム数−1」となる。よって、16チームの場合16−1＝15試合でBが正解となる。

問題2
❶【正解】B
「イのみ」
総当たり戦で各チームの勝敗数を問う問題は、対戦表を作成して、条件からわかることを記入する。
ア　Qが全敗ならば、Sは全勝　⇒　対戦表の②は確定するが、①は確定しない
イ　Sが全勝ならば、Pは1勝2敗　⇒　対戦表の①と②が確定する
ウ　Pが1勝2敗ならば、Qも1勝2敗　⇒　対戦表の①は確定するが、②は確定しない

❷【正解】C
「クのみ」
前問と同様に、対戦表から考えると
カ　Qが1勝2敗　⇒　対戦表の②は確定するが、①は確定しない

キ　Sが2勝1敗　⇒　対戦表の①と②のどちらともが確定しない

ク　Sが1勝2敗　⇒　対戦表の①と②が確定する

	P	Q	R	S
P		○	×	①
Q	×		×	②
R	○	○		×
S	①	②	○	

問題3　【正解】B

　6人のリーグで総当たり戦を行うとき、1リーグでの試合数は

$_6C_2 = (6 \times 5) \div (2 \times 1) = 15$試合となる。リーグ数は96÷6＝16であるため、大会の全てのリーグの試合数は15×16＝240試合となる。

問題4　【正解】D

　1リーグあたりn人とすると、n人のリーグで総当たり戦を行うとき、1リーグでの試合数は

$_nC_2 = n(n-1) \div (2 \times 1) = n(n-1) / 2$となる。

　大会のリーグ数は135÷nなので、合計試合数は$n(n-1) / 2 \times 135 / n = 135(n-1) / 2$となる。

　合計試合数は270試合なので、$135(n-1) / 2 = 270$

$135n - 135 = 540$

$135n = 675$

$n = 5$

　よって、リーグ数は135÷5＝27リーグとなる。

問題5　【正解】C

　トーナメント戦では1試合につき1チームが敗退していき、1度も負けないのは優勝チームだけであるため、参加チームから優勝チームを引けば最小の試合数を求めることができる。

　本問では37チームであるため、36試合で最小の優勝チームと準優勝チームが決まることがわかる。

　1日3試合としたとして、36÷3＝12（日）なので、あとは同じチームが1日に2試合しないという条件を考えていく。

　まず、準々決勝を終えて、ベスト4が揃うまでは1日に同じチームが2試合行わずに進めることができる。

　ここまでの試合数は全体の36試合から決勝1試合と準決勝2試合を引いた33試合なので、33÷3＝11日で終わる。

　この後、準決勝2試合と決勝1試合が行われるが、準決勝を行なったチームと決勝を行なうチームは同じチームであるため同じ日に行うことができない。

　よって、最短の日程は11＋2＝13日となる。

問題6 【正解】E

図1のように、7チームを①〜⑦とする。

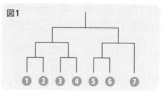

図1

まずイ、ウの条件より、FはAに負け、ここで敗退したことになるから、Eとはその前に対戦して勝ったことになる。

すると、AF戦は2回戦または3回戦（決勝戦）だが、アの条件より、決勝戦ではないので、AF戦は2回戦、EF戦は1回戦とわかる。すなわち、2回戦に勝ったCは決勝に進んでいるので、決勝戦はAC戦となる。

ここで、EF戦とAF戦が、図の左ブロック（①〜④）と右ブロック（⑤〜⑦）のいずれかで場合分けを行う。

（1）A、E、Fが左ブロックの場合

図2のように、①、②をEとF、③をAとする。右ブロックからはCが勝ち上がったわけだから、ウの条件にあるDG戦は右ブロックの1回戦（⑤、⑥）で、その勝者がCと対戦したことになり、Cは⑦とわかる。残るBが④で、条件を満たす。

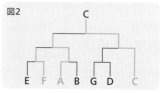

図2

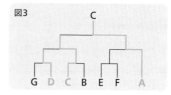

図3

（2）A,E,Fが右ブロックの場合

図3のように、⑤、⑥がEとF、⑦がAとなる。この場合、左ブロックからCが勝ち上がったので、DG戦は左ブロックの1回戦だから、①、②とすると、残る③、④がCとBとなり、エの条件に反する。

よって、不成立。

これより、図2のように決まる。DG戦の勝敗は確定しないので、B、Cの可能性はあるが、確実にはいえない。したがって、正解はE。

問題7 【正解】D

33人のトーナメントなので、全部で32試合開催される。同じ人が1日に2度試合をしないということから、決勝戦だけで1日、準決勝2試合で1日必要となる。残り29試合を1日4試合のペースで割り振ると、8日要する。結論、準決勝、決勝の2日と合わせて合計10日かかる。

問題8 【正解】E

与えられた条件を整理すると、○C×A、○F×B、○G×C、○D×F。Fは2回戦でDに負けたから、Fの1回戦の相手はB。優勝者のウは2回戦で勝ったDか、2回戦以上の試合でCに勝ったGである。

①ウがDの場合

2回戦の相手はFなので、イはF。したがってアはB。G、A、Cが入るのは右側のブロックで、Gはキ、Aはオ、Cはカ。すると、残るエにはEが入る。

②ウがGの場合

Dは2回戦でFに勝つからキ、Fはカ、そしてBはオである。Cは1勝しているからイで、アがAとなる。残るエにはEが入る。

以上①②から確実に言えるのはEがエであることである。

問題9 【正解】A

8チームのトーナメントの試合数は、8−1＝7。残った7チームでのトーナメントの試合数は、7−1＝6試合。

2チームによる優勝決定戦は最多の場合、1勝1敗で3試合目において決まる。よって、求める最多試合数は7＋6＋3＝16。

問題10 【正解】B

Aが3勝しているので優勝でイとなる。Aが2回戦で勝っているCはウとなる。Aに敗れているのはBとFだが、Fが1勝しているため、Bがア、Fがカである。残りは、DがEに勝っているため、Dがオ、Eがエである。

問題11 【正解】C

ウについて、EとFが対戦したのは、イ、エから、EがBに勝ち、FがGに勝った後であることがわかる。このことから、EとFが対戦したのは、
　①左の2回戦
　②右の2回戦
　③決勝戦
の3パターンに限られる。

①の場合、左と真ん中の1回戦でBとE、FとGが対戦し、EとFが勝った。右側は、1回戦でCとAが対戦してCが勝ち、2回戦でCとDが対戦したか、または、1回戦でCとDが対戦してCが勝ち、2回戦でCとAが対戦したことになる。

②の場合、EとFが右の2回戦で対戦したとする。一番右にEが入るとき、決勝戦でEがBに勝ったことになり、また、1回戦でFがGに勝ったことになる。このこととアから、1回戦でAとC、BとDが対戦する1パターンが考えられる。一番右にFが入るときも同様に1パターン考えられる。

③の場合、EとFが決勝戦で対戦したとする。左の2回戦からE、右の2回戦からFが勝ち上がってくるとき、3パターンが考えられる。左の2回戦からF、右の2回戦からEが勝ち上がってくる時、同様に考えることにより3パターンが考えられる。

以上より選択肢を吟味すると、Cについて、Dが優勝したかどうかは確定しないが、Dが優勝する可能性があるのは①の場合で、Dが優勝したとすると、DとCが2回戦で対戦しているため、Cが正解となる。

問題12 【正解】E

HはAに勝ち、そのHにCは勝っているため、Cは決勝戦まで進んでいることがわかる。そしてDの発言からCはFに負けているため、Fが優勝、Cが2位とわかる。最終的にはCとFの1回戦の相手がBとGのどちらなのかということだけ明らかにならないが、GはBと対戦しなかったということは確実に言える。よって、正解はE。

05　矛盾回避　▶本冊P210〜P213　　　　　　　　　　　　　学習日　　／

問題1 【正解】B

B、Cの発言に着目する。B、Cはそれぞれ異なる人を当番と言及しており、ともに真と仮定すると発言が矛盾する。したがって、B、Cのどちらかがウソをついていることになる。

Bの発言を真と仮定すると、Eの発言が矛盾する。Cの発言を真と仮定すると、矛盾しない。したがって、今日の掃除当番はB。

問題2 【正解】E

まず、火曜日に担当したのはR1人という条件から考えてみる。Pは4日間のうち3日間連続しているので、火曜日が担当でない場合、連続する3日間は水〜金、あるいは木〜土となり、どちらにしてももう1日の担当は月曜日ということになる。

Sについても、3日間担当しているが連続していないので、水〜土の間で担当するのは2日間しかなく、ここからSも月曜日に担当している。

そして、Sが月曜日に担当しているので、Rは月曜日に担当していない。そうすると、月曜日につ

いてはPが担当していてRが担当していないので、Qは月曜日に担当していることになる（条件Ⅲ）。

　結果、Qが担当しない3日間は火～木である。

　ここで、Pが連続して担当する3日間を水～金とすると、水、木はPが担当してQが担当しない日となるので、この2日間はRも担当し、したがってSは担当しないこととなる（条件Ⅳ）。

　しかし、この場合Sは金、土の2日間を連続して担当することになってしまい、結局条件Ⅳと矛盾することになる（表1）。

表1

	月	火	水	木	金	土
P	○	×	○	○	○	
Q	○	×	×	×	○	○
R	×	○	○	○		
S	○	×	×	×		

　つまり、Pが連続3日間担当するのは木～土である。木曜日はPが担当でQが担当ではないから、Rは担当でSは担当でない。したがって、Sが担当する3日間は連続しないからSは水曜日に担当する。

　ここまでが表2であるが、金、土のR、Sに関しては確定しない（ただしR、Sが2人とも担当することはない）。

表2

	月	火	水	木	金	土
P	○	×	×	○	○	○
Q	○	×	×	×	○	○
R	×	○	×	○		
S	○	×	○	×		

　以上から、A～Cは誤り、Dは不確実で、確実にいえるのはEだけであり、これが正答である。

問題3 【正解】B

　Pは「5問についてAと解答し、1問についてBと解答して、正解は5問だった」のだから、不正解だった1問はAと解答した5問の中の1問か、Bと解答した1問かである。ここから、正解は「6問ともA」、あるいは「4問がAで2問がB」のいずれかである。

　そして、「3人とも正解だった問題数と3人とも不正解だった問題数は同じ」だが、Pは不正解が1問しかないので、3人とも不正解だった問題はPが不正解だった1問以外になく、その結果、3人とも正解だった問題も1問しかないことになる。

　正解が「6問ともA」、あるいは「4問がAで2問がB」の2通りについて、3人とも正解、3人とも不正解が1問ずつとなる解答の組合せを考えると、下の表1および表2の場合しかない。

表1

正解	A	A	A	A	A	A	正解数
P	A	A	A	A	A	B	5
Q	A	A	A	B	A	B	4
R	B	B	B	A	A	B	2

表2

正解	A	A	A	A	B	B	正解数
P	A	A	A	A	A	B	5
Q	A	A	A	B	A	B	4
R	B	B	B	A	A	B	2

問題4 【正解】E

まず、千葉にあるものから検討する。

千葉にあるものの数は、

Ⅰ　A　B　C　D　　　　　→2つ
Ⅱ　　　B　C　D　E　　　→1つ
Ⅲ　　　　　C　D　E　F　→2つ

ここから千葉にあるものを○、ないものを×とすると、Ⅱより(B、C、D)に○は多くても1つであるから、条件ⅠよりAは○に確定する。

すると、Ⅰのもう1つの○は(B、C、D)にあり、ⅡのEは×に確定する。

同様に、条件Ⅱより(C、D、E)にも○は多くて1つなので、ⅢよりFも○に確定する。

Ⅲのもう1つの○は(C、D)にあり、ⅡのB×に確定。

これより、

A　B　C　D　E　F
○　×　　　　　×　○

CとDについては確定しないため、この時点でB、Cは除外する。

次にX社について、条件を次のように表す。

Ⅰ　A　B　C　D　　　　　→2つ
Ⅱ　　　B　C　D　E　　　→2つ
Ⅲ　　　　　C　D　E　F　→1つ

こちらについてもX社のものを○、そうでないものを×とすると、条件Ⅱ、Ⅲより(C、D、E)に○が1つで、Bは○、Fは×に確定。

すると、条件Ⅰより(A、C、D)に○が1つあるので、以下のように場合分けを行う。

(1)Aが○の場合

A　B　C　D　E　F
○　○　×　×　○　×

(2)Aが×の場合

A　B　C　D　E　F
×　○　　　　　×　×

よって、確定するのはBとFのみで、確実に言えるのはE。

問題5 【正解】A

まずP〜Sを「正直者」のグループと「ウソつき」のグループに分類する。

Pの発言より、Pが正直者である場合、Rはウソつき。Pがウソつきである場合、Rは正直者であるから、PとRとは異なるグループに属する。

同様に、Qの発言からQとSとは異なるグループに属する。そして、Rの発言よりQとRは同じグループに属する。

よって、PとS、QとRというグループに分類できる。ここで、残ったSの発言「PもRもウソつきだ」は、PとRが異なるグループに属するため間違い。よって、Sはウソつき。QとRは正直者であると判明する。Aが正解。

問題6 【正解】A

　「ノートを買った」という発言は「ノート以外を買っていない」とも言える。Qの発言「Rはノートを買った」より、QとRとは別グループ。

　Tの発言「Pはノートを買った」より、TとPも別グループであることがわかる。

　また、Rの発言「Sはノートを買ってはいない」というのは、Sは「ノート以外を買った」と解釈できるので、RとSは同じグループに属することになる。

　よって、RとS：Q、P：Tというグループ分けとなる。

　5人のうち3人がノートを買い、ウソをついているので、上記のグループ分けの結果からR、Sはノートを買った。PとTについてはまだ不明であるので、場合分けをしてみる。

　①Pが本当のことを言っているとすると、Qはボールペンで、Pは消しゴムであることになる。

　②Pがウソをついているとすると、Tは本当のことを言っている。したがって、QとTが消しゴムとボールペンということになるが、Pの発言「Qはボールペンを買った」がウソであるから、Qはボールペンではない。よって、Qが消しゴムでTはボールペンとなる。

　ところが、これだとSがウソをついていないことになるのでおかしい。

　したがって、①の場合が正しく、Aが正解。

問題7 【正解】E

　P、R、Sのおもりの表示はそれぞれ、20g、60g、80g。Q、Tのおもりの表示はそれぞれ40g、100gだから、表示がすべて正しければ、P、R、Sをてんびんの左、Q、Tを右に載せると、左が160g、右が140gとなって左のほうが重い。

　2個について10gの誤差があって、この組合せでつりあっているのだから、P、R、Sの中の1個が10g軽く、Q、Tのどちらかが10g重いことになる。つまり、誤差のある2個のおもりの組合せとして考えられるのは、PとQ、PとT、RとQ、RとT、SとQ、SとT（いずれも左が表示より軽いほう）の6通りである。

　PとQの組合せだと、P＋T＞Q＋Sとはならず（P＋T＜Q＋Sとなる）、

　PとTの組合せなら、P＋T＝Q＋Sとなってしまう。

　RとQの組合せだと、P＋S＝Q＋Rとなり、

　RとTの組合せの場合は、P＋S＞Q＋Rである。

　また、SとQの組合せだと、これもP＋T＝Q＋Sとなってしまい、

　条件を満たせない。

　Sが10g軽くTが10g重いという組合せのときだけ、すべての条件を満たすことが可能である。

　以上から、Eが正解。

問題8 【正解】C

　先ず、先頭がPでもTでもないことから、先頭はQ、R、S、Uのいずれかである。

　その他の条件は、

　①Q〇〇SまたはS〇〇Q

　②P〇R

　よって、先頭が決まれば後の並び順が定まることがわかる。ここで、選択肢Cを見るとUSTPQRの並び順が確定するため、Cが正解。

問題9 【正解】B

　向かい合わせの位置関係にあるPとXの2人の座席を固定してしまう。

　次にⅢを考えると、この女性から見て、右隣がQで、左隣がRということだから、この女性はX以外ありえない。すなわち、Xの右隣がQ、左隣がRである（図2）。

　YはAかBのどちらか。もしAだとすると、Ⅱより左隣のPがZの夫ということになる。そしてZは残ったBに入るが、そうすると夫のPの隣になってしまい、Ⅳに反する。

　したがって、Yの座席はBになる。このとき、Zの座席はAで、Zの夫はQ、Rの向かいはYである。

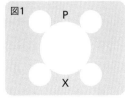

図1

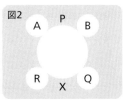

図2

問題10 【正解】D

　このような問題では、番長式を使用する。番長式は、該当者が1人だけで、正直者とウソつきの人数がわかっているときに使用することができる。当選した人がA～Eだった場合、それぞれ何人がウソをついてるかを表にしてみる。

発言者＼当選者	A	B	C	D	E
A	×	○	×	○	×
B	○	×	×	○	○
C	○	×	×	×	×
D	×	○	×	×	○
E	×	×	○	○	×
ウソつき	3	3	4	2	3

　表より、ウソつきが2人であるのはDの場合。したがって当選者はD。

問題11 【正解】D

　ペアで主張できる選択肢に着目する。Aの発言「Bは消防士である」とき、Cの発言「Cは消防士ではない」は矛盾しない。また、Bの発言「Bは救急救命士である」とき、Eの発言「Aは救急救命士ではない」も矛盾しない。しかし、矛盾が生じないことは正しい発言が1つしかないことに反する。したがってAとBの発言はウソである。したがってBは警察官である。以上より、Dの発言「Aは警察官ではない」が正しい。

問題12 【正解】D

　条件ⅠとⅢより、Aが3日間連続でシフトに入る曜日は木～土、金～日のいずれかとなり、少なくとも火曜日は担当していることがわかる。

　次にⅣより、Dについて3日間の勤務で連続している日がないため、木～日の間で担当できるのは2日間しかなく、火曜日の担当が確定する。これより、Cは火曜日に担当していない。すると、Ⅲより火曜日はAが担当し、Cが担当していないので、Bが担当していることがわかる。

　水曜日はC1人が担当していたため、Bが担当しない3日間とは水～金である。ここで、Aが連続して担当する3日間を木～土と仮定すると、木、金はAが担当しBが担当しない日となるので、この2日間はCも担当する。また、DはⅣより担当しない。しかし、この場合Dは土、日の2日間を連続して担当することになり、矛盾する。したがって、Aが連続して担当するのは金～日である。
金曜日はAが担当しBは担当しないので、Cが担当でDは担当しない。したがって、Dは担当が連続しないため木曜日に担当する。ここまでを踏まえると、以下の表のとおりになる。以上から、正しい選択肢はD。

	月	火	水	木	金	土	日
A		○	×	○	○	○	×
B		○	×	×	×	○	○
C	×	○	○	○			
D		○	×	×	×		

06 手順推理 ▶本冊P217〜P221　　　　　　　　　　　　学習日　／

問題1　【正解】D

最低何枚とは、最も多く枚数を重ねた時のことを指す。最も柄が揃わないケースは、この4種類を1枚ずつ引き当てたとき。すなわち4＋1枚引くと、必ず少なくとも同じ柄のカードが2枚揃うことになる。

問題2　【正解】B

もっともくじの枚数を引くときは、残り2種のくじを49枚引いた時である。すなわち、49×3＝147枚の状態からもう1枚引くことで、いずれかのくじは必ず50枚以上になる。

問題3

❶【正解】C

まず、今回の順位を整理する。（メモに実際に順位を書きながら解くと分かりやすい。）
ア：Aは前回から3つ順位が下がったので、前回1位なら4位、前回2位なら5位である。
イ：前回も今回もDはEより1つ下であるため、EDの順で一続きである。
ウ：Bの今回の順位は2位であるため、イより、EDは3、4位か4、5位となる。
Bが2位でAが4位か5位である時、Aが4位では一続きのEDが入る場所はないので、Aは5位、EDは3、4位に確定できる。残ったCは1位となる。

❷【正解】C

前回の順位で確定していることは、今回5位のAは3つ順位が上の2位である。また、前回も一続きのEDが入る場所は3、4位か4、5位となる。
（ア）：C＞Bであるため、Cの1位は確定するが、Bが3位か5位かは確定できない。
（イ）：Cは1位でないことが分かり、Bの1位は確定するが、Cが3位か5位かは確定できない。
（ウ）：今回3、4位のEDは前回4、5位、今回1位のCは3位、Bは残った1位に確定する。

問題4　【正解】A,G

9点から3点の範囲で、Aの点数がDの点数の2倍になる組み合わせは、（A8・D4）、（A6・D3）の2通りのみである。
Eの点数がCより3点高い組み合わせは、（A8・D4）の時、❶（E9・A8・C6・D4・B3）、❷（B9・A8・E6・D4・C3）の2通りである。最高点9点、最低点3点の人が必要なので、Bの点数は、❶のときは最低点の3点、❷の時は最高点の9点に決まる。
また、Eの点数がCより3点高い組み合わせは、（A6・D3）の時、❸（B9・E8・A6・C5・D3）、❹（B9・E7・A6・C4・D3）の2通りである。最高点9点の人が必要なので、Bの点数は❸❹のときは最高点の9点に決まる。

問題5　【正解】C

DとEの間に3人いて、Fが最下位なので、次の2パターンに限られる。
①D○○○EF
②E○○○DF
○○○は、A○B又はB○Aに決定する。つまり、3位にはCが入る。

問題6 【正解】C

条件をメモする。左端が1位。
① A→18→最下位
② C→4→D（またはD→4→C）
③ C→4→E（またはE→4→C）
④ A→12→B
⑤ B→6→D（D→6→B）
パッと見て、④の12点と⑤の6点を足すと①の18点になることがわかる。したがって、
⑥ A→12→B→6→D
（A→6→D→6→Bでは、①の条件を満たす点数がないので検討不要）
また、5位のDがCと4点差なので、
⑦ A→12→B→2→C→4→D
ここで、③より次の2通りが考えられる。
⑧ A→E→B→C→D
⑨ A→B→C→DとEは同点
A　⑧⑨より、誤り。
B　⑧⑨より、どちらとも言えない。
C　⑧⑨より、必ず正しい。

問題7

❶ 【正解】A,B

CはDより40分早く到着するため、C→Dの所要時間は10分→50分、または20分→60分。

❷ 【正解】A,B,E,F

　AとBが20分差、BとEも20分差なので、AとEは40分差。
C→Dで場合分けすると、
・C→D = 10分→50分
A→B→E = 20分→40分→60分
E→B→A = 20分→40分→60分
・C→D = 20分→60分
A→B→E = 10分→30分→50分
E→B→A = 10分→30分→50分
Aの所要時間は10分、20分、50分、60分。

問題8

❶ 【正解】B,D

　CとDの差は1cmなので、CD（またはDC）は間に誰も入らないワンセットになる。AとBの差は2cmなので、間に誰か1人だけ入る。ワンセットのCDはAとBの間には入らないので、AEB（またはBEA）でワンセットになる。したがって、大きい順にAEBCDまたはCDAEBとなる。Eは2番目か4番目（DCBEAの並びもあり得るが、順番には無関係）。

❷ 【正解】B,C,D,E

　Aが170cmでCより大きいので、AEB（またはBEA）＞CD（またはDC）
A E B C D = 170　169　168　167　166
A E B D C = 170　169　168　167　166
B E A C D = 172　171　170　169　168
B E A D C = 172　171　170　169　168
のいずれかになる。

問題9

❶ 【正解】A,B,C,E

北海道を北、沖縄を沖、不明は〇とする。

ア：沖縄は連続しない→沖沖はない

イ：最初に沖縄を引いたのはA→沖沖はないので、沖北、または北沖に確定する

ウ：Bは沖縄、その次にE→北BEでワンセットになる

以上より、次の3パターンが考えられる。

（1）A北北BE→Cは2番目か3番目

（2）A北BE〇→Cは2番目か5番目

（3）北A北BE→Cは1番目か3番目

❷ 【正解】E

上の（1）（2）（3）で考える。パターン（2）では、Cが北海道か沖縄かは不明であることに注意。

（ア）：北海道が2人→（1）と（3）は北海道が3人なので、（2）（最後の〇は沖縄）に決定

（イ）：Eは最後に引いた→（1）か（3）に決定

（ウ）：Dは北海道を引いた→Dは北に決定

（ア）と（ウ）を組み合わせれば、「ＡＤＢＥＣ」に確定する。

問題10

❶ 【正解】C,E

EDがワンセットで、早い順に並べると、〇B〇ED、B〇ED〇、ED〇〇Bの3通り。

ウより、Aは5分以内にゴールした1人目か2人目なので、

ABCED、BAEDCの2通り。

よって、Cは3番目または5番目。

❷ 【正解】A,B,C,D

Aが5分10秒でゴールした場合、Aは3人目以降となるので、

CBAED、BCEDA、EDACB、EDCAB

よって、Cは1番目、2番目、3番目、4番目。

問題11

❶ 【正解】A,D,E,G

ア：Dは水曜日

イ：Aの4日後にC→A〇〇〇C

問題文より、Aの翌日にBなので次が決定。

AB〇〇C

この5日に2日分足して、〇〇AB〇〇Cと表すと、Dの水曜日は〇のうちのどこかに当てはまる。求めるのはAの曜日なので、Aの曜日が確定できるように、〇に水曜日をあてはめていく。

　〇　〇　Ａ　Ｂ　〇　〇　Ｃ（左の〇〇は右でもよい）

水　木　金

　　水　木

　　　　月　火　水

　　　　日　月　火　水

したがって、Aの曜日は、金、木、月、日。

❷ 【正解】A,B,D,F

　Aの4日後にCで、Aの2日後にBなのでA〇B〇Cでワンセット。Dの水曜日は〇のうちのどれかになるので、考えられるパターンは次の4つ。

　Ａ　〇　Ｂ　〇　Ｃ　〇　〇（右の〇〇は左でもよい）

水 木 金 土
　　　　水 木
　　　　　火 水
　　　　月 火 水
したがって、Cの曜日は土、木、火、月。

問題12

❶【正解】E,G

一番点数が高いAが90点。
ア：AはBと2点差、Dと1点差。
Bは90−2＝88点
イ：BはCと3点差、Eと1点差。
したがって、Eは87点か89点。

❷【正解】B,F

92−86＝6点差を満たす並びを考える。条件にある2点差、1点差、3点差を合計すると6点差になる。
ア：AはBと2点差、Dと1点差である。
イ：BはCと3点差、Eと1点差である。
92点から86点までをメモしてから、Bを中心に考えていく。

92　91　90　89　88　87　86
　D　　A　E　B　E　○　　C

DAEBE○Cで、DからCまでが6点差となる。Dを一番点数が高い92点とすれば、Aは91点。逆にDを一番点数が低い86点とすれば、Aは87点となる。

問題13

❶【正解】A,B,C

条件に記号が2回ずつ出ているACDの関係をメモにする。
A←50億円→D←150億円→C
A←200億円→C
ADCかCDAの順で高いことがわかる。
ADC・・・BがAより低い場合はAが一番高く、BがAより高い場合にはBが一番高い。
CDA・・・AとBに関わらずCが一番高い。

❷【正解】D

Aが1000億円の場合、B、C、Dの売上高として可能性があるのは以下の通り。
B・・・900億円、1100億円←Aと100億円差
D・・・950億円、1050億円←Aと50億円差
C・・・800億円、1100億円、900億円、1200億円←Dと150億円差
（ア）、（イ）、（ウ）のそれぞれでわかることは、
（ア）・・・D＝950億円。Cは800億円か1100億円。
（イ）・・・Cは1100億円か1200億円。C＝1100億円（D＝950億円）ならB＝900億円。
（ウ）・・・Cは1100億円か1200億円。
以上より、（ア）と（イ）で売上高を明確にできる。

07　命題と論理❶（論理式）▶本冊P224〜P227　　　　　　学習日　　／

問題1　【正解】C,D

B　ぶどう→いちご　の対偶

C　ぶどう→バナナ　の対偶

問題2　【正解】B

ア：「本○→推理小説○」ならば、「推理小説×→本×」、「本×→自己啓発×」ならば、「自己啓発○→本○」

イ：「バス×→電車×」ならば、「電車○→バス○」、「バス○→船○」ならば、「船×→バス×」

ウ：「寝る○→身長○」ならば、「身長×→寝る×」、「身長×→食べる×」ならば、「食べる○→身長○」

以上より、以後の命題が導き出せるか検討する。

ア：「推理小説○→」の後に続くものがないので、正しくない。

イ：船×→バス×
　　　　バス×→電車×

により、船×→電車×となるので、正しい。

ウ：「→寝る○」の前にくるものがないので、正しくない。

よって、正しいものはイのみ。

問題3　【正解】D

「国語が好きな人は算数が好きではない」の対偶は「算数が好きな人は国語が好きではない」となるのでDが適切。

問題4　【正解】D

アは問題文の「健康である人は早寝早起きである」の逆であるため、正しいとは限らない。

問題文の二つの命題を三段論法を使って式化すると
スポーツ→健康→早寝早起き
となるので「スポーツができる人は早寝早起きである」と言えるのでイは必ず正しい。

問題5　【正解】B

問題の命題の対偶を考えるとBが適切であることがわかる。

問題6　【正解】A

アとイの命題を三段論法を使って式化すると
人間→動物→命となる。よって、「人間であるならば命がある」と言える。
したがってAが適切。

問題7　【正解】E

まず、与えられた命題を上から順にア〜エとして、それぞれ論理式で表す。

ア　バスケットボール→バレーボール

イ　サッカー→野球

ウ　サッカー→野球∧卓球

エ　バスケットボールができない→卓球ができない

ウの「野球」と「卓球」は次のように分解する。
サッカー→野球　サッカー→卓球
またエは対偶を使って、次のようになる。
卓球→バスケットボール

これにより、選択肢を確認する。

A　論理式の「バスケットボール」から「サッカー」に矢印はつながらないので、導けない。

B　「バレーボール」から「バスケットボール」に矢印はつながらないので、導けない。
C　矢印がつながらず導けない。
D　矢印がつながらず導けない。
E　卓球→バスケットボールのため、正解

問題8　【正解】C
選択肢を順に確認する。
A：ウの「誠実×⇒消極的×（＝消極的⇒誠実）」では導けない。不適。
B：選択肢を「外向的⇒感情的」に置き換え考えると良い。イの「内向的⇒理性的（＝感情的⇒外向的）」は選択肢の逆にあたり、ここから導くことはできない。不適。
C：適当。エより「短気⇒外向的×」、アの対偶より「外向的×⇒積極的×」がわかり、「短気⇒積極的×」が導ける。
D：ウの「誠実×⇒消極的×（＝消極的⇒誠実）」。では導けない。不適。

問題9　【正解】D
まず、与えられた命題を上から順にア〜エとして、それぞれ論理式で表す。
ア　P→Q
イ　Q→S
ウ　R→P
エ　Tでない→Qでない

エは対偶を使って、次のようになる。
Q→T

これにより、選択肢を確認する。
A　矢印がつながらず導けない。
B　矢印がつながらず導けない。
C　矢印がつながらず導けない。
D　対偶により、矢印がつながるため導ける。

問題10　【正解】D
まず、与えられた命題を、それぞれ論理式で表す。
ア　国語→理科←算数
イ　対偶により、社会→国語
ウ　英語→社会
エ　体育→算数
オ　対偶により、理科→図工

A　論理式から導けない。
B　「体育→算数」は導けるが、「体育→国語」は導けない。
C　「英語→理科」は導けるが、「英語→体育」は導けない。
D　対偶を作ると、「英語→図工」「体育→図工」となり、ともに論理式から導ける。
E　論理式から導けない。

問題11　【正解】C
「プロジェクトAに参加する者は、プロジェクトBに参加しない」は、論理式に表すと「A→Bでない」。対偶は「B→Aでない」。つまり、Cの「プロジェクトBに参加する者は、プロジェクトAに参加しない」が正しい。

問題12 【正解】C

アからウを論理式に表すと、Cでない→A→B→D。
対偶は、Dでない→Bでない→Aでない→C

これにより、選択肢を確認する。
A 「A→B」とその対偶「Bでない→Aでない」は正しいが、「Aでない→Bでない」は言えない。
B 「Bでない→C」なので、「Bでない→Cでない」は正しくない。
C 「Dでない→Bでない→Aでない」なので、「Dでない→Aでない」は正しい。

問題13 【正解】F

反例を探して検証する。
Aは21などが反例として挙げられる。よって誤り。
Bは51などが反例として挙げられる。よって誤り。
Cは21などが反例として挙げられる。よって誤り。
Dは15などが反例として挙げられる。よって誤り。
Eは55などが反例として挙げられる。よって誤り。
以上より、Fが正解。

08 命題と論理❷（表・図）▶本冊P231

問題1 【正解】D

Ⅱより、バスケをやったことがある生徒は、みんなサッカーまたは卓球をやったことがある、ということである。つまり、バスケはサッカーまたは卓球の中に含まれ、ベン図でかくと、下のようになる。

同様にⅢより、野球をやったことがある生徒は、卓球をやったことがあるグループの中に含まれる。さらに、Ⅰより、野球とサッカーは交わらない。野球とバスケとの関係の記述はないので、バスケとは交わるように野球の円を追加し、各エリアに①〜⑨を記入すると、下のようになる。

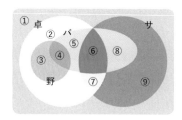

選択肢を確認すると、
A：野球をやったことがない生徒は③④以外で、そのうちの①②⑤に該当する生徒がいれば、その生徒はサッカーもやったことがなく、成り立たない。
B：バスケをやったことがある生徒は④⑤⑥⑧で、④に該当する生徒がいれば、その生徒は野球もやったことがあり、成り立たない。

C：バスケをやったことがない生徒は①②③⑦⑨であり、そのうちサッカーと野球をやったことが
ない生徒は①が該当するが、その生徒が確実にいるか、条件Ⅰ～Ⅲを確認する。Ⅰは⑧に生徒
がいれば成り立つ。Ⅱは④⑤⑥⑧に生徒がいれば成り立つ。Ⅲは③に生徒がいれば成り立つ。
よって、①に生徒がいなくても条件Ⅰ～Ⅲは成り立ち、確実とはいえない。

D：卓球をやったことがない生徒は⑧⑨であり、最大でバスケとサッカーの2種目したやったこと
がない。よって、確実に言える。

問題2 【正解】D

このお題についてもベン図を用いて整理すれば分かりやすい。

まず、ウについて図1のようになり、色のついた部分に該当する生徒がいると確認できる。

さらに、イより、韓国語を英語に含まれるように加える。このとき、韓国語を履修した生徒の中に、スペイン語も履修した生徒がいる可能性があるので、スペイン語とも交わりを持つように加えると図2のようになる。

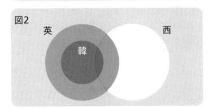

最後にロシア語を加えるが、このときアより、ロシア語はスペイン語と交わりを持たないため、図3のようになる。

ここで、エより、図3の①に該当する生徒はいないことがわかり、ここに注意して選択肢を吟味する。

A：スペイン語と韓国語の履修は④に該当する。ウより、④＋⑤には確実に該当する生徒がいるが、④にいるかは判断できない。よって不確実。

B：図3の③に該当する生徒がいる可能性があるので、不確実。

C：図3の②に該当する生徒がいるかどうかはわからない。よって不確実。

D：①に該当する生徒はいないので、ロシア語を履修した生徒は全員英語を履修しているのが分かる。よって確実。

E：3ヵ国語を履修したのは②と④だが、ここに該当する生徒がいるかどうかは不確実。

以上より、Dが正解。

09 真偽の推理❶（仮定問題）▶本冊P235～P237　　　　　学習日　　／

問題1 【正解】A

（1）Aの前半が正しいと仮定した場合

Aの後半が嘘になる。Aはテニスが得意となるため、Aまたはテニスを含む発言を探すと、Cの後半とEの前半が嘘とわかる。そうすると、Cの前半「Cはサッカーが得意」とEの後半「Cはバスケが得意」がいずれも正しいとなり、矛盾する。

よって、Aの前半は嘘だと確定する。

（2）Aの後半が正しい場合（確定）

Dはサッカーが得意が確定する。そのため、D、またはサッカーを含む発言を探すと、Dの前半が正しく、Bの後半とCの前半が誤りとわかる。

以上より、Bの前半とCの後半が正しくなる。

Eの前半より、Eはテニスが得意で、残るCは野球が得意になる。

以上より
A→バスケ
B→バレー
C→野球
D→サッカー
E→テニス
バスケが得意なのはAとなる。

問題2 【正解】B

Aの発言の前半「私の帽子は黒色である」が嘘だと仮定する。

このとき、Aの発言の後半「Bの帽子は青色だ」が正しいとなる。すると、Bの発言は前半も後半も嘘となり、矛盾するので、仮定が間違っていることがわかる。

よって、Aの発言の前半「私の帽子は黒色である」が正しいと仮定する。

このとき、Aの発言の後半「Bの帽子は青色だ」は嘘になる。Aが黒色であるため、Bの発言の前半「私の帽子は黒色である」は嘘になり、「Eの帽子は青色だ」は正しいとなる。

このように一人ずつの発言を確認していくと、以下の表ができる。なお、この表は縦に発言者、横に帽子の色を表している。

	赤	青	緑	白	黒
A		B×			A○
B		E○			B×
C		C×		D○	
D	B×			D○	
E	C○		E×		
結果	C	E	B	D	A

この表を見ると、矛盾が生じていないことがわかるため、Aの発言の前半「私の帽子は黒色である」が正しいという仮定が正しいことがわかる。

表から、Aは黒、Bは緑、Cは赤、Dは白、Eは青であることがわかる。

よって、正解はBである。

問題3 【正解】C

アとイの両方がスペイン語が得意な人に関する記述である。

仮にアの記述が正しいとすると、「スペイン語が得意なのはB」ということになり、イの記述も正しいことになり正しい記述が1つであることに矛盾する。よって、アの記述は誤りであることがわかる。

同様に考えると、ウの記述も誤りであることがわかる。

記述アとウが誤りであることから、「Bは英語が得意」であることがわかる。また、Bが英語が得意であることから記述オは正しいことがわかる。ア～エの記述が誤っていることから、記述イより「スペイン語が得意なのはC」、記述エより「ドイツ語が得意なのはA」となる。

よって、確実に言えるのはCである。

問題4 【正解】B

Aが悪魔だとすると、Aの発言は真実となり矛盾する。Cが悪魔だとすると、この場合もCの発言が真実となり矛盾する。これよりBが悪魔だとわかる。Bの発言は嘘なのでCは天使である。これより、Aが人間であることが確定する。

Aは人間であるため、嘘を言うか真実を言うかわからないので、発言に矛盾はない。これより、Aが人間、Bが悪魔、Cが天使であることがわかる。

問題5 【正解】 B

まずAの発言が正しいと仮定する。Aの発言から、BとCはウソをついていることになる。実際にBとCは「Aはウソ」という趣旨の発言をしているため、彼らはウソつきである。したがって以下のようになる。

A：正しい、B：ウソ、C：ウソ

同様にB、Cの発言がそれぞれ正しいと考えると、以下のようになる。

B：正しい、A：ウソ、C：ウソ

C：正しい、A：ウソ、B：ウソ

考えられるケースはこの3通りである。したがって、「3人のうち、2人がウソをついている」が最も妥当である。

10 真偽の推理② （矛盾問題） ▶本冊P240〜P245　　　　　　　学習日　　／

問題1 【正解】 A

ア〜エの発言のうち、アとイ、アとウは内容が矛盾している。誤った発言は1つしかないので、アが誤りであり、イとウは正しいことが分かる。したがって退出した順番はB→D→C→E→Aである。

問題2 【正解】 A

ア〜エの発言のうち、イとエ、ウとエは内容が矛盾している。誤った発言は1つしかないので、エが誤りであり、イとウは正しいことが分かる。したがって、年齢を若い順に並べるとA→C→D→E→Bである。

問題3 【正解】 C

「〇がウソをついている」という形式が共通している、A、B、D、Eの発言に着目する。まずはこれらを正直者とウソつきの2グループに分けるところから始める。

Aの発言より、AとDは異なるグループ。

Bの発言より、BとCは異なるグループ。

Dの発言より、BとDは異なるグループ。

Eの発言より、AとEは異なるグループ。

以上をまとめるとAとBが同じグループ。そしてC、D、Eが同じグループであることが分かる。

ここでCDEグループの証言に着目すると、C（黒いTシャツを着ていた）とE（白いTシャツを着ていた）が矛盾していることが分かる（ある1人の強盗犯に対する証言なので、Tシャツの色が異なっている状態はありえない）。

したがって、C、D、Eはそれぞれウソをついていると見なすことができる。選択肢の中で正しいのはC（3人がウソをついている）である。

問題4 【正解】 B

「〇がウソをついている」という形式が共通している、B、C、D、Eの発言に着目する。まずはこれらを正直者とウソつきの2グループに分けるところから始める。

Bの発言より、BとDは異なるグループ

Cの発言より、BとCは異なるグループ

Dの発言より、AとDは異なるグループ

Eの発言より、EとCは異なるグループ

以上をまとめるとA、B、Eが同じグループ。そしてC、Dが同じグループであることがわかる。

ここでCDグループの発言に着目すると、C（国語は3時間目だ。）とD（3時間目は英語だ。）が矛盾していることが分かる。したがって、C、Dはそれぞれウソをついていると見なすことができる。

問題5 【正解】 B

まずBとCの発言に着目する。Bが正しいと仮定すると、Cの発言は誤りである。逆にCが正しいと

すると、Bは誤りである。

　すなわちBとCは、一方が正しい発言をし、他方が誤った発言をしていることになる。これに矛盾するDの発言は誤りである。

　次にEとF、Gの発言に着目する。Eが正しいと仮定すると、FもしくはGの少なくとも一方が正しい発言をしているはずである。このときFとGのうち少なくとも1人と、Eの2人が正しい発言をしていることになるが、これは条件に矛盾する。（問いより、正しい発言をしているのは2人。既にBないしCが正しい発言をしていることが判明しているため、正しい発言をしている人数が2人を超えてしまう。）

　したがってEの発言は誤りであり、必然的にFとGの発言も誤りであるとわかる。

　この時点で誤った発言をしているのが、D、E、F、Gだとわかった。正しい発言をしているのはAと、BかCのいずれか一方である。Aの発言が正しいことから、Bは誤り。最後にCが正しいことが確定する。

　ゆえに、正しい発言をしているのはAとCである。

問題6　【正解】C

　まずはEの発言に着目する。Eが正直者であると仮定すると、Cは嘘つきなので、A〜Eの5人の中で嘘つきは0人もしくは1人であると言える。この時「AとBがともに嘘つきである」とするDの発言は成り立たない。同時に、CとDが嘘つきになるため、「嘘つきは0人もしくは1人」に矛盾してしまう。したがってEは嘘つきである。

　Eが嘘つきであることから、Cは正直者。嘘つきが2人以上いるので、必然的にBの「嘘つきは1人以上」も成り立つ＝Bは正直者。Bは嘘をついていないので、Dは嘘つき。既にD、Eが嘘つきであるとわかっているので、Aも嘘つきである。

　よって、正答はC。

問題7　【正解】E

　まずはAとBの発言に着目する。仮にAの発言が本当であるとすると、Bは間違い。逆にBの発言が本当だと、Aは間違いである。したがって、AとBの2人のうち、1人が本当で1人が間違いであることがわかる。Cの発言はこれに矛盾するため、Cは間違いである。

　続いてGの発言に着目する。Gが本当であると仮定すると、EとFのいずれかは本当。しかしこれは問いの条件（本当のことを言っているのは2人）に矛盾する。既にAないしBが本当だとわかっており、本当のことを言っている人数が3人以上になってしまうからである。したがってGの発言は間違いである。これにより、EとFの発言は間違いであることが確定した。

　最後に残ったDの発言が本当である。ゆえに、Aの発言は間違いであり、Bの発言は本当であることが確定する。

問題8　【正解】B

　AからEの発言において、それぞれAとC、BとD、CとDが矛盾している。（いずれも少なくとも片方の発言は×である。）

　条件からFの1歳年上及び1歳年下である者はウソをついていることから、Fの記述があるAの発言に着目する。Aの発言が仮に本当であれば、Fの1歳年上であるBの発言は×。またAに矛盾するCの発言も×となる。並びとしてCFBが考えられるが、これは正しいとされるDの発言に矛盾するため、成立しない。（既にB、Cの発言が×であると仮定したので、Dの発言が○であると推定できる。）

　ここでAはウソをついていることがわかる。またCとDの発言が矛盾していることから、どちらかが×であり、必然的にBの発言は○になる。したがってBに矛盾するDの発言は×。ウソをついているのはAとDである。

　以上を整理すると、CBDFAEの並びが成立する。

問題9　【正解】D

　一番身長が高い者に関する記述（アとイ）に着目する。アが正しいと仮定すると、イも正しい。しか

しこれは「記述の1つだけが正しい」という条件に矛盾する。したがってアはウソである。

同様に身長が真ん中である者に関する記述（ウとエ）に着目する。ウが正しいと仮定すると、エも正しい。正しい記述は1つだけであるからウもウソである。

アとウがウソであることから、一番身長が低い者はAであることが確定する。これに伴い一番身長が低い者に関する記述＝オが正しいとわかる。

最後にイとエがウソであることから、一番身長が高いのはB、身長が真ん中であるのはCである。

問題10 【正解】B

まずFは最上位ではない。仮にFを最上位であると仮定してみる。最上位の発言は真実でないはずだが、F「私はAより獲得点数が上である」は、内容が正しいものになってしまっている。したがってFは発言内容は正しい。

続いてEも最上位ではない。Eが最上位であると仮定すると、Aの発言）1点を獲得したのはE）が成り立たず、真実でない発言をしている者が2人になってしまう。ゆえにEの発言内容は正しい。Eの発言が真実であることから、Bは最上位にはなり得ず、Bの発言は正しい。

最後にAとDも最上位ではない。AもしくはDが最上位であるとすると、Bの発言（BとFの間にAとDの順位がある）が成り立たず、先ほどと同様に正しくない発言をする者が1人以上になってしまう。よって、AとDの発言内容は正しい。

以上より残ったCが最上位であり、真実を述べていない。それぞれの発言から「白（6点）：C、黒（5点）：F、緑（4点）：A、黄（3点）：D、青（2点）：B、赤（1点）：E」が確定する。

問題11 【正解】C

4つの命題ア〜エを論理式で考え、それぞれの条件を連結して考えると良い。イの対偶は「Bが日焼け止めを持っているとき、晴れである」となり、アとあわせると「Bが日焼け止めを持っている→晴れ→Aは日焼け止めを持っている」となる。

同様に、エの対偶とウとをつなげると、「Cは日焼け止めを持っている→天気予報が晴れ→Bは日焼け止めを持っている」となる。

以上より、「Cは日焼け止めをっている→Bは日焼け止めを持っている→Aは日焼け止めを持っている」の論理が成立するため、3人が日焼け止めを持っていると言える条件はC。

問題12 【正解】D

まず、Aの正面がBと仮定する。すると、イよりBの右側は鳥組でなければならないが、アよりその位置には風組がいる。したがってBはAの正面でない。

次にAの正面がCと仮定する。すると、同様にウの条件とアの条件が合致しないため、CもAの正面でない。よって、DがAの正面。

すると、エより黒のハンカチは月組、白のハンカチは風組が持っていることが確定する。以上より、確実に言えるのはD。

11 資料解釈 ▶本冊P249〜P253　　　　　　　　　　学習日　　／

問題1 【正解】D

A：15年度の「医療」は25,888で、同年の「社会保障給付費」78,073の1／3に足りない。
一方、10年度の「医療」は24,062で、「社会保障給付費」の64,749の1／3を上回る。
よって、比率が最も大きいのは15年度ではない。

B：15年度の「福祉その他」は10,954で、「社会保障給付費」78,073の1／8を上回る。
一方、10年度の「福祉その他」は7,178で、「社会保障給付費」64,749の1／8に足りない。
よって、比率が最も小さいのは15年度ではない。

C：国民所得は次のように求めることができる。

・社会保障給付費＝国民所得×社会保障給付費が国民所得に占める割合
・国民所得＝社会保障給付費÷社会保障給付費が国民所得に占める割合

これをもとに、15年度の国民所得を25年度と次のように比較をする。
分子の差104,609－78,073は、26,000～27,000で、これは78,073の4割に足りない。
一方、分母の差は、28.71－20.01＝8.7で、これは20.01の4割を超える。
よって、15年度＞25年度となり、最も小さいのは15年度ではない。

D：10年度に対する25年度の比率で判断できる。
　「医療」の10年度→25年度は、24,062→32,879で、1.5倍 に足りない。
　一方、「年金」のそれは、33,509→52,971で、1.5倍を上回っており、
　「福祉その他」のそれは、7,178→18,759で、2倍を上回っている。
　よって、25年度の指数が最も小さいのは「医療」で、本肢は妥当である。

E：「福祉その他」の20年度→25年度は13,478→18,759で、1.5倍に足りない。
　一方、10年度→15年度は、7,178→10,954で、1.5倍を上回る。
　よって、増加率が最も大きいのは、25年度ではない。

問題2 【正解】D

A：焼酎の23年度の対前年増加量は2,893－2,832＝61で、21年度は2,962－2,903＝59なので、
　前者のほうが大きく、23年度は21年度を下回っていない。

B：20年度→21年度でビールは、996→1012で、16増加している。
　一方、清酒について見ると、449→454で、5増加しており、それぞれの増加率について次の
　ように比較する。

ビール：清酒＝16／996＞5／449
よって、清酒の増加率の方が小さく、最も小さいのはビールではない。

C：20年度→22年度で、ウイスキー類は188→205で、17増加しているが、これは188の20％に
　足りない。
　すなわち、20％以上増加していないので、指数は120を上回らない。

D：4年間の果実酒類の合計は、97 + 101 + 113 + 100 ＝ 411で、これを4で割ると102.75となり、
　102×（1,000kL）＝ 10万2,000kLを上回る。よって、本肢は確実に言える。

E：焼酎が最も少なく、清酒が最も多い22年度について確認する。
　清酒557の6.2倍を計算すると、557×6.2 ＝ 3453.4となり、焼酎の2832はこれに足りない。
　よって、不適である。

問題3 【正解】E

A：25年～27年は、てんぷら油＞ガスコンロだったが、28年以降は、てんぷら油＜ガスコンロと
　なり、順位が変わっている。よって、本肢は不適である。

B：28年と29年の合計を計算すると、次のようになる。
　28年：286 + 186 + 105 + 66 + 113 ＝ 756
　29年：281 + 206 + 102 + 73 + 105 ＝ 767
　これより、28年→29年は減少していない。
　よって、本肢も不適である。

C：たばこの28年→29年は、186→206で増加している。

D：火遊びの29年は73で、27年は86なので、最も多いのは29年ではない。

E：25年と29年の合計を計算すると、次のようになる。
25年：471＋231＋135＋57＋105＝999
Bの計算より、29年の合計は767なので、25年→29年の減少数は、999－767＝232で、232／999≒23.2％であり、999に対して2割以上減少している。よって、本肢は妥当である。

問題4 【正解】 E

A：前年に対する、耐久消費材の増加率が、総額の増加率より大きければ、
総額に占める割合は前年を上回る。
しかし、22年－23年では、総額が103.1→107.3で、4.2増加したのに対し、耐久消費財は113.4→114.3と0.9の増加で、増加率は次のようになる
（総額の増加率）＞（耐久消費財の増加率）＝4.2／103.1＞0.9／113.4
よって、23年は総額に占める耐久消費財の割合は前年を下回っている。

B：22年→24年で、食品・その他の直接消費財は、107.2→109.2で、2.0増加しており、増加率は2％に満たない。
これに対して、資本財のそれは102.3→118.1で15.8増加しており、増加率は10％を超える。
よって、資本財の増加率は食品・その他の直接消費財のそれの5倍以上になる。

C：21年→22年で、工業用原料は102.5→99.9で、2.6減少しており、非耐久消費財は108.4→105.2で、3.2減少しているので、減少率は次のように比較できる。

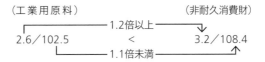

よって、非耐久消費財の減少率の方が大きい。

D：平成22年→23年で非耐久消費財は105.2→107.2で約1.9％の増加に対し、総額は103.1→107.3で約4.1％の増加であるため、非耐久消費財の対前年増加率は総額のそれを下回っている。

E：22年→23年で資本財は102.3→106.5で4.2増加しており、増加率は約4％。これに対して、23年→24年では106.5→118.1で11.6増加しており、増加率は10％を超える。よって、24年の増加率は23年の2倍より大きく、本肢は確実に言える。

問題5 【正解】 D

A：2013年→2014年で輸入額（総額）は増加しているので、各地域からの輸入額を算出し、2013年と2014年とを比較するほかない。計算すると、アフリカだけでなく中南アメリカも減少していることがわかる。

B：2014年→2015年において、アフリカの輸入額を計算すると約1208→約993と減少している。

C：2013年は59.1÷16.0≒3.7倍、2014年と2015年は60.1÷15.5≒3.9倍と、アジアの輸入額はヨーロッパの4倍を超えていない。

D：各年のオセアニアからの輸入額を計算すると、2010年から順に5769、4728、4946、4294、4982、5629(小数点第一位で四捨五入)となる。したがって、本肢は妥当である。

12 ゲームの必勝法 ▶本冊P256〜P258

問題1 【正解】D

　Bが最後に残りのコインを全て取って勝つ際には、コインの数は必ず4枚以下になっている筈である。この1つ前の手番において、Aは残りのコイン枚数が5枚の状態で手番が回ってきているとわかる(Bは勝つための最善を尽くすため)。

　よって、常にAの手番において5の倍数のコインが存在するよう振る舞えば、Bは必ず勝利できる。

　コインの枚数は64枚であるから、64÷5 = 12あまり4、よってBは最初に4枚を取ればよい。したがって、Dが正解。

　なお、始めにBが4枚を取った後、Aは1〜4枚のコインを取るため、これに対してBは4〜1枚のコインを取り続ければよい。

問題2 【正解】B

　このゲームは先手必勝型である。

　Aが最後に石を取り勝利するには、最後のBの手番で石が3個ある必要がある。

　このとき、3列目で最初に石を取るのがAである必要が出てくるため、すなわち2列目で最後に石を取るのはBであることが必要となる。これを達成するには、2列目で最初に石を取るのがA、かつ2個の石を取ればよい。

　すると、1列目で最後に石を取るのはBである必要があり、そのためにAは最初に2個石を取れば必ず勝てる。

問題3 【正解】A

　このゲームは先手必勝型である。

　先手が必ず勝利するには、後手の手番で4個ボールが残るよう仕向ければよい。

　すると、先手の最初の手番において、3個ボールを取れば、必ず勝利する。よって、Aが正解。

問題4 【正解】A,B,C

　このゲームは後手必勝型である。

　最後に椅子を取る(＝勝利する)には、後手はそのひとつ前の手番で椅子を4脚残せばよい。このとき、以下のケースが考えられる。

　(1)先手が最初に1脚または3脚を取った場合
椅子は全部で8脚であるから、後手は、自身の手番で確実に4脚残す選択ができる。

　(2)先手が最初に2脚取った場合、
後手は2脚取ることができない(禁じ手)ため、1脚を取る。
すると残りは5脚となるが、先手は1脚が禁じ手のため、2脚以上取ることしかできない。
したがって後手の手番で残りの椅子は3脚以下となり、残りをすべて選択すればよい。

　以上より、後手は先手の選択にかかわらず、確実に勝つことができる。

問題5

❶【正解】B

　このゲームは後手必勝である。まず先手は石を2〜4個取る。すると後手は4〜8個以内で任意の数石を取れるため、必ず5個目の石を取ることができる。

❷【正解】A

　このゲームは先手必勝である。まず先手は石を3個以上とると次の後手で負けてしまうため、2個石を取る。すると後手は4個以下の石しか取ることができないが、石は残り5個あるため、後手はこの手番で石を取り切ることができない。

問題6　【正解】E

　このゲームは後手必勝である。後手が勝つためには、最後の先手の手番でトランプが7枚あればよい。そのためには、直前の後手の手番で計45枚目のトランプを引けばよい。また、45枚目のトランプを引けるようにするには、そのひとつ前の先手の手番でトランプが14枚残っていればよい(先手が1〜6枚とったとき、後手は6〜1枚引けばよいため)。このように、山札の残りが常に7の倍数となるよう調整すれば後手は必ず勝利でき、そのためには相手の取った枚数との合計が常に7枚になるようとればよい。

13　暗号　▶本冊P262〜P263

問題1　【正解】C

　春を［6a,9c］という2要素で表しているため、6aは「は」、9cは「る」に対応していると推測できる。
　6、9は「あ、か、さ、た、な、…」、a、cは「あ、い、う、え、お」に対応していると考えて表を作ると以下のようになる。

	1	2	3	4	5	6	7	8	9	10
a	あ	か	さ	た	な	は	ま	や	ら	わ
b	い	き	し	ち	に	ひ	み		り	
c	う	く	す	つ	ぬ	ふ	む	ゆ	る	を
d	え	け	せ	て	ね	へ	め		れ	
e	お	こ	そ	と	の	ほ	も	よ	ろ	ん

　よって冬は［6c,8c］となる。

問題2　【正解】E

　雨を「9,26,18,13」で表しているので、暗号の要素は4つである。
　よって「9,26,18,13」は「r,a,i,n」を表していると推測できる。
　アルファベットは26個であり、それぞれのアルファベットに数が対応していると考えられるので、対応した表を考えると以下のようになる。

a	b	c	d	e	f	g	h	i	j	k	l	m
26	25	24	23	22	21	20	19	18	17	16	15	14
n	o	p	q	r	s	t	u	v	w	x	y	z
13	12	11	10	9	8	7	6	5	4	3	2	1

　よって、この表から考えると「8,13,12,4」は「s,n,o,w」となるので答えは雪である。

問題3　【正解】D

　にほんを「ち、の、ろ」と表しているため、暗号の要素は3つである。
　このことから、「j,a,p,a,n」(英語)や「n,i,h,o,n」(ローマ字)を表しているのでは無く、ひらがなの「に、ほ、ん」を表していると考えられる。
　「ち、の、ろ」と「に、ほ、ん」を対応させた規則を、表を用いて考えると以下のようになる。

あ	か	さ	た	な	は	ま	や	ら	わ
い	き	し	ち	に	ひ	み		り	
う	く	す	つ	ぬ	ふ	む	ゆ	る	を
え	け	せ	て	ね	へ	め		れ	
お	こ	そ	と	の	ほ	も	よ	ろ	ん

この規則を「フランス」にも適用すると以下のようになる。

あ	か	さ	た	な	は	ま	や	ら	わ
い	き	し	ち	に	ひ	み		り	
う	く	す	つ	ぬ	ふ	む	ゆ	る	を
え	け	せ	て	ね	へ	め		れ	
お	こ	そ	と	の	ほ	も	よ	ろ	ん

よって、答えは「ぬ、や、ろ、く」である。

問題4 【正解】E

オレンジは「?0、!8、?9、%2@」で暗号の要素は4つ、ドリアンは「?3@、%8、※0、?9」で暗号の要素は4つであり、かなに対してそれぞれの要素が対応していると考えられる。

この二つから文字の共通点を探すと、

「?0」＝お

「?3@」＝ど

は同じ「?」の記号を使っており、「?」は「お」の母音を表していると推測がつく。

また、「あ行」の「お」が0、「わ行」の「ん」が9であることから、数字は行を表していると考えられる。

「@」については「ジ」に対応する「%2@」、「ド」に対応する「?1@」についていることから濁点に対応していると考えられる。

これらの法則を他の記号や数字でも考えて表を作ると以下のようになる。

	0	1	2	3	4	5	6	7	8	9
※	あ	か	さ	た	な	は	ま	や	ら	わ
%	い	き	し	ち	に	ひ	み		り	
	う	く	す	つ	ぬ	ふ	む	ゆ	る	を
!	え	け	せ	て	ね	へ	め		れ	
?	お	こ	そ	と	の	ほ	も	よ	ろ	ん

よって、これらの法則から、「%0、%3、?1@」はイチゴである。

問題5 【正解】B

「highway」を「022,100,021,022,212,001,221」で表しており、暗号の要素は7つである。

このことから、各数字は各アルファベットに対応していると考えられる。

考察のための材料が少ないのでとりあえず表の形で書き出してみると以下のようになる。

001						021	022	100				
a	b	c	d	e	f	g	h	i	j	k	l	m
									212		221	
n	o	p	q	r	s	t	u	v	w	x	y	z

この図から
①0、1、2しか数字が使われていない。
②初めのaは「001」である。
③「021」の次は「022」であり、「022」の次は「100」である。（g,h,iの並びから）
ということがわかり、このことからこれらの暗号は3進法に基づいて表されていると推測がつく。
3進法の考え方を使ってさっきの表を埋めていくと以下のようになる。

001	002	010	011	012	020	021	022	100	101	102	110	111
a	b	c	d	e	f	g	h	i	j	k	l	m
112	120	121	122	200	201	202	210	211	212	220	221	222
n	o	p	q	r	s	t	u	v	w	x	y	z

この表から、「202,210,012,201,011,001,221」は「Tuesday」
であり、答えは火曜日である。

問題6 【正解】 D

「あおもり」を「Aa,Ae,Ge,Ib」で表すので、暗号の要素は4つである。
このことから、各要素はそれぞれかなに対応していると考えられる。
あが「Aa」、おが「Ae」であることから、大文字は行を表しており、
おが「Ae」、もが「Ge」であることから、小文字は段を表していると推測がつく。
ここから表を考えると以下のようになる。

	A	B	C	D	E	F	G	H	I	J
a	あ	か	さ	た	な	は	ま	や	ら	わ
b	い	き	し	ち	に	ひ	み		り	
c	う	く	す	つ	ぬ	ふ	む	ゆ	る	を
d	え	け	せ	て	ね	へ	め		れ	
e	お	こ	そ	と	の	ほ	も	よ	ろ	ん

よって、答えは「Ab,Cb,Ba,Ja」である。

問題7 【正解】 B

「松本」を平仮名にすると、「まつもと」で4文字、「入江」を平仮名にすると「いりえ」で3文字であり、暗号の要素はそれぞれ4桁の数字が4つと3つなので、これらの暗号は平仮名を表していると推測できる。
法則を見つけるために、表を作成すると以下のようになる。

	あ	か	さ	た	な	は	ま	や	ら	わ
あ							1043			
い	1101								2054	
う				1231						
え	2210									
お				4122			2325			

この表から法則を考える。
それぞれの数の上2桁の和ごとに見ると、
　あ段は　1＋0＝1
　い段は　1＋1＝2、2＋0＝2
　う段は　1＋2＝3

え段は　2＋2＝4
お段は　4＋1＝5、2＋3＝5

となっていることがわかる。

下2桁の和を行ごとに見ていくと、

あ行は　0＋1＝1、1＋0＝1
た行は　3＋1＝4、2＋2＝4
ま行は　4＋3＝7、2＋5＝7
ら行は　5＋4＝9

となっていることがわかる。これらのことから、上2桁の和は段を、下2桁の和は行を表していると推測がつく。

問題の「1020　2223　5002」を上2桁の和と下2桁の和に直して書くと、

「12,45,52」となり、これを表に入れると以下のようになる。

	あ	か	さ	た	な	は	ま	や	ら	わ
あ		12								
い										
う										
え					45					
お		52								

よって答えは金子である。

問題8 【正解】A

アルファベットの配列を数字に置き換えた暗号とあるので、試しにアルファベットをABCの順番に1からの数字に置き換えてみると、以下のようになる。

A	B	C	D	E	F	G	H	I	J	K	L	M
01	02	03	04	05	06	07	08	09	10	11	12	13
N	O	P	Q	R	S	T	U	V	W	X	Y	Z
14	15	16	17	18	19	20	21	22	23	24	25	26

この置き換えで正しければ、キーワードのTHINKは、

```
T  H  I  N  K
20 08 09 14 11
```

一方、POWERは、

```
P  O  W  E  R
16 15 23 05 18
```

となる。

キーワードを使うと、「POWER」の「16 15 23 05 18」は「10 23 06 19 03」となる。

これらから規則性を探すために縦に書いてみると、以下のようになる。

T	H	I	N	K
20	08	09	14	11
P	O	W	E	R
16	15	23	05	18
↓	↓	↓	↓	↓
10	23	06	19	03

これを見ると、青で囲ったところは足し算になっていることがわかる。その他のところに関しては、

20 + 16 = 36→10

09 + 23 = 32→06

11 + 18 = 29→03

となっており、それぞれの数を足したものから26を引いたものであるという共通点が見えてくる。

36 - 26 = 10

32 - 26 = 06

29 - 26 = 03

以上のことをまとめると、THINKという言葉を使った暗号化は「THINKのアルファベットをそれぞれ数値化したものをそれぞれ足して、26を超えたものは26を引く」というものだと考えられる。

この規則にしたがって「SMART」を置き換えると、「19 13 01 18 20」となるから、「THINK」の「20 08 09 14 11」と足し合わせると、「39 21 10 32 31」となり、26を超えた場合は26を引く規則を用いると、「13 21 10 06 05」が答えである。

問題9 【正解】 C

「夏休み」は平仮名で「なつやすみ」であり、5文字である。これに対して暗号「ANGHLNFHZV」はアルファベット10文字であり、平仮名1文字に対してアルファベット2文字が対応しているのでないかと推測ができる。

「なつやすみ」をローマ字で表すと、「NATUYASUMI」となる。これが暗号を使うと「ANGHLNFHZV」と表される。

この二つを縦に並べてみると、

N A T U Y A S U M I

A N G H L N F H Z V

となる。

ここで二つを見比べてみると、AとN、UとHが繰り返して登場しており、それぞれが対応していることがわかる。

ここで、アルファベットを、Aを先頭に26個を順に並べると、Nは折り返しの14個目にあり、以下のように分けられる。

AとNが対応していると考えられるので、アルファベットの前半13個と後半13個がそれぞれ対応しているのではないかと推測を立てて前半と後半を入れ替えてみると、以下のようになる。

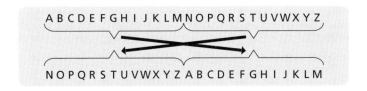

この法則に基づいて他の文字の対応も見てみると確からしいことがわかる。

よってこの法則に基づいて「ZHFVZRTNAR」を変換すると「MUSIMEGANE」となるので、答えは「虫眼鏡」である。

問題10 【正解】 C

「さかもと」を表す暗号はアルファベット8文字で、「きど」を表す暗号はアルファベット4文字であることから、それぞれのローマ字表記に対応した暗号であると考えられる。

```
S A K A M O T O K I D O
R Y H W H I M G J J G A K
```

しかし、上のように縦に並べて書き出してみると、同じAやOなどの文字においても対応する暗号が違うことがわかる。

そこで、次のようにアルファベット26文字を並べて、「SAKAMOTO」に含まれる重複のない最初の4文字に対応する暗号を記入してみると、以下のようになる。

A	B	C	D	E	F	G	H	I	J	K	L	M
Y										H		H
N	O	P	Q	R	S	T	U	V	W	X	Y	Z
	I			R	M							

この図より規則性を考えると、1文字目のSは1文字前のR、2文字目のAは2文字前のY、3文字目のKは3文字前のHに対応しているのがわかる。これより、x文字目はx文字前のアルファベットに対応する規則だということがわかる。

これより、与えられた暗号について、x文字後ろに戻して読み解くと、次のようになる。

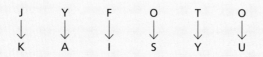

よって暗号が表す名前は「かいしゅう」で、これを含む名前の人物として正しいのは勝海舟であり、これが答えである。

問題11 【正解】E

「赤」も「星」もかな文字だと2文字だが、暗号はそれぞれ数字3つと4つなので、ローマ字か英単語に対応していると考えられる。ローマ字と英単語を考えると、それぞれ「AKA」と「RED」、「HOSI」と「STAR」であり、どちらも暗号の数と一致する。

ローマ字と英単語をそれぞれ暗号に対応させてみると、次のようになる。

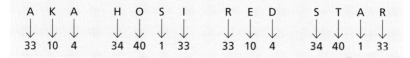

これをみると、英単語の方はRに対応する数字がどちらも33であり、正しいと考えられる。

各暗号が英単語の方のアルファベットに対応すると考えて書き出してみると、以下のようになる。

A	B	C	D	E	F	G	H	I	J	K	L	M
1			4	10								
N	O	P	Q	R	S	T	U	V	W	X	Y	Z
				33	34	40						

この図から、DとEの並ぶアルファベットが4と10になっていること、また、R、S、Tの並ぶアルファベットが33、34、40となっていることから、5進法の表記になっていることに推測がつく。これにしたがって数字を埋めると、以下のようになる。

A	B	C	D	E	F	G	H	I	J	K	L	M
1	2	3	4	10	11	12	13	14	20	21	22	23
N	O	P	Q	R	S	T	U	V	W	X	Y	Z
24	30	31	32	33	34	40	41	42	43	44	100	101

以上より、「2＋30＋44」が表すのは「BOX」であり、答えは箱である。

問題12 【正解】A

「オレンジ」と「ザクロ」について、暗号の要素はそれぞれ4つと3つであり、数式一つがカナか ローマ字に対応していると考えられる。

「ジ」、「ザ」に対応する数式のどちらにも「−」の記号がついていることから、この記号は濁点を 表していると推測ができ、そのことからこれらの数式はカナに対応していると考えられる。

カナとそれに対応する数式を書き出してみると、

オ：5÷1
レ：36÷9
ン：50÷10
ジ：−6÷3
ザ：−3÷3
ク：6÷2
ロ：45÷9

並べてみると、÷のあとの数は、

「ア行」：1
「カ行」：2
「サ行」：3
「タ行」：4
「ナ行」：5
「ハ行」：6
「マ行」：7
「ヤ行」：8
「ラ行」：9
「ワ行」：10

となっていることがわかる。だが、このままでは÷の前の数が何を意味するのかがわからない。そ こで、割り算を実際に計算してみると、

オ：5
レ：4
ン：5
ジ：−2
ザ：−1
ク：3
ロ：5

これより、

「ア段」：1
「イ段」：2
「ウ段」：3
「エ段」：4
「オ段」：5

に対応していると考えられる。以上の法則に照らし合わせると、問題の暗号は

2÷1→ア行イ段→イ

8÷4→タ行イ段→チ

−10÷2→カ行オ段濁点→ゴ

すなわち「イチゴ」となり、これが答えである。

問題13 【正解】E

アルファベット1文字に対して暗号は「赤」「青」「黄」の3種類の組み合わせが対応していることがわかる。

A,B,C,D,Eと並ぶ5つのアルファベットに対応する色の組み合わせを書き出してみると、

A：赤赤赤

B：赤赤青

C：赤赤黄

D：赤青赤

E：赤青青

となっている。

これをみると、AからCまでは一番右の文字だけが赤→青→黄の順に変化しており、CからDに行くところで一番の右の文字が再び赤に戻り、右から2つ目の赤が青に変化している。

よって、「赤」は「0」、「青」は「1」、「黄」は「2」であると推測でき、さらに、これらは3進法によって表記されていると推測ができる。

この法則に基づいてアルファベットに対応する数を3進法の表記で入れていくと以下のようになる。

よって推測には矛盾なく、正しいとわかり、与えられた暗号を解読すると、次のようになる。

「赤黄青」→021→H

「青青黄」→112→O

「青赤黄」→102→L

「黄黄赤」→220→Y

A	000	H	021	O	112	V	210
B	001	I	022	P	120	W	211
C	002	J	100	Q	121	X	212
D	010	K	101	R	122	Y	220
E	011	L	102	S	200	Z	221
F	012	M	110	T	201		
G	020	N	111	U	202		

となり、答えはHOLYである。

14 てんびん問題 ▶本冊P266〜P267　　　　　　　学習日　　／

問題1 【正解】B

まず、9枚のコインを3枚ずつの3つのグループA、B、Cに分けて考える。

1回目の試行では左の皿にAのグループの3枚、右の皿にBのグループの3枚を載せる。

・左が低くなった場合、Aの3枚の中に偽物がある。

・右が低くなった場合、Bの3枚の中に偽物がある。

・釣り合った場合、残ったCの3枚の中に偽物がある。

2回目の試行では、1回目の試行から偽物が含まれていると分かったものから、1枚ずつ左右の皿に乗せる。

・左が低くなった場合、左に載せたものが偽物である。

・右が低くなった場合、右に載せたものが偽物である。

・釣り合った場合、残った1枚が偽物である。

よって、2回の操作があれば偽物は見つけ出すことができ、答えは2回である。

問題2

❶【正解】C

12個のおもりを6個ずつ2つのグループに分けててんびんに乗せる。（1回目）

下がった方のてんびんに重さの異なるおもりが混じっているので、さらにそのグループのおもりを3個ずつ2つのグループに分けててんびんに乗せる。（2回目）

この操作でも、下がった方のてんびんに重さの異なるおもりが混じっているので、その3つから2つを選び、1つずつてんびんに乗せる。（3回目）

⑴どちらかが下がった場合

　下がった方のてんびんに乗っていたものが他のものより重いおもりであるとわかる。

⑵釣り合った場合

　選ばなかった残りの一つが他のものよりも重いおもりであるとわかる。

よって、確実に見つけるために必要な操作は3回である。

❷【正解】C

12個のおもりに1から12までの番号を割り当てて考える。

まず、1,2,3,4のおもりを左に、5,6,7,8のおもりを右に乗せる。（1回目）

⑴左が重いとき

　1,2,3,4のどれかが重いか、5,6,7,8のどれかが軽いということになり、9,10,11,12は正しいことがわかる。

　1,2,5を左に、3,4,6を右に乗せる。（2回目）

　ⅰ.左が重い場合

　1,2のどちらかが重いか、6が軽いということになり、残りは正しいことがわかる。

　1を左に、2を右に乗せる。（3回目）

　・左が重い場合：1が重い

　・釣り合う場合：6が軽い

　・右が重い場合：2が重い

　ⅱ.釣り合う場合

　7,8のどちらかが軽く、残りは正しいことがわかる。

　7を左に、8を右に乗せる。（3回目）

　・左が重い：8が軽い

　・右が重い：7が軽い

　ⅲ.右が重い場合

　3,4のどちらかが重いか、5が軽いということになり、残りは正しいことがわかる。

　3を左に、4を右に乗せる。（3回目）

　・左が重い：3が重い

　・釣り合う：5が軽い

　・右が重い：4が重い

⑵釣り合うとき

　1,2,3,4,5,6,7,8は正しく、9,10,11,12のどれかが異なることがわかる。

　9を左に、10を右に乗せる。（2回目）

　ⅰ.釣り合う場合

　9,10は正しいものであり、11,12の中に異なるおもりがあることがわかる。

　9を左に、11を右に乗せる。（3回目）

　・左が重い：11が軽い

　・釣り合う：12が異なるものである

　・右が重い：11が重い

ⅱ.釣り合わない場合

9,10の中に異なるものがあり、11,12は正しいものである。

9を左に、11を右に乗せる。（3回目）

・左が重い：9が重い

・釣り合う：10が異なるものである

・右が重い：9が軽い

⑶右が重いとき

⑴の左が重いときと同様に3回の操作で見つけることができる。

よって、最低3回の試行が必要となり、答えは3回である。

問題3 【正解】E

一般に3^n個のコインから1枚だけ混じっている重さの軽いものを見つけ出そうとするときは以下のようにしてできる。3^n個のコインを3^{n-1}個ずつ3つのグループに分け、この中の2つのグループをてんびんに乗せる。（1回目）

これが釣り合ったときは乗せなかったグループの中に軽いものがあり、どちらかに傾いたときは上に上がった方のグループに含まれている。

このように、1回の操作で候補を3^{n-1}個に絞ることができた。

次に、この3^{n-1}個をさらに3^{n-2}個ずつ、3つのグループに分け、この中の2つのグループをてんびんに乗せる。（2回目）

1回目のときと同じ考え方で、重さの軽いものが含まれている候補を3^{n-2}個まで絞ることができた。

これを繰り返していくと、$n-1$回の操作で3個にまで重さの軽いものの候補を絞ることができる。

残った3つの候補の中から、2つを選んで、てんびんに乗せる。（n回目）

・どちらかに傾いた場合：上に上がった方のてんびんに乗っているものが重さの軽いものである。

・釣り合った場合：乗せなかった残りの1つが重さの軽いものである。

よって、3^n個のコインから重さの軽いものを見つけるには最低でもn回の操作が必要である。

この問題の場合、243は3の5乗なので、243枚のコインの中から1枚ある偽物を見つけ出すには、最低5回の操作が必要である。

問題4 【正解】B

1枚のコインが他よりも重いことがわかっている。

2000は$3^6 = 729$よりも大きく、$3^7 = 2187$よりも小さいので、この中から正確に他よりも重いものを確実に見つけ出すためには、最低7回の操作が必要となる。よって、答えは7回である。

問題5

❶【正解】C

一つだけ他よりも軽いことがわかっている。

なので、この場合、5回だけ操作を行うので、3^5が最大の個数であり、$3^5 = 243$個が答えである。

❷【正解】C

1つだけ他よりも軽いおもりがあることがわかっている。

4回の操作で見つけられる最大の数よりも1つ多い数が、5回の操作が必要になる最小の個数である。

4回の操作で調べることのできる最大の個数は81個であるので、これよりも1大きい数である82が答えである。

問題6

❶【正解】C

一般に、おもりがm個のとき、いずれかのおもりが重いあるいは軽いの$m \times 2$通り可能性がある。

n回はかることで、3^n通りの状態を区別することができるので、mがnよりも小さい数であるとき、m×2 ≦ 3^nとなる。

　3^nは奇数なので、結局 m ≦ $(3^n-1)／2$ となる。

　これによって、効率的にはかることで、$(3^n-1)／2$個のおもりの中から異なるものを判定することができるので、最大個数は$(3^n-1)／2$個である。

　この場合、7回操作を行うので、nには7が入り、

　$(3^7-1)／2 = 1093$

となる。これより、答えは1093である。

❷【正解】C

　1つだけ他と重さの違うおもりがあることがわかっている。だが、このおもりは軽いか重いかわからない。

　6回の操作で見つけられる最大の数よりも1つ多い数が、7回の操作が必要になる最小の数である。

　用いる公式は$(3^n-1)／2$であり、6回の操作で調べることができる最大の個数は、

　$(3^6-1)／2 = 364$個である。

　求める数はこれより1大きい数であるので、$364 + 1 = 365$が答えである。

問題7（略解）

❶【正解】D

　$3^8 = 6561$

❷【正解】A

　$(3^8-1)／2 = 3280$

01 二語の関係　▶本冊P276〜P279　　　　　　　　　学習日　　／

問題1　【正解】E
ノブはドアの一部。つくりは漢字の一部。よって、正解はE。

問題2　【正解】B
太鼓とばちはセット関係であり、同様に針と糸もセット関係であるため、正解はB。

問題3　【正解】C
心配と不安は類義語であり、享楽の類義語は悦楽であるため正解はC。

問題4　【正解】A
ひまわりは植物に含まれるため包含関係である。よって、包含関係にあるのは飲料と炭酸水であるため、正解はA。

問題5　【正解】D
メジャーで計測すると言えるため役割関係を表している。ハサミと役割関係であるのは切断であり、正解はD。

問題6　【正解】D
粗野と優雅は反意語関係である。よって、強靭と反意語関係であるのは脆弱であり、正解はD。

問題7　【正解】A
尽力と献身は同義語関係である。よって、催促と同義語関係にあるのは督促であり、正解はA。

問題8　【正解】B
英語は言語の中に含まれるため、包含関係である。よって、Tシャツと包含関係にあるのは衣服であり、正解はB。

問題9　【正解】A
高慢と自負は同義語関係である。よって、栄養と同義語関係にあるのは滋養であり、正解はA。

問題10　【正解】E
店は販売するため役割関係を表している。よって、裁判官と役割関係であるのは判決であり、正解はE。

問題11　【正解】B
ア：並列関係　イ：役割関係　ウ：並列関係　エ：包含関係
よって、Bが正解。

問題12　【正解】H
ア：同義語関係　イ：同義語関係　ウ：同義語関係　エ：同義語関係
よって、正解はH。

問題13　【正解】C

ア：セット関係　イ：包含関係　ウ：原料　エ：セット関係
　　よって、正解はC。

問題14 【正解】F
　　ア：反意語　イ：並列関係　ウ：反意語　エ：反意語
　　よって、正解はF。

問題15 【正解】D
　　ア：同義語　イ：同義語　ウ：同義語　エ：反意語
　　よって、正解はD。

問題16 【正解】B
　　ア：因果関係　イ：並列関係　ウ：因果関係　エ：セット関係
　　よって、正解はB。

問題17 【正解】A
　　ア：包含関係　イ：包含関係　ウ：反意語　エ：並列関係
　　よって、正解はA。

問題18 【正解】B
筆記用具は鉛筆を含むと言えるため包含関係である。よって、Bのスマホが正解。

問題19 【正解】D
類似は2つの物に似た点があること、相違は2つの物に異なる点があることであるため反意語関係である。よって、Dの演繹が正解。

02 語句の意味　▶本冊P282〜P283　　　　　　　学習日　　／

問題1 【正解】B
「おしなべて」は「一般的に、総じて」の意味であるから、Bが正解。

問題2 【正解】D
　　選択肢の意味は以下の通り。
　　横柄：偉そうなさま
　　嘱望：将来に望みをかけること
　　貪欲：非常に欲が深いこと
　　食傷：同じことがたびたび続いて嫌になること
　　反駁：他人に反対して論じ返すこと

問題3 【正解】C
　　選択肢の意味は以下の通り。
　　安閑：安らかで静かなこと
　　拮抗：互いに張り合って優劣のないこと
　　凌駕：優れている相手をしのいでその上に立つこと
　　興隆：勢いが盛んで栄えること
　　挙行：行事などを取り行うこと

問題4 【正解】E
『「　」とした不安〜』という文脈から、「不安」を形容する語句として適当なものを選択すればよい。

不安は未知や恐怖といった気がかりの元に対し感じるものなので、Eが正解。その他の選択肢の意味は以下の通り。

　　歴然：明らかなさま
　　超然：物事にこだわらず、そこから抜け出るさま
　　茫然：気が抜けて、ぼんやりとしているさま
　　唖然：呆れてものが言えないさま

問題5　【正解】C
　選択肢の意味は以下の通り。
　　吐露：隠さず打ち明けること
　　露呈：あらわになること
　　謹呈：つつしんで差し上げること
　　謹慎：償いとして品行を慎むこと
　　激白：あからさまに打ち明けること

問題6　【正解】A
　選択肢の意味は以下の通り。
　　敢行：無理を承知の上であえてすること
　　彷徨：当てもなく彷徨うこと
　　難行：自力で行う苦しい修行
　　挑戦：戦いを挑むこと
　　放蕩：思うままに振る舞うこと

問題7　【正解】A
　選択肢の意味は以下の通り。
　　漸次：徐々に
　　頓挫：勢いが急に弱まって進まなくなること
　　愚鈍：動作がのろい
　　逐次：順を追って次々に
　　暫時：しばらくの間

問題8　【正解】B
　選択肢の意味は以下の通り。
　　淘汰：不用なものを除くこと
　　抜本：根本の原因を取り去ること
　　抜粋：書物から必要な部分を抜き出すこと
　　防除：災いなどを防ぎ除くこと
　　剥離：剥がれてとれること

問題9　【正解】A
　選択肢の意味は以下の通り。
　　目につく：目立って見える
　　目が利く：鑑識眼に優れる
　　目に余る：見逃せないほどひどい
　　目が高い：良いものを見分ける能力を持っている
　　目が回る：非常に忙しい様子

問題10　【正解】E
　選択肢の意味は以下の通り。

顕著：きわだって目につくこと
明快：はっきりしていて気持ちが良いこと
有終：物事の最後をまっとうすること
銘柄：ブランド
出色：他より目立って優れていること

問題11 【正解】B

選択肢の意味は以下の通り。
油がのる：仕事が良い軌道に乗ること
油を売る：仕事を怠けること
油を絞る：厳しく責めること
油が切れる：活動の原動力がなくなる
油を注ぐ：感情や行動を更に勢いづかせる

問題12 【正解】E

選択肢の意味は以下の通り。
網の目をくぐる：監視に気づかれずに行動すること
顎が落ちる：味が美味しいこと
尾ひれをつける：事実以上に話を大袈裟にすること
煙幕をはる：相手に本当の気持ちを知られないように、何らかの方法を取ること
糸を引く：陰で操り、自分の思い通りに動かすこと

問題13 【正解】A

選択肢の意味は以下の通り。
底を割る：自分の内心を明かすこと
底をつく：ためておいたものを全部出し尽くして、無くなってしまうこと
底が浅い：見た目だけで深みがないこと
底が知れない：限度が測れないほど深いこと
底に底あり：表面からわからない複雑な事情が隠されていること

03 複数の意味 ▸本冊P286〜P289

学習日　　／

問題1 【正解】A

問題文の「伸ばす」は勢力や能力を伸ばす、の意味。これに最も近いのはA。その他の意味は以下
の通り。
B：引っ張って長くする
C：外に広げるなどして平らにする
D：曲がったり、縮んだりしているものをまっすぐにする
E：Dに同じ

問題2 【正解】B

問題文の「現れる」は姿を見せる、の意味。これに最も近いのはB。その他の意味は以下の通り。
A：感情・思想などが表面から知られる状態になる
C：隠れていたものが知れ渡る
D：Aに同じ
E：非物理的なものが結果として明らかになる

問題3 【正解】C

問題文の「伺う」は尋ねる・問うの意味の謙譲語。これに最も近いのはC。その他の意味は以下の

通り。

A：聞くの謙譲語、拝聴する

B：訪問する

D：相手の意向や様子などを知る

E：寄席などで客に話をする、大勢の人に説明する

問題4 【正解】D

問題文の「崩す」は顔をほころばす・緩める、の意味。これに最も近いのはD。その他の意味は以下の通り。

A：まとまった形をしたものがその形を変えたり、原形をなくしたりする

B：字画を省略する、行書や草書で書く

C：両替する

E：整った形や状態を乱す

問題5 【正解】B

問題文の「起きる」は横たわっていたものが直立する、の意味。これに最も近いのはB。その他の意味は以下の通り。

A：発生する

C：新しく作る　これは「起きる」ではなく「起こす」の意味

D：寝ないでいる、目を覚ましている

E：眠りから覚める

問題6 【正解】A

問題文の「送る」は物や情報を先方に届かせる、の意味。これに最も近いのはA。なお、「敵に塩を送る」は敵の弱みに付け込まず、逆に苦境から救うことを意味する故事成語である。その他の意味は以下の通り。

B：人につきしたがってあるところまで一緒に行く

C：時を過ごす

D：順々に先に移動させる

E：送り仮名をつける

問題7 【正解】D

問題文の「蹴る」は要求・提案などを拒絶する、の意味。これに最も近いのはD。その他の意味は以下の通り。

A：足で勢い良く突く

B：怒ってその場を立ち去る

C：弾みをつけるようにして足で突いて飛ばす

E：足で地面などを勢いよく押す

問題8 【正解】B

問題文の「押す」は状態・事柄を先へ進めようとする、の意味。これに最も近いのはB。その他の意味は以下の通り。

A：動かそうとして上や横から力を加える

C：確かめる

D：印判等を押し付けて形を写す

E：予定した時間よりも遅れる

問題9 【正解】A

問題文の「叩く」は攻撃を加えて相手を負かす、の意味。これに最も近いのはA。その他の意味は

以下の通り。

  B：雨・風が打ち付ける

  C：相手の考えを聞いたり、様子を窺ったりする

  D：値段を負けさせる

  E：さかんに言う

問題10 【正解】C

  問題文の「断つ」は繋がっていたものを切り離す・切断する、の意味。これに最も近いのはC。その他の意味は以下の通り。

  A：これまで続いていた縁・つながりを止める

  B：終わらせる、尽きさせる

  D：Aに同じ

  E：Bに同じ

問題11 【正解】E

  問題文の「ようだ」は例示を表す助動詞。これに最も近いのはE。その他の意味は以下の通り。

  A：比喩

  B：婉曲な断定・不確かな肯定

  C：動作・作用の目的・目標

  D：以前の状態から変化して今の状態になった

問題12 【正解】A

  問題文の「の」は体言の代用（～こと）として用いられる格助詞。これに最も近いのはA。その他の意味は以下の通り。

  B：所有・所属

  C：部分の主語

  D：Bに同じ

  E：Cに同じ

問題13 【正解】D

  問題文の「より」は比較の基準を表す格助詞。これに最も近いのはD。その他の意味は以下の通り。

  A：空間の起点・出発点

  B：否定を伴って、それと限ることを示す

  C：動作・作用の起点

  E：Cに同じ

問題14 【正解】B

  問題文の「や」は強意の助詞。これに最も近いのはB。その他の意味は以下の通り。

  A：軽く言い放つ

  C：呼びかけ

  D：ある動作・作用が行われると同時に次の動作・作用が行われる

  E：事物の並列・列挙

問題15 【正解】E

  問題文の「もの」は取り立てて騒ぐこと、の意味。これに最も近いのはE。その他の意味は以下の通り。

  A：者、人の呼称

  B：感嘆・詠嘆

  C：物、物体

D：反駁、訴え

問題16 【正解】D

問題文の「手」は労働力の比喩表現。これに最も近いのはD。その他の意味は以下の通り。
A：器具の部分で、手で持つようにできているところ
B：突出して動くもの
C：ヒトの前肢
E：手間、手数

04 文の並び替え ▸本冊P292〜P295 学習日 ／

問題1
❶【正解】B
本問は意味のまとまりで似た選択肢を選んでいくとよい。
すると、エ→ウ、イ→オ→アに因果関係があることがわかる。

❷【正解】A
ウとイにはつながりがあることから、文を並べ替えると、エ→ウ→イ→オ→アの順番となる。

問題2
❶【正解】D
❷【正解】E
本問は、アで「教育とは何か」という問いを立てて、その答え方について考察を行っている要旨の文章である。
「このように」という表現は、文章をまとめる帰結の働きを持っている。よって、「このように」を含む表現は後半にくる可能性が高い。「このように」という表現を含む一文に着目すると、教育には狭義の定義と広義の定義があり、その定義の数は無数であることがわかる。狭義の定義が、イとウであり、広義の定義がオである。この定義は直感的にも理解できる。
したがって、文を並べ替えると、ア→イ→ウ→オ→エの順番となる。

問題3
❶【正解】A
❷【正解】E
まずは、主張を探す。主張はイ「学生時代の人間関係は貴重なものである。」であることはわかる。次に、理由を探す。理由をさがすときは、「なぜなら」や「〜からである」などの表現に注目すると良い。本文では、ア「なぜなら、人間関係に利害関係や生産性が求められないからだ。」が理由に相当する。また、今回はウに「つまり」という表現があることに注目する。つまりという接続詞は、直前の文と同一の内容を言い換える時に使われる。今回はアの内容とウの内容が同一の内容である。残りは、エとオだが、オは帰結（まとめ）表現が使われているため、エ→オの順番となる。
したがって、文を並べ替えると、イ→ア→ウ→エ→オの順番となる。

問題4
❶【正解】C
❷【正解】A
本問は接続詞が多く使われているため、論理に注目して解いていく。
オはトピックを導入する働きをしているため、文頭にくると考えられる。次に、「一方」という接続表現や、「とは」という定義づけの表現に着目すると、オ→ア→イの順番になることがわかる。次に、エの具体例がコト消費の具体例なのか、それともトキ消費の具体例なのかを考えればよい。エでは、コト消費の具体例が書かれているため、イ→エの順番となる。

したがって、文を並べ替えると、オ→ア→イ→エ→ウの順番となる。

問題5 【正解】D

［エ］→［イ］→［オ］→［ウ］→［ア］が正しい順番。

全体として因果関係を示す文になっていることを見抜けるかがカギ。

モデルの多くが痩せ型である

→若い女性が（モデルの体型にあこがれて）無理なダイエットをする

→（拒食症の女性が増えるので、それを防ぐために、）痩せすぎているモデルの活動を制限する法律が施行された。

問題6 【正解】A

［イ］→［ア］→［エ］→［オ］→［ウ］が正しい順番。

【原因】→【結果】の論理が、【インターネットの普及による情報の氾濫】→【情報を見極める力】となっていることに気が付けば解答できる。

問題7 【正解】C

［エ］→［オ］→［イ］→［ウ］→［ア］が正しい順番。

オの「ではなく」という接続詞に着目し、前後関係を分析してみると、前半では体内時計を一部の器官が担っているのではないという否定から入り、後半ではあらゆる細胞がリズムを刻み、脳の視床下部が全体の統括を行なっているという内部構造の話へと移っていく。

問題8 【正解】A

［イ］→［ア］→［エ］→［ウ］→［オ］が正しい順番。

仕事と家庭の両立というテーマの文章であることを判断することで、イ→アの順がわかる。エはアの内容の強調になっていることからア→エ。ウの「これ」に着目すると、「これ」がエの内容を指していると判断できる。オは、前までの内容の追加情報であることからウ→オとなることがわかる。

問題9 【正解】A

［オ］→［ア］→［ウ］→［エ］→［イ］が正しい順番。

主語と述語の関係性が成立するように選択肢を並び替えていく必要がある。まず、「劇というものは」が主語となると判断でき、この述語となる語句を含む選択肢を判断していく。選択肢を見ると、オ→アと並べると、主語述語の関係性が成立するとわかる。次に、ウの選択肢を見ると主語に位置する語句が含まれていることから簡単にウ→エ→イの順になることがわかる。

問題10 【正解】D

［ア］→［オ］→［イ］→［エ］→［ウ］が正しい順番。

まずは、並び替えるべき選択肢に目を通し、文章全体のテーマを把握する。空欄の直前の内容から、今回のテーマは就活支援と判断できる。その上で文章のペアを探すと、オとイ、エとウがペアになる。全体として意味が通る文章になるように並び替えると正しい順番がわかる。

問題11 【正解】E

論理的な文章では、主張の裏に必ず根拠が存在する。根拠付けは主張を狭めた具体例や、統計資料に基づく数値などがなされることが多い。今回はエに「例えば」、オに「なぜなら」といった根拠づけのための表現があることから、主張と根拠の区別ができているかを問う設問である。これらを頭に入れて、本問を解いていく。エ「食事やお弁当の準備」といった表現から、アの具体例であることが分かる。また、オ「結婚後」といった表現から、オはウの理由付けであることは明らかである。同時に、イはオの具体例であることも理解できるだろう。したがって、文を並び替えると、ア→エ→ウ→オ→イの順番となる。

問題1 【正解】B

　□□□□□ の直後に「していない」とあることから、信頼に足る行為を示す用語を入れればよい。よって、「言っていることと行っていることが一致する」を意味する「言行一致」が適当である。

問題2 【正解】B

　第1文と第2、第3文の関係に着目する。第2、第3文は第1文で述べた事象の例示である。また、第3文は想像力についての例示であるから、第2文の例示が何を示しているかを推測すればよい。第2文では「林檎が落ちたのを見た」ことが書かれているため、「観察力」が適当である。

問題3 【正解】A

　第1文では普及を目的に整備された歴史的仮名遣いが普及までに時間がかかったことが触れられ、その理由として第2、第3文が添えられている。第3文では「正しい仮名遣いを確定すること自体に無理がある」と述べられていることから、仮名遣いには様々なパターンがあったと推測できる。よって、文豪がめいめいに仮名遣いを続けていたことがわかる「恣意的」が適当である。なお、恣意的は自分勝手なという意味である。

問題4 【正解】D

　企業の地域社会への貢献について書かれた第1文を受けて、官と民がどのように連携すべきかを考える。各々の得意分野を活かすために全体的に協力していく必要があることから「包括的」が正解である。なお、包括的は全体を一つにまとめているさま、という意味である。

問題5 【正解】A

　環境の変化に対する適応力について①の生物群と②の生物群で比較されていることから、対照的な語が入る。よって①画一的②多様性が正解である。

問題6 【正解】A

　第1文では就学猶予・就学免除の手続きについて述べられている。一方、第2文では養護学校の義務教育化の結果、就学猶予・就学免除の許可が下りることは少なくなっていると否定的に述べられている。よって、①は否定的な語句の「ただし」が適当である。

　また、就学猶予・就学免除の許可が下りることが少なくなった理由としては障害児対象の学校が「充実」してきたことで、猶予や免除の必要性が減ったと考えるのが妥当である。よって②は「充実」が適当である。

問題7 【正解】A

　第3文から第4文にかけての論理展開を整理する。第3文では、帰納法的に「リンゴは甘い」と結論付けている。一方、第4文では、今後甘くないリンゴが発見される可能性について言及している。このことから、帰納法は現在までの結論を導くことはできるが、その結論は将来であっても適用されるとは限らないことを示している。つまり、「普遍的な真理」とは言えない、とするのが適当である。

問題8 【正解】A

　暗闇に浮かび上がる針山を見た際の感情としては、恐怖心を煽られたことによる「心細さ」が適当である。

問題9 【正解】D

　製品を購入し、所有することでその製品を使用する消費活動を「モノ消費」。サービスなど体験によって便益を得る消費活動を「コト消費」という。

問題10 【正解】A

　出来上がった「人」という漢字は人を象徴して「表して」いるが、作る過程では「模倣」したと解釈できる。

問題11 【正解】D

　文脈から判断すればよい。所得に対する満足感について、周囲との比較によって説明されていることからDが正解。

問題12 【正解】E

　末尾の文において「しかし、単純な数値の分析などは〜」と書かれており、このことからEが正解。

問題13 【正解】B

　文脈から筆者が都心の電車に慣れているため地方の電車を不便に感じている様子がうかがえる。そのため、便利さの程度を表す「利便性」が答えとなる。また、「便益」は便利で利益のあることを指すため、利益について言及していない今回は不適当。

問題14 【正解】D

　第2文においては、設問の目的を筆者が仮置きしてそれに対する意見を述べている。そのため、文脈に最も適した「のだとしても」が答えとなる。

06 長文読解　▶本冊P306〜P309　　　　　　　　　　　学習日　　／

問題1

❶【正解】C

　まず、空欄部は「音楽家の理解力の不足」について説明している部分であることを念頭に置こう。その上で、最後の空欄部以下にある一文に着目すると、「映画の芸術がある意味でリアリスティックであり、音楽があくまでも象徴的である」と書かれているが、これを指して筆者は「音楽家の理解力の不足」の根拠の一つとしていることを捉えればよい。

　よって、リアリスティックであることの対義語を選択すればよい。

❷【正解】C

　「こういうおもしろくない結果」が指す内容は、「我々の経験によると、現在の日本では音楽がくわわつて効果をます場合が四割、効果を減殺される場合が六割くらいに見ておいて大過がない。」である。よって、音楽が加わることで映画の効果が減殺される例を示す選択肢以外を選べばよい。

❸【正解】B

　空欄前後で述べられている文章の関係を確認する。空欄以前では、映画を減殺する音楽を作り出す音楽家の落ち度について述べている。一方空欄以後では、その罪を音楽自体にも見出している。つまり、空欄前後で話の中心が音楽家から音楽そのものへと移行しているため、展開を図る接続詞が適当である。

❹【正解】A

　問題文の接続詞「だから」に注目すると、文章以前には因果関係の「原因」が入ることになる。「結果」はむやみに音楽を映画に取り込むと効果を減殺してしまうことであるから、これにもっとも自然に接続する部分を選択すればよい。

❺【正解】D

　Ａ：本文中において言及がない。

　Ｂ：筆者はすべての音楽家が監督の制作意図を理解できないとまでは言っていない。

C：最終段落において、音楽の排斥は音楽の質のいかんには毫も関係を持たないと述べられており、不適。

問題2

❶【正解】A
障礙は「しょうがい」と読み、正常な進行や活動を妨げるもの、の意味を持つ。

❷【正解】D
本文1、2段落目より、 ___1___ は一種の力であり、動作となって現れるものの根幹である。よって、人間が動作を起こすに際しては動作のきっかけ、すなわち動機が必要である。したがって、動機となり得る選択肢は、B闘争、C利用、D自我。ここで、第2段落3行目より、「（中略）お互いの生の拡充のために、お互いの闘争と利用とを続けてきた」とある。よって、闘争・利用の上位概念となる言葉であるD自我が正解。

❸【正解】B
「生そのものの根本的性質」とは生の拡充であるから、生の拡充について本文中で述べられていることを探せばよい。本文4段落目において、「生の拡充には、また生の充実を伴わねばならぬ」とあり、これが正解。
A：生の神髄＝自我についての説明である
C：生の神髄＝自我についての説明である
D：権利ではなく義務である

❹【正解】C
空欄前後における文章の関係を確認する。空欄前では、生の充実と拡張とが同一物であることを述べており、空欄後では、生の拡充が自我を満たす唯一の活動であると述べている。よって、自我＝生の充実→生の充実＝生の拡張→自我＝生の拡張という論理展開が為されていることが分かるため、順接の接続詞が適当。

❺【正解】D
A：力の唯一のアスペクトは、生の拡充であるため不適
B：本文中で言及されていない
C：本文中で言及されていない

01　英英辞典　▶本冊P324〜P327

問題1　【正解】B
　説明文を和訳すると、「特定の地域に住む人々の総数」となる。これに合致するのはB。
　people：人　／　population：人口　／　popularity：人気、評判　／　passenger：乗客　／
emigrant：移民

問題2　【正解】C
　説明文を和訳すると、「特に特定の職業やスキルに関する高度な教育を行う学校」となる。これに
合致するのはC。
　kindergarten：幼稚園　／　colleague：同僚　／　college：大学　／　collision：衝突　／
collapse：崩壊

問題3　【正解】E
　説明文を和訳すると、「人や状況について決断を下す工程、あるいは下した決断」となる。これに
合致するのはE。
　referee：審判員　／　situation：状況　／　assist：助ける　／　assurance：保証、保障　／
assessment：判定、査定

問題4　【正解】C
　説明文を和訳すると、「結婚についての2者間の合意」となる。これに合致するのはC。
　divorce：離婚　／　destruction：破壊　／　engagement：婚約　／　energy：エネルギー　／
diversity：多様性

問題5　【正解】B
　説明文を和訳すると、「仕事で稼ぐお金や政府などから受け取るお金」となる。これに合致するの
はB。
　outcome：結果　／　income：収入　／　fare：運賃　／　deposit：貯金　／　price：値段

問題6　【正解】A
　説明文を和訳すると、「人間の活動により影響を受ける地球上の空気、水、土地」となる。これに
合致するのはA。
　environment：環境　／　global：地球全体の　／　government：政府　／　map：地図　／
area：地域

問題7　【正解】C
　説明文を和訳すると、「何かをするためのチャンス、あるいは何かを行うときの絶好の機会」とな
る。これに合致するのはC。
　party：パーティー　／　opponent：相手　／　opportunity：機会　／　challenge：挑戦　／
crime：犯罪

問題8　【正解】D
　説明文を和訳すると、「海に囲まれた広大な土地」となる。これに合致するのはD。
　voyage：船旅　／　arctic：北極の　／　lack：欠如（欠けていること）　／　continent：大陸
／　attitude：態度

問題9 【正解】B

　説明文を和訳すると、「犯罪や事故、科学的問題などについての真実や原因を見つけ出すための公式な試み」となる。これに合致するのはB。

　murder：殺人　／　investigation：調査　／　insert：挿入する　／　inquire：尋ねる　／ independence：独立

問題10 【正解】C

　説明文を和訳すると、「ある特定の地域でのみ話されている言語の一形態で、同じ言語の他の形態とはわずかに語彙や文法が異なるもの」となる。これに合致するのはC。

　direction：方向　／　verb：動詞　／　dialect：方言　／　distinction：区別　／ dialogue：対話

問題11 【正解】C

　説明文を和訳すると、「何か奇妙なことが起こった異常な、または興味深い状況。または予想とは逆のことが起こったり、逆のことが真実であったりする状況」となる。これに合致するのはC。

　iconic：像の　／　paradox：逆説　／　irony：皮肉　／　verbal：言葉による、口頭の　／ stranger：見知らぬ人

問題12 【正解】A

　説明文を和訳すると、「意見を表明したり、気付いたことを伝えたりするときに言うこと」となる。これに合致するのはA。

　remark：意見　／　remain：残る、とどまる　／　reduce：減らす　／　recycle：再利用する　／　rejection：拒絶

問題13 【正解】B

　説明文を和訳すると、「人々が非常に尊敬する人に対して与える重要性や名誉や称賛」となる。これに合致するのはB。

　victory：勝利　／　glory：栄光　／　geography：地理学　／　vice：悪徳　／　grave：墓所

問題14 【正解】A

　説明文を和訳すると、「主に書面にて、仕事や大学への入学などを公式に要求する人」となる。これに合致するのはA。

　applicant：応募者　／　interviewer：質問者　／　identity：自己同一性　／　famous：有名な　／　audience：聴衆

問題15 【正解】C

　説明文を和訳すると、「よく議論されるテーマや問題で、特に多くの人々の利益に影響を与えるような社会的・政治的問題」となる。これに合致するのはC。

　figure：像　／　odds：勝算　／　issue：問題　／　term：用語　／　suffer：苦しむ

問題16 【正解】D

　説明文を和訳すると、「何かをしたり、達成したりする方法」となる。これに合致するのはD。

　case：場合　／　solid：固体の　／　pour：注ぐ　／　means：手段　／　possession：所有

問題17 【正解】A

　説明文を和訳すると、「一定時間、人やものを注意深く見る工程」となる。これに合致するのはA。

　observation：観察　／　reservation：予約　／　profile：（人物や業績の）紹介、略歴　／ research：研究　／　assumption：想定

問題18 【正解】C

説明文を和訳すると、「何かが真実ではないという主張」となる。これに合致するのはC。

entrance：入口 ／ acceptance：受け入れ ／ denial：否定、否認 ／ detail：細部 ／ correct：正しい

問題19 【正解】A

説明文を和訳すると、「何かを改善する行為または改善している状態」となる。これに合致するのはA。

improvement：改良 ／ detect：見抜く、気付く ／ disappearance：消失 ／ expectancy：見込み ／ wealth：富

問題20 【正解】D

説明文を和訳すると、「問題を解決したり、困難な状況に対処したりする方法」となる。これに合致するのはD。

expectation：予想 ／ conviction：確信 ／ persuasion：説得 ／ solution：解決策 ／ existence：存在

問題21 【正解】A

説明文を和訳すると、「特定の結果を成し遂げるために行われる一連の行動」となる。これに合致するのはA。

process：過程 ／ concession：譲歩 ／ portrayal：描写 ／ procession：行進 ／ conclusion：結論

問題22 【正解】E

説明文を和訳すると、「間に異なる事象を挟まずに、次から次へと起こること」となる。これに合致するのはE。

inspection：調査 ／ suspicion：疑惑 ／ fraction：ほんの少し ／ annotation：注釈 ／ succession：継続

問題23 【正解】B

説明文を和訳すると、「これから発生すると考えられる事象に対する発言、またはその発言を行う行為」となる。これに合致するのはB。

indication：気配、指示 ／ prediction：予測 ／ dictation：書き取り ／ communication：伝達 ／ opposition：反対、敵

問題24 【正解】C

説明文を和訳すると、「人を仕事から排除すること」となる。これに合致するのはC。

miss：失敗する、逃す ／ escape：逃げる ／ dismiss：解雇する ／ lose：失う ／ quit：やめる

02 空欄補充 ▶本冊P330〜P333   学習日 ／

問題1 【正解】B

「大切な」を意味する形容詞はBの important。その他の意味は以下の通り。

A：中央の ／ C：類似の、似た ／ D：主要な ／ E：公平な

問題2 【正解】C

「先日」を意味する副詞はthe other dayであるからCが正解。その他の意味は以下の通り。

A：前に ／ B：かつて、一度 ／ D：後ろに ／ E：そのような（形容詞）

問題3 【正解】D

☐ には「重要な」を意味する形容詞が入る。これに当てはまるのはDのcritical。その他の意味は以下の通り。

　A：優れた　／　B：第一の　／　C：発展的な　／　E：核の、主要な

問題4 【正解】B

「吸収する」を意味する動詞はBのabsorb。その他の意味は以下の通り。

　A：絞る　／　C：先導する　／　D：選ぶ、摘む　／　E：引く

問題5 【正解】C

「加える」を意味する動詞はCのadd。その他の意味は以下の通り。

　A：共有する　／　B：作る　／　D：運ぶ　／　E：探す

問題6 【正解】D

「手間をかけさせる」、すなわち「迷惑をかける」というニュアンスの言葉を探せばよい。bother A with BでAにBで迷惑をかけるという意味になるので、Dが正解。その他の意味は以下の通り。

　A：呼ぶ、電話をかける　／　B：〜させる　／　C：（〜を私に）持ってくる　／　E：怖がらせる

問題7 【正解】E

caused byで「〜が原因で」という意味になるので、Eが正解。その他の意味は以下の通り。

　A：先導される　／　B：与えられる　／　C：変えられる　／　D：切り替わる、入れ替わる

問題8 【正解】A

dispose of Aで「Aを処分する」という意味の熟語になる。よってAが正解。その他の意味は以下の通り。

　B：切る、削る　／　C：無駄にする　／　D：修理する　／　E：投げる

問題9 【正解】B

「言い訳」を意味する名詞はBのexcuse。その他の意味は以下の通り。

　A：不在　／　C：激しさ　／　D：理由　／　E：努力

問題10 【正解】C

「運命」を意味する名詞はCのfate。その他の意味は以下の通り。

　A：仕事、業務　／　B：人生　／　D：落ち度、過ち　／　E：傾向

問題11 【正解】D

品詞の問題。Enact A to doで「〜するためのAを制定する」という意味となり、☐ には名詞（平等）が入る。equalの名詞はequalityであるため、Dが正解。その他の品詞は以下の通り。

　A：形容詞・動詞　／　B：現在分詞　／　C：過去分詞　／　E：動詞（3人称単数）

問題12 【正解】E

「食料雑貨店」を意味する名詞はEのgrocery store。その他の意味は以下の通り。

　A：（department storeで）百貨店　／　B：（liquor storeで）酒店　／　C：（food storeで）調理済み食品を販売している店（スーパーやデパート、コンビニエンスストア等）　／　D：（convenience storeで）コンビニエンスストア

問題13 【正解】A

「ためらう」を意味する動詞はAのhesitate。その他の意味は以下の通り。

　B：嫌う　／　C：試しに〜してみる　／　D：拒絶する　／　E：嫌う

問題14 【正解】D

足を意味する名詞はlimbであるから、Dが正解。なお、limbは足全体(肢)を指す。その他の意味は以下の通り。

A：肺 ／ B：胃 ／ C：肝臓 ／ E：つま先

問題15 【正解】E

look after ～で「～の面倒を見る」という意味の熟語になるため、Eが正解。その他の意味は以下の通り。

A：(look on ～で)～を傍観する ／ B：(look at～で)～を見る ／ C：(look back～で)～を振り返る ／ D：(look in～で)～を覗く

問題16 【正解】A

利益率は一般的に「profit margin」ないし「profit ratio」と呼ばれる。よって、この中ではAが正解。その他の意味は以下の通り。

B：利益、利得 ／ C：長所、真価 ／ D：割合(ただしmarginやratioは金銭的な割合を示すのに対し、percentageは金銭以外のものに対し使用されるため、今回は不適切) ／ E：合計

問題17 【正解】C

「観察する」の意味に最も近い動詞はCのobserve。その他の意味は以下の通り。

A：見る、ぼーっと視界に入るものを捉える ／ B：確認する ／ D：見る、動いているものを集中して見る ／ E：見る、ある対象物に目を向ける

問題18 【正解】D

「参加する」を意味する熟語はparticipate in, take part inなどが該当する。問題文には [＿＿＿＿] inと記載されているので、Dが正解。その他の意味は以下の通り。

A：(visitで)訪れる ／ B：(attendで)出席する、参加する ／ C：(take part inで)参加する、参与する ／ E：行く、(go inで)～へ入る

問題19 【正解】E

助動詞wouldの後ろは動詞の原形が入る。また、I would appreciate it if you could～で、「～していただけると嬉しいです」という意味。よってEが正解。その他の意味は以下の通り。

A：嬉しい(形容詞) ／ B：嬉しい、幸せな(形容詞) ／ C：楽しい、快適な(形容詞) ／ D：(人に)感謝する(動詞)

問題20 【正解】A

「挙げる」を意味する動詞はAのraise。その他の意味は以下の通り。

B：置く ／ C：上がる、昇る ／ D：探す ／ E：立つ

03 同意語 ▶本冊P336～P339   学習日　／

問題1 【正解】B

obvious　明白な
ambiguous　曖昧な ／ evident　明白な ／ obstacle　障害 ／ numerous　多数の ／ nutritious　栄養のある

問題2 【正解】A

obscure　不明瞭な
indistinct　不明瞭な ／ secure　安全な ／ understandable　理解できる ／ exclusive　排他的な ／ complex　複雑な

問題3 【正解】E
valuable　高価な、貴重な
excessive　過度の　/　useful　役に立つ　/　vulnerable　脆弱な　/　worthless　価値のない　/　precious　貴重な

問題4 【正解】C
sly　ずるい
honest　正直な　/　intelligent　聡明な　/　cunning　ずるい　/　overwhelm　圧倒する　/　diligent　勤勉な

問題5 【正解】D
huge　巨大な
odd　奇妙な　/　moist　湿った　/　bizarre　奇妙な　/　gigantic　巨大な　/　grateful　感謝している

問題6 【正解】C
earnest　真面目な、誠実な
sturdy　丈夫な　/　mean　卑劣な　/　sincere　誠実な、正直な　/　dull　退屈な　/　boring　退屈な

問題7 【正解】A
accurate　正確な
exact　厳密な、正確な　/　template　型　/　fancy　装飾の多い、手の込んだ　/　calm　落ち着いた　/　aim　狙う

問題8 【正解】B
skeptical　懐疑的な、疑い深い
periodical　定期刊行の　/　doubtful　疑わしい、疑い深い　/　ethical　倫理の　/　annoying　いらいらする　/　occasional　たまの

問題9 【正解】C
constructive　建設的な、前向きな
cautious　用心深い　/　faithful　忠実な　/　positive　建設的な、前向きな　/　simple　単純な　/　negative　否定的な

問題10 【正解】A
swift　速い、迅速な
rapid　素早い、速い　/　vague　曖昧な、不明瞭な　/　slow　遅い　/　passive　受動的な　/　refined　洗練された

問題11 【正解】A
abrupt　突然の
sudden　突然の　/　rigid　厳格な、硬直した　/　cosmic　宇宙の　/　evil　邪悪な　/　strict　厳格な、厳しい

問題12 【正解】E
sound　健全な
cowardly　臆病な　/　mute　無言の　/　common　共通の　/　active　積極的な、活発な　/　healthy　健全な

問題13 【正解】C
profitable　有利な、儲かる
sore　痛い　／　quiet　静かな　／　lucrative　儲かる　／　painful　痛い　／　timid　臆病な

問題14 【正解】B
considerate　思いやりのある
spiteful　意地悪な　／　thoughtful　思いやりのある　／　heartless　冷酷な　／　attractive　魅力的な　／　moderate　適度な

問題15 【正解】C
adjacent　隣接する、近くの
delicate　壊れやすい、もろい　／　absent　不在の　／　next　次の、隣の　／　efficient　効率的な　／　fragile　もろい、壊れやすい

問題16 【正解】E
relative　相対的な
lucrative　もうかる　／　rational　合理的な　／　horizontal　水平の　／　vertical　垂直の　／　comparative　比較の、相対的な

問題17 【正解】E
indispensable　不可欠な
supreme　最高の　／　irrational　不合理な　／　innumerable　無数の、数えきれない　／　dispensable　重要でない、なくても済む　／　essential　必要不可欠な

問題18 【正解】C
proper　適切な
remarkable　注目すべき　／　reasonable　分別のある　／　appropriate　適切な、きちんと合った　／　inappropriate　不適当な　／　prime　最も重要な

問題19 【正解】D
modest　謙虚な
inferior　劣っている　／　desperate　必死の　／　arrogant　傲慢な　／　humble　謙遜した、謙虚な　／　superior　優れている

問題20 【正解】C
constant　一定の
irregular　不規則な　／　gradual　段々の、徐々の　／　steady　一定の　／　random　無作為の　／　radical　過激な

問題21 【正解】E
achieve　達成する
acknowledge　認める　／　abandon　捨てる、放棄する　／　retire　辞める　／　admit　認める　／　attain　達成する

問題22 【正解】B
praise　称賛する
accuse　非難する　／　admire　称賛する　／　interfere　干渉する　／　fear　恐れる　／　entertain　楽しませる

問題23 【正解】A
allow　許可する
permit　許可する　／　forbid　禁じる　／　obey　従う　／　oblige　強いる　／　evaluate　評価する

問題24 【正解】A
diminish　減少する、減らす
decrease　減少する、減らす　／　increase　増加する、増やす　／　punish　罰する　／　digest　消化する　／　leak　漏れる

問題25 【正解】D
annoy　悩ませる
humiliate　恥をかかせる　／　despise　軽蔑する　／　boast　自慢する　／　bother　悩ませる　／　tease　からかう

問題26 【正解】C
establish　設立する
gather　集める　／　assemble　集める　／　found　設立する　／　produce　生産する　／　abolish　廃止する

04 反意語　▶本冊P342〜P345　　　　　　　　　　学習日　／

問題1 【正解】C
domestic　国内の
senior　上級の　／　sophisticated　洗練された　／　foreign　外国の　／　underlying　根本的な　／　junior　下級の

問題2 【正解】C
following　次の
alien　異質な　／　latter　後者の　／　previous　前の　／　next　次の　／　strange　奇妙な

問題3 【正解】A
specific　特定の
general　一般的な　／　progressive　革新的な　／　minor　小さい、比較的重要でない　／　conservative　保守的な　／　lunar　月の

問題4 【正解】C
public　公の、公的な
federal　連邦の　／　optimistic　楽観的な　／　private　個人の、私的な　／　linguistic　言語の　／　pessimistic　悲観的な

問題5 【正解】B
physical　肉体の
clockwise　時計回りの　／　mental　精神の　／　racial　人種の　／　elaborate　手の込んだ　／　uneasy　不安な

問題6 【正解】D
casual　形式ばらない
fiscal　会計の　／　trivial　ささいな　／　practical　実用的な　／　formal　形式ばった　／

trifling　ささいな、わずかな

問題7 【正解】B
　guilty　有罪の
　loyal　忠実な　／　innocent　無罪の　／　neutral　中立の　／　hostile　敵意を持つ　／
savage　野蛮な

問題8 【正解】C
　accidental　偶然の
　acute　急性の　／　rough　荒い　／　intentional　故意の　／　chronic　慢性の　／
smooth　なめらかな

問題9 【正解】A
　temporary　一時的な
　permanent　永久の　／　spontaneous　自発的な　／　barbarous　未開の、野蛮な　／
brief　短い、つかの間の　／　vulnerable　攻撃を受けやすい、脆弱な

問題10 【正解】A
　abstract　抽象的な
　concrete　具体的な　／　exploit　搾取する　／　theoretical　理論上の　／
comprehensive　包括的な　／　significant　重要な

問題11 【正解】B
　shallow　浅い
　broad　幅が広い　／　deep　深い　／　small　小さい　／　large　大きい　／　narrow　幅
が狭い

問題12 【正解】C
　inherent　固有の、生まれつきの
　innate　先天的な　／　accustomed　慣れた　／　acquired　獲得した、後天的な　／
inborn　先天的な　／　outstanding　傑出した

問題13 【正解】E
　written　筆記の
　wrecked　難破した　／　vocational　職業上の　／　frozen　冷凍の　／　sufficient　十分な
／　oral　口述の

問題14 【正解】E
　masculine　男性的な
　juvenile　青少年の　／　male　男性の　／　manifest　明白な　／　slender　すらりとした
／　feminine　女性的な

問題15 【正解】A
　busy　忙しい
　idle　暇な、仕事をしていない　／　intent　没頭した　／　dumb　馬鹿な　／　weary　ひど
く疲れた　／　naive　世間知らずな

問題16 【正解】C
　fertile　肥沃な

illegal　違法の　／　local　その土地の、地元の　／　barren　不毛の　／　thick　厚い　／　thin　薄い

問題17　【正解】D
dynamic　動的な
awake　目が覚めて　／　sharp　鋭い　／　asleep　眠って　／　static　静的な　／　chemical　化学の

問題18　【正解】A
abundant　豊富な
scanty　乏しい　／　aware　気づいている　／　enough　十分な　／　ample　豊富な　／　conscious　意識している

問題19　【正解】D
ideal　理想的な、非現実的な
primitive　原始的な　／　considerable　かなりの　／　typical　典型的な　／　actual　実際の、現実の　／　potential　潜在的な

問題20　【正解】C
subjective　主観的な
executive　執行権を持つ、（管理、経営などで）実行する　／　entitled　有資格の　／　objective　客観的な　／　collective　集団の　／　intensive　集中的な

問題21　【正解】D
borrow　借りる
steal　盗む　／　invest　投資する　／　deprive　奪う　／　lend　貸す　／　undertake　引き受ける

問題22　【正解】B
deny　否定する
prohibit　禁じる　／　affirm　肯定する　／　pardon　許す　／　envy　うらやむ　／　lease　賃貸借する

問題23　【正解】D
add　加える
extract　引き抜く、抽出する　／　vanish　消える　／　disappear　見えなくなる、消える　／　subtract　減じる　／　contract　契約する

問題24　【正解】E
encourage　励ます
embody　具現化する　／　encounter　遭遇する　／　disturb　邪魔する、混乱させる　／　disrupt　混乱させる　／　discourage　やる気をそぐ

問題25　【正解】A
import　輸入する
export　輸出する　／　support　支援する　／　transport　輸送する　／　report　報告する　／　inspire　奮起させる、やる気にさせる

問題26　【正解】C

forbid　禁じる

prohibit　禁じる　／　cease　〜しなくなる　／　permit　許可する　／　disobey　従わない　／　force　強制する

問題27　【正解】B

gain　利益を得る

expand　拡大する　／　lose　損をする　／　earn　稼ぐ　／　heal　（けがなどを）治す　／　shrink　縮小する

05　長文読解　▶本冊P350　　　　　　　　　　　　　　　　　　　学習日　／

問題1（和訳）

　これまでもデジタル基盤の整備やデジタル技術の活用によるデジタル・トランスフォーメーションを通じて、産業の効率化や高付加価値化が進められ、その過程において、サイバー空間とリアル空間の融合が進んでいった。感染症の収束後は、両空間が完全に同期する社会へと向かうとの指摘がある。今後、人々の活動の場は、リアル空間からサイバー空間へと移行していくであろう。そのような移行を妨げる規制・慣行を見直し、リアルとサイバーの垣根を最大限取り除くことが、収束後の社会・経済に向けた重要な取り組みとなる。第5世代移動通信システム（5G）をはじめとするデジタル基盤やAI、IoT、ビッグデータといったデジタル技術の活用は、今まで以上に重要となっていくであろう。

❶【正解】A

　サイバー空間とリアル空間の融合に最も寄与したのはどの選択肢か？という問いである。選択肢の内容は以下の通り。

　A：デジタル・トランスフォーメーション

　B：産業の効率化

　C：情報技術の進化

　D：感染症の収束

　E：人々の活動の場の移行

　本文で示されている因果関係に注意しよう。Bはデジタル・トランスフォーメーションの結果として起きたことであり、Dは無関係、Eはさらなる融合の結果として起きるとされていることである。Cは紛らわしいが、デジタル・トランスフォーメーションを可能にしたのはデジタル基盤の整備とデジタル技術の活用であり、情報技術の進化が寄与したことは本文中に示されていない。

❷【正解】E

　本文の内容と合致するのはどの選択肢か？という問いである。選択肢の内容は以下の通り。

　A：企業はサイバー空間とリアル空間の融合を一層促進していくであろう。

　B：感染症収束後の社会では、人々はサイバー空間から遠ざかる可能性が高い。

　C：リアルとサイバーの垣根を取り除くことは、サイバー空間への移行を妨げるために必要である。

　D：社会における現在の規制や慣行は時代遅れであり、不合理である。

　E：第5世代移動通信システム等の技術の重要性は高まっていくであろう。

　本文中に出てきたキーワードにすぐに飛びつかず、一つ一つの選択肢の意味を理解した上で選ぼう。Aはサイバー空間とリアル空間の融合を促進していく主体が企業となっているが、本文中にそのような記述はない。Bは、本文とは反対の内容を指している。Cは「inhibit＝妨げる」という単語の意味が分かれば、やはり本文と反対の内容を示していることがすぐに分かる。Dは本文の内容とは矛盾しないが、本文の中立的な論調と比べて過度に批判的である。Eの「grow in importance」は「XXの重要性が高まる」という意味の熟語であり、本文の内容と合致する。

01 非言語 ▶本冊P357~P359

問題1　【正解】C

この問題の答えはアとエになる。

両者に共通する解き方は「同じ売上・利益について2種類の表し方ができることであり、これらを連立することで答えを求める」である。

問題2　【正解】E

この問題の答えはイとエになる。

両者に共通する解き方は「文中で示された条件から取り得る解の範囲を定め、この範囲の中で答えを最大化するような点を直線の接点を用いて求める」である。

問題3　【正解】A

この問題の答えはアとイになる。

両者に共通する解き方は「順序を気にせず、コンビネーションを用いて組み合わせの数を求める」である。ウは並び替えの問題であり、エはそれぞれのボールがA、Bどちらを選ぶかという観点から解ける。

問題4　【正解】F

この問題の答えはウとエになる。

両者に共通する解き方は「まず、ある事象が全く起こらない余事象を求め、それを全体の確率から引くことで、ある事象が1回以上起こる確率を求める」である。ウでは余事象として4以下の数しか出ない場合、エでは余事象として全員が一方の部屋しか選ばない確率を求める。

問題5　【正解】B

この問題の答えはイになる。

ア、ウ、エについては、それぞれある整数の倍数となるような集合をもとめ、それを全体から引くことで答えを求めている。一方、イはまず条件を満たすような最小の整数を求め、それに3、5、7の最小公倍数を加えていくことで答えを求める。

問題6　【正解】D

この問題の答えはイとウになる。

両者はともに条件付き確率である。一方、アは最初に出た目を引けば、「サイコロを2回投げた時出た目の和が8以上になる確率であり、エは全体の選び方に対し、1~3まで書かれた玉の組み合わせの数が何個あるかという問題である。

問題7　【正解】C

アとエは雑貨店に対する要望であり、イ、ウ、オは不満である。

問題8　【正解】E

この問題の答えはイとエになる。

アは、兄と弟の年齢の和が父の年齢の半分だから、兄と弟の年齢の和は21歳。兄と弟の年齢比は4：3より、弟の年齢は9歳。

イは、数学：英語＝11：9、英語：国語＝8：7より、両者を合成して、数学：英語：国語＝88：72：63。この和が223より、数学の点数は88点。

ウは、Aの所持金：Bの所持金＝10：7、Bの所持金：Cの所持金＝7：8より、両者を合成してAの所持金：Bの所持金：Cの所持金＝10：7：8。AとCの差額が620円より、Aの所持金は3100円。

エは、l：m＝3：4、l：n＝7：9より、両者を合成してl：m：n＝21：28：27。l、m、nの和が152より、mは56。

02 言語 ▶本冊P363～P367 　　　　　　　　　　学習日　　／

問題1　【正解】E
　イとエはイルカの行動や習性に関する説明であり、アとウはそれぞれイルカの生物学的特性、進化史に関する説明である。

問題2　【正解】B,C
　ア、エ、オではXの好むものに関して、似たような魅力を持つ代案を挙げているのに対し、イとウは正反対の特徴を持つ代案を挙げている。

問題3　【正解】B
　アとウは文の後半が文の前半を評価している。一方、イは文の後半で前半に対しての事情・状況を述べており、エでは文の前半に対する姿勢・行動を述べている。

問題4　【正解】C
　イ、ウ、オは前文で説明した状況に対し、後文がそれを受けて生じたと思われる客観的事実に対し言及している。一方、ア、エでは前文で説明した状況に対し、後文ではそれに対する主観的な判断が含まれている。

問題5　【正解】C
　アとエは文の後半で意思や希望を述べているのに対し、イ、ウ、オでは将来の予定や予想を述べている。

問題6　【正解】A,E
　アとオは文の前半と後半が順接でつながっているのに対し、イ、ウ、エは逆接でつながっている。

問題7　【正解】B,E
　イとオは意思を述べているのに対し、ア、ウ、エは願望を述べている。

問題8　【正解】C,D
　ウとエはある歴史的な出来事とその結果について述べているのに対し、ア、イ、オはある歴史的な出来事とその理由について述べている。

問題9　【正解】C
　アとエは何に対してアプローチするのかを決定しており、イ、ウ、オはどんなサービスを提供するのかについて考えている。

問題10　【正解】I
　ウとオは自身の目的や動機とそれに対する行動を述べており、ア、イ、エは外部要因とそれに対する行動を述べている。

問題11　【正解】G
　イとオはレストランの設備について述べており、ア、ウ、エはサービスについて述べている。

問題12 【正解】 C

アとエはある科学者について、彼らの科学者以外の側面について紹介している。一方イ、ウ、オはある科学者について、彼らの科学者としての業績について紹介している。

問題13 【正解】 A

ア、イは理由とそれにより実際に生じた事柄について述べているのに対し、ウ、エ、オは理由とそれに基づく推測について述べている。

問題14 【正解】 C

ア、エはPからの問いかけに対し答えを述べているのに対し、イ、ウ、オは問いかけには答えず新たに問い返している。